人大重阳金融研究书系

重建世界秩序

关于全球治理的理论与实践

庞中英◎著
by PANG Zhongying

Rebuilding the World Order
On the Transformation of Global Governance

中国经济出版社
CHINA ECONOMIC PUBLISHING HOUSE
·北京·

图书在版编目（CIP）数据

重建世界秩序：关于全球治理的理论与实践／庞中英著．
北京：中国经济出版社，2015.1
ISBN 978-7-5136-3576-9
Ⅰ.①重… Ⅱ.①庞… Ⅲ.①国际关系—研究 Ⅳ.①D81
中国版本图书馆 CIP 数据核字（2014）第 280659 号

责任编辑　乔卫兵　于　宇　杨元丽
责任审读　贺　静
责任印制　马小宾
封面设计　任燕飞

出版发行　中国经济出版社
印 刷 者　北京市媛明印刷厂
经 销 者　各地新华书店
开　　本　787mm×1092mm　1/16
印　　张　18.5
字　　数　400 千字
版　　次　2015 年 1 月第 1 版
印　　次　2015 年 1 月第 1 次
定　　价　56.00 元
广告经营许可证　京西工商广字第 8179 号

中国经济出版社　**网址** www.economyph.com　**社址** 北京市西城区百万庄北街 3 号　**邮编** 100037
本版图书如存在印装质量问题，请与本社发行中心联系调换（联系电话：010-68330607）

自　序

全球治理的转型、世界秩序的重建与中国

世界面对两大根本的挑战：这个世界到底如何治理？这个世界到底如何实现公正与和平？

欧洲人卡尔·波兰尼（Karl Polanyi）写于第二次世界大战后期（1944）的 *The Great Transformation：The Political and Economic Origins of Our Time* 一般被翻译为《大转型》①。目前，全球治理面对的是一个大转型的局面。本书内容首先是关于全球治理的大转型。

“重建世界秩序”或者“世界秩序的重建”则是与全球治理的大转型并列的另一个主题。长期以来，这一直是一个高度吸引人的，重大无比的，具有挑战性、颠覆性的难题。历史上，许多伟大的思想先驱，不论他们的世界观如何，都极为关注世界秩序的演化。

全球治理与世界秩序可以理解为是一枚硬币的两面。在什么样的世界秩序下进行全球治理？什么样的世界秩序有助于全球治理？全球治理又是如何导向可持久的稳定的世界秩序？一个世界，一个全球化的世界，充满了巨大的“全球级”的问题（挑战、威胁、动荡、危机、冲突、战争、气候变化），如果是能够治理的，这个世界就是有序的。但是，即使有序，它是稳定的（或者相对稳定）的吗？为什么不稳定？一种不稳定的世界秩序的根源（起源）何在？苏联解体后一度出现的“单极世界”或者所谓“美国治理下的世界秩序（Pax Americana），是暂时的（所谓“单极时刻”）还是长期的西方主导的世界秩序（“西方的自由秩序”或者“美国的世界秩序”）？

世界秩序是当前世界范围的热门话题。2014 年，美国前国务基辛格（Henry Alfred Kissinger）发表了广受阅读的《世界秩序》一书，推高了关于世界秩序问题的全球争论。基辛格在 91 岁高龄发表的该书，似乎标志着以他为代表的老牌美国地缘战略家思想上的微妙变化，美国不得不面对一个确实变化了的世界，并去适应这个变化了的世界。

前不久，北欧挪威的领先新闻周刊 *Morgenbladet* 记者 Hanne Jakobsen 电邮采访我，因

---

① 有人把“大转型”翻译为“巨变”。卡尔·波兰尼. 巨变：当代政治与经济的起源[M]. 黄树民译，北京：社会科学文献出版社，2013. 笔者觉得，意译为《巨变》没有抓住波兰尼思想的原意，且不符合翻译的原则，而把“我们的时代”翻译为“当代”，让现在的读者感到困惑，甚至引起开卷时的误解。

为该报在做一期关于世界秩序的讨论。这位记者的问题如下:

“冷战结束后,许多人以为看到了更加美好的、一体化的、和平的世界的曙光。然而,最近在乌克兰、俄罗斯、中东等地的事态发展似乎描绘了与此不同的一幅世界秩序图景。我现在向世界各地的领先的政客、政治学家和理论家询问下面两大问题:第一,冷战刚结束的时候,有人提出了一些大理论,描绘和预测了即将浮现的世界秩序。福山(Francis Fukuyama)的“历史终结”和亨廷顿(Samuel Huntington)的“文明冲突”是两个最突出的例子。当然,也有其他例子,如 Antonio Negri 和 Ulrich Beck 等的理论。今天来看,这些理论正确吗?第二,如果20世纪90年代提出的各种关于世界秩序的大理论不能很好地解释今天的世界事务,那么,有无新的大观念或者新的框架来解释我们生活的今日世界?”

看到这两道大问题,最让我感慨的是,地广人稀、“幸福指数”最高的北欧人,对世界和平的贡献总是独特而不小,他们“贡献”较少的全球问题却提供较多的全球问题解决方案(全球治理)。在这方面,许多大国绝对不如这些小国。

我对这位挪威记者说:“诸如‘历史终结’和‘文明冲突’的大理论本质上仍然是美国理论,其局限性在于,以冷战的胜利者自居,根本没有反思‘美国模式’本身,以为‘美国模式’就是绝对正确的,放之四海而皆准的。当然,20世纪90年代初,这些理论家根本不会考虑美国和美国代表的西方在世界秩序中的局限性,而是为了西方(美国)治理世界提供‘王道’(Hegemony)①——‘美国治理下的世界秩序’的正当性(Legitimacy)。但这些大理论显然大大低估了,甚至故意忽视和简化了我们的时代和我们的世界的复杂性和多样性。美国学者福山和亨廷顿的理论影响最大,那不是因为这些学者比别国的学者能干,而只是因为美国的影响最大。但从理论的正确性、科学性的角度看,无论福山和亨廷顿,还是同期的另一些美国大理论,都是错的,但名气没有他们大的 Antonio Negri、Ulrich Beck 等也许是正确的。”

时间更早一点,18世纪的欧洲人康德(Immanuel Kant)的《论长期的和平》(德文为 *Zum ewigen Frieden*,英文为 *Perpetual Peace:APhilosophical Essay*)②也是关于“重建世界秩序”的,因为康德更希望“和平”是目的、和平是积极的,而不想让“和平”仅仅是手段、和平是消极的、仅是“战争”的间歇。用今天的话说,康德希望“和平”应该是“常态”,而且通过制度安排不断得到更新、加强。然而,康德之后200多年,直到今天,战争仍然无法根除,即使无世界大战,和平仍然困难重重。

在第二次世界大战中,尤其是第二次世界大战后期,反击和打击法西斯邪恶势力的国家实实在在地重建了世界秩序——直到今天仍然有效的“‘二战’后国际秩序”。③

① 过去很长时期,西方的 hegemony 居然在中文中被翻译为“霸权”。我认为,hegemony 不应该翻译为中文的‘霸权’,应该翻译为中国哲学、文化和历史中的“王道”。

② 康德的这篇文章一般译为《论永久和平》或者《永久和平论》,但是,我觉得,“永久”二字,并不符合康德的原意。康德的原意是“长期的和平”。

③ 2012—2014年,在中日政治关系急转直下的时刻,中国坚决反对日本试图修改和推翻第二次世界大战后国际秩序的图谋和行动。俄罗斯对此持有同样立场。中俄为此达成一致(协议)。

在21世纪之初,我们的时代是重建世界秩序的关键时刻。但是,我们来自世界各地的人,正在重建世界秩序吗?

不同的势力,带着不同的世界观,有着不同的世界秩序构想、计划和行动。这是关于重建什么样的世界秩序的一场竞争。国际政治就是关于不同的世界秩序的冲突(争夺、竞争)与合作(协调、联合)。

新近的突出例子和问题是:巴西、俄罗斯、印度、中国和南非5个在全球体系中举足轻重的非西方大国(Non-Western big Powers)推动的"金砖合作"(BRICS)代表了更新、革新现存的世界秩序的努力。

在这场竞争中,无论仅仅是消极(不得不)还是积极(意识到这是全球长期和平的必由之路),"老牌大国"(Established Powers)和新兴大国(Emerging Nations)的合作都在继续,也出现了一些新的合作形式。二十国集团(G20)就是新旧大国的合作,尤其是在金融领域。但是,G20代表着新旧大国、西方和非西方合作共建新的世界秩序?

越来越多的国际人士认为,中国是重建世界秩序的关键因素。但是,中国意识到"重建世界秩序"这一艰巨使命了吗?真实的中国选择是什么?是继续"依附"或者"搭便车",还是推动一种不同于美国主导的世界秩序?① 中国想象的世界新秩序是什么?中国到底想不想重建世界秩序?中国拿什么来重建世界秩序?

这些年来,笔者的教学、研究、国际交流的主题之一是全球治理和世界秩序。收入本书的文章都是与此有关的。

来自在思想(学术)和组织(机构)方面的英美传统的"智库"(Think Tank)如今却在中国火热。羡慕之余,中国也想拥有诸如美国布鲁金斯学会(The Brookings Institution)那样的"智库"。但是,却对"智库"的理解不是过于肤浅,就是误解。

正确地,"智库"是对目前的状态、过程("形"与"势")将走向何方的研究。"智库"是在生产和经营诸如"全球治理"和"世界秩序"这样的概念、框架和政策方案的。其服务的对象(行为体)未必仅仅是政府行动者。非国家的行动者才是"观念市场"的主要消费者。

"中国如何塑造(影响)世界秩序的演化?""中国有无自己的世界秩序方案、计划""中国在全球治理中到底应该和能够如何行动"等大问题就是关于中国在正在演化的世界秩序中到底是什么、为什么和如何外交决策的。

"智库"主要不是评论目前的、正在发生的事务的,而是基于对历史和现实的分析,设计、讨论、提供关于未来("我们的未来"和"他们的未来",以及"共同的未来")的解决方

---

① 美国的目的,无论在政治还是金融,都不会接受和容忍一种非美国的世界秩序(世界体系)。最好的情况,也不过是西方美国自我调整,以便使美国主导的世界秩序对其他国家,尤其是欧洲和亚洲具有吸引力,"自愿依附"这个体系。例如,被认为对中国金融改革影响很大的已故美国经济学家罗纳德·麦金农(Ronald McKinnon)认为:"通过锚定可靠稳定的人民币/美元汇率,回归汇率稳定,将会使其他国家,特别是亚洲国家,自愿依附这个体系,从而体现了上述IMF的精神",http://www.1think.com.cn/ViewArticle/Article_4ffa4a807c07bcf4b4ef9bfbd2a90c8b_20140902_18712.html。

案的。欧美一些“智库”就是为了“重建世界秩序”的。中国目前还没有一家独立而厚重、影响广泛的以“转型全球治理”和“重建世界秩序”为专门使命的“智库”。当然,这并不是说,中国学者就没有思考“转型全球治理”和“重建世界秩序”的历史命题。

中国人民大学重阳金融研究院自我定位为新型的中国智库,以“大金融”为主题进行研究,涉及全球治理和世界秩序。作为该院的“高级研究员”,笔者在此呼吁,重阳应该把“转型全球治理”和“重建世界秩序”做为研究和建言的主攻方向之一,以形成区别于别的国内外智库的一个鲜明特征。

是为自序。

庞中英
2014 年 10 月 1—7 日于北京市苏州街

目录

第一部分　全球治理的转型与世界秩序的重建

第二部分　在全球治理中的中国

第三部分　地区治理与地区秩序

附　录

第一部分
全球治理的转型与世界秩序的重建

全球治理的转型

——从世界治理中国到中国治理世界[①]

中国与全球治理之间的关系，最值得讨论的问题之一正是中国在“全球治理转型”中的作用。“全球治理转型”的题中应有之义是中国不仅让世界治理自己而且自己能够去治理世界。

自从20世纪80年代中国加入国际金融机构（国际货币基金组织和世界银行），尤其是2001年加入世界贸易组织以来，中国实际上就进入了一个长期的“被”全球治理、尤其是被全球经济治理的过程。

当然，并非中国如此，“刑不上大夫，礼不下庶人”的“例外”国家，即不受国际制度约束、调控、规制的国家极少，即使是经常用国内法来“管理世界”和以“例外主义”之名不加入一些国际制度（如“联合国海洋法公约”和“国际刑事法院”）的美国，也要受到国际制度的治理。

2012年2月，世界银行在中国发布一个报告《2030年的中国：建设现代、和谐、有创造力的高收入社会》，这份报告的问世被评价为“中国政府和世界银行合作历史上首次进行如此重大而着眼长远发展的战略性研究”。然而，这一报告的发表，也引起了一次不大不小的争论风波。这类争论风波也许太过政治化（牵涉到现存的中国国有企业的前途问题和中国国有企业作为中美关系中的一个越来越突出的因素）。

世界银行的美国主导性是国际社会公认的，也是美国承认的，是美国担当“世界领导”的标志和手段之一。从20世纪40年代末该机构成立到现在，世界银行一直由美国人掌管。就在世界银行在北京发表《2030年的报告》的同时，世界银行正经历着行长“换届”的过程。这次“换届”，与以往不同，有了更多的和更合格的来自发展中国家的世界行长候选人，美国第一次感到对世界银行的控制遭到了非美国势力的挑战。尽管有的美国人根本不在乎这类挑战，但奥巴马政府还是不敢大意，不得不做一些形式上的改变，以便安抚挑战者和不满者，让世界觉得美国也要“与时俱进”地“领导”世界银行。奥巴马政府提名了韩裔美国人，且并非经济学家、出身华尔街的银行家或者前政府高官的技术官僚来继续掌管世界银行。

客观地看，以世界银行为例，过去接近三十年，世界银行在中国发展的方向上一直施加了其的作用和影响。中国走向市场经济，以及中国维持“发展（增长）才是硬道理”的

---

① 本文原载于中共中央编译局《国外理论动态》2012年第10期。

长期局面,与世界银行的参与是分不开的。世界银行一直认为,市场和增长是解决贫困问题的主要手段。同时,世界银行为了加强与中国的合作,也日益发挥中国的作用。而且,由于世界银行在中国试验的成功,也使得这个全球发展机构得以成功转型。似乎,世界银行已经与中国形成了更加双向的互动关系。

类似于世界银行,国际货币基金组织和联合国开发计划署等许多的国际经济组织在中国过去的发展中都发挥了重大作用。国际货币基金组织在中国货币的改革中发挥了也许是一个不可或缺的作用。不同于世界银行,UNDP 的"人类发展(HUMAN DEVELOPMENT)在中国的影响越来越大,也许是中国后来重新反思"GDP 至上",提出"科学发展"和"增长方式的转型"的一个知识和知识来源。

自 2005 年 9 月时任美国常务副国务卿的佐立克(Robert B. Zoellick)提出要求中国做现存国际体系中的"负责的利害攸关方"(Responsible Stakeholder),美国一直要求中国在国际上"按规则办事"(Play by Norms and Rules)。美国闭口不谈,也不可能谈到底是"什么规则""谁的规则"这类问题,因为在美国看来,不言而喻,"国际规则"(norms and rules)当然是现行国际规则,而现行规则都是在美国主导下形成的。不过,在中国的质疑之下,不耐烦的美国似乎开始明确"什么规则"和"谁的规则"这类基本问题,但并没有实质内容。比如,最近,美国要求中国和东盟就"南中国海"(即我国南海)争端尽快制定有约束力的国际"行为准则"。因为美国强调国际公海"通行的自由",将来的南海各方行为准则,也无非是以"通行的自由"为中心。

美国以及其他西方国家,甚至不少亚洲国家不断要求中国"按照国际规则办事",好像中国从来"不按照国际规则办事"一样。这制造了一个天大的谎言。截至目前为止,中国加入了几乎所有的政府间国际组织和有约束力的国际公约。中国加入了《联合国海洋法公约》和《京都议定书》,美国则从来没有加入《联合国海洋法公约》(具有讽刺意味的是,2012 年,为了在世界海洋对付中国的兴起,美国准备加入这一公约),更退出了《京都议定书》。中国第一个于 2003 年签署了不使用武力解决争端的《东南亚友好合作条约》(TAC),美国则迟至 2009 年才签署该公约。

让中国"按照(现存西方主导的)国际规则办事"就是全球治理(全球治理作为动词)中国。

其实,"全球金融危机"前后出现一直争论到今天的关于"华盛顿共识"和"北京共识"问题,其实并不是真问题,而是一个建立在极大误解基础上的假问题。

国际规则、国际规制等不是一成不变的。要通过国际规则和国际规制统治或者治理世界,就要在创设、导引、成立国际规则和国际规制上带头。欧盟在全球气候治理上就是这样。当前包括中国在内的国际社会争论的"欧盟碳排放交易体系"(ETS),即欧盟计划从 2013 年起实行"碳税政策"。欧盟这样做,遭到了中国等的批评和抵制。欧盟已经在体制上准备通过征收"碳税"治理气候变化。其他国家对欧盟的简单批评和抵制无济于事,最好的办法不是批评和抵制,而是实行同样的"碳税"政策,只有这样,一方面迫使欧盟对其政策和体制有所调整和放松,另一方面,也向欧盟看齐,并与欧盟、联合国等进行宏观经济政策协调。

一个令人担心的危险是，中国在全球气候治理方面并没有争取占据国际规则和国际规制的高点，到头来只能继续被欧盟等在气候治理上领先的行为体所治理。

我举这些例子，是想说明一点，过去三十年从我们看来的所谓中国的“国内”发展和变革，其实绝对不是严格意义上的“国内”治理。从全球治理，或者从其他国际行为体（例如，西方国家和他们主导的国际经济机构）的角度看，全球治理的最大内容之一是对中国的治理，也就是说，中国一直是全球治理的对象和目标。

中国如今提供给诸如非洲和阿富汗等许多国家的援助是不附加严厉条件的，尤其是著名的“不附加政治条件”，其“条件性”是弱的。但是，从 20 世纪 80 年代以来，作为国际经济组织援助的接受国，中国是接受、落实了经济发达国家（双边）和主要由这些国家主导的国际经济组织（多边）设立的援助中国的严厉条件的。1998 年，国际货币基金组织在“亚洲金融危机”期间迫使一些亚洲国家，尤其是印度尼西亚接受其苛刻的“救援”条件的故事，对许多人来说，仍然历历在目。研究者用这个例子来说明国际货币基金组织在管理金融危机中的角色。国际金融机构过去向中国附加的具体条件性，我们国际关系学者所知甚少，但肯定是有条件的，而且也一样严厉。

外国和国际经济组织在中国治理中的过程和事实说明：中国一直是“被”全球治理的。承认这一点，是需要相当的政治勇气。如上所述，国际制度介入各个主权国家的治理（如最近欧盟、欧洲中央银行和国际货币基金组织“三驾马车”介入欧元区一些国家的债务危机管理），本来是当代世界的现实，但许多人因为民族主义等政治考虑却不愿意面对或者承认这一点。因为，世界银行和国际货币基金组织，甚至 UNDP 等国际经济组织，不会在美国或者欧洲的国内发展中发挥作用。普通美国人也不知道这些机构或者对这类机构漠不关心。我们当然知道，第二次世界大战结束时拟定的这些“战后安排”，除了世界银行一度是为了欧洲（西欧）的复兴，针对的对象不是西方国家。但是，西方通过国际经济组织对非西方的介入，帮助维持和强化了西方对世界的统治。

如今，世界上许多事情正在发生也许是转折性的大变化。

一方面，如上所述，世界银行等国际金融机构在中国发挥的作用继续存在且扩大。但另一方面，中国也越来越影响国际金融组织。

在当前的“全球金融危机”下，由于不能有效地介入管理金融危机的过程，国际金融组织也面对着他们的“治理危机”，即他们的资源不足、机构“治理结构”老化、“新兴国家”和发展中国家在其中的代表性不够、决策过程和效率存在各种问题。为了存在和转型，国际金融组织更加重视中国等“新兴国家”的作用。

中国仍然看重现存的国际经济秩序，仍然孜孜以求进一步深化与国际金融组织的关系。中国在“全球金融危机”期间（2008 年到现在）分别向世界银行和国际货币基金组织“增资”出了大力，但与此同时，中国要求提高在国际金融组织中的投票权（voting power）地位。不仅如此，中国也希望进入国际货币基金组织的“特别提款权”（SDR），以便让人民币与美元、欧元、英镑、日元等一道成为国际储备货币。截至目前，还没有任何一个发展中国家的货币是国际储备货币，人民币如果如此了，则创造了世界经济历史的记录。

所以，似乎地，一个在世界经济体系中变化了的中国，不再仅仅是“被”全球治理，而是中国也开始要去治理世界。

上述就是当前的“中国参与全球治理”的宏大背景。

这次“全球金融危机”带来的一个结果是，不管西方是否愿意，“全球治理转型”的时代命题已经提出，并且，各种力量开始推动全球治理走向实质性的转型。

全球治理的转型为中国从被全球治理到参加全球治理、在全球治理中发挥更大的作用提供了机会。“中国治理世界”应该构成全球治理转型的一部分。笔者在此提出“中国治理世界”的命题，并非“空想”，而是认为，如果没有“中国治理世界”，根本就谈不上“全球治理的转型”；中国接受“世界治理中国”时间太长了（最近这次是过去30多年），从历史转折的意义上，也该是“中国治理世界”的时候了。

然而，中国治理世界的时代是否真的来临，主要取决于我们的主观意识和规划，以及我们治理世界的准备和能力。我们拿什么（通过什么方式）去治理世界？我们是在现存的全球治理框架（架构）内治理世界，还是试图在新的框架（架构）中治理世界？这个世界，现存的国际制度不足以全球治理，而许多新的领域和新的议题（如气候、网络、极地等）却缺少国际制度。各国不仅试图在现存国际制度的改革中寻求全球治理的希望和在“全球治理的政治”中的有利地位，而且在创设新的国际制度方面各有各的表现，有的带头，有的跟随，而有的则显然在新的国际制度形成过程中大大地无意识，今后难逃“被全球治理”的命运。

人性的弱点之一是往往陷入非此即彼的简单思维中而无法自拔。比如，有一些人认为，中国已经加入现存世界秩序（不管如何定义和理解之），且现存秩序的“最大受益者”中包括许多的中国人和中国机构，所以，不应该挑战现存秩序，而是应该坚持“不挑战”，况且，中国如果要挑战现存秩序，在力量上不具备。而另一些人则认为，现存秩序的弊端在这次金融危机中再次暴露无遗，现有国际制度（机构）无法根治资本主义的内生顽疾；中国加入现存秩序不是“免费搭车”，而是付出了巨大的代价；西方的主导与非西方的缺少代表性与发言权说明现存秩序的不公正性和不合理性；改革并不一定能让现存秩序很好的运转，况且，从联合国到国际金融组织的改革，改革仍然是小修小补，不触及西方统治的根本，而是强化西方领导的世界秩序，所以，应该“另起炉灶”，建构新的世界秩序。

确实，在维持并强化现存秩序和制度与打破、另起炉灶构建新秩序是两种截然不同的观点，甚至存在着水火不容的冲突。中国若要走向治理世界的地步，当然要面对、回答这个最为基本的问题。

截至目前，在理论上，中国并没有很好地回答这一极其困难的大问题，而在实践上，则采取了“模糊策略”面对此种问题。中国组织了基本上没有西方国家的上海合作组织（SCO）、推动东亚（东盟国家加中日韩）货币合作（类似建立亚洲货币基金组织）和“金砖国家”集团（BRICS）的建构过程（建立不同于世界银行的“金砖发展银行”），但却小心翼翼地重申，这些地区合作和全球合作（集团化）倡议并不是寻求传统国际关系意义上的政治军事结盟,形成针对西方的排他性的国家集团,更无改变目前的国际规则的企图。

2008—2009 年,为了挽救西方经济,动用“新兴大国”(即非西方力量)的资源对抗金融危机,西方“七国集团”(G7)及其衍生“八国集团”(G8)决定召开“二十国集团”(G20)峰会,且一度向非“八国集团”的成员国开出空头支票,让“二十国集团”而非“八国集团”成为“国际经济合作的主要平台”(2009 年 G20 匹兹堡峰会《联合声明》)。这一声明被“新兴大国”,甚至整个发展中世界都当作了全球治理变革重大的积极发展,却随即遭到了一些西方国家的强力抵制。加拿大、日本、英国、法国等都坚持主张“G8 和 G20 并存”,并让“G8 领导 G20”。

西方竭力维持在现有全球治理中的主导权而非真正改革国际金融组织,这在 2011 年的国际货币基金组织总裁更替和 2012 年的世界银行行长“换届”中都得到具体细致的反映。欧美分别“卫冕”了 IMF 和 WB 的领导权,预示着在未来西方主导世界经济治理的局面将持续。中国、印度、巴西等“新兴大国”能否有机会“变天”,让来自非西方世界第一次掌管国际金融组织? 这一前景是有可能的,但并不是必然的。一切取决于西方的“危机”和“新兴大国”的“崛起”势头,即所谓“权力转移”是否持续。

令人担心的是,在“全球金融危机”仍然继续演变的情况下,一系列所谓的“金砖国家”,其“含金量”大大下降,尚未现代化、弊病丛生的印度政治终究难以持续印度的“发展奇迹”;“依附论”的故乡之一巴西仍然没有摆脱对西方(尤其是美国)的“依附”,巴西的第一大贸易伙伴中国的经济增长“软着陆”可能严重打击巴西对中国的能源和资源出口;中国经济转型困难;俄罗斯的“复兴”不过建立在新的“强人政治”和出售资源的基础上。

全球治理有可能从旧到新的更替和转换,无疑是中国全球治理研究者和实践者的机会之窗,但是,我们到底如何才能抓住这一机会? 中国能否最终做到治理全球,即在“新的全球治理”发挥新的作用? 我的看法是,我们先不要急着回答这些问题,而且在既有的巨大政策惯性下,也难以回答这个问题。由于中国既是维持现存的全球治理,又是推动全球治理转型、走向新的全球治理的力量(这本身代表了中国的悖论),更由于中国长期以来是其他全球治理行为体治理的对象,一个有着“平天下”传统抱负的中国能否最终在 21 世纪全球治理转型中发挥关键的不可或缺的作用,是未定之天。

欧洲与全球治理的转型[①]

一、问题的提出

国际货币基金组织(IMF)被认为是治理全球经济,尤其是治理非西方的、发展中经济的主要国际经济制度之一。作为一种“传统”[②],自1945年IMF成立以来,欧洲控制这个机构,而美国则控制与IMF平行的世界银行。所以,就全球经济治理而言,“西方的自由秩序”(Western Liberal Order)实则是美欧平分天下,是欧美联合霸权,并非一般人们理解的单纯“美国领导”。2008年金融危机爆发前,使用和通过IMF,欧洲稳定地处在全球经济治理的中心地位。欧债危机是2008年始发的西方金融危机的最新发展。由于危机重创了欧洲,欧债危机使欧盟在全球治理中的地位和作用发生了历史性的变化。

欧债危机发生后,欧盟令人吃惊地接受了IMF的介入。IMF成为解决欧债问题的“三驾马车”(Troika)之一,也许可以分析为欧盟与全球经济治理之间关系的一个非常重要的转折点。

欧洲在全球经济治理,甚至整个全球治理中的主控地位的巩固,主要原因是欧洲一体化取得的巨大进展。但是,欧债问题比较充分地暴露出欧洲一体化的内在弱点,包括欧洲一体化的一些关键项目,尤其是欧元被广泛认为存在着“设计缺陷”(design flaws)——“自20世纪90年代创立以来一直缺少关键的制度来确保危机发生后的金融稳定”。[③] 未来的欧洲也许将更加一体化。但是,在危机解决和新的欧洲一体化出现以前,欧洲在全球治理作用的将历史性地下降或者弱化。

在西方金融危机下,IMF已经不是昨天的那个IMF,一次次地,它不得不通过介入危机解决来证明自己的存在和价值,而要能够在全球经济治理中发挥IMF的应有作用,IMF就不得不接受改革。事实上,IMF中的非西方成员,尤其是“新兴大国”一直在要求和推动IMF的改革,以便让这个老的国际经济制度适应新的世界经济变化。

---

① 本文原载中国社会科学院主办的《世界经济与政治》2012年第11期。

② 此种说法在欧美是惯常的。这里可引用的一个说法是葡萄牙财长加斯帕(Vitor Gaspar)在一个学术会议上讲话,Vitor Gaspar,“Transatlantic Relations and Globalization in Time of Crisis”,Opening Address at the PIIE-Bruegel conference in Berlin, September 27,2011.

③ Jacob Funk Kirkegaard,“Congressional Testimony:The Euro Area Crisis:Origins,Current Status,and European and US Responses”,Washington DC,October 27, 2011.

介入欧债危机解决的,不仅是IMF,还有G20,其重要性明显高过以欧洲为中心的G7和G8。所谓G20介入欧债危机的解决,实际上是G20中的非欧洲成员,尤其是非西方的"新兴大国"对欧债危机解决施加的影响和作用。

在欧洲,许多人认为,当前的西方金融危机代表着全球经济治理的一个转折点。情况和趋势是否真的如此?本文以欧盟与IMF合作解决欧债危机以及G20对欧洲施加解决欧债危机的压力为例分析欧盟在全球经济治理中作用的变化,以观察全球(经济)治理的转型及其未来方向。我们要提出和回答的一个中心问题是:"新兴大国"能否利用现存国际经济制度(如IMF和G20)影响西方的经济治理?西方和非西方之间通过共同的国际经济制度能否开展本文所称的相互治理进程(Mutual Governance Processes)?

二、欧洲与全球治理之间关系的变化

影响欧洲与全球治理之间关系的变化有两大因素,一是欧洲自身的特性,即长时期的欧洲一体化对欧洲在全球治理中作用的影响;二是欧洲的外部世界的国际权力结构变化,尤其是"新兴大国"兴起和西方金融危机背景下发生的世界政治经济中的"权力转移"现象。

第一,欧洲一体化对欧洲在全球治理中的作用的影响。作为今日世界多边主义的主要推动力量,欧洲或者欧盟在维持一个多边、开放的全球经济治理中发挥着关键、中心和带头的作用。地区一体化使欧洲获得的一个集体经验是,借助共同的规则和制度,以及欧洲突出的长期政治传统——混合经济、公共产品、团结。欧洲比其他大国,尤其是美国,更加倾向于采用多边规则和制度来治理欧洲地区层次的和全球层次的相互依存。世界贸易组织及其争端解决机制,以及《京都议定书》等都是欧洲人最先提出和主要设计的。与美国相比,欧洲更加倾向于多边主义,而非单边主义。在世界贸易组织的多哈回合谈判中,美国讨论自由贸易,而欧洲则谈论全球经济治理。[①] 依据、按照规则的"治理"已经转化为欧洲的一种"天性"。我们在这里使用了"天性"一词,目的是指出一种逻辑:欧洲或者欧盟在当代全球治理中作用的主要来源及其基础是欧洲一体化。如果欧洲一体化得到加强和持续,欧洲在全球治理(多边主义)的作用就上升和加强,反之,若欧洲一体化发生反复、后退,甚至危机,欧洲在全球治理(多边主义)中的作用可能就遭到不可避免的削弱。

需要指出的是,第二次世界大战后,先是在西欧,后来是在几乎主体的欧洲地区,地区一体化(地区治理)是欧洲发生的最主要变化。欧洲最先提出全球治理的理论和开展全球治理的实践。全球治理无不打上了欧洲一体化的深刻烙印。

长期以来,除了各个民族国家成员的外交政策,欧共体和欧盟并没有外交政策。为此,在欧洲政治共同体或者欧洲政治联盟尚未实现的情况下,为了欧洲的全球治理雄心和需要,欧盟推出了共同外交政策。但这样的外交政策因为缺乏政治一体化的支持还不

---

① (希腊)Loukas Tsoukalis, *What Kind of Europe?*, Oxford University Press, 2003, p. 193.

是欧洲联邦国家的外交政策。欧盟贯彻共同外交政策的手段多数是偏“软”的，为了竭尽全力，包括地区一体化上的“欧洲模式”等欧洲“软实力”都被用上了；在解决由于金融危机导致的财政制约之前，欧洲共同外交政策即使在表面上“张扬”（如对阿拉伯世界的干预和支持缅甸等的民主化）[①]，总的仍然是“志大才疏”；在追求和落实一些外交政策目标上，如果需要使用武力，仍然倚重成员国的军事力量，缺少必要的共同军事力量。

第二，欧洲针对世界权力格局变化的反应正在推动着全球治理新局面的出现。对全球“权力转移”的主要反应，美国的反应比较强烈，试图“恢复”其失去的“世界领导地位”——美国霸权；针对世界权力结构的变化（如“中国的崛起”）采取“再平衡”（Rebalancing）的战略和政策。这样的美国战略，似乎与全球治理根本就不沾边，相反，会让“强权政治”或者大国冲突而非大国合作重回世界政治和世界经济的中心。

与美国不同，欧洲对全球“权力转移”的主要反应是，试图把“新兴大国”纳入现存的国际制度中，即促进现存国际制度的扩张或者扩大，同时，接受和主张对现存国际制度的改革，让现存国际制度更加完善和合理，加强多边主义、提高多边主义的效力。

在对全球“权力转移”的关注和焦虑下，欧洲可能正在面对一种前所未有的局面，“新兴大国”直接或者间接通过欧洲一直控制的国际制度，程度和方式不同地介入一些欧盟成员国的经济治理，进而整个欧洲地区治理。我们在这里要提出的一个中心问题是：欧洲“被治理”在21世纪初的出现，是否是全球治理正在发生和将要发生的转型的重要特征和内容？

三、IMF与G20介入欧债危机[②]

先看IMF是如何介入欧债危机的解决进程的。

截至目前，关于IMF在欧债危机中的角色，仍然缺少权威而系统的研究。IMF和欧盟互有需要，各有算盘，结果走到了一起。

欧债危机的形成是一个长期的过程，其解决注定也将是长期的过程，IMF也将由此长期介入有关欧洲国家的国内经济治理和整个欧盟的地区经济治理。[③]

德国学者赛兹（Franz Seitz）和若斯特（Thomas Jost）就此提出了很好的问题及该问题的答案：“三驾马车”是否是未来解决金融危机的一个最好制度安排？也即，“三驾马车”模式能否用于世界上其他地区的金融危机的解决？所谓“三驾马车”模式，即地区组织（如欧盟）与IMF的合作。欧盟成为这种“三家马车”模式的第一个“实验室”。

---

① 复旦大学陈志敏认为欧盟在内部虚弱的情况下却出现了“外交张扬”。见陈志敏在上海华东政法大学政治学研究所“比较政治与国际关系交叉研究”学术研讨会上的发言，2012年8月18日。

② 有关IMF在欧债危机中的作用的系统而专门的讨论见德国应用科学大学“讨论论文”Franz Seitz and Thomas Jost，“The Role of the IMF in the European Debt Crisis”，January 2012，地址：http://www.haw-aw.de/fileadmin/user_upload/Aktuelles/Veroeffentlichungen/WEN-Diskussionspapier/wen_diskussionspapier32.pdf.

③ IMF副总裁、中国籍的朱民在2012年9月12日夏季达沃斯世界经济论坛（天津）上指出，“欧洲的危机不仅局限在欧元区内”，这意味着IMF将长期面对欧债问题对全球经济的挑战。财新网，http://video.caixin.com/2012-09-12/100436551.html。

IMF介入欧债的考虑是,“尽管冒着失去独立性和信用的危险,尽管存在道德风险,IMF与欧盟的合作对于IMF的改革是有意义的。IMF需要(如同欧盟这样的)地区机构使其贷款变得更有效”①。如果IMF的介入不是恶化而是协助缓解了欧元区危机,那么,这可能意味着欧盟和IMF一道创造了一种治理金融危机的新模式,也许未来欧盟可以在世界各地“兜售”其与IMF合作的经验。

作为“最终的贷款人”(Lender of Last Resort)”,自这次西方金融危机从美国蔓延到欧洲起,IMF就高度聚焦欧洲。在西方金融危机爆发前,除了分析世界经济形势时涉及欧洲,IMF并不直接介入欧洲的经济问题。欧盟接受IMF的介入,不仅反映了欧债危机的空前严重性,而且也反映了其内部问题确实需要外部解决方案。

尽管欧洲主控IMF,但不少欧洲人并不想让IMF等外力介入欧洲危机。一些欧洲经济学家和政客坚决主张欧洲自己的解决方案,认为如果需要的话,可以建立“欧洲货币基金”(EMF)来对付金融(主权债务)危机,即使不去建立EMF,欧洲已有的欧洲中央银行(ECB)等地区机构,完全可以独立地应付危机。② 目前,欧洲存在的一系列对付金融危机的复杂而重叠的机构和项目,如“欧洲稳定机制”(ESM)等,都是这种思想指导下的产物。

但是,IMF之所以能够介入欧债危机,除了发生危机的主权欧盟成员国向IMF求助这一点外,是因为欧洲地区经济制度在危机下束手无策。首先,法德不能就一些欧元区成员国的短期债务需要提供欧洲解决方案。欧盟希望借助IMF完善和促进欧洲地区治理。比如,目前的欧洲机构尚不存在紧急贷款和有效监管接受贷款国家的经济调整计划等能力,而IMF正好可以在这个方面弥补欧洲的不足。也许,在未来,当欧洲机构增加了类似IMF的紧急贷款和监管功能,就可以不需要IMF介入债务问题的解决。其次,欧盟和欧洲政客缺少必要的正当性和信用,所以,人们总是担心贷款“道德风险”(Moral Hazard)的发生,IMF的介入可以有效地缓解“道德风险”问题。IMF的严苛条件性可以有效监管贷款和和贯彻经济改革计划。此外,许多欧盟国家抵制德国的经济增长模式和“稳定文化”(Stability Culture)。《欧洲稳定和增长公约》(SGP)并没有发挥作用。欧洲国家决策缓慢,花费很长时间才能批准计划好的预算协定,失信于金融市场。德国存在着反对为其他国家的经济失败买单的力量,造成欧盟援助发生债务危机的国家过程变得更加复杂和困难。这些原因,使IMF找到了介入欧洲货币联盟的理由,也是欧洲让IMF介入的理由。这一点类似于中国当年加入世界贸易组织的理由,即利用“对外开放”推动国内的“经济改革”。

2008年10月,在咨询欧盟后,匈牙利第一个向IMF提出预备安排(Stand-by Arrangement)请求。而欧盟使用其“收支平衡协助便捷”(BOP Assistance Facility)加入了IMF向匈牙利提供附加的金融支持。这是第一个欧盟和IMF联合项目,是自欧盟成立以来,欧

① Franz Seitz and Thomas Jost,“The role of the IMF in the European Debt Crisis”,University of Applied Sciences, Germany, Discussion Paper, No.32,January 2012, p.19.

② Franz Seitz and Thomas Jost,“The role of the IMF in the European Debt Crisis”, p.19.

盟成员国首次求助 IMF 的案例。①

在伦敦 G20 峰会(时任英国首相是戈登布朗)前的 2009 年 2 月 22 日,德国、英国、法国、意大利、西班牙、荷兰和欧盟轮值主席国捷克等的领导人发表声明,正式向 IMF 求助,希望 IMF 的资源倍增到 5000 亿美元。面对金融危机的感染和扩散,欧洲领导人想到了 IMF 驾轻就熟的危机遏阻作用。② IMF 最初答应提供 150 亿欧元救助希腊,占整个救助希腊计划 450 亿欧元的 1/3。随着危机在希腊的恶化,并蔓延到西班牙和葡萄牙,IMF 承诺在三年内对欧洲的救助份额增大到 1200 亿欧元。

在解决欧债危机的关键时刻,IMF 在 2011 年却发生了一次其最高行政职务即总裁(The Managing Directorship)的非正常、意外更替。由于欧洲人长期占据 IMF 的领导地位,除了美国之外的其他 IMF 非欧洲成员多不满欧洲。在这次总裁更替中,欧洲遭遇到预料之中的挑战者。为继续保住自成立以来一直控制的 IMF 总裁位置,法国和欧洲力克挑战者,赢得了"新兴大国",包括中国和巴西的关键支持,成功卫冕,法国前财长拉加德(Christine Lagarde)接替 IMF 总裁。

为了解决欧债问题,法国和欧盟,更加积极地推动 IMF 在全球金融危机下的"增资"③计划,以便让 IMF 成为解决欧债危机的一个工具。为此,IMF 的总裁极力游说中国等新兴国家,为 IMF 大力增资。④

2011 年,IMF 总裁拉加德批评一些欧洲国家,尤其是德国主要采用财政"节支"(Austerity)措施来解决债务危机。她认为,欧盟创立的纾困基金(Bailout Fund)不足以解决欧债危机,主张采取刺激"增长"的措施。2002 年 4 月,IMF 宣布,已经筹措了至少 4300 亿美元的额外借贷能力(Extra Lending Capacity),以便用于恶化的欧元区或者全球金融条件。2012 年 6 月,拉加德最强力地介入欧洲危机:IMF 号召欧元区快速走向财政联盟,因为欧元存活正在成为一个突出问题。IMF 还建议,欧元区纾困基金应该直接贷款给正在挣扎的银行,而非成员国政府,建议欧洲中央银行采取更为大胆的措施平息动荡不定的金融市场,增加货币供给或者恢复购买那些遭受压力的主权债务。

目前欧债危机的解决已经呈现出"IMF 风格":几乎陷入债务危机的欧元区国家,尤其是希腊,获得的每一笔贷款,都绕不过 IMF 执行董事会。不过,欧盟和 IMF 的合作并非一帆风顺。由于解决方法和处境不同,双方之间合作中的冲突在所难免。⑤ 这种冲突,在

---

① Franz Seitz and Thomas Jost,"The role of the IMF in the European Debt Crisis", p. 2.

② Carter Dougherty,"E. U. Leaders Turn to I. M. F. Amid Financial Crisis",*New York Times*, 23 February, 2009.

③ 2008 年金融危机爆发后,IMF 已经实现了一次增资,那次增资是在 IMF 前总裁卡恩主持下进行的。与目前的第二次增资有类似也有差异,类似的是,IMF 日益感到手里的资源不足,不足以在金融危机中发挥作用,所以,从应付全球金融危机的一般出发,决定增资;差异的是,第二次增资的目的显然是自私自利的,即为了欧洲自己,尽管 IMF 总裁指出:这笔资金与欧洲无关。"今后起草和签署的双边贷款,并不会形成一个贴着欧盟标签的专项基金或金库。它将用于 IMF 的所有成员国。"见英国金融时报,《IMF 增资用途不明》,2012 年 4 月 26 日。

④ 国际 IMF 总裁拉加德(Christine Lagarde)出席 2012 年 1 月的瑞士达沃斯"世界经济论坛",在演讲时高高举起她的提包,意思是她来参会的主要目的是为 IMF 增资的。

⑤ 英国路透社雅典/华盛顿 2012 年 9 月 26 日电,"独家:IMF(与)欧盟对希腊纾困案有歧见"。

某种程度上,不仅反映了 IMF 作为国际经济制度与欧盟作为地区制度的冲突,而且更体现了 IMF 中的“新兴大国”与欧盟的差异。

再看 G20 在欧债危机解决中的作用。

金融危机的前两年(2008—2009),当时的欧盟成员国政治领导人(如英国首相布朗、德国总理默克尔、法国总统萨科奇)和欧洲机构(如欧洲中央银行行长特里谢)十分敏锐,即刻意识到光靠美欧和 G7 是根本无法对这次前所未有的危机做出有效反应的。在此时刻,他们力主召开紧急的 G20 峰会(2008 年 11 月,华盛顿和 2009 年 4 月,伦敦)。

德英法意和欧盟 5 方是 G20 的成员,加上其他欧盟国家(如荷兰和西班牙)以这样或者那样的方式参加 G20,所以,在 G20 中,欧洲势力最大,其作用仍然是关键的。

不过,欧盟在 G20 中处在两难的地位:借助 G20 的集体力量应付金融危机,同时推动全球经济治理改革,但是,由于西方金融危机对非西方,尤其是对“新兴大国”的影响日益深入,G20 中的非欧洲国家也要聚焦欧洲问题,甚至希望以合法的形式和内容介入欧洲问题。他们要求欧盟搞好自身的改革,以免欧债危机等其他欧洲问题拖累整个世界经济。结果,在 G20 进程中,欧盟既治理世界也反被世界治理。前者反映的是欧盟一直以来对全球经济治理的主导,后者则反映了世界权力格局的历史性变化对欧洲在全球治理作用中的历史性影响。

G20 进行的不仅是宏观经济政策协调,而且是更深入的宏观经济政策谈判。2009 年,G20 匹兹堡峰会不仅规定该组织是“主要的国际经济合作平台”,而且建立了全球经济治理的“强劲、可持续和均衡增长框架”。为落实这一框架,G20 推出了“相互评估进程”(MAP),以确定各国的宏观政策是否相互适应。[①] 这是 G20 取得一个重要国际制度成就。当然,这一新型的国际制度,仍然很初步,但非常值得各国在理论和实践上完善它。

2010 年 10 月,在韩国召开的 G20 财长和中央银行行长会议以及后来的首尔峰会上,G20 成员国就 IMF 份额改革达成协议:IMF 将在 2012 年之前向包括新兴大国在内的在 IMF 中“代表性”不足的国家转移超过 6% 的份额。2010 年 11 月,IMF 同意改革其决策框架(Framework for Making Decisions),以反映新兴大国和其他发展中国家不断增长的重要性,反映当代世界经济的现实。这项改革号称是“广泛的治理改革”(Wide - ranging Governance Reforms)。

尽管中国和其他 G20 中的“新兴大国”的国内存在着是否“援助欧洲”的激烈争论,但根据 MAP 规则,中国等拥有通过这一多边机制介入欧洲经济问题的充分国际正当性(International Legitimacy)。此前,主要是欧洲深入广泛地通过多边途径(尤其是 IMF 和 G7)介入中国等非欧洲国家的国内经济治理,而中国等介入欧洲经济治理则很少。如果非西方大国能够通过全球治理机制介入西方的经济治理,这将改变西方和非西方之间关

---

① IMF,“The G20 Mutual Assessment Process (MAP)”, updated on September 26, 2012, www.imf.org/external/np/exr/facts/g20map.htm.

系的长期失衡局面，开启笔者一直主张的西方和非西方之间相互治理的进程（mutual governance processes）。

为了经济改革或者解决问题（如“亚洲金融危机”），“新兴大国”（例如，印度尼西亚、韩国、俄罗斯、墨西哥、土耳其等，都有与 IMF 打交道的痛苦经验）长期接受和忍耐了 IMF 贷款的严苛条件性，当它们可以介入解决西方金融危机的过程，按照道理来说，也应要求西方两件事：一是加速改革欧洲把持的 IMF，让 IMF 的机构治理和决策体系更能反映世界经济的历史变化，即“新兴大国”的崛起；二是它们通过 IMF 对欧洲的援助也要附上类似的条件性。但是，实际上，目前 IMF 改革进展有限，“新兴大国”的经济增长尚未自动转化为在全球治理中的权力；欧洲需要 IMF 的介入，但并不接受“新兴大国”的援助条件，事实上，“新兴大国”也无法向欧洲强加其条件性，甚至都提不出任何有力或者有效的条件性①。

在这次西方金融危机期间，借助 G20，一些欧洲和欧盟领导人多次和经常地批评全球金融市场（当然是出于他们国内政治的权衡），要求对金融市场进行全球金融治理。尤其是，主权债务危机下的欧元区国家面对金融市场的干涉和投机，困苦不堪，所以，欧洲政治领导人发誓要对金融市场进行政策和法律调控，比如制裁税收天堂（Tax Havens），甚至向金融交易征税②。

2011 年，法国担任 G8 和 G20 的轮值主席，为这两大国际集团确定了几个雄心勃勃的优先目标，这些目标都是为了“对全球经济治理进行全面改革”：“协调各国经济政策，减少全球宏观经济失衡；强化金融监管；改革国际货币体制，改变美元作为储备货币的主导地位”。在 G20 本身的制度发展方面，法国希望 G20 能获得某种“决策能力”，不要成为数不清的又一个“国际清谈俱乐部”③。但是，由于欧债危机继续恶化，法国政府确定的这些目标，并未获得 G20 的充分讨论，反而，欧债危机成了压倒了其他问题的问题。巴西领导人希望欧元区国家早日结束危机，以免伤及“新兴大国”的经济，抱怨欧洲人行动迟缓。巴西财政部长曼特加（Guido Mantega）指出：欧洲人往往花很长时间才找到解决方法，结果，这些解决方案每每来得都太迟了。④

G20 向欧盟施加压力，要求早日解决欧债危机的情况到了 2012 年墨西哥洛斯卡沃斯（Los Cabos）峰会时就更加明显。由于久拖不决的欧债危机更加演变为影响全球经济复苏和增长的一个主要因素，欧债危机再次成为 G20 峰会的焦点。该峰会发表的公报要求欧元区国家“采取所有必要措施捍卫欧元区的完整和稳定，促进金融市场的正常运转，并打破主权债务与银行债务之间的反馈回路”⑤。“欧洲领导人在 20 国集团（G20）峰会开幕之际受到世界其他国家的巨大压力，要求他们采取果断行动解决欧元区危机，这给本

① 有人建议中国援助欧洲的条件之一是欧盟解除自 1989 年就对中国实施的军事禁运。这样的条件性，在政治和外交上是幼稚的，在金融上是缺少逻辑的，欧洲显然不会接受。

② 金融交易税也称“托宾税”，是指对现货外汇交易课征全球统一的交易税。因各国存在意见分歧，尚未统一实施。2012 年 5 月 23 日，欧洲议会投票表决赞成开征金融交易税。

③ 克里斯贾尔斯自达沃斯报道，“萨科齐：G20 须有决策能”，英国《金融时报》中文网，2011 年 1 月 28 日。

④ http://en.wikipedia.org/wiki/2011_G-20_Cannes_summit.

⑤ G20 墨西哥峰会公报。

次峰会增添了紧张。”经合组织(OECD)秘书长古里亚(Angel Gurria)认为欧债危机“不再只是欧洲人的问题”①。

四、“新兴国家”进入欧洲主导的国际经济制度之后

由于本文涉及“新兴大国”与现存国际经济制度之间的关系,以及“新兴大国”通过IMF和G20介入欧洲地区经济治理,接下来,我认为有必要讨论“新兴大国”与“国际社会”或者“西方自由秩序”之间的关系。②

对于“新兴大国”来说,有两种方式可以走向新的全球治理(全球治理的转型)。

第一是改革现存西方主导的国际经济制度,让非西方的“新兴大国”及其代表或者象征的“发展中世界”在全球治理中的作用上升。曾几何时,国际关系理论的“英国学派”(English School)讨论过“国际社会”的扩张(大)。英国曾应用“国际社会”因应世界大变局(第二次世界大战以后的新世界格局,尤其是“非殖民化”)。③ 这里的“国际社会”最初是西方(欧洲)为主的可视作“社会”——规则或者制度为基础的“国际体系”,而“国际社会”的“扩张”就是“非欧国家”(Non - European)成为“国际社会”的成员。“非欧国家”被纳入“国际社会”是西方在新的历史条件下需要的,但是,悖论性的可能结果是,当这些“非欧国家”加入后,“国际社会”的基础和结构不再是简单的西方王道(hegemony),甚至,一旦“非欧国家”的力量超过西方,西方可能会失去在这样的国际社会维持王道的初衷。所以,对于西方来说,非西方按照“社会”的标准参加“国际社会”以及这种加入(西方主导的“国际社会”的“扩张”)的后果——带来国际社会的改革或者改变,一直是一个中心而敏感的国际政治问题④。

多数美国学者不使用“国际社会”的概念,但却使用类似“国际社会”的“西方自由秩序”(Western Liberal Order)来讨论上述这个中心而敏感的问题。如同“英国学派”,由于事关西方或者美国在全球治理中的主导性(dominance),美国学者非常深入地把非西方国家的“中国崛起”及其加入“西方自由秩序”当作一个中心命题加以讨论,因为这关系到“西方自由秩序”的存在或延续⑤。

---

① 克里斯贾尔斯等自墨西哥洛斯卡沃斯报道,“欧债危机将成G20焦点”,英国《金融时报》中文网,http://www.ftchinese.com/story/001045117

② “liberal order”也译为“自由主义秩序”。

③ 威廉·卡拉汉.对国际理论的民族化:英国学派与中国特色国际关系理论的浮现[J].世界经济与政治,2004(6).

④ Hedley Bull and Adam Watson,(eds.),*The Expansion of International Society*,Oxford:Clarendon Press,1984.

⑤ 当“中国崛起”被美国学术界确认后,一直研究西方与国际制度之间关系的G. Jonn Ikenberry的关注点变成“中国、西方和自由秩序的未来”,为此发表了多篇论著。值得指出的是,Ikenberry认为,除了“自由秩序”,并无其他秩序,否定了“另起炉灶”的价值。如同其他西方学者,Ikenberry也回避了关于国际规则的政治学,即谁制定规则,谁服从规则等问题。这里参考的是:G. Jonn Ikenberry,“The Rise of China and the Future of the West:Can the Liberal System Survive?”,*Foreign Affairs*,January and February,2008;“The Future of the Liberal Order:Internationalism after America”,*Foreign Affairs*, May and June, 2011.

欧债危机和“新兴大国”通过西方主导的国际经济制度介入欧债危机的解决,是否表明了国际货币秩序——“西方自由秩序”的最重要组成部分——已经进入“后欧洲”“后王道”或者“后美国”时期。20 世纪 80 年代初,在第一次“美国衰落”的争论和欧洲(法国)主导的 G7 兴起的背景下,美国学者基欧汉(Robert Keohane)首先研究了“后王道”的世界经济治理,即西方大国之间为稳定世界经济进行的“合作”①。基欧汉的“王道后”命题在当时属于令人非议的“大胆假设”,因为单一强权,即美国,当时并未如一些学者认为的那样“衰落”了,仍然主导西方,并未形成“后王道”的局面。一直到最近的西方金融危机,西方“衰落”和“后王道”的局面才终于形成。G20 在“后王道”时代上升为“主要的国际经济合作平台”表明,仅有美欧合作是不够的,无法解决全球经济治理,而西方与非西方进行的范围更大的全球合作未必一定成功地管理世界经济,但至少要比仅有西方大国之间合作要强。

第二是另起炉灶。在我们看来,另起炉灶可以有多样的情况和理由。一种情况和理由是,改革现有全球治理的先天缺陷和弊病很难,甚至不可能,所以,可以不必在改革上下功夫,而是追求现有制度的替代物(Alternatives)。例如,在英国,有人在研究新的“布雷顿森林计划”(Bretton Woods Project),主张建立新的世界银行和国际货币基金组织。再如,有中国学者认为,可建设一个新的 IMF②。另一种情况和原因不是要建立一种 Ikenberry 说的“非自由的”和“非规则为基础”的全球秩序③,而是因为自由秩序的西方主导性和其他进入自由秩序的非西方成员的附属性。“另起炉灶”的含义应理解为是多样的。人们一般理解“另起炉灶”为推倒现存国际经济制度,或者建设替代现存国际经济制度的新制度的革命而激进方法。不过,在现实中,下述这样的折中、温和的方法也许更有效:不是退出现有的西方主导的国际经济制度,而是在现有国际经济制度之外建立新的国际经济制度。其实,如上所述,欧盟本身就一直是这样做的。问题是,欧盟作为西方的主体之一,是“西方自由秩序”中的“州官”,可以“放火”,即挑战现存秩序;如果“新兴大国”也另起炉灶,即使是“点灯”性质的另起炉灶,也一般被西方理解为“挑战”现存西方主导的秩序。1997—1999 年,亚洲金融危机爆发,在日本的提议下,东亚国家想搞一个“亚洲货币基金”组织。这明显是挑战现存“西方自由秩序”,即 IMF 代表的国际金融秩序,所以,这个提议一出来,欧洲和美国都反对,“亚洲货币基金组织”的计划不得不变相出笼(后来的“东盟加中日韩的货币合作计划——“清迈协定”)。2012 年,“金砖国家集团发展银行(BRICS Development Bank)的提议,也被西方广泛评论为另起炉灶④。

---

① Robert O. Keohane, *After Hegemony: Cooperation and Discord in the World Political Economy*, 1st Edition, Princeton-University Press, 1984.

② 周寂沫. 争总裁不如另建一个 IMF[N]. 环球时报, 2011-05-28.

③ G. Jonn Ikenberry, “The Future of the Liberal Order: Internationalism after America”, *Foreign Affairs*, May and June, 2011.

④ 例如,英国有影响的“布雷顿森林体系研究项目”(Bretton Woods Project)发表了《一砖一瓦建造(世界银行)的替代物》(Building alternatives BRICS by BRICS)的评论,见 http://www.brettonwoodsproject.org/art-569947。

G7扩大到G20,尽管G20包括了一些西方政客和学者不愿意看到甚至不能容忍的其他政治体制("非自由体制"),但这终究意味着"西方自由秩序"的扩大,至少在经济意义上是如此[1]。G20应该成为研究"西方自由秩序"的"扩大"的最好案例。如果这种"扩大"意味着通过构造一种新的"大国协调"(Concert of Great Powers)或者大国合作而塑造新的全球治理,则是非常有积极意义的。这个意义是,"西方自由秩序"——"开放"和"规则为基础"的世界秩序——可以演变为真正的全球自由秩序。

当然,如果G20仅是"新兴大国"继续利用"西方自由秩序"来"发展"自己的框架,也仅是西方在危机时代利用"新兴大国"的资源或者力量的方式,那么,"新兴大国"无法以完全身份(资格)变成西方主导的国际经济制度的完全成员。在这一情景下,G20还不能叫做"西方自由秩序"的真正"扩张"。

只有等到西方大国和非西方大国获完全平等的地位,G20才可以看作是一种"全球自由秩序"的化身。为了出现一种具有普遍会员和吸引力的"全球自由秩序",西方和非西方大国都需要改变、调整外交政策。西方长期以来通过诸如IMF和世界银行等国际经济制度介入非西方世界的国内经济治理,而非西方世界则由于种种因素不介入西方的国内经济治理,这就形成了一种被忽略的和没有充分讨论的世界失衡。西方要诚实面对这样的失衡,非西方则要强调这样的失衡,最后,双方要谈判解决这样的失衡。问题是,"新兴大国"是否有原则、策略、手段介入西方的内部治理?也就是说,"新兴大国"是否准备好介入西方的国内治理?若G20中的"新兴大国"真正执行MAP,也去评估西方国家的宏观经济政策,而西方国家不是说说而已,而是真心接受G20的非西方国家来评估其政策;如果IMF中的"新兴大国"提高了其各自的决策地位,且能够采取协调行动,在IMF向发生金融危机的西方国家提供援助时,能加入非西方的条件性,那么,"新兴大国"实际上已经开始了介入西方国内经济治理。这种介入才是具有真正意义的全球经济治理的转型。

五、结论:欧洲与全球治理关系的未来

一个国家或者国家集团在全球治理中的地位和作用,终究取决于其内部治理的情况。西方金融危机说明了西方陷入了内部治理危机之中。欧洲地区治理的成败决定欧洲能否还能在全球治理中占据中心的不可或缺地位。欧洲的危机拖得越久,欧洲在全球治理中的作用就越小。诸如欧债危机这样的欧洲问题如果真的还将持续很长时间[2],欧洲将变得更加内向,其在全球经济治理中与美国平起平坐的主导地位将被动摇。

欧洲决策(政策)层等精英清楚地意识到要推动欧洲一体化往前走,一些国家,如德国政府试图借助欧债危机加强欧盟的权力,欧债危机下的欧洲一体化仍然"将不容置疑

---

① 庞中英. G20是西方主导下的世界秩序的新版本[N]. 新加坡(联合早报)言论版,2009-10-16.

② 谢国忠. 欧洲陷阱[J]. 新世纪,2012(12).

地前行”，“全部成员国将决心力保欧元”。[①] 因为“进一步的一体化（银行联盟、财政联盟和政治联盟）是唯一可行的挽救欧元和恢复经济增长的途径”[②]。但是，欧洲一体化——真实的“民族国家的联盟”动力也已经呈现严重不足，许多欧洲人，尤其是新的一代，不再像过去那样需要欧洲团结和一体化，欧洲存在着分崩离析的可能性[③]。

研究全球治理的转型从欧洲入手最好，全球治理的最早提倡者和实践者陷入“治理”危机，暴露出（相对来说）“弱的欧洲政治经济的治理”，[④]求助于自己一手创建和控制的国际经济（货币）制度，而其他力量通过这些国际经济制度而介入欧洲地区治理。这是全球治理转型的最具有戏剧性和历史意义的一部分。没有这样的故事或者案例，“全球治理的转型”也无从谈起。

但是，事情绝没有这么简单。欧洲危机的解决根本还是要靠自身的地区治理创新，这种创新不仅是技术的和近期的（如欧洲银行联盟和财政联盟），而且是战略的和长期的（欧洲政治联盟，以及最终的欧洲联邦国家）。没有人认为走向新的欧盟的前景是乐观的和顺利的。

从欧洲的角度看，无论是 IMF 还是 G20，都是危机时期欧洲为摆脱危机可资利用的工具，而“新兴大国”在全球治理中地位的提高，仍然是不完全的（有限的）和满足一定条件的，也即“新兴大国”并未获得完全的资格与西方在全球治理中平起平坐。欧洲在维持其对 IMF 等的控制上，即在全球经济治理的“现状”上仍然是成功的，尽管与欧洲提倡的诸如征收金融交易税等新的全球经济治理相互矛盾和冲突。但是，欧洲的保守性和其开创性本来就是并存的。

我们现在能确定的只有一点：在西方金融危机下，全球治理的转型已经开始，未来的全球治理不同于现在和以前的全球治理，但是，问题的核心不在于全球治理是否转型，而在于转型的方向与内容，以及如何转型等。从 IMF 和 G20 介入欧债危机来看，全球治理转型的目标、方向（方法）、进度、后果等充满了不确定性。

---

① 引自德国财长在一次学术会议的基调发言，Wolfgang Schauble，“The Euro Area Crisis and Future of Global Implications”, Keynote address at the PIIE – Bruegel conference in Berlin, September 27, 2011.

② Andrew Duff MEP，“On Governing Europe”, *Policy Network*, 24 September 2012.

③ Timothy Garton Ash，“The Crisis of Europe：How the Union Came Together and Why It's Falling Apart”，New York：*Foreign Affairs*, September/October 2012.

④ Andrew Duff MEP，“On Governing Europe”, *Policy Network*, 24 September 2012.

全球治理的“新型”最为重要

——新的全球治理如何可能[1]

本文要讨论的问题

为了对付日益增多且严峻的全球问题,在理论和实践上,当今世界一个主流的想法和做法是通过现有国际制度、国际机制、国际规制实现全球治理。但是,严格地讲,这样的治理还不能叫做真正意义上的全球治理,而仍然是国际治理(IG)。不过,为了语意的统一和连贯,本文把现存的国际治理归类为旧的全球治理,而把国际社会正在探索的和未来可能出现的全球治理归类为新的全球治理。

1945 年在第二次世界大战的废墟上出现的“自由秩序”(Liberal Order)的一个目标和功用是为了避免波及全球的大战再度爆发,即让充满野心或者抱负的国家通过和平而非暴力的方式达到其国家目标。[2] 如今,全球化不断深入发展,全球问题不断增长,旧的全球治理显然已经非常不够了,并且,现存国际制度本身的问题也很多,其最大的问题是西方的主导性及其导致的非西方力量在这些制度内的不完全、不充足代表性越来越不符合世界政治的现实——越来越支撑着当代世界体系运行的非西方国家却不能在这些国际制度中获得应有的代表性和主导性,所以,新的世界秩序需要新的全球治理——新型的全球治理,即全球治理的转型。

转型是一个时髦的话语。但人们往往集中在“转型”的抽象层次而忽略了转型的具

① 本文原是庞中英于 2012 年 12 月 17 日在联合国开发计划署(UNDP)和中国国际经济交流中心联合召开的“全球治理的前进还是后退”首次全球治理高层政策论坛的发言论文,原刊于《国际安全研究》(国际关系学院学报)创刊号,2013 年第 1 期。

② 纽约大学终身教授熊玠认为,“第二次世界大战结束后,国际上成立了布雷顿森林体系(包括世界银行、国际货币基金)以及关税总协(1995 年后被世界贸易组织代替)的自由贸易体系。为的是要发挥自由贸易的功用以达到维持世界和平之目的。因为如果一个国家可从这个世界自由贸易体系收购得来它所需之物品(甚至资源),那将比靠打仗从他国夺取要便宜与方便得多。所以,就减少了打仗来夺取的理由。这叫“达到和平的自由经济理论”(liberal theory of peace)。精心设计这一套自由贸易制度的人,显然有一大部分是要达到避免珍珠港事变重演的目的。因为 1941 年太平洋战事烽火正炽,日本偷袭珍珠港,是因那时美国拥有菲律宾群岛,正好挡住日本须向东南亚以及大西洋(澳洲)夺取战时资源去路。所以日本原意以为如将珍珠港摧毁,势将强迫美国由菲律宾撤退以防守夏威夷这个美国在太平洋最关键的军事基地。珍珠港事件,也因此变成了为资源而发动战争的象征。虽然最后太平洋战事还是以日本败降为终结,但是第二次世界大战的战胜国(包括美国在内)为了防止以后类似珍珠港事件的重演,设计了以上所说的全球自由贸易体系。”熊玠:《纪念“九一八”与对中日关系症结的认识》,《中国评论》月刊,2012 年 9 月号。

体层次。形象地说，如果我们把转型二字分开看，人们可能过分重视其中的“转”而忽略了“型”。

关于全球治理转型的讨论也是如此。目前，世界范围内，全球治理的转型是热门话题，但是，关于实现全球治理转型的方式却严重缺少探讨。

“新型”一词越来越出现在包括中国在内的世界各地的公共政策讨论。中国谋求对外关系的“新型”化。例如，最近中国主张国际关系，尤其是大国关系，应该是“新型的”。中国希望与亚洲国家和其他发展中国家建立“新型的合作或者伙伴关系”。自2008年爆发波及全球的西方金融危机以来，中国接受和采用了全球治理的话语，在多个重要的政治场合，强调中国要“积极参与全球治理”。①

本文主要不是关于新型的全球治理和全球治理的转型的原因，而是关于新型的全球治理或者全球治理转型的方式或者方法。也就是说，“新型”正是本文要关切的中心对象。截至目前为止，研究文献中尚未专门探讨“新型的全球治理”中的“新型”到底为何。本文认为，“新型”是一个真正的关键词，如果我们不能对“新型”有专门研究，新型的全球治理或者全球治理的转型根本就是空的，是没有基础的，更是难以落实的。

全球治理的“新型”

为了说明全球治理的“新型”的重要性，下面的讨论从关于中美关系开始。

经历了小布什政府执政的八年（2001—2008），美国面对深重的国内危机和国际挑战。2009年，奥巴马政府要“改变”小布什政府的外交政策——美国的“单边主义”，承认在对付“全球挑战”上，“即使美国也不能单独行动”，而必须塑造“全球伙伴关系”（Global Partnership），建立广泛的国际合作。在美国外交政策的词典中，向来很少有“全球治理”和“全球伙伴关系”这类提法，所以，在这个意义上，奥巴马政府的外交政策还是有新意的。所谓“美国不能单独行动”，本来是再简单不过的常识，却在美国外交政策中花了这么长时间才承认，这颠覆了美国在冷战后一度自我定义和推广的美国在世界上的地位：自从苏联解体后，世界就进入一个前所未有的“单极世界”——“美国领导”下的地球上“最后的霸权”②。

为什么美国需要“全球伙伴关系”，如何实现这种伙伴关系？自从奥巴马政府上台，美国有些学者就努力回答这些问题。比如，2010—2011年，有美国学者建立了“全球挑战论坛”（GCF）。2012年7月9—11日，我与其他几位中国学者应这个论坛之邀，参加了在纽约举行的“与中国的伙伴关系”系列论坛的第一场：“走向全球伙伴关系：全球挑战如何产生了

---

① 2009年7月9日中国国务委员戴秉国代表中国国家主席胡锦涛于意大利拉奎拉举行的“八国集团与主要发展中国家对话会”上首次说明中国的全球治理态度。此后，在历次二十国集团峰会上，胡锦涛多次重申这一点。而中国将“积极参加全球经济治理”在胡锦涛所做的中国共产党第18次全国代表大会（2012年11月8日，北京）上的报告中再次得到强调。

② “最后的霸权”来自美国地缘战略学家布热津斯基的《大棋局》，2007年。

全球解决方案”(Toward global partnership：How Global Challenges Make Global Solutions)研讨会。这个研讨会分两部分，第一部分是关于全球伙伴关系的“原则”的，主要是讨论为什么新的国际合作应该发生，而第二部分则是关于实现全球伙伴关系的“新型”(New Modalities)，主要是讨论应对全球挑战的国际合作如何能够发生。会议主办者要求我在第二部分发言，就如何建立和形成全球伙伴关系发表看法。这是我第一次自觉地注意到“modalities”这一术语及其意义，意识到该词对于理解全球问题和全球治理的重要性。

“全球挑战论坛”(GCF)的组织者认为：在美国，甚至在整个西方和西方影响所及的地方，已有的主流“国际关系理论”(IR)——现实主义和自由主义及其实践——单边主义和多边主义并不足以应对全球挑战，所以，他们提出了“伙伴关系的世界主义理论和实践”(a Cosmopolitan Theory and Practice of Partnership)，并根据这个理论与实践提出了新的全球合作建议①：

表1　世界主义的伙伴关系理论

理论	现实主义	自由主义	世界主义
指导思想	单边主义	多边主义	伙伴关系
原初动机	霸权	协调	解放
协议形式	互助	互信	互责
分析单元	国际体系中的国家	合作协议、规范和机制	微观层面上的关系，个人创造、实行和完善
重心	军事	外交	国家和人民之间的结合
特征	备战	谈判	着眼长远

表2　世界主义的伙伴关系实践

实践	单边主义	多边主义	伙伴关系
策(战)略	威慑和武力先发制人	威慑和国际法律框架下的预防	创新、多合伙人和多层合作
获得权力的方式	均势	稳定的多边均衡	多样的复原力和适应力
解决冲突的方式	胁迫	妥协	超越与和解
实现正义的条件	自愿和自助	社会契约和互助	社会选择和自主分化
实现安全的条件	集体防御	集体安全	集体复原
基本假定	国家在自助体系下寻求生存	国家追求效用最大化，寻求相对获益	国家是务实的问题解决者，它们寻求非零和结果
比较优势	解决硬安全问题的能力	解决分配问题的能力	解决共同的全球风险的能力

来源：全球挑战论坛(GCF)创办人克里斯特曼(Waltern Christman)的报告《走向全球伙伴关系的纲领》(Toward a Cosmopolitan Doctrine of Partnership：Equipping Global Society to Manage Global Threats)，2012年3月15日，北京。

① 见全球挑战论坛(GCF)创办人Waltern Christman的报告《走向全球伙伴关系的纲领》(“Toward a Cosmopolitan Doctrine of Partnership：Equipping Global Society to Manage Global Threats”，2012-03-15，北京。

表1和表2大体勾勒出“全球伙伴关系”学派的理论与实践。

从中可以看出，“全球伙伴关系”学派确实试图挑战在美国和西方已有的国际关系理论和实践。

从中也可以看出，所谓“modalities”属于实践层次。表2中的策略（战略）、获得权力的方式、解决冲突的路径、正义和安全的条件等，被理解为“型”（Modalities）。

我觉得，中国的“新型大国关系”和美国的“全球伙伴关系”尽管不同，但是，两者在意思上有相当的重叠部分。两者的某种重叠与共识（Common Grounds）：无论是新型的大国合作还是全球伙伴关系，其背景和对象都是全球问题，其实现手段应该是新的，即“新型”的策略、制度、规则、模式、路径、安排、渠（管）道、方式、条件等。

本文以下的部分将讨论几个全球治理的中心议题，进一步说明新型的全球治理中的“新型”，这样的说明也论述了关于全球治理到底如何转型的观点——一些“新型”的东西有助于实现新的全球治理。

“冲突后管理”和国际维和

为了说明对全球治理的“新型”的理解，除了上面大国（中美）关系的例子，本文要借助的第二个例子是“冲突后管理”（Post - conflict Management）。

“冲突后管理”是目前也是今后全球安全治理的焦点。

“冲突后管理”是一个西方术语，也称作“冲突后的重建”（Post - conflict Reconstruction）。在阿富汗等亚洲国家和一些非洲国家，“冲突后管理”是这些年来西方学者热衷探讨的问题。美国和欧洲介入“冲突后管理”很深，实际上，是美国和欧洲国家管理“冲突后”的第三世界国家，但问题是，中国等向来主张“不干涉（不介入）别国内政”的国家在“冲突后管理”的角色问题。

中国是通过联合国维和（UN Peace - keeping）介入“冲突后管理”的。以这样的方式介入“冲突后管理”的中国不仅在原则上，而且在型式（Modalities）与西方发生了这样那样的不一致、摩擦和冲突。在原则上，众所周知，西方“冲突后管理”的基本原则是“自由主义”或者“新自由主义”：突破国家主权和不干涉内政等传统原则，国际共同体承担“保护的责任”（R2P），把“自由”和“民主”进行到底。除了这一西方设定的国际政治环境，中国还面对着如下两方面的国际政治压力：第一是“冲突后”国家和其所在的地区组织（如非洲联盟，甚至美国和北约主导的阿富汗已经为观察员的上海合作组织）希望中国在“冲突后管理”中发挥更大的作用；第二是众所周知的西方持续要求的“中国应承担更大的国际责任”。处在这样的复杂环境下，作为卷入“冲突后管理”的中国与西方主导的“自由主义”之间的关系到底是什么？

截至目前，中国没有接受和拥抱西方的自由主义原则，在“冲突后管理”上与西方的原则差异或者冲突犹存。但是，本着在国际体系中“不挑战”西方的原则，中国并未在“冲突后管理”问题上挑战西方的原则或者现有的一整套西方主导的国际和平建设体制（International Peace – building System)，没有试图提出替代性的原则，而是至少容忍了基于事实上接受了诸如“保护的责任”。①

尽管如此，在实践上，中国却有一套区别于西方的自由主义的慎重而适用的做法，例如：(1)中国支持联合国和地区组织(如非盟)在冲突后管理中发挥更大的作用；(2)强调中国的“不干涉内政”并非是对有关冲突麻木不仁或者无动于衷(Indifference)，因为中国是一个“(国际上)负责的国家”；(3)目睹了西方主导的“冲突后管理”没有达到预期甚至失败的形势(如阿富汗和非洲之角)，中国更加强调“冲突后管理”的多样性，即根据有关国家不同的条件或者环境寻求不同的维和。这等于认为，在“冲突后管理”上，并非只有西方推广的包医百病的自由主义体制唯一模式。

中国自己和国际上一些学者认为，2006 年中非合作(FOCAC)北京峰会之后，随着苏丹内部的达尔富尔问题日趋恶化和苏丹南部独立的势头不可逆转，中国针对“冲突后管理”的做法发生了一个具有转折性意义的变化，即“第一次”发生了这样的改变：中国积极地利用与喀土穆的深厚关系，“公开和私下”“友好”“劝说”苏丹政府为结束冲突而努力，尽早接受联合国维和。②

有的西方学者认为，从观念改变、实际作为和不同的方式的角度看，中国提供了一种“新型的冲突后管理方式”。③

中国已经介入的“冲突后管理”，但是却与西方很不同。不同在何处？抽象地，这种不同当然在于中国是在维持尊重国家主权、不干涉内政等原则下的国际介入，但是，具体地看，这种不同关键不在于是否介入，而是如何介入，即介入的“型”上。在经济和社会意义上的全球化已经改变了中国在世界上的处境，即中国与世界之间已经形成历史上从未有过的“相互依存”，这种相互性的现实不断地提醒中国在世界上任何的冲突中，已经无法置身事外，但是，中国不应该也不可能像西方一样奉行帝国主义的、干涉主义的外交政策，在一个冲突频发，西方的干预又普遍失败的世界上，中国的选择和作用变成了全球安全是否获得治理的一个关键因素。

更进一步看，在相当程度上，比较西方介入“冲突后管理”的困境甚至失败，中国的“介入”应该评价为成功，因为中国的介入不是去“干涉内政”，而是在政治上和外交上有意地避开了“内政”，避开了与中国利益息息相关的“国家主权”等“敏感度”(Sensitivity)很高的问题，而是去推动“共同发展”，如协助亚洲和非洲国家互联互通(Connectivity)，增

---

①　2005 年 6 月 7 日外交部公布的《中国关于联合国改革问题的立场文件》的第三节第一点首次对“保护的责任”问题表态，http://www.fmprc.gov.cn/chn/gxh/zlb/zcwj/t199083.htm。

②　前中国政府非洲事务特别代表刘贵今大使 2012 年 10 月 13 日在埃塞俄比亚举行的第二届中非智库论坛上的讲话；以及亚德斯亚贝巴大学国际关系教授 Kuruvilla Mathews 为这次论坛提交的论文《中国和在非洲的联合国维和》。

③　见英国伦敦政治经济学院国际关系教授、南非国际问题研究所研究员 Chris Alden 和 Dan Large 提交给第二届中非智库论坛的论文《中国对非和平与安全政策的演变：构建维和的新范式》(China's Evolving Policy towards Peace and Security in Africa：Constructing a New Paradigm for Peace – building)，2012 年 10 月 12 日，埃塞俄比亚亚德斯亚贝巴大学。

加民生必需的基础设施，消除一些导致冲突的根源。当然，在"冲突后管理"的新政治与社会环境下推动中国与相关国家的"共同发展"是一个新的问题，"共同发展"实际上意味着中国如何在"冲突后"的治理上发挥建设性的作用。

有的国外学者认为，世界上已经出现了两种"冲突后管理"：一种是西方式的，一种是中国式的：西方自由和平或者自由治理，强调良治、自由市场和对人权的保护，中国强调改善基础设施、减少贫困和社会稳定等。①

在政治外交上，这样的划分制造了西方和中国的区分，可能会加强西方的"中国威胁"或者对中国的担心。这主要是因为：第一，中国通过诸如联合国维和等方式在西方自由秩序中难以走得过远，甚至抵制西方一些做法（例如，不仅是"保护的责任"，而且是远超越国家主权原则的"第三代维和"）；第二，西方对中国竞争和替代自由方式的担心、主导了与中国的关系，结果，产生了西方主动挑起的冲突，比如，自 21 世纪开始西方就没有断了对中国在非洲的作用上的批评。其实，中国式和平秩序，未必一定是与西方式的自由秩序不一致和注定要冲突的，而是互补的，西方在第三世界的"冲突后管理"也要依靠中国提供的治理条件（如基础设施），所以，中西方可以在"冲突后管理"上形成某种合作。

这是人为制造的对抗和冲突，对全球治理非常不利。如果今后西方能够反躬自省而不是一意孤行推动自由主义的秩序和方式、如果中国能重新加强在全球治理中的作用，中西方应该能够在"冲突后管理"避免冲突，进行富有建设性的合作，形成真正的作为"新型的全球治理"的"冲突后管理"，即让对自由主义秩序有着不同意见的中国等也能建设性地参与到"冲突后管理"中。

国际金融制度的改革与全球金融治理

2008 年发生持续到现在的影响全球经济的西方金融危机突然使全球金融治理变得更加迫切，有关的话题和主张铺天盖地。

西方主导的全球金融治理是基础于、出发于其国内金融治理的，也就是说，西方的任何国内金融治理都会产生全球金融治理效应，更进一步地说，西方的国内金融治理影响、甚至决定着全球金融治理。

美国奥巴马政府改革对美国金融业（华尔街）的治理，有所终结金融危机发生时小布什政府动用纳税人的钱来拯救陷入困境的金融业的做法。2010 年 7 月，奥巴马签署法律，创设了诸如"消费者金融保护局"（Consumer Financial Protection Bureau）和"金融稳定监督委员会"（Financial Stability Oversight Council）等新的金融监管机构，管理美国金融市场，以避免再次引发金融危机的金融业的"贪婪"。这些改革措施对大规模和复杂金融工具设限，让衍生金融市场更加透明，也对信用评级机构制定新规范，并使公司股东对发放

① Chris Alden 和 Dan Large 提交给第二届中非智库论坛的论文《中国对非和平与安全政策的演变：构建维和的新范式》（China's Evolving Policy towards Peace and Security in Africa：Constructing a New Paradigm for Peace - building）。

给高层主管的红利拥有发言权。在欧洲，欧盟金融治理已经成为欧洲一体化的下一个大目标。2012 年欧元区主要国家(目前只有 10 国)率先推行金融交易税，而在全欧盟范围(除英国等少数成员外)则建立银行业监管联盟。[①]

西方对全球金融的管理，当然不是具有充分国际正当性(合法性)的全球金融治理，而是霸权性质的对于全球化金融或者金融全球化的管理。众所周知，美国财政部和中央银行(联储)管理全球金融。美国更是通过"授权穆迪与标准普尔这样的美国公司"管理全球金融。[②] 与美国一样，"欧盟处于全球金融体系的中心地位"。自 20 世纪 80 年代欧共体(欧盟)取代了原来的欧洲大国(如法国)在全球金融管理中的地位后以来，全球金融"除纽约、华盛顿和伦敦当局之外，还由巴黎、布鲁塞尔和法兰克福有关当局来加以管理"。但是，与美国通过私人评级机构管理全球金融不同，[③]"欧洲人试图授权给欧盟委员会、国际货币基金组织执行董事会以及经合组织秘书处与相关委员会来管理全球金融。"[④]

很明显，对比美欧，通过多边的全球金融规则——国际金融制度(IFIs)对全球金融的管理比通过美国联邦政府机构和私人公司对全球金融进行管理更民主、更具有国际正当性。其中，国际货币基金组织(IMF)"法典化"的全球金融规则是"整个国际货币体系的法律基石"。[⑤]

2008 年金融危机发生后，现存国际金融制度再次面临改革的压力。为了让包括中国等在内的"新兴经济"一起应付西方金融危机和防止下次金融危机，欧美承诺加快改革国际货币基金组织，重塑国际金融制度。国际货币基金组织改革的焦点是该组织的决策权力的再分配，方法是所谓"权力转移"(Powers Shifts)。"中国要求在国际货币基金组织拥有符合其全球第二大经济体地位的投票权。德国、英国、法国及荷兰与比利时联合起来，各拥有比中国大的投票权。美国拥有 16.75% 的投票权，让它可以否决需要 85% 投票权通过的重大决定。欧盟拥有的 32% 总投票权，也让它享有同样的否决权。"国际货币基金组织董事会的 24 个席位中，欧盟占有 9 席。担心这样的改革影响欧盟在全球金融治理中的主导性，"欧洲采取了顽强的行动，来延迟重大国际组织的权力重新分配"。[⑥]

"新兴大国"在国际金融制度中的代表性和发言权的有限前景和西方不愿现在就弱化其在全球金融治理中的主导性给全球金融治理上另起炉灶的可能性提供了最主要的必要理由。所谓另起炉灶(Seeking Alternatives)，是形成不同于现存的西方主导的国际金融制度；但是，另起炉灶也可以是具有妥协性、建设性的，且并没有真正的对西方主导性

---

① 2011 年，欧盟酝酿征收金融交易税，而 2012 年 10 月的欧盟峰会上，欧盟各国同意于 2013 年 1 月 1 日完成欧盟银行业单一监管机制的法律框架。

② 同本文前引的艾儒蔚书，"前言"部分第 7 页。

③ 艾儒蔚．资本规则：国际金融秩序的演变，(中文版)[M]．北京：中信出版社，2010：85.

④ 同本文前引的艾儒蔚书，"前言"部分第 7 页。

⑤ 同本文前引的艾儒蔚书，第 134 页

⑥ Barry Desker，"Can Europe Prevent Asia's Rise"，Singapore：*Straits Times*，October 20，2012.

构成挑战的意义,西方和"新兴大国"(中国等)通过诸如二十国集团(G20)这样的机制协调、谈判与合作,塑造包容性的国际金融制度,避免零和性的全球金融治理竞争。

金融危机前,全球金融治理的竞争主要发生在欧美之间,加上日本和加拿大等,所以,才有协调欧美差异、冲突的七国集团(G7)。金融危机后,G7 的重要性历史性地下降,原来的欧美大国协调变成更加复杂的全球大国协调,G20 的重要性必然持续上升,并被指定为"国际经济合作的主要平台"①,且已经开始进行各国宏观经济政策的"相互评估过程"(MAP)。这一相互评估进程应该看作是未来全球治理中的"相互治理进程"(MGP)的一个重要规则和模型。②

根据上面的讨论,我们可以找出全球金融治理的"旧型"和"新型"。旧型的全球金融治理主要是美欧金融管理机构(如美国财政部和欧盟委员会)、国际货币基金组织、七国集团等对全球金融(金融全球化)的管理。这种西方的统治在最近的这次金融全球化中登峰造极,因为西方成功地把代表世界上人口大部分的中国、印度、巴西等纳入金融全球化。西方和"新兴大国"已经建立起世界经济史上的又一种巨大的"相互依存"(Interdependence)。③ 但是,对西方来说,不幸的是和极具讽刺意味的是,金融全球化的顶峰也是西方金融危机。目前,显然,"新兴大国"要在全球金融治理试图发挥更大的作用,即寻求新型的全球金融治理——通过北京、新德里、巴西利亚、莫斯科④、约翰内斯堡和改革后的国际货币基金组织、二十国集团等对全球金融的管理。

地区治理

从"新型"的角度看,新型的全球治理的一个重要内容和有效方式是地区治理:(1)地区治理是全球治理的一部分,地区治理是全球治理的基点或者支柱;(2)地区治理的方式可能变成全球治理的方式,即地区治理是全球治理的路径。

自从欧洲联合以来,欧洲和其他地区的学者就在提出和争论着一个问题:地区合作是走向全球治理(全球一体化)的绊脚石(Stumbling Block)还是"探路石"(Stepping Stone)。

历史经验证明,地区合作主要不是全球治理的绊脚石,而是全球治理的基点。以欧洲地区治理的经验来看,地区治理不仅是为了解决地区范围的冲突(如欧洲的民族国家之间的冲突),⑤以及建立更大范围的地区统一市场,而且地区治理是全球治理的手段。

---

① 尽管 G20 仍然与 G8 并列,但是,G20 的这一国际正当地位在 G20 进程中得到确认。见 2009 年 G20 匹兹堡峰会和 2010 年 G20 首尔峰会的联合声明。

② 庞中英. 相互治理进程——欧盟与全球治理[J]. 世界经济与政治,2012(11).

③ 美国两位学者基欧汉(Robert O. Keohane)和奈(Joseph S. Nye)在 20 世纪 70 年代首次提出"相互依存"的概念和理论。"相互依存"被他们看做是当时"转变中的世界政治"的一大特征。但是,那时的相互依存主要是美国、欧洲之间(顶多再加上日本,即当时的"七国集团")的相互依存。

④ 俄罗斯在全球金融治理中的地位最为特殊,是 G8 和 G20 的成员,又是"金砖国家"集团(BRICS)的成员。

⑤ 2012 年,欧盟因为促进了欧洲和平而获得诺贝尔和平奖。

一个明显的事实是，第二次世界大战后，如果没有成功的欧洲地区治理，欧洲各大国，不可能维持他们在国际经济制度中的主导地位。借助地区联合（团结），欧洲对全球化进行集体回应和管理，把在欧洲地区范围内确定的规则、制度和方式推广（扩大）到全球，成为管理全球化的普遍规则和方式。[①] 这里世界贸易组织就是一个例子：世界贸易组织是欧洲在全球贸易治理上的主导地位的化身。世界贸易组织成立与已经建立了欧洲共同贸易政策的欧盟的推动分不开。世界贸易组织体现的国际贸易规则主要是欧盟的贸易规则。欧盟让世界贸易组织设在日内瓦而不是华盛顿。自1995年世界贸易组织成立以来，欧洲人两次担任其总干事。截至目前，美国人没有担任过世界贸易组织的总干事。世界贸易组织发起的新一轮贸易谈判（“多哈回合”），欧盟要求其加入“新”课题，如投资、竞争政策、环境及核心劳工标准。“欧盟把这些和其他‘新’课题加入（多哈）谈判议程，是为了转移对本来是新一轮谈判焦点——农业的注意力。这样的延误有重大的后果，因为它让达成具约束力的协议变成不可能的任务。”[②]

尽管目前的金融危机暴露了欧洲地区治理的缺陷，[③]比较世界上其他地区，欧盟的地区治理还是最为成功的。尽管在欧债危机的背景下有人预测欧元，甚至欧盟解体的可能性，[④]但是，欧洲地区治理不会因为目前的欧洲金融危机而退步，原因在于欧盟地区治理从一开始便植根于深刻的“政治理想”，[⑤]即地区主义（Regionalism）这一坚定而牢固的政治意识形态。除非欧洲人不再相信地区主义，在政治上彻底倒退，放弃欧洲联合，否则，欧盟和欧元不会轻易解体。当前的主权债务危机使欧洲地区治理处在前所未有的危机之中，但是，关键的欧盟成员国及其政治领袖解决欧债危机的方法不是让欧盟退步，而是坚定地促进欧盟的进一步一体化（在未来几年逐步实现欧洲银行业监管联盟、财政联盟和政治联盟）。这是一个正确的方向。更加一体化的欧盟，无论在全球和平与全球安全中，还是全球金融治理中，都将维持一个领先、领导的地位。

非洲和南美的地区治理是欧盟外最为成功的地区治理。与欧盟一样，非洲和南美地区合作都建立在集体的政治理想和政治决定的基础上，但是，非洲和南美与欧洲很不同。如果说欧洲地区合作是为了让欧洲国家（尤其是其中的大国）更好地治理全球的话，非洲和南美的地区合作是为了增加这些本来就处在弱势国际地位的国家的自主性，即“南南合作”。这是两个完全不同的地区治理类型：欧盟是为了更有效地治理世界，而非洲联盟和南美地区合作是为了免于被西方治理的命运。在结果或者影响方面，无论是非洲联盟还是南方共同市场（Mercosur），都帮助提高了非洲和南美在全球治理中的地位，影响了全

---

① 欧盟定义自身为“国际规范力量”（international normative power）。

② Barry Desker，“Can Europe Prevent Asia’s Rise”，Singapore：*Straits Times*，October 20，2012.

③ 尤其是所谓欧洲共同货币（欧元）的“设计缺陷”（design flaws）。

④ Timothy Garton Ash，“The Crisis of Europe：How the Union Came Together and Why It’s FallingApart”，New York：*Foreign Affairs*，September/October 2012.

⑤ 中国台湾学者蓝玉春认为“欧洲统合因为具有政治理想，而与其他区域组织大异其趣。”“只要欧洲联盟不自我设限为自由贸易区，那它将是恒常在理想与现实间摆荡的后民族、后国家、后主权时代的实验品。苏宏达．欧洲联盟的历史发展与理论辩论．“国立”台大出版中心，2011：197.

球治理的方向。例如法国举行的2011年G20峰会邀请非盟代表非洲出席;而墨西哥举办的2012年G20峰会则邀请南方共同市场出席。

亚洲的地区治理不仅与欧洲无法相比,就是与非洲和南美比,也相对落后。亚洲地区合作仍然局限在一些"次地区"层次上,如东盟(ASEAN),不存在更大范围的亚洲地区治理。1999年结束了"亚洲金融危机"后出现的"东盟加东北亚"的东亚地区合作,由于东盟政策调整和美国的枢纽战略(pivot)——即美国的全球战略重心转到亚太地区,东盟一些核心成员(如新加坡)推动,美国接过来"领导"的"跨(泛)太平洋地区合作伙伴"(TPP)取代现有东亚合作框架的趋势非常明显,再加上中日关系在社会层面上的恶化(如中国消费者"抵制日货"),1999—2009年之间形成的东亚合作丧失了进一步发展的动力。①

与欧洲大国不能相比,亚洲一些大国,包括中国、日本、印度等在内,无法借助亚洲地区治理的进展与成就影响全球治理。

现有全球治理的各种形式,即全球性的国际机构,都在探讨与地区治理之间的合作关系。例如,联合国维和就与一些地区组织(尤其是非洲联盟)密切合作。再如,国际货币基金组织探讨与地区金融合作的关系。国际货币基金组织已经介入欧债危机解决,成为与欧盟委员会、欧洲中央银行并行的欧债解决进程中的"三驾马车"(Troika)。② G20在2011年制定了关于国际货币基金组织与地区金融安排(如东亚的清迈多边化协议)之间合作的原则。③ 这再一次说明了地区治理与全球治理之间的相互性。

结论:全球治理的转型应该重在"新型"

世界的现实是:(1)西方霸权时代的历史终点尽管尚未抵达,但是,一些动向和势头已经预示,在可见的未来,如果西方无法找到新的路径遏止其危机,将加速抵达其霸权的终点。一些最为重要和领先的西方学者已经如此预测④;(2)"新兴大国"崛起自然不会一帆风顺,而是困难重重,但是,中国、印度和巴西,在未来的一段时期,仍将维持远高于西方的发展速度。一些非洲学者甚至认为,如果非洲能够扎实地推进全非的地区一体

---

① 2005年,东盟决定吸纳澳大利亚和印度组成东亚峰会(EAS),并展开其他"东盟加1"的谈判;2009年以来,东盟先后与美国和俄罗斯,以及欧盟建立了这样的关系,2011年,美国和俄罗斯加入东亚峰会。至此,所谓东亚峰会早已完全异化,与作为地区治理的东亚合作完全不同。

② 庞中英.相互治理进程——欧盟与全球治理[J].世界经济与政治,2012(11).

③ http://www.g20.utoronto.ca/2011/2011-finance-principles-111015-en.pdf.

④ 尽管线性(linear)的思维方式几乎被抛弃,但是,根据当前的发展预示未来的趋势仍然一个重要的全球学术动向。更多的西方学者在设想"西方霸权之后"(The post-Western)的全球治理和世界秩序问题。例如,欧洲最大的和平研究机构法兰克福和平研究所(PRIF)正在进行一项大的研究项目《后跨大西洋时代:21世纪的全球大国协调》,主持人是德国著名国际政治学者Harald Muller,笔者和来自德国、英国、法国、俄罗斯、美国和印度的学者参加了这个研究项目;再如,本文提到的2012年7月9—11日举行的"走向全球伙伴关系"纽约会议,英国著名国际关系理论家,当代"英国学派"的代表人物Barry Buzan发表了"西方霸权之后的世界秩序:去中心的全球主义原理"(World Order after Western Hegemony:Principles for Decentered Globalism)。

化,非洲将成为全球下一个最大的“新兴市场”或者“新兴经济”。[①] (3)全球挑战继续增大,人类面对的共同问题无法集体回避而不得不全球集体应对。

这三大现实说明三大趋势:(1)“后西方霸权”时代,如果国际政治是“规则为基础”的,新兴大国能够“按照规则办事”(Play by Rules),尽管西方不得不放弃一些在国际制度中的权力,但总的还是利大于弊;(2)新兴大国的崛起与参与现有西方主导的国际制度有关,即尽管付出代价,但是,还是从现存国际制度中获益,所以,新兴大国还是会“按规则办事的”,西方和新兴大国可以合作促进现有国际规则的改革;(3)当西方和新兴大国在新的框架(如 G20)下互动、冲突和合作,由于共同的全球挑战,会一起制定新的国际制度,形成21世纪的全球合作——新型的全球治理。上述三个进程将塑造新的全球治理。

中国和其他新兴大国正在改变以往的仅是全球治理的参加者的状况,试图在新的全球治理中发挥更大的作用,即在新的国际制度(包括国际规则)形成中,不再仅仅是“参加者”,而且也是“决策者”。

本文讨论的“新型”,不是什么“new style”,即“新的风格”,而是“new modalities”,即“新型”。新的风格是西方人所说的“新瓶”,也许耀眼夺目,但是,如果其“内容”仍然依旧——即它装的是“旧酒”,缺少实质的更新,那么它便称不上是所谓的“新瓶”。我们不要许多的形式主义,我们要的是解决新问题和新挑战的新方法。中国积极有为的治世哲学从来就反对“新瓶旧酒”。

本文讨论的关于全球治理转型的几个例子都说明,在构建新型全球治理的过程中,中国和其他新兴大国的作用是中心的。如果没有中国等新兴大国的更加重要的作用,也就不会有新的全球治理。不过,中国等新兴大国不能空喊全球治理转型,而是要为新的全球治理提供更多的形式和方案。中国现有的一些针对国际制度的主张和实践,未必完全代表了新型全球治理。例如,中国并不愿意让联合国维和进入到所谓“第三代”,当然,西方主张的联合国维和“第三代”也未必可行,关键是,仅仅消极抵制或者不参加西方主导的联合国维和“第三代”,并不是办法,如果中国认为西方主导的“第三代”维和存在问题,且并不符合新型的全球治理,中国就应该去建设,即提出中国版本的“第三代”联合国维和方案。再如,中国似乎关注个体超过关注集体,对中国在现存国际经济制度的决策权(“话语权”)以及中国加入 IMF 中的“特别提款权”更感兴趣。这明显不是追求新型全球治理,而是在对旧的全球治理乐此不疲。尽管中国对旧的全球治理如此“不挑战”,美国仍然轻松地否定了中国的要求:“纳入特别提款权的货币应仅为在国际贸易和国际金融交易中广泛使用的货币”。[②] 在世界经济历史上,除了日本,尚未有任何一个非西方的、发展中的大国的货币进入“特别提款权”,即成为国际储备货币。人民币如果在未来成为了这样的货币,其本身代表着国际货币秩序和世界权力格局发生了翻天覆地的改变。中

① 见津巴布韦学者 Phyllis Johnson 女士在于2012年10月12日在埃塞俄比亚首都亚得斯亚贝巴举行的第二届中非智库上的发言论文“New Dimensions for African Unity, Integration and Development: Sharing the Chinese Experience”。

② 见中国国家主席胡锦涛访问美国与美国总统奥巴马一起发表的《联合公报》第33条,2011年1月19日,美国首都华盛顿。

国不必在旧的全球治理上留恋，而应该在全球金融治理的新方案、新模式和新路径上提出有创建的主张。如果中国想让自己与新型的全球治理画上等号，就需要在全球治理的实现方式方面下功夫，提出走向全球治理的中国方案。

总之，“新型的全球治理”，最为重要的是其中的“新型”，即我们到底找到了什么不同于过去的方案、方法、方式来有效应对全球化和多极化的世界带来的挑战？

G20 是西方主导的世界秩序新版本①

G20 匹兹堡《领导人声明》(2009)说要让 G20 成为全球经济的主要协调和合作机制，全球不少舆论，包括中国的一些评论，因此认为世界经济正在构造“新秩序”，G8 将走入历史。

笔者认为，宣布 G8 走入历史还为时尚早，因为国际权力格局的调整还只是刚刚开始，G8 或者确切说，G7，西方世界在未来世界经济秩序中的主导地位退出历史还非常不确定。对此不能盲目乐观。

美国和欧洲等老的工业化国家，而非“新兴国家”，仍然牢固占据主导地位。别的不说，从金融峰会的主办国上就可以看出。美国不到一年举办两次峰会，英国举办一次。匹兹堡峰会宣布，2010 年将举办两次金融峰会，分别由加拿大和韩国承担，而韩国之后，金融峰会每年举行一次，2011 的峰会则由法国举办。除了韩国，加拿大是 G8 的成员，而法国则是 G7 的发源地。即使是韩国，不仅是美国的盟国，而且是西方工业化俱乐部 OECD 成员。中国等新兴国家即使主办 G20 峰会，但最早的时间也是 2011 年以后。而那以后的世界形势，不确定性非常多。其中一个不确定性是，新兴大国的经济增长势头能否维持到那个时候。

世界金融体系长期由美英主导，成也萧何，败也萧何，是不争的事实。只要认真看过 G20 伦敦峰会和匹兹堡峰会发表的领导人集体文件，就可以看出，几乎是美英主导，因为这些文件的重心正好与美国和英国的外交政策重心重合。

这些年来，欧美不断地邀请新兴大国的官方和非官方代表参加有关国际会议，为的是如何化解、消化新兴大国崛起带来的冲击。一场金融危机使欧美发现，G20 而非 G8 正是这样一个有效框架：把新兴大国纳入西方主导的世界经济秩序中，发挥其作用，拉他们一块解决世界问题，赋予他们一定的国际结构性权力，让新兴大国按国际规则作为。在这个意义上，新兴大国积极参与下的 G20，是西方主导的世界秩序的新版本。

美国的“权力转移”策略

奥巴马政府支持增加中国等新兴国家在 IMF 新的治理结构中的权力。乍一看，这是美国对外政策的一个大的转变。情况也确实如此，奥巴马上台后，试图恢复和加强美国

---

① 本文原载新加坡《联合早报》2009 年 10 月 16 日。

的“国际领导权”，但却以新的方式方法。

在“新兴大国”尚未成为世界政治的主导话语的20世纪末以前，美国一直把与欧洲（包括英国和欧洲联盟）看作是支持美国为首的世界秩序的支柱，帮助维护美国在世界上的利益。而欧洲国家，在许多国际事务中，实际上一直依仗美国的支持。许多欧洲人对此深信不疑，即使做美国的不平等的“小伙伴”也在所不惜。但是，这次美国却拿欧洲的利益“开刀”，认为一些欧洲国家在国际金融组织中的“代表性过度”，面对新兴大国的崛起，欧洲需要放弃他们掌握的“多余”的、不正当的投票权。

明显地，这是一个“零和”的权力转移。美国决定削弱欧洲的权力，当然不会放弃自己在国际金融政治的任何权力，而是希望这样的权力转到中国、印度等新兴国家。欧洲人对此考虑复杂。

欧洲人其实有“放权”的意愿。2008年11月的华盛顿峰会期间，在华盛顿智库卡内基国际和平基金会演讲的法国总理就主张欧洲国家把“多余”出来的投票权转移给新兴大国。G20中的欧洲国家，在匹兹堡《领导人声明》中同意“权力转移”。这当然是一个不情愿的决定，但欧洲人的策略是，坚守在国际金融体制中不正当的过度权力，难度比较大，势必加深与新兴大国的对抗，也有损欧洲在世界上的软实力；如果能以权力转移换来金融危机的消失和世界经济的稳定，甚至有助于预防下次金融危机，这种转移也是值得的。“后现代”的欧洲人已经不是像世界上一些民族主义抱负依然强烈的国家那样“恋权”。

当然，欧洲人深知他们让出的权力的是有限的，甚至是象征性的，也就是5%。欧洲在继续维持一体化，所以，欧洲作为一个一个整体——欧洲联盟——在国际金融组织中的投票权加在一起仍然是最多的。如果欧洲确实保持团结，他们一样可以成功地控制国际金融的治理结构和决策。所以，本质上讲，欧洲人在这种“权力转移”中是以小的代价获得大的收获，还能落下个为全球治理做出贡献的好名声。

这一权力转移，不光是美国争取新兴大国在国际体制中做出更大贡献的图谋，也同样是欧洲的图谋。在争取让新兴大国纳入现存国际体制，确保新兴大国不图谋根本改革国际体制，甚至另起炉灶，而是为现存国际体制的存续和改革（这次匹兹堡峰会《领导人声明》用了“现代化”国际体制的说法）做出贡献，欧洲国家和美国有着共同考虑和共同利益。

开始发生变化的国际金融组织的权力结构，是美国能得心应手操纵国际权力的最好例证。美国仍然握有足以影响国际权力布局的“国际领导权”。新兴大国增加投票权，除了感激他们自身的实力上升，也不得不感激美国对权力的摆布。

在国际上占据了本来就不属于他们的权力的欧洲人，其实是哑巴吃黄连，不得不接受现实。第二次世界大战结束前，美国总统罗斯福就强烈要求英法等拥有海外殖民帝国的欧洲强权放弃殖民地。第二次世界大战后，世界的“非殖民化”和民族独立运动，使欧洲人不得不失去他们本来不该拥有的殖民地。奥巴马这次有点像罗斯福，推动改革国际金融体制，拿欧洲人占据的权力为突破口，几乎是罗斯福再生，一定会博得新兴大国的欢心。

G20面对的真正考验还没有到来

匹兹堡会议的《领导人声明》,用了大段文字赞扬G20在扭转世界经济没有因为最严重的金融危机而陷入最严重的大萧条上的功绩。这段文字居然比“反对保护主义”要长得多。未来的经济历史学家将判断,到底G20各个政府以及他们的联合G20在这次危机中的作用。但危机尚未结束,美国的奥巴马政府就如此自我赞扬,向世界传达出世界经济正在趋向正常的信号,是否轻率了?

这次金融危机可能也就到此为止。但人们却担心下次危机的爆发。匹兹堡会议也多次提到“下次危机”。G20在缓解本次危机上确实做出重大贡献,但问题是,它能否为预防下次危机同样做出贡献?尤其是,若下次危机爆发,目前的G20结构能否有效地应对?国际金融体制治理结构的改变是否将有助于预防下次金融危机?若下次危机的中心不在美欧,而在新兴国家,那么,G20中的西方国家能否像这次的新兴大国那样“同舟共济”?比如中国爆发了金融危机,G20能像帮助美国那样帮助中国吗?这一系列问题,其实都是很不确定的。

G20峰会：看上去很美[①]

2011年10月14日，20国集团（G20）财长会聚巴黎，探讨欧洲债务危机，尤其是希腊危机的出路，算是为11月将在法国戛纳举行的G20峰会打头阵。然而，我们不会轻信法德能在戛纳峰会前让欧洲债务危机即使不能做到药到病除也能止血稳定的承诺。种种迹象显示，志大的法国萨科齐政府，想利用2011年的G20峰会连选连任并同时提升法国在全球治理中的根本地位的大平台计划将要打折扣。

G20这一年：目标与现实的差距

2010年11月，在韩国首尔接下G20峰会主席国接力棒的法国，似乎充满抱负，欲开发利用G20主席国的机会，作为法国2011年最重要的大国外交和全球外交舞台。巴黎重申，"只有G20有权力、权威和决策能力"在解决当今的主要经济问题上发挥关键作用。为此，法国在2011年5月草草应付了G8峰会，而把精力集中到如何办好G20上来。

与其他成员国磋商后，法国定下G20在2011年的行动"优先事项"：第一，改革国际货币体制（IMS）；第二，加强金融监管；第三，对付商品（尤其是食品）价格波动；第四，支持就业和强化全球化的社会方面；第五，反腐败；第六，发展问题，即国际"扶贫"。

显然，在这几个目标中，对法国而言，前三个最为重要；第四个目标次之，至于"全球化的社会方面"，是大话与空谈；后两个则更是附带的。

然而，计划赶不上变化，一系列危机打乱了G20的进程。

先是剧烈的阿拉伯世界危机，尤其是利比亚事件；接着是日本大地震引发的核危机；再后来是欧洲和美国愈演愈烈的主权债务和财政危机，尤其是欧元区的危机，都严重影响了法国的G20日程。

法国在非洲有着长期的巨大目标、利益和影响，因此，法国试图加强G20日程中非洲问题的重要性。从一开始，法国就主张不仅要求非洲联盟轮值主席国继续参加G20，而且邀请非洲发展新伙伴计划轮值主席国也参加。利比亚危机后，由于德国的立场暂时不同于法英，法国不得不协调与德国在利比亚问题上的差异。一方面，法国试图让G20加大对"革命"冲突后的非洲的援助，主导对利比亚等国家进行国际援助；另一方面，又希望在其中有着重大利益的中国等国家以"负责的利害攸关方"的模式，加入法国和西方领导的

① 本文原载《中国报道》2011年第11期。

援助中东北非国家的计划。

G20 法国峰会原本不打算专门讨论全球能源危机。但在突发的日本核危机下，全球都在反思核能。G8 已经触及了核能安全问题，G20 似乎也不得不讨论核能问题。然而，法国是核能生产和出口大国，与在日本核危机后明确宣布要“退出”核能的德国不同，不会主张终结核能。

2011 年 3 月底，在帮助利比亚反对派进攻卡扎非政权的同时，法国全力以赴推动 G20 的优先事项，尤其是改革国际货币体系。与中国协调显然是法国的重点。2011 年 3 月，法国总统萨科齐出席了由中国在南京主办的“国际货币体系改革”高级研讨会。与时任国际货币基金总裁的卡恩一起呼呼加快改革目前的国际货币体系。不仅如此，这位法国总统于 8 月再次访华，谈论人民币进入国际货币基金组织的特别提款权，希望中国在解决欧元区债务危机中尽力。

2011 年 5 月，当国际货币基金组织总裁卡恩突然“出事”后，萨科齐政府为了维护欧洲人主导国际货币基金组织的传统，力主其财政部长拉加德出马竞选新的 IMF 总裁。结果，法国为此不得不展开艰苦的“金融外交”，大力游说有关国家，尤其是“新兴经济”。结果，最终达成了国际媒体所说的“法国—美国—中国交易”，即美国继续默认欧洲人掌控 IMF，换取欧洲人对美国人掌控世界银行的继续支持；但法国承诺继续增加“新兴经济”在 IMF 中的代表性，换取包括中国等在内的大力支持，且提拔中国的代表、同时也是美国人能够接受的人选出任 IMF 的一位副总裁。这是中国人首次担任这个重要职务。结果，旧的国际货币秩序只是稍稍地受到震动，并未发生根本改变。

IFM 总裁继续由法国人担任，使 G20 主席国避免了新的不确定性，IMF 在协助欧元区走出债务和银行危机中的关键作用得到确认。

拯救欧元区：G20 的目标难实现

法国 2010 年从韩国手中接过 G20 主席国时，并没有想到欧元区的债务危机在 2011 年居然演变到几乎不可收拾的地步，更没有想到 G20 信誓旦旦的“危机后”声明（2010 年首尔《联合声明》和 2011 年初的 G20 财长和行长会议，都有所谓“危机后”或者“后危机”的字眼），居然成为盲目乐观的代名词。2008 年正式开始的“全球金融危机”并未进入所谓“后危机”时期，而是进入了更加严峻的危机新阶段。

如今，G20 中的欧美英日，全部陷入债务危机，长期经济增长前景暗淡。美、英、日是统一的国家，有着连贯和协调的财政和货币政策，可以通过财政政策和货币政策的交替使用缓和和对付危机。日本是所谓“量化宽松”货币政策的发明者，日本中央银行大量印刷日元和发行国债，支持日本政府的扩张性刺激财政政策。美联储“量化宽松”政策在过去 3 年一直在进行，又由于美国经济前景景淡，目前有扩大的势头。英国也搞“量化宽松”，增发货币。但是，欧元区不是单一国家，欧洲中央银行不是传统的国家中央银行，其货币政策受到各个成员国的制约，加上没有欧元区统一的财政政策，集体行动迟缓，欧元的主权债务尽管事实上不如美日严重,但后果即债务危机却比美日要重得多。

法国和德国似乎想在G20戛纳峰会前拿出拯救欧元区的一套全面可行的方案。否则,元气不足的法国在G20戛纳峰会上难以推动其G20目标,有意介入帮助欧元区的经济体,如“金砖国家”,也难以前进。

如果各方(包括金融市场、美国、其他G20国家)对法德的解决欧元区债务危机的方案不买账和不背书,法国在戛纳峰会上就别想在国际货币体系的改革问题上施加更多的欧洲影响和欧洲意志。若如此,戛纳峰会关于国际货币体制的改革将毫无实质进展。不仅如此,由于欧元遭到严重危机,美元地位反而获得加强。在美元霸权加强的情况下,势必导致其他国家更加不得不“靠拢”和“依赖”美元。欧元本来是美元主导下的国际货币旧秩序的一个挑战者。

欧元的命运将决定未来的国际货币体系的命运。

欧元区加深的危机正在削弱法德,甚至削弱整个欧元区在改革国际货币体系中重要性的分量。从长远看,这一危机局面严重不符合欧元区,尤其是法德的全球经济利益。所以,法德将再次合作力保欧元。

近一年来,G20轮值主席国的法国,就是这样不平凡地一路走来。

G20的前途:徘徊在十字路口

跳出法国来看G20的前途。法国之后的G20轮值主席国是墨西哥。墨西哥尽管是经济合作与发展组织(OECD)的成员国,人均GDP高过任何一个“金砖国家”,却仍然是地道的“新兴经济”;在大的国际政治方面,仍然是“发展中世界”的一员。

墨西哥今年推出候选人竞争IMF总裁一职,与法国人拉加德竞争。在一个仍然以权力为主导的国际体系,墨西哥候选人不仅没有得到欧洲的支持,而且也注定没有获得其同类“新兴国家”的有力支持。考虑到与欧盟的利害关系仍然大大高过与墨西哥的关系,中国和印度不可能也没有打算支持墨西哥人担任IMF总裁。墨西哥在西半球的竞争对手巴西更是不点头,尽管墨西哥候选人获得了加拿大的支持。墨西哥担任G20轮值主席国,这是G20在金融危机中首次由一个典型的“新兴经济”来领导。但这个“新兴经济”的领导力是弱的,面临许多根本性的制约和不利因素。美国肯定不会受墨西哥领导,如上所述,其他“新兴经济”也不会简单地同意墨西哥改革国际货币体系的方案。

这让人想到2010年由墨西哥坎昆领导的联合国气候变化大会。之前丹麦在2009年举办哥本哈根大会时,世界领导人云集,而墨西哥气候大会却没有几位重量级的国家领导出席。当然,这是因为联合国气候变化大会决定在哥本哈根会议后,不再举行最高政治领导人的气候峰会。但由此也折射出,诸如墨西哥这样的“中等大国”要在全球多边事务中发挥某种独特的作用,是困难的。

G20目前并无秘书处,只确立了轮值主席国担任领导,前任(韩国)和后任(墨西哥)G20轮值主席国协助主席国进行国际协调的“三驾马车”制度。

为了减少国际上普遍对 G20 的所谓缺少“国际正当性”的指责，G20 每年的峰会都“邀请”有关地区组织（地区制度）、其他全球性的论坛和机构的代表国家的首脑出席峰会。明年墨西哥轮值主席时，可能会邀请加勒比（中美洲）和拉美地区组织的代表国家参加 G20 峰会。

总之，戛纳峰会之后，G20 仍然处在关键的十字路口，也许将会失去 2008—2009 年期间那样“同舟共济”共同应对金融危机的势头。

全球经济治理处在不进则退的关键时刻

——评2013年二十国集团圣彼得堡峰会[①]

俄罗斯担任轮值主席国的二十国集团(G20)第八次峰会于2013年9月6日结束。如同以前的G20峰会,这次峰会也发表了《声明》,即《二十国集团圣彼得堡峰会领导人声明》。

对这次峰会,新闻“快餐”式的政治评价很多。许多并非全球经济治理角度的评论,大多就事论事。虽然这些评论敏感地意识到这次峰会受到美国和叙利亚冲突的严重影响,但不应该对这次峰会的中心正题——确认全球经济的形势与挑战,以及全球经济治理的措施——评论不够。

笔者认为,2013年G20峰会发表的《声明》是一份比较全面和触及要害问题的全球经济治理文件,超过自2008年以来的前七届G20峰会,应予高度评价。除了一般媒体报道的所谓“经济增长与就业”主题外,投资和融资、多边贸易、打击避税、国际金融架构改革、包容性发展、应对气候变化、加强反腐败等问题都用专章进行了说明(《声明》全文一共13章,27页,为历届G20峰会《宣言》中篇幅最长的)。

根据上述《声明》,除了延续讨论以前峰会提出的全球经济治理问题(议题),G20圣彼得堡峰会还聚焦新的全球经济治理问题(如反腐败国际合作和国际金融监管),这些最新发展肯定会影响2013年以后的G20进程。加拿大财长吉姆·费海提(Jim Flaherty)评价道,俄罗斯担任G20峰会轮值主席期间,包括最迫切的财政金融问题之一是作为保护主义行为的竞争性货币贬值(尤其是日本安倍政府为刺激通货膨胀而进行的日元贬值)等问题,都被讨论过了。[②]

仅从这些重要的多边成果来看,俄罗斯这一正在复兴的世界大国在多边国际合作,尤其是多边“财金外交”中确实用心、投入很大,发挥了国际领导作用,否则,不可能达成和通过这份重要文件。峰会结束后,有评论认为,圣彼得堡《宣言》是G20历史上最有成效的全球经济治理纲领。[③] 笔者认为,这一评价还是比较客观和公允的。

圣彼得堡峰会发生在2008年9月爆发的全球金融危机五周年的时刻,由于金融危机仍未结束且包括俄罗斯在内的“新兴经济体”正在受到一系列内外因素的打击,全球经济

---

① 本文原载中共中央对外联络部主办《当代世界》2013年第10期。

② 《维基百科》的“2013年圣彼得堡G20峰会”条目。

③ “俄罗斯之声”:“二十国集团将遵循‘圣彼得堡计划’”,2013年9月7日,见,http://radiovr.com.cn/2013_09_07/241401456/。

(金融)治理本来就是这次峰会的主题。所以,尽管存在叙利亚危机等普遍关切的国际政治问题,G20圣彼得堡峰会的全球经济治理意义也应该得到高度与客观的评价,因为这事关全球经济治理的未来。

G20何去何从

G20本来是金融危机的产物。1999年,G20的诞生,是全球对当时的"亚洲金融危机"等局部、区域金融危机的反应。而2008年产生的G20峰会,则是对美欧金融危机的全球反应。当时,G20把自身定位为"应对"或者"管理"危机。但很快,G20中有的国家推动该机制成为全球经济治理的所谓"长效机制"。表面上,G20以这样的理由存在下来,但实际是因为G20内部的协调和团结发生了问题。G20不是"同心协力"或者"同舟共济",而是美日欧,尤其是美国和日本,自行其是,不考虑自身的政策对其他国家(尤其是"新兴经济体")的影响。以美国为例,为挽救和刺激本国经济复苏而采用"量化宽松",当前又要缩减或者退出"量化宽松",这"一进一退",给全球经济,尤其是给"新兴经济体"带来很大负面影响。目前,从印度、印度尼西亚到巴西、南非等"新兴经济体"都遭遇了程度不同、形式多样的金融危机(本币暴跌、通货膨胀上升、不断扩大的经常项目赤字等),其外部原因正是发达国家自私的宏观经济政策。

面对"新兴经济体"的金融危机,G20中的非西方成员国利用圣彼得堡峰会表达不满,呼吁全球团结,结束"新兴经济体"的金融危机。这是此次G20峰会的一大特点。传统的"南北关系"矛盾居然以"新兴经济体"与发达国家之间的交锋和冲突为主题在G20中爆发了。

印度是这场危机的中心,所以,印度总理辛格的峰会发言集中在这场危机上,呼吁G20国家通过货币政策调整回应这场危机。其他"新兴经济体"的领导人也发出类似声音,要求G20正视"新兴经济体"的金融危机。

由于预期美联储将开始缩减量化宽松计划,从印度尼西亚到巴西等"新兴市场"的资产遭遇了大量抛售。"量化宽松"(QE)已经抬高了全球资产价格,特别是高收益高风险的"新兴市场"资产。印度尼西亚财政部长查提伯·巴斯里(Chatib Basri)警告,如果美联储在减少对金融市场支持方面态度依然如此含糊,那么"新兴市场"的放缓就可能会威胁到全球经济的复苏。他认为,美国货币政策的不确定性可能会拖累巴西、印度、印度尼西亚等国经济,而这些国家在全球经济增长方面正在成为越来越重要的贡献者。巴斯里批评美国放缓宽松货币政策的过程缺乏"透明度"。他说,美国的不确定性导致了更大的波动性,使得东南亚最大经济体"很难"形成自己的政策。①

南非总统雅各布·祖马(Jacob Zuma)表示,美联储缩减每月850亿美元资产购买规模的可能性所引发的货币贬值提醒人们,主要经济体政策和震荡可能给其他国家带来什

① FT中文网:"印尼批评美联储QE退出计划缺乏透明度",2013年9月4日。

么样的"风险"和"负面效应"；"目前新兴市场货币的动荡表明，仅以本国利益为出发点做出的决定可能对其他国家产生严重影响。应对所有这些挑战（金融市场的动荡、脆弱和不均衡的经济复苏）的方法就在于强化全球合作"。作为非洲最大经济体和整个大陆唯一的 G20 成员国，南非的货币兰特（Rand）兑美元已经贬值将近 18%，使其成为表现最差的货币之一。南非领导人呼吁"更多精心构思的全球集体行动"。希望"在世界银行和国际货币基金组织中看到更多包容和有代表性的监管安排"。[①]

2008—2009 年，在陷入金融危机的美英领导人的呼吁下，包括中国在内的"新兴经济体"有钱的出钱、有力的出力，与发达国家"同舟共济"，集体"管理危机"，让美英，以及欧洲度过了金融危机的第一阶段。但当金融危机演化到新的阶段，[②]欧美日则不与"新兴经济体"也来个"同舟共济"之类的"全球团结"。

一直研究 G20 问题，尤其是研究亚洲的 G20 成员国的加拿大英属哥伦比亚大学亚洲研究院院长、政治学系副教授肖逸夫（Yves Tiberghien）认为："虽然圣彼得堡《声明》中没有可见而具体的说明，也没有直接的措施来解决新兴市场正在扩大的危机，但 G20《声明》保持了对进行中的场外交易监管、'大而不倒'、影子银行等问题的聚焦。"一些共同措施的开始，"是向前迈出的重要一步"[③]。

2013 年以后的 G20，存在诸多的不确定性，G20 当然会进一步机制化，但是，其内部成员之间的关系将更成问题。研究 G20 的美国学者认为，G20 当前面对的最大挑战是"离心离德的倾向"。[④]

在此，需要指出的一点是（国内外的新闻评论大都忽略了这一点），就在圣彼得堡峰会发表《宣言》闭幕之际，澳大利亚政局发生变化（澳大利亚总理陆克文因为忙于联邦大选，而再次无法参加 G20 峰会），奉行征收碳税的澳大利亚工党政府垮台，自由保守派反对党联盟上台执政。由于澳大利亚在圣彼得堡从俄罗斯手中接过 G20 的主席国，主办 2014 年 G20 财政部长和中央银行行长会议，以及布里斯班第九次 G20 峰会，G20 代表的全球经济治理进程可能将因此受到影响。

在此，笔者的问题是，G20 是否就是一个相对完善、包容（具有代表性）和系统的全球经济治理机制？

许多人一度乐观地认为 G20 代表了全球经济治理的历史性进步。确实，G20 历次峰会，均邀请了一些地区组织、中小国家（他们中有强的，有弱的，有富的，有穷的）参加，尽量显示 G20 普遍的全球代表性，而不仅是代表实力强大的西方大国和"新兴大国"。在这个意义上，G20 确实是更加全球性的全球治理机制。然而，我们对此不能盲目乐观，不能

---

① FT 中文网："南非呼吁全球协同应对新兴市场动荡"，2013 年 9 月 3 日。

② 中国经济学者管清友认为，目前以"新兴经济体"的金融危机为标志，全球金融危机进入其第三阶段。参见管清友："金融危机第三波已拉开序幕"，2013 年 9 月 12 日，见：http://www.haijiangzx.com/2013/juanshiwei_0708/108842.html。

③ 张翃："G20 峰会制度化，交出不俗成绩单"，财新网，2012 - 09 - 09.

④ Nathan Gardels，等．"G20：没有皇帝的新衣"，观察者网，2013 - 09 - 12.

因为定期开峰会，而且每次峰会都如此受到全球关注和期待，就简单地认为 G20 已经“机制化”，甚至因为表面上《声明》的措施和目标，就认为其“成绩不俗”。①

中国与全球经济治理的转型

“推动全球治理机制变革”是中共十八大定下的外交政策目标之一。十八大之后，中国高层领导人和外交政策执行团队的领导人，多次重申这一点，也在诸如金砖合作和二十国集团等多边合作机制中一再实践这一目标。

鉴于全球经济复苏和全球经济治理面对的问题和挑战巨大，中国一直希望 G20 不要分神，而是集中精力对付迫切而关键的全球经济问题，成为全球经济治理的主要多边合作机制。

2013 年 9 月 5 日，中国外交部发言人洪磊在例行记者会上表示，二十国集团峰会应当坚持自身定位，能够切实回应国际社会的关切，有力协调各国的宏观经济政策，进一步推进国际经济、金融治理，推进贸易自由化，推进发展议程，从而使二十国集团峰会在国际经济中发挥重要的正能量。②

2013 年 9 月 5 日，中国国家主席习近平在俄罗斯圣彼得堡举行的二十国集团领导人第八次峰会第一阶段会议上作了题为《共同维护和发展开放型世界经济》的发言。仅从题目上就可以看出，与以往不同，中国对全球经济及其治理表达了深刻的担心。这就是，就在中国最为需要一个开放性的全球经济体系的当下时刻，全球经济的开放性却正在遭到历史性的挑战，“全球化在后撤”，不负责任、缺少协调，甚至赤裸裸的“以邻为壑”的宏观经济政策，而贸易和投资保护主义变本加厉。

习近平要求“采取负责任的宏观经济政策”，“完善宏观经济政策协调机制”；“共同维护和发展开放型世界经济”，“反对各种形式的保护主义”，“要维护自由、开放、非歧视的多边贸易体制，不搞排他性贸易标准、规则、体系，避免造成全球市场分割和贸易体系分化”，“要探讨完善全球投资规则，引导全球发展资本合理流动，更加有效地配置发展资源”。

为此，习近平呼吁“完善全球经济治理，使之更加公平公正”。他还明确了 G20 在全球经济治理中的角色，即 G20 是“发达国家和发展中国家就国际经济事务进行充分协商的重要平台”。

在具体的全球经济治理问题上，习近平要求“继续改革国际金融机构”，“抓紧落实好国际货币基金组织份额和治理改革方案”，“制定反映各国经济总量在世界经济中权重的

① 即使承认 G20 的《宣言》算是取得了了不起的进展，2013 年的 G20《宣言》的附件也包括了“行动计划”，但是，G20 历年发表的《宣言》在多大程度上得到落实，还是一个未知数。除了 G20 成员国的宏观经济政策外，国际货币基金组织和世界银行是 G20《宣言》的落实机构之一。国际上只有少数智库（如加拿大多伦多大学的 G7/8、G20 研究机构）对 G20《宣言》的落实（执行）情况进行跟踪研究。中国智库还没有开展对 G20 承诺的集体行动进行研究。

② 见中国外交部发言人洪磊的例行记者会，2013 年 9 月 10 日。

新份额公式”,“加强国际金融市场监管,使金融体系真正依靠、服务、促进实体经济发展”,“建设稳定、抗风险的国际货币体系,改革特别提款权货币篮子组成,加强国际和区域金融合作机制的联系,建立金融风险防火墙”,以及“加强多边反避税合作”,“健全国际税收治理机制”。

越是对 G20 提出过多的要求和期待,越是说明 G20 远没有能够在推动全球经济治理上发挥应有的作用。

中国需要构思新的全球经济治理战略。① 在这个战略中,需要高度重视与金砖国家以及其他“新兴经济体”之间的协调与合作,尽管有人错误地认为,除了中国,其他国家算不上“金砖国家”。②

2013 年 9 月 5 日,中国国家主席习近平在圣彼得堡出席金砖国家领导人“非正式会晤”,同巴西总统罗塞芙、俄罗斯总统普京、印度总理辛格、南非总统祖马就金砖国家合作以及重大国际和地区问题交换意见、协调立场。习近平强调,面对各种风险和挑战,金砖国家要凝聚在重大问题上的共识,加强团结合作③。

与其他“金砖国家”加强协调是中国重大而正确的外交行动。由于欧盟是 G20 的成员,而美欧则通过已经存在近 40 年的八国集团(20 世纪 70 年代成立 G7,20 世纪末,俄罗斯的加入使 G7 演变成 G8)相对成功地协调立场,G20 中的“新兴大国”需要更加团结和协作,否则,难以在与发达国家的斗争中取得实质性进展。至于诸如此类“非正式会晤”,以及金砖国家之间的具体合作,尤其是诸如建立金砖应急外汇储备库等国际金融合作上能否给发达国家带来压力,迫使他们在对待“新兴经济体”的态度和做法上有所改变,还需进一步观察。

结论

2008 年以来,伴随着金融危机的蔓延,G20 成为全球经济治理的主要中心之一。G20 影响了全球经济治理的转型。包括刚刚发表的圣彼得堡峰会《声明》,G20 已经发表了八个《声明》,这些《声明》都是全球经济治理的重要标志。如果把它们联系在一起,我们就可以看出在 2008 到 2013 年期间,全球经济治理面对的主要挑战(眼下的和比较长期的)和讨论的主要议题,以及各个轮值主席国对全球经济治理的深层考虑与议题设定。我们从中也可以发现,G20 成员国之间在全球经济治理上的一致与差异、合作与冲突。

2013 年的圣彼得堡 G20 峰会打上了俄罗斯多边外交的深刻烙印。这次峰会与前七次峰会不同,有其显著特点和重要贡献,如同以前的峰会,将是今后 G20 进程的重要背景和因素之一。

---

① 庞中英. 全球治理:中国的战略应对[J]. 国际问题研究,2013(4).

② 魏峰. 金砖只剩下一块. 上海:观察者网,2013 - 09 - 10.

③ 中国外交部:“习近平出席金砖国家领导人非正式会晤时强调金砖国家要凝聚共识加强团结合作”,2013 年 9 月 12 日。

全球经济治理的有无、强弱是影响未来世界经济演化(复苏和重建)的重要因素。关于全球经治理的全球争论将不会停止,站在不同立场、持有不同方法的政府、领袖和学者对全球经济治理以及 G20 在其中的作用看法将继续不同。

主动也好,被动也罢,中国无疑已经处在全球经济治理进程的中心。考虑到距离中国担任 G20 轮值主席国为期不远,我们需要深入研究以往 G20 进程的进展与局限,让 G20 在全球经济治理转型中发挥更大的积极作用。

G20 的崩溃不符合任何方面的利益

——站在世界历史新起点上,中国能挽救 G20 吗[①]

G20:实用主义的全球治理与妥协性的世界秩序

G20 是新旧大国(强国)组成的,也包括了具有代表性的地区组织和中小国家。“新兴大国”难以取代老牌大国,老牌大国离不开新兴大国,世界秩序走向复合化、多元化,全球合作是必须的。这是世界目前的现实,此种现实在未来相当长时期不会改变。

如果把世界秩序类比(Analogy)为一种议会民主制的国内秩序,目前的世界,“新兴大国”及其最近才开始的联合如“金砖国家”集团(BRICS),仍然仅是世界秩序中的一种集体的“反对力量”(a Global Opposition Force)。在一些主要“议题”上而非全面地合作的反对力量在短期之内仍然不会在世界秩序中占据主导(相当于在国内执政)。金砖国家之间有的差异仍然是难以逾越的合作鸿沟。但是,西方统治世界的绝对优势历史性地不再了,其相对优势地位也遭到了“金砖”集团的有力挑战。如果“新兴大国”在国内励精图治,改革转型获得成功,则其世界地位总体继续上升;如果世界大的和平局面得以持续,大国关系的规则得到改进(中国目前在力推与美国的“新型大国关系”),掌控世局的旧的大国大体接受世界秩序的“和平轮替”,“新兴大国”和平地上升为世界秩序的“执政力量”的可能性是存在的。

幸运的是,G20 应运而生。在 21 世纪,全球大国协调(Concert of Powers)是必要的。G20 就是大国协调的一个理想模式。或者说,G20 为 21 世纪的大国协调提供了一个难得的框架、平台。[②] 这个框架从消极的角度看,不仅可以让大国在共同的危机面前“同舟共济”,而且可以管理、控制大国之间的冲突;从积极的角度看,可以实现大国之间的深度、全面的合作,甚至形成真正的共存共荣、多元复合的新世界秩序。

然而,这些仍然仅仅是理论上的,G20 尚未成功却面对着巨大的挑战和危机。目前的危险发展是,在度过了 2008 年爆发的金融危机后,G20 如同其他一度特别重要的多边论坛,也逐渐丧失“外交势头”(Diplomatic Momentum)。

---

① 本文是在第二届 G20 智库论坛“大金融与综合增长的世界”国际研讨会(2014 年 9 月 3—4 日于中国人民大学重阳金融研究院)上的主题发言稿。

② 庞中英为主要研究员之一的《21 世纪的大国协调》国际合作研究项目,德国法兰克福和平研究院,2014 年。http://www.hsfk.de/A - Twenty - First - Century - Concert - of - Powers.763.0.html? &L = 1.

美欧联合围堵中俄导致了真正的 G20 危机

G20 为什么和如何失去外交势头？欧美与“新兴大国”之间的关系是否在不可避免地弱化？美欧代表的“西方的自由秩序”(Western liberal order)是否在收缩、排斥中国和俄罗斯？

G8 和 G20 一度被西方认定为是“西方自由秩序”的成功的延伸(扩大)。在金融危机期间，美欧成功地利用了“新兴经济体”。2008 年金融危机在美国和欧洲爆发，在危机最为严重的时刻，西方(美英自不待言，G20 的发起国和欧洲中央银行总部所在国的德国等)都不约而同或者一致同意要启动 G20 并让其升级为峰会，以便让“新兴经济体”参与“危机管理”。一时间，G20 被认定是“危机后”或者“后危机”全球治理和世界秩序的代表：已经确立起世界地位的西方主要国家(Established Powers)[①]、国家集团(G7、EU)和“新兴大国”(Emerging Powers)[②]在新的框架下合作：“国际经济合作的主要平台”。

在第一次世界大战爆发 100 周年的 2014 年，这一故事不免令我想到历史：第一次世界大战的南亚次大陆和新西兰等英国的“海外领地”(Dominion)，都被大英帝国要求参加战争，保卫大英帝国。金融危机最惨烈时，中国等“新兴经济体”被美欧要求必须为解决金融危机做出贡献。

然而，这些“新兴大国”并不想被简单利用，而是想进一步“和平崛起”或者“和平发展”，甚至要求在现存世界秩序中与老牌大国分权。具体来说，“新兴经济体”要求改革现存的国际金融秩序，要求在 IMF 和世界银行中占据更大的发言权。

西方利用“新兴大国”是一回事，但与“新兴大国”在他们控制的世界秩序中分权则是另一回事。即使欧洲的多数同意分权，美国还是不愿意这样做。有关分权的一系列主张和方案不是被拒绝，就是被搁置。

美国在 IMF 改革那点“小”但象征意义很大的事情上也不肯让步，迫使 G20 丧失了一个其存在的理由，即“新兴大国”通过为“自由秩序”做“贡献”而在其中获得更大的地位、影响。

除了上述 IMF 的“分权”外，诸如澳大利亚学者怀特(Hugh White)等主张在地区秩序与全球秩序中美国要与中国分权也被否定[③]。

不仅如此，尽管俄罗斯于 2013 年在圣彼得堡“成功”轮值了 G20，但是，俄罗斯的 G20 轮值主席国作用并没有挽救俄罗斯与西方的关系。俄罗斯在举办 G20 之后被“开除”出“自由秩序”，事实 G8 时代已经终结。“苏联解体之后的俄罗斯和平融入建立在自由市场和民主基础之上的西方世界秩序的希望已经落空。”[④]

---

① 不要把“established powers”翻译为“守成大国”，而应翻译为“老牌大国”。

② “新兴大国”一定要加上引号，因为这是西方称呼中国等.

③ Hugh White. *The China Choice: Why America Should Share Power*, 2013.

④ 尼尔弗格森. 一战爆发一百周年的警示. http://www.ftchinese.com/story/001057574。

2014 年,西方全面制裁普金政权下的俄罗斯。当然,俄罗斯不是中国,中国还不具备制裁别国(尤其是反制裁)的能力,俄罗斯却在一些方面具有反制裁西方的能力。

2014 年也许注定是未来历史学家眼中的转折点。俄罗斯在被开除出 G8 后,G7 在与俄罗斯对抗下恢复,而 BRICS 则在巴西开会。这是否预示着全球政治对抗的加剧？这一加剧是暂时的还是长期的？

在其他发展方面,西方试图生产和控制“新一代世界贸易规则”。“跨太平洋战略经济伙伴关系”(TPP)、“跨大西洋贸易与投资伙伴”(TTIP)两个谈判无非是为了制定 21 世纪的全球经济规则。中国、俄罗斯、印度、巴西等“新兴大国”均不在这些制定规则的谈判中。“新兴大国”不甘于被排斥,也在努力做同样的事情,如金砖合作(BRICS)和亚洲地区经济合作(RCEP)。

俄罗斯与美国、欧盟的关系在恶化,中国与美国的关系也在恶化。美国认为,俄罗斯和中国是其主要的对手。美国把中俄推到一起。①

澳大利亚(2014)和土耳其(2015)主办 G20。如同韩国(韩国在 2010 年成功主办 G20),这些在世界秩序中的“中间强国”②也许还不足以带动 G20 找到新的方向,更不可能挽救 G20,因为这些国家无法让美俄、美中之间避免冲突。

总之,美欧和“新兴大国”都可能失去一次通过全球大国之间的协调(如 G20)构造新的世界秩序的机会。如果局势恶化,世界就将再次分裂。

最动荡的世界潜伏着武力冲突

除了西方与俄罗斯的关系因为乌克兰问题而日趋恶化外,关于“中国崛起”的西方讨论到了一个新阶段:“中国在经济规模上要超过美国了!”“中国甚至在其他领域也要与美国平起平坐,成为最有潜力取代美国的下一个超级大国了!”“中国要统治世界了”,所以,一定要“避免中国主导这个世界”。

在这一大背景下,作为中国学者,本人不安地注意到西方学术界关于新的世界大战的讨论正在涌现一个新高潮。比如,伦敦大学政治经济学院(LSE)“战争哲学家”Christopher Coker 教授坚定地认为,在 21 世纪,世界大战并不能消失。他不太厚的专著《战争会被消除吗?》一书③正在引起一场世界范围的关于新的世界大战是否爆发的辩论。他的基本观点是:新的世界大战将在美国和中国之间展开,因为美国作为西方和现存世界秩序

---

① Artyom Lukin and Andrey Gubin (Far Eastern Federal University, Vladivostok, Russia), "Eurasia's Emerging Geopolitics: Back to 1914", paper presented at the ICAS conference at Temple University Japan, Tokyo, 13 July, 2014.

② “Middle power”这个词在中国不幸被直译为”中等强国“(我译为耐人寻味的矛盾体“中等大国”——是中等的,但也是大国),其实,这个词,正确的译法是“中间强国”,即处在两类世界大国之间的强国,“中间地位”或者“中间特性”(the middle)才是理解该词的关键。

③ Christopher Coker, *Can War Be Eliminated*, London: Polity, 2014. 该作者 2014 年 7 月 13 日在设在日本东京的美国天普大学亚洲研究所(ICAS, TUJ)就该主题发表专题演讲《为什么各个世界强权仍然可能交战》(Why Great Powers can still go to war),认为在第一次世界大战爆发百年后的今天,世界大战正在迫近,我听了他的演讲沉思良久。

的代表不会接受异质的中国的崛起。

一些中国学者回应这样的西方看法，如评论员丁咚认为："美国霸权终结或诱发新世界大战"。[①]

而在中国和东亚，"历史在重演"（History Repeats）的宿命论似乎很流行。[②] 在比欧洲人隆重纪念的第一次世界大战爆发一百年之际（1914—2014）要早20年的中日甲午战争120周年之际（1994—2014），出现了关于中日第二次甲午战争（2014年为甲午年）的可能性的广泛讨论。在中日政治与安全关系的危机下，这样的讨论其实就是关于世界大战是否将在东亚爆发的讨论。[③]

实际上，军备竞赛加剧是多年来亚太地区的现实与趋势。日本在美国的支持下，走出了再次武装起来的关键一步。2014年，日本安倍政府强行"解禁""集体自卫权"，遭到了中国和韩国的强烈反对。

21世纪的长期世界和平仍然可期

一系列国家，尤其是"新兴大国"是和平的支柱。中国不要战争，而是需要和平。中国仍然是世界和平的最主要的"正能量"。中国转型中的外交政策总的仍然是和平的外交政策：和平是目的、和平是手段。当然如果战争强加到中国的头上的话，中国也不惧怕战争。

欧盟等一系列的地区组织是世界和平的另一支柱。

至少从短期看，世界各大金融力量仍然需要和平而非战争。西方普遍"欢迎"2013年底中国共产党18届三中全会确定的"综合"（全面）经济改革计划。伦敦金融城等西方金融中心介入中国的人民币国际化，[④]老的国际金融力量并不认为中国构成了竞争和挑战，相反，他们认为中国在货币金融上崛起为他们提供了巨大的新的金融机会。

中国的作用：拯救G20，转型G20

什么是中国及其特性？在这个关于G20的国际论坛，我想提出这一问题。在世界体系中，中国是具有中间特性的大国（强国）。具有中间特性的大国，不管其规模和实力是否到了中国这样的程度，都具有沟通世界、协调世界的使命、意愿与能力（所谓"协和万

---

① 见丁咚的博客，地址：http://blog.sina.com.cn/s/blog_5eab40290102uz41.html。

② 中国不仅仅是狭义上的"东亚"国家，但西方规定中国为狭义上的"东亚"国家，即领土面积不到南海、西藏和新疆并非中国的固有领土的国家。这里我提到的"东亚"，仅仅是为了讨论的方便，具体来说指的中韩日三国涉及的范围为"东亚"。

③ 沈逸．两个甲子后，用棱镜看甲午．http://www.guancha.cn/60549/2014_08_02_252292.shtml。和石剑峰：《120年之后：东亚格局陷入循环：日本思想家柄谷行人谈甲午战争120年"历史的反复"》，见http://www.guancha.cn/Kojin－Karatani/2014_07_26_250567.shtml。

④ 李克强总理2014年6月中旬访问英国，英国政府决定参加人民币国际化。

邦”)。与俄罗斯不同，中国应该、能够沟通西方和非西方两大部分、协调新旧世界秩序转换之际的差异与冲突。中国的“折中”性(the Eclectic)是中国在这个世界上的特性。

中国“一只脚”显然已经跨进“西方自由秩序”中①，“另一只脚”却仍然、也永远在非西方的世界中。这是当下的中国与世界关系的现实，即自20世纪70年代以来中国与世界复杂互动的后果。任何有效的中国新的外交政策必须以此为出发点。

中国尽管是世界经济史上前所未有的主动“对外开放”且开放的非常彻底的国家，但是，在经济上“融入”西方，却在政治上与西方的摩擦不断。“事实上，在西方各国的眼中，中国只是一个重要的供应商而已，连G8组织都不让中国加入，中国的实际国际地位甚至不如俄罗斯。”②

在毛泽东时代和邓小平时代之后，中国政治已经进入新时代。在这个新时代，中国的外交战略和政策无疑正在艰难地探索中，但从意图和意愿上看，中国不是试图取代美国的全球霸权地位，发动一场取代美国和欧洲主导的自由秩序的战争；中国也不是与美国主导的自由秩序分庭抗礼，联合俄罗斯、印度、巴西、南非等另起炉灶。中国的对外战略实际上是两种东西的混合：一方面，在旧的美国、欧洲主导的自由秩序中，改革(“民主化”)这一秩序，使这一秩序更具有全球性质，更加合理(正当)；另一方面，提供更多的全球治理的“中国方案”③，力图成为新的国际规则的制定者。G20正好是这样一个平台。从中国的角度看，G20如何成功才代表了现实的可持续的世界秩序。④

在双边关系方面，中国正在努力与美国建立“新型大国关系”。中美“不冲突”“不对抗”就奠定了21世纪世界和平的最重要基础之一。

但中美不冲突、不对抗并不取决于北京和华盛顿的两个政权，而取决于中美之间的经济(金融)关系的结构的演变，即一种新的金融平衡或者稳定是否形成。目前，一个积极的发展是，人民币国际化、中国成为继欧洲之后成为第三大全球金融力量，降低美元的霸权地位，从而使得中美关系有所均衡化。一个在金融上均衡化的中美关系才是“新型大国关系”。

在多边方面，G20对全球和平至关重要，即通过有效的全球金融治理，达到全球和平。世界各个主要的金融势力假如不需要战争，世界大战就打不起来。

G20必须达成协议，赋予中国等新兴大国在现存的国际金融机构中足够的发言权。让中国作为金砖国家集团的成员之一与G7等进行协调，迫使G20成为既非西方的统治，也非大国冲突的场所，而是大国合作，缔造新旧大国之间的妥协、协调、合作。

我造出一个新词，Concert of groups (CG)。如果G7和金砖国家集团之间冲突，则不会有G20，只有G7和金砖集团之间协调、合作，才有G20的未来。

---

① 西方(尤其是美国)普遍认为中国在自20世纪80年代初以来一直“搭便车”，即充分利用“西方的自由秩序”。

② 陈功．中国未来趋势以及“习模型”．FT中文网，2014年8月13日，http://www.ftchinese.com/story/001057703。

③ 这里的“全球治理”是广义上的，可以读为“全球事务”。

④ Pang Zhongying, “Does China need a new foreign policy”, a keynote speech at SIPRI, April 13, 2014, see: http://books.sipri.org/files/misc/SIPRI - Hu Pang Zhongying.pdf.

2016年如果中国举办G20，则是G20重新出发、塑造21世纪的世界秩序的历史性机会。中国需要不失时机地推动G20成为21世纪的大国协调的主要安排。为此，中国需要确保金砖合作的成功，以金砖合作的成功迫使西方回归到G20的正确道路上来。

结论

全球金融治理仍然是最为重要的、最中心的任务，但是，G20不应该仅是关于全球金融治理的，也应该是关于全球经济和全球金融赖以持续的全球安全治理的。金融与和平之间从来都是互动的、密不可分的。全球金融治理意味着世界和平，而全球金融失序则肯定导致战争。

如果当前的全球地缘政治形势恶化，形成美国联合起盟国对付中俄等的冲突态势，中俄不想结盟也得结盟，G20实际上将很难取得真正的进展。当然，如同今日APEC那样的行尸走肉，或者作为将来应对危机的一个“备胎”，G20将继续存在，其峰会也会在各个成员国（包括欧盟）之间轮值下去。

G7在G20中仍然占据领导和控制地位，使得G20并非实际上的“国际经济合作主要平台”。“在G20内，亚洲国家并非作为一个整体发声。在全球金融规则改革的问题上，G20内‘由于缺乏统一的亚洲声音’，美国和欧洲得以更加从容地制定规则，致使有时候损害了亚洲利益。”①从这个角度看，G20中的非西方成员国，对G7统治全球的“恋栈”很不满意。这是金砖国家合作（BRICS）的原因之一。

中国举办G20能否让G20起死回生？这要看中国外交政策的顶层决定。中国新的外交政策是温和的、妥协的、合作的。中国一再表达创新创意，试图重建与西方，尤其是与美国的信任与合作，通过中西之间的建设性合作提升中国在现存国际制度中的地位。所以，G20这一平台极其有助于中国与世界的关系，极其有助于世界重建与中国的关系。

---

① （美）阿米塔夫·阿查亚．亚洲在全球治理中的角色（原文在英国《国际事务》2011年第4期）[J]．中译文载中央编译局（国外理论动态），2013（4）：11.

既非“金”,也非“砖”

——“金砖合作”、全球治理与世界秩序[①]

导语

对于“金砖国家之间的合作(即英文缩写BRICS,以下简称“金砖合作”),2014年是一个重大的标志性(取得突破性的进展)的年份,因为“新开发银行”(NDB,即所谓“金砖发展银行”)和“金砖国家应急储备安排”(CRA)正式启动,进入第二个五年的“金砖合作”不再停留在话语上,而是进入了行动的新阶段。[②]

由于中国等的“崛起”,走到21世纪第二个十年的世界,呈现了前所未有的世界秩序新旧交替的可能性。从世界秩序转型的角度看,“金砖合作”的意义确实非凡。这是走向新的全球经济治理的第一步。这是开启“后美国时代”的第一步。[③] 全球治理的理论与实践由此正在进入一个更加多元、多样的时代。但是,当充分肯定“金砖合作”除旧布新的意义外,我们切莫低估了“金砖合作”的复杂性、困难性。西方对“金砖合作”的最终反应(回应)是什么?西方是否不顾中国等提出的“不对抗”的呼吁而与中国等发展中国家进入一个新的对抗时代?一些消极的发展似乎正在印证这一势头。目前,西方以乌克兰问题向俄罗斯发难,俄罗斯至少暂时不在八国集团(G8),美国排除几乎所有的金砖国家,绕过世界贸易组织(WTO),与大西洋和太平洋的一些国家搞起小集团(小多边),试图制定下一代全球贸易规则。

本文提出和讨论了“金砖合作”与全球治理、世界秩序之间的关系这一中心(根本)问题。具体来说,这一中心问题可以分解为如下一些相互关联的问题。根据笔者的长期、密切观察与跟踪,在最近几年铺天盖地的关于“金砖合作”的论文和各类文章(包括严肃报刊的评论)中,这些问题并未被很好地提出和进行严肃的辩论。

1.“金砖合作”在目前的全球事务中的角色(作用)到底是什么?如何不误解、不夸大

---

① 最初刊发在《人民论坛》《学术前沿》2014年10月号上。

② 2014年7月15日,金砖国家领导人在巴西福塔莱萨第六次会晤期间见证签署了成立金砖开发银行和建立金砖应急储备安排的两份国际协议。

③ 相关的评论见:占豪:《金砖银行只是第一步》,《观察者网》,2014年7月18日,www.guancha.cn/ZhanHao/2014_07_18_248107.shtml;陈平:《金砖银行开启“后美国时代”》,《观察者网》,2014年7月17日,www.guancha.cn/chen-ping/2014_07_17_247674_s.shtml

世界政治、经济、外交体系中的“金砖合作”？

2. 从2009年第一届金砖国家峰会开始，直到2014年在巴西举行的第六届金砖国家峰会，金砖国家集体要求改革现存的国际（全球）金融机构，即国际货币基金组织和世界银行为代表的具体的全球经济治理机制。“金砖合作”与这些现存国际制度（国际组织）的关系到底如何？不要在“金砖合作”前，几乎所有的金砖国家都很愿意加强与这些全球金融机构的联系。“金砖合作”是挑战、甚至颠覆现有国际金融机构，还是对其的不足、缺口、效果构成某种必要补充？

3. 由于“金砖合作”的持续和深入，现在是到了世界秩序新旧转型的历史时刻了吗？“金砖合作”真的代表了新的世界秩序的雏形？

4. 从理论到实践，考虑到几乎所有金砖国家与西方（尤其是美国）的关系都很紧张，[①]在“全球治理碎片化”[②]的情况下，“金砖合作”真的提供了一种非西方的全球治理方案吗？包括金砖国家集团的非西方是否因此将担当全球治理的重担？

5. 如何能确保“金砖合作”的成功？“金砖合作”何以维新？

6. “金砖集团”如何通过扩大保持生命力、吸引力？

本文的以下部分将试图回答上述问题。

关于第一个问题。

本文同意目前的流行看法，毋庸置疑，“金砖五国”的力量以及“金砖合作”的力量确实了不起。在许多大指标上，如人口和人力资源、国土面积和地缘重要性、经济总量及其潜力、自主创新的高科技、建立在“军事革命”基础上的国家武力（俄罗斯在核武等战略力量上与美国属于同一个等级，中国则拥有世界上最强大的常规陆军），金砖国家及其合作在世界上占据关键甚至领先地位。

但是，本文更想指出的是，即使（假定）金砖国家均具有强烈的合作的意愿，且这一合作机制能持续下去，即我们假定金砖国家集团成功地克服了几乎所有国际合作都要遭遇的“集体行动的难题”（Collective Action Problem），[③]那么，如何看待这一新型的全球（国际）集团在现存全球体系的地位和作用？

目前的金砖集团，实际上包括两大类国家，一类是印度、巴西和南非。他们与欧洲

---

① 英国《金融时报》爱德华·卢斯：《奥巴马如何与金砖五国“交恶”?》，2014年4月22日。网址：http://www.ftchinese.com/story/001055877。

② “全球治理碎片化”（fragmentation）是最近20年在全球治理学界流行的一个说法，其始作俑者是已故美国全球治理研究权威罗西瑙（James N. Rosenau）。至于到底什么是“全球治理碎片化”，学术界并未给出进一步的说明。这种时髦的说法并不是什么创新，反而令人费解。所谓全球治理碎片化，就是全球治理的各类主体（这里主要指国家行为体和大量的各种非国家行为体）各自为阵，“多极（多中心）化”，现有的美国和欧洲主导（控制）的国际际（全球）机制，如世界银行和国际货币基金组织，无法推陈出新，机构改革乏力滞后，更无法整合各种全球治理倡议、行动和计划。欧盟有自己的全球治理战略与政策，其它各国（即使是韩国和新加坡）也均有自己类似的战略与政策。中国近几年也推出了自身的全球治理战略和政策。总之各国在全球治理中的作用和角色相互冲突。

③ 实际上，由于金砖国家之间的一些巨大差异和难以逾越的障碍、障碍，尤其是中国和印度，甚至中国和俄罗斯，金砖国家之间的集体行动总是有其限度的。当强调金砖国家之间合作的可能性、必要性和潜力时，不能跳到另一个极端，认为金砖国家之间一定会形成类似“西方七国集团”（G7）那样的国际集团。

(如英国和葡萄牙)在殖民主义时代就结合在一起,后来从西方"独立"出来,却仍然是西方主导的世界体系的天然的一部分。第二类是中国和俄罗斯。这两个国家在冷战结束后都经历了"融入"(中俄试图"融入")和"纳入"(西方试图"纳入")合二为一导致的进入西方主导的世界体系的过程。这个过程直到今天也尚未完成。分别历经30多年和20多年,中国和俄罗斯与现存国际制度(国际组织)的关系仍然具有相当的脆弱性。尤其是中国,在某种程度上,甚至还不如俄罗斯。俄罗斯在苏联解体后还被吸收加入了七国集团(G7),让七国集团演变八国集团(G8)。在2014年八国集团"开除"俄罗斯前,俄罗斯已经获得了在该集团的全面成员国地位。

在现有的世界秩序(以国际组织为其具体化身)中,金砖国家的多数实际上扮演的是类似在国内政党政治中的"反对势力"(反对党)。印度和中国携带人口优势,要求对现存国际组织民主化(中国的提法是"国际关系民主化",印度的提法是"民主化全球组织");中国、印度、巴西都要求改革国际金融机构,增加中国在这些机构的发言权;印度和巴西结盟,要求担任改革后的联合国安理会的常任理事国。

关于第二个问题。

值得指出的是,在过去5年,每到金砖国家峰会举行前后,国内就出现了一种可以叫做"空想世界秩序"的主张或者看法,而在西方则出现了诸如金砖国家要改天换地、"挑战"现存的世界秩序的看法。① 例如,有人主张改革国际货币体系的金砖峰会对旧的"布雷顿森林体系"有致命一击。② 甚至,有人居然认为,现在是到了实现新旧世界秩序转换的时刻。这些看法都是靠不住的。

就汇率体系(美元与黄金挂钩)而言,布雷顿森林体系在20世纪70年代就解体了。但若说布雷顿森林体系指的是国际货币基金和世界银行这两个全球组织,那么,这个体系仍然存在,而且将继续存在。金砖国家合作是否真的是对第二次世界大战后形成的布雷顿森林体系有致命一击?很明显,"金砖合作"不是致命一击,即使是挑战,也是有限的;在效果方面,是良性的、积极的,而就最好的情况,"金砖合作"等于促进了布雷顿森林机构的改革,且是对它们的必要补充。比如,金砖"应急储备库"(CRA)中有一条款:"当借款国需要提出超过其货币互换额度的30%时,该国还必须与IMF达成平行的援助协议。"由此可见,"金砖合作"与国际货币基金组织之间与其说是替代的挑战关系,不如说是互补的合作关系。

期待金砖国家合作推动世界秩序的良性(正向、积极)转型这是正确的,而且我们不能把世界秩序变得更加公正合理的希望寄托在西方的善意上。我们要亲自行动建设一

---

① 例如,英国《金融时报》的社论是《金砖集团拟重建国际秩序很难》,2014年7月15日,见:http://www.ftchinese.com/story/001057248。

② 2014年是布雷顿森林体系成立70周年纪念。国内外多个纪念研讨会以此为话题。金砖国家峰会最终决定成立类似世界银行,且比世界银行还要有用的发展银行的"新发展银行",加剧了这一讨论。以"布雷顿森林体系入古稀,金砖银行欲给其致命一击"为题的国内文章在多个重要网站出现。作者名字不详。这里引用的来自:http://finance.sina.com.cn/money/forex/20140719/175119760150.shtml。

个更加公正的世界。最近几年,许多人言必称“金砖合作”对世界秩序转型的正面意义。这样强调本身是世界秩序有可能得到改进的希望。但是,若说“金砖合作”的成型和运作意味着“新的世界秩序”诞生,显然是言之过早、言过其实。“新开发银行”和“应急储备库”从规模和实力上比世界银行和国际货币基金组织还是小多了,且只有5个成员国,无法与WB和IMF的全球范围的包容性匹敌。

关于第三个问题。

什么是现存的世界秩序?

从西方的角度看,无非是以下三个东西的历史演化。

1945年以后的国际秩序,即第二次世界大战后的国际秩序。但是,第二次世界大战后国际秩序受到美苏“冷战”的影响。冷战是第二次世界大战后秩序的最大、最长的“干扰变量”。苏联解体和冷战终结,却开始了美国主导的所谓“单极世界”,即美国的世界(全球)统治。但是,在这个自封的“单极体系”下,不仅大量的非国家行为体持续增长,而且古老的“新兴大国”打破了“单极世界”的美梦。如今人们再次提到和纪念的第二次世界大战后的国际秩序与第二次世界大战期间酝酿、谈判、决定的那个秩序已经有很大的不同了。

美国统治下的“单极世界”,美国人声称是所谓“西方主导下的自由秩序”(Western liberal order)。①

到底什么是“西方自由秩序”?从本质上讲,就是西方对世界(全球)的统治,把一切原来不属于西方组织的世界体系的国家纳入进来。在冷战结束后,俄罗斯和中国等被纳入进来。这一西方主导的世界体系号称是自由的、开放的,但是,西方(美欧)却是国际规范、规则的制定者与执行者,非西方则是这些规范和规则的服从者。

现在我们分别看一看金砖各国和现存的世界秩序(西方自由秩序)的关系。下面是一个耐人寻味的比较。

俄罗斯:苏联遗产的主要继承者,但是,与苏联不同,一度彻底“向西看”,但是,俄罗斯并未因此真正变成西方的一部分,反而,众所周知,与西方存在着这样和那样的“新的冷战”。在未来几年,如果俄罗斯回不到八国集团(G8),俄罗斯终究将不是扩大后的西方的一部分。

印度:一直从现存西方主导的世界秩序中牟利、受益。无论印度在这一秩序中如何批评西方、对西方表达不满,西方从来就不曾在乎印度对现存世界秩序的反应。反而,西方却不断地赞扬印度。“印度崛起”就是这样的西方话语。西方把制衡“中国崛起”寄托在“印度崛起”上。在与西方的这种奇怪的互动中,印度焕发青春,具有了巨大的改革现存世界秩序的冲动。“民主化”现存的全球治理(全球机构),印度最不遗余力。与中国比,印度是一个改革现存世界秩序的“激进”势力,与中国的温和、保守即“韬光养晦”对

① 有关西方自由秩序最近几年最主要的主张和论证者是普林大学的艾肯百里(见 John G. Ikenberry, *Liberal Leviathan: The Origins, Crisis, and Transformation of the American World Order*, Princeton University Press, 2012)。请注意,艾肯百里直率地把这一秩序叫做“美国的世界秩序”。)

照鲜明。印度要求联合国安理会改革，以便为自己谋求一个常任理事国的地位。印度也要求增加在国际金融机构的发言权。

巴西：其对待现存世界秩序的态度与印度十分类似。在国内治理方面，最近二十多年，巴西是全球“民主化第三波”的一部分，所以，不存在与西方在政治上的不可调和的矛盾。但却对现存的世界秩序心怀不满，跃跃欲试，在一系列全球事务上积极作为。巴西联合印度、日本、德国以及欠发达国家为主的六十九国集团（L. 69 Group）一道致力于创立一个新型安理会。在世界贸易组织（WTO）改革这一议题上，来自巴西的罗伯托·阿泽维多于2013年被任命为世界贸易组织总干事。

南非：在对待现存世界秩序的态度上，与印度和巴西分享许多的类似性。自“新南非”诞生以来，南非赢得了许多全球地位（如举办足球世界杯和加入金砖合作）。这些在全球的积极表现有助于南非在非洲的地区领导地位。由于其他本来足以代表非洲的大国（如北非的埃及和西非的尼日利亚）近年来百病缠身，本来还不足以代表非洲的南非却日益赢得非洲领袖的殊荣。

中国：许多人一度认为中国是现存世界秩序的“受益者”，尽管他们没有具体评估中国是否真的从中受益，也闭口不谈中国的受损或者为了受益而付出的代价。“受益论”说明，许多人实际上承认中国已经是现存世界秩序的一部分。俄罗斯与八国集团发生激烈冲突后，确实也提醒了中国下一步如何处理与西方的关系。从长远看，假如中国不得不为维护台湾、新疆、西藏、东海、南海的主权而行动，西方加上日本，也会制裁中国，迫使中国退出已经加入的西方主导的国际组织的。

关于目前的世界秩序，从政治学的角度，我们不妨得出以下三点：

第一，是西方（具体来说，全方位地是美国，在有些方面，欧洲、日本与美国联合霸权）的主导性。当然，从势头上看，尽管西方仍然占据着优势，但是，却不能完全说了算。

第二，等级制，美国和欧盟，有时加上日本，高高在上，但是，“高处不胜寒”。越是如此，全球治理越是低效，全球治理越是碎片化，直至严重缺少全球治理。

第三，不对称（失衡），非西方在全球治理中的地位与作用与非西方的人口、国土、实力、文明等不符。

金砖的崛起与合作，确实影响了西方的主导性，让一些西方人感到西方垄断全球治理的时代结束。等级结构也被动摇，金砖国家想要上升到一定的高度，挤上统治全球的金字塔的更高位置。诸如金砖之类的新型全球合作确实也有助于改善全球失衡。

总之，“金砖合作”距离“另起炉灶”，即在构造新的世界秩序、实现世界秩序新旧转换还很远。

吸取20世纪70年代当时的发展中国家（如石油输出国及其组织、印度、拉美非洲国家等）建立国际经济新秩序的失败的教训，金砖国家在推动世界秩序的转型中，成功的可能是有的，但失败的前景也是不能排除的。

关于第四个问题。

全球治理的理论与实践最初来自西方，尤其是来自欧洲。关于全球治理的理论化，欧洲学术界做的最多。在实践方面，欧盟则是一个特殊的行动者。欧洲共同外交政策宣称欧盟是国际“规范力量（a Normative Power），就是为了让欧洲国家和欧盟去治理全球。全球治理是欧洲为治理世界而生产的一整套知识。美国并不喜欢全球治理的理论，因为美国是按照自己的偏好、范式和方式治理（塑造和控制）世界。这样的治理是世界霸权。所以，我们必须明白，截至目前，全球治理，从理论到实践，主要不是全球的，而是西方的。

由中国、巴西、印度等非西方国家参加的全球治理也未必就一定是非西方的。这是因为这些国家接受和理解的全球治理概念、理论等基本上是西方的，缺少依据非西方条件和经验的创新，缺少非西方的特点。

中国等加入全球治理，表面上，使全球治理更加名副其实，但是，若是中国的加入，仍然使用西方的全球治理的理论，则对全球治理的改变并不一定是根本性的。

所以，需要有中国的全球治理理论，从而为非西方的全球治理做贡献。前几年，笔者等中国学者就力主中国提供解决全球问题的方案。① 最近中国领导人则在其外交政策中提出为解决全球问题提供“中国方案”。② “金砖合作”下的“新开发银行”和“应急储备库”，均是中国带头提出的。

关于第五个问题。

“金砖合作”只有证明自己，才能存在下去，并贡献于全球经济治理。

第一，我们应该表扬金砖国家：在全球经济治理历史上的一个特别困难时期，在严重缺少真正的全球治理的情况下，金砖国家提供了自己的解决方案。金砖成立了“新的发展银行”（NBD）和“应急储备库”（Contingency Reserve Arrangement-CRA），至少对于这 5 个国家来说，这是一种全球治理解决方案。而且，“金砖合作”对全球治理的影响将超出金砖集团，在未来逐步显示出来。目前，非洲和拉美开始从“金砖合作”中受益。然而，从国际合作的制度创新的角度，我不得不担心的是，“金砖合作”仍然是简单地模仿世界银行（WB）和国际货币基金组织（IMF），真正的有价值的国际制度创新非常不够。

所有的金砖国家都是 WB 和 IMF 的成员。所以，我们完全可以说，NBD 和 CRA 脱胎于 WB 和 IMF，是“青出于蓝”。

NDB 的游戏规则不同于 WB。一方面，金砖国家中经济实力最为强大的中国并没有谋求在 NDB 的绝对控制地位，这兑现了中国主张的“国际关系民主化”。但是，另一方面，CRA 与旧的 IMF 的游戏规则有一定的类似性，中国在这个储备库中以实力说话，占据龙头老大。

“金砖开发银行和金砖应急储备安排相互独立，在宗旨、规模、运作与决策机制等方

① 庞中英．全球治理：中国的战略应对［J］．国际问题研究，2013（4）．庞中英．中国崛起必须为世界提供解决方案［N］．清华大学学报（中国与世界观察），2012，http://www.ccwe.org.cn/ccwenew/upfile/file/zhongguojueqibixvxiangshijie（1）.pdf。

② 习近平主席在《接受拉美四国媒体的联合采访》中指出：“我们将更加积极有为地参与国际事务，致力于推动完善国际治理体系，积极推动扩大发展中国家在国际事务中的代表性和发言权。我们将更多提出中国方案、贡献中国智慧，为国际社会提供更多公共产品。”2014 年 7 月 15 日。见：http://politics.people.com.cn/n/2014/0715/c1024-25280466.html。

面明显不同。首先,‘金砖开发银行’着眼于长期发展融资,为金砖国家及其他新兴市场和发展中国家的基础设施建设和可持续发展提供资金支持;而金砖应急储备安排着眼于金融稳定,在成员国面临国际收支压力时提供短期流动性支持。其次,金砖开发银行初始认缴资本(即启动资金)为500亿美元,并在金砖国家之间平均分配;而金砖应急储备安排初始承诺互换规模1000亿美元,其中中方承诺出资410亿美元,巴西、俄罗斯、印度各180亿美元,南非50亿美元。再次,‘金砖开发银行’在正式成立后各成员要实际缴纳一定比例的股本,用于日常运作;而金砖应急储备安排仅是出资承诺,只有在有关国家提出申请并满足一定条件时才通过货币互换提供资金。又次,‘金砖开发银行’各成员国平均分配股权和投票权,其治理结构包括理事会、董事会和管理层等;金砖应急储备安排治理结构包括理事会和常务委员会,各成员国投票权与承诺出资额挂钩,除设立5%基本投票权平均分给金砖五国外,剩余95%投票权按承诺出资额成比例分配。中国承诺出资最多,因而投票权也最高。最后,‘金砖开发银行’运作方式主要为基础设施等投融资业务,而金砖应急储备安排是以多边货币互换为基础的货币合作框架,借鉴了其他类似的区域性货币合作机制如清迈倡议多边化的成功经验。”①

由此可见,“金砖合作”在促进全球经济治理的国际制度创新上有一定的进展,但也有不足。从制度创新——即全球治理的“软实力”的角度,金砖国家对WB和IMF的挑战仍然是有限的。

今后,“金砖合作”可以考虑真正的国际制度创新。本文说不好金砖国家到底如何设计其合作,但是,有一点是肯定的,若仅仅抄袭和修改WB和IMF的国际合作模式(在一开始,仿效WB和IMF也许是必要的),并不能很好地应对21世纪的全球治理的挑战。而且,WB和IMF在过去70年的运作中,存在着成功和失败的记录。“金砖合作”应该避免WB和IMF的制度缺陷,避免出现类似的失败。

“金砖合作”既然独立于WB和IMF之外,与WB和IMF的竞争是不可避免的,所以,不同于WB和IMF的制度创新是成功的保证,也能贡献于未来的新的全球经济治理(新的关于全球经济的运行规则)。

“新发展银行”存不存在关键的设计缺陷(Design Flaws)?作为国际关系学者,我仅提出这个问题,希望有关的国际经济学家和国际金融学家能面对和回答这一问题。近几年,人们指出欧元存在关键的“设计缺陷”,而第二次世界大战后期设计的布雷顿森林机构更是存在“设计缺陷”。“新发展银行”的设计缺陷是什么?在不久将来,其设计缺陷会暴露并成为一个尖锐的问题受到讨论吗?

我们要表扬这家开发银行的命名,“新发展银行”,颇有包袱,颇有激情。然而,“新发展银行”的关键不是一个不同于WB的开发银行,而是在理论上不同于WB的指导思想的“新发展观”。到底NBD拥有不同于WB的“新发展观”吗?NDB能证明自己在推广一

① 中国人民银行新闻发言人就金砖国家应急储备安排回答了记者提问,2014年7月15日,http://www.pbc.gov.cn/publish/goutongjiaoliu/524/2014/20140717163249732727299/20140717163249732727299_.html

种不同于 WB 的新发展观吗？同理，“应急储备库”优越于 IMF 的在哪里？当真的金融危机到来，CRA 会管用吗？

无疑，“新发展银行”一定会促进金砖国家和其他全球南方国家的基础设施改善和互联互通，但是，是否会带来“新的发展”？即颠覆 WB 和 IMF 长期以来代表西方强加给非西方的发展观。

其实，无论如何，尽管世界银行一度自认为是垄断了发展的真理，以为“华盛顿共识”是“放之四海而皆准”的，但是，由“金砖五国”推出的新发展银行等于告诉这个世界，归根到底，任何机构，包括世界银行，不能宣称垄断了发展的全部逻辑和模式。面对世界已经发生的和正在发生的深刻巨变，不同于“华盛顿共识”，“新发展银行”提出植根于发展的本土的、非西方的、发展中国家应对新挑战，如贫富分化、基础设施（公共产品）短缺、气候变化、资源枯竭、人口爆炸等的解决方案，以大大超越世界银行。

我十分担心，这家银行运行以后，“新的发展”在金砖世界和广大的发展中世界未必如期而至。新的发展并不等于为（硬件意义上的）基础设施建设贷款。当然，广大发展中国家，包括印度在内，硬件意义上的基础设施的供给仍然短缺，确实需要互联互通（Connectivity）。但是，如果没有真正的“新发展观”，NBD 在促进硬件意义上的基础设施的发展的同时却对解决发展中的深层的软件意义上的发展问题作用不大，那么，最终也带来不了新的发展。至于 CRA，一个最坏的可能必须估计到：在提前到来的一场席卷“新兴经济体”的金融危机中被证明用处不大。

一个也许绕不开的争论焦点是，“中国模式”或者“印度模式”或者“巴西模式”，是否就是“新发展”理论？谁的“新发展”理论？只有金砖国家探索出真正的可替代现有的“华盛顿共识”主张的发展理论，其“新发展银行”才是真正“新的”。[①]

大多数发展中国家不喜欢 IMF，尤其是那些遭受金融危机打击的发展中国家不喜欢 IMF，因为 IMF 确实在危机后并未提供很好的解决方案。“应急储备库”是继“清迈倡议（Chiang Mai Initiative）后的第二个“非 IMF”的解决方案。“清迈协定”是东亚地区性的，是 2400 亿美元的货币互换协议。从地缘政治上讲，“清迈协定”毫无用处，除非美国的两大盟国日本和韩国与中国一条心合作。由于中日政治关系当前的危机（美国不可能与中国建立“新型大国关系”，而日本根本不接受中国的“新型大国”地位，却要在亚洲范围继续“领导”中国，中国自然继续追求与美国建立新的关系框架，并拒绝日本的地区野心），“清迈协定”在比如东亚任何一个国家爆发金融危机后根本难以付诸实施。CRA 的规模不如“清迈协定”，却是全球性的，涉及亚欧和非洲、拉美，其成功的难度更大。其优势是其中包含的地缘政治风险不如“清迈协定”那么大，因为“金砖 5 国”爆发大国冲突的可能性不大。但由于其规模都不如“清迈协定”，在金融危机发生的情况下，CRA 也许不堪一击。我不知道“应急储备库”是否在为可能提前到来的金融危机做准备。

一般地，“青出于蓝而胜于蓝”，但是，“金砖合作”是一项前所未有的联合冒险，现在

---

① Sameer Dossani, “BRICS Bank: New Bottles, How's the Wine”, London: *Bretton Woods Observer*, February 2014.

谁也不知道“金砖合作”未来能否比 WB 和 IMF 更成功。“金砖合作”是对美国和欧洲主导的“西方自由秩序”(Western liberal order)的挑战,同时也是对这一秩序的某种有益补充,其成败系于许多因素,其中在制度设计上和在指导思想上是否代表 21 世纪全球治理的方向才是关键。

关于第六个问题。

任何国家集团,其生命力在于扩张。欧盟、北约以及“西方的自由秩序”等都是通过扩张(吸纳新成员)等维持本体存在的。国际关系理论的“英国学派”(English School of International Relations)认为“国际社会”的存在在于其能够扩大到包括了符合“国际社会”标准的“国际体系”成员国。[①] 想一想,如果没有在冷战后的多次扩大,欧盟早已不复存在。不过,物极必反。任何国家集团,因为门槛过低、成员国太多,必然出现效率底下,甚至瘫痪的情况,而无法实现组织的原来初衷。

金砖集团也要通过扩大成员国而获得长足发展。从国家集团(国家之间的合作、联合)的角度看,金砖集团不应限于目前的 5 个成员国,而要尽可能地把那些合格的、愿意加入的国家吸收进来。拉美的阿根廷、墨西哥、委内瑞拉,亚洲的印度尼西亚、泰国、越南、土耳其、沙特阿拉伯,非洲的埃及、埃塞俄比亚、尼日利亚等均可以吸收加入“金砖集团”。

结论:金砖合作、全球治理与世界秩序

在现存世界秩序下。有人认为,中国应该在“体系内全面崛起”。[②] 这一观点是有道理的,但也有问题。如果说,在 20 世纪末和 21 世纪初,我们如此主张,大概多数人觉得可行。但在今天,中国和世界均发生了巨大的变化,姑且不论“在体系内”(应该读为“在现存世界秩序下”)能否“全面崛起”,这一主张其实就是主张中国在国际(全球)事务上的作用不冲击现存世界秩序。对现存的世界秩序无害的“国家崛起”自然对于主持、主导这一秩序的国家(美国)和国家集团(欧盟)来说是可以接受的。历史上,“不挑战”现存的世界秩序(前面已经提到,诸如艾肯百里的美国人已经把现存的世界秩序叫做“美国的世界秩序”)而做到“全面崛起”的国家(大国或者强国)尚不存在。实际上,假如真的要“全面崛起”,就不可能不挑战现存的世界秩序。

改变世界秩序,带来世界秩序的转型,美国和欧盟,以及日本必然认为这是对他们定义的世界“现状”的挑战。日本对中国组建“新发展银行”和“亚洲基础设施投资银行”(AIIB)不仅不支持,而且强烈反对并极力封杀,就是因为日本认为这些新型的国际金融组织挑战了日本在亚洲的金融老大地位,例如,日本一直控制着亚洲开发银行(ADB)。

---

① Hedley Bull and Adam Watson(eds), *The Expansion of International Society*, Clarendon Press, 1985. 这是研究“英国学派”必读的经典论文集。该论文集的包括一篇关于中国的论文:Gerrit W. Gong, “China's Entry into International Society”。

② 张春. 中国实现体系内全面崛起的四步走战略[J]. 世界经济与政治,2014(5)。

“金砖合作”在短期内未必有多大的实质意义，但是其政治象征意义却很大，发出了前所未有的挑战现存世界经济秩序的信号。当然，这一“挑战”要理解为下述两点：

一个是在现存世界秩序下对既有的全球治理的修正（改革）、贡献、完善、补充；另一个则是试图提供现存世界秩序无法提供的解决全球（包括区域）问题的方案，构筑与现存世界秩序多少不同的、更加合理、公正的新世界秩序。

金砖国家集团“内部”存在不同意见，一种认为在“现存世界秩序下”“参加全球治理”，即“融入”现存的西方主导的世界秩序；另一种则认为不仅要变革现存的代表旧的世界秩序的国际制度，而且要另起炉灶，催生新的世界秩序。既然金砖国家即使国内都存在差异，他们之间的差异就更加难以忽略，那么，“金砖合作”对未来全球治理与世界秩序的影响存在着很大的不确定性、复杂性和困难性。

中国、巴西与全球治理的转型[①]

导论

在地理空间上,中国和巴西两国相距遥远。但是在过去自 20 世纪 90 年代开始的 20 多年“全球化”过程中,中巴两国已经建立了密切的相互联系、相互依赖的关系。中巴两国既是全球问题的来源,也是这些问题的解决方法之所在。

在全球事务领域,一方面,中国和巴西都是现存国际秩序的重要成员,但是,另一方面,又深刻体会到现存的国际秩序的不公正性、不合理性,即西方的主导性,要求改革代表现存国际秩序的主要国际组织(全球的普遍性的政府间组织)。

也就是说,中国和巴西都不愿颠覆现存的国际秩序。但是,与此同时,中国和巴西都对现有国际治理改革(改革代表现存国际秩序的国际机构)持有积极的建设性态度。自 20 世纪 90 年代以来,巴西一直在推动联合国安理会的改革,目标是成为改革后的新的联合国安理会常任理事国。与巴西一样,中国则希望能在国际金融机构(IFIs)中增加自身的投票权(Voting Power),特别是在国际货币基金组织(IMF)内的投票权。此外,中国和巴西在推进寻求解决迫切而长远的全球问题的替代性方案上也有越来越多的紧密的合作。20 国集团(G20)和金砖国家合作(BRICS)的创立、维持、深化,为推动中巴两国在全球多边领域的深入、广泛合作进入新阶段创造了历史性的机会。

本文主要试图通过提供一个理论性背景,帮助理解中国和巴西作为“新兴大国”在全球治理转型过程中的互动。换而言之,本文试图回答为什么中巴两国为了全球治理的积极转变而必须合作。接下来,本文将检验中巴合作的方式,分析两国在全球治理转型中的一些具体差别。最后,本文将为加强中巴两国在全球治理变革中的合作提出一些政策建议。

在本文中,作者将使用非常熟悉联合国事务的纽约学者魏斯(Thomas G. Weiss)对全球治理的理解及定义:“全球治理既可以是积极的,也可以是负面的。它指的是实质的、合作的、解决问题的一系列安排。这些安排不仅包括由国家组成的联合国,也包括‘其他联合起来的组织’。名义上说,就是各种国际秘书处和其他非国家行为体。”[②]

---

① 本文是提交于 2014 年 5 月 11—13 日在澳门科技大学举行的“中葡国家关系:中国与巴西”国际研讨会的发言论文。

② 引自 http://en.wikipedia.org/wiki/Global_governance.

全球治理是中国和巴西面临的占据外交政策优先地位的重大的共同挑战

比历史上任何时候,作为所谓旧世界(西方世界)眼里的“新兴大国”的中国和巴西都需要一个在真正的全球范围的可治理的世界(尤其是,全球经济具有治理性)。

写这篇文章是2014年,距1989年欧洲柏林墙倒塌已经过去了整整25年,距2000年新旧世纪之交也已经过去了整整15年。值此时刻,包括巴西在内的全世界都密切关注中国向何处去和中国在世界的作用。笔者可以肯定地告诉这个包括中国的世界:伴随着中国国内新的调整和改革,中国的外交政策正处于又一次大转型之中。① 如果我们关注中国新一届领导人自2013年初就职以来在国际上的言论和行动,特别是习近平主席的声明,我们可以很明显的看到,全球治理,特别是全球经济治理已经成为中国新外交政策的重点。

中国目前正在重新审视自身在1992年冷战结束之际制定的外交政策,以求不仅是有政治意愿、有能力承担更多的全球治理责任,同时建设性地在法律、道义层面上为全球危机、冲突和问题的解决提供越来越多的“中国解决方案”(Chinese Solutions)②。

与中国类似,作为来自拉丁美洲的大国,巴西正在更积极地加强自身的全球作用。

人们可以强烈感受到中国和巴西在全球治理领域逐渐增长的重大影响力。这两国已经决心在全球治理转型过程中扮演不可或缺的角色。

为什么中国和巴西会在全球治理转变的过程中出现合作

许多学者设想的、相对比较理想的甚至真正意义上的全球治理其实并不存在。具有讽刺意味的是,如今的全球治理并不是全球的,即全球范围的、包容性的、均衡的、多元主体的全球治理体系尚未完全形成。包括中国和巴西在内的南方国家在过去面临着诸多全球化带来的问题,在现存的政府间国际制度(国际组织)中也没有足够的话语权和决策权。但是,以美国和欧洲等为代表的西方国家在现存的国际制度中仍然掌握着霸权地位。自从1945年以来,美国主导着世界银行(WB)、欧洲主导国际货币基金组织(IMF)的事实并未得到根本改变,在可以预见的未来,这一全球治理中的美欧联合霸权也不会改变。2008年全球金融危机爆发之前,七国集团(G7)作为一个西方的、但日益缺少国际合法性(International Legitimacy)的国家集团,却一直掌控着全球经济的运行。2008年之后,20国集团(G20)峰会召开,老牌大国与“新兴大国”首次并存,确定二十国集团为“主要的国际经济合作平台(论坛)”,③但是,七国集团拒绝终结其使命,视二十国集团为七

---

① 庞中英.“中国是否需要新的外交政策?”,2013年4月18日至19日在SIPRI所做的重要评论.参见http://books.sipri.org/files/misc/SIPRI - Hu%20Pang%20Zhongying.pdf.

② 参见2014年3月29日习近平在德国科尔伯特基金会的讲话。

③ 《G20匹兹堡峰会声明》,2009年9月,美国匹兹堡。

国集团的延伸，力图控制二十国集团。

在现存国际制度中，中国和巴西的相对地位确实有所上升，但是，仍然处在边缘的非中央地位。因此，在通过现存国际制度（国际组织）解决全球问题方面，中巴两国并没有充分发挥他们的应有作用。

让中国和巴西在全球治理中扮演更重要角色的一条可行之径，是两国都要重新构建与美国的关系。

中国是美国在亚洲的第一大贸易伙伴国。巴西是美国在拉丁美洲的第一大贸易伙伴国。

就在美国"战略转向亚洲"（Pivot to Asia），鼓励日本成为美国平等的伙伴，重新武装的同时，中国并未采取与美国对抗和冲突的政策，而是致力于寻求与美国之间的所谓"相互尊重"（Mutual Respect）和"双赢"（Win - Win）的关系，也就是"新型大国关系"（New Type of Great Power Based Relations）。[①] 同时，中国不再故意突出与美国的关系为中国对外关系的"重中之重"，而是尽可能地合理化与美国的关系，甚至，2013 年，有人提出中国需要为一个"去美国化"（de - Americanized）的新世界秩序而努力。[②] 其实，比中国早很多时间，包括巴西在内的诸多拉丁美洲国家自 20 世纪 90 年代以来就在"去美国化"。

在中国决定推动建立与美国的"新型大国关系"之前，中国的"和平发展"与美国推动的"全球化"同时进行、相互之用。在有的美国人看来，中国已经成为现存全球秩序的一部分。[③]

"中国已经从世界上最反对全球化的力量、我们所建立的全球机制最强大的反对者，转型成为上述机制的忠实成员和全球化的拥护者。如今的中国是比日本更加开放的经济体。同时，中国正在堪比明治时期的日本的程度上，向全世界推广自身的制度。法治化建设，自由竞争，英语的广泛传播，国外的教育、法律和制度等不仅使得中国的制度更加先进，同时也在促进中国文明的转型。中国所有的经济成就都是与自由化和全球化密不可分的，而且全球化的各个方面都促使中国进一步的走向成功。在世界历史上，从未有过如此众多的工人迅速提高自身的生活水平。与第二次世界大战后严格管控下进行经济重建的日本，以及社会受休克疗法重创的苏联相比，中国民众对于全球化的支持更加广泛。结果是，相对持勉强接受态度的日本、印度和巴西而言，中国已经成为美国和东南亚推进更自由贸易和投资的盟友。"

但是，中国也在加入以美国为中心的全球化的过程中付出了诸多巨大代价。其中之一的代价就是灾难般恶化的环境、生态危机。现在，大部分中国人都享受不到清洁的水、

---

① "新型大国关系"是中国新一届领导人向美国提出的。但是，美国的奥巴马行政当局将上述表述改成了"大国关系的新模式"。

② Liu Chang："美国的财政失败昭示着一个去美国化的世界"，北京：新华社，2013 年 10 月 13 日。http://news.xinhuanet.com/english/indepth/2013 - 10/13/c_132794246.htm.

③ William Overholt，"中国与全球化"，兰德公司，2005 年，http://www.rand.org/content/dam/rand/pubs/testimonies/2005/RAND_CT244.pdf.

高质量的空气和安全的食品——中国必须面对这种新型的人类贫困问题。

中国付出的另一项代价是继拉丁美洲和其他一些地区之后，世界上人口最多的“第二大经济体”与美国之间形成了世界经济史上前所未有的巨大的畸形与奇怪的债权债务关系（the Debt Relationship）。中国与美国之间的债权债务关系并非昭示着中国正在取代美国成为世界新霸主或是超级大国，而是意味着中国经济对美国市场的依赖。在经济和金融层面，“中美国”（Chimerica）①是短期内难以改变的中美关系的现实。任何与美国关系的调整和变革都绕不开这一现实。

显然，由于巨大的历史惯性和复杂交织的利益关系，中国与美国关系的必要调整是困难重重的。

中国和拉美在许多方面很不同，但是中国与美国的关系，和拉美国家与美国的关系，居然呈现出许多的相似性。中国和拉美国家一样，也存在资本和其他资源（尤其是人力资源）对美国的大量、持续的净流失。中国已故最高领导人邓小平在 20 世纪 80 年代时期望和鼓励中国的一部分人能带头富起来。从那时至今，30 年已经过去，中国的大部分富人已经转变国籍，成了美国或是其他西方国家的公民。今天在中国发生的全球化在本质上并不是什么新的，而是重复着包括巴西在内的拉丁美洲国家的经验。

中国和巴西在全球治理领域的合作应该以在 21 世纪重新建立起一个“去美国化”的世界为目标。所谓“后美国时代”（the Post - America Era）是会到来的。这主要是因为美国在过去十几年在国内外做得并不好，而中国、巴西等“新兴大国”，欧洲联盟，甚至非洲联盟、南美地区合作等地区组织，都相对做的好。世界在过去 20 多年并没有走向一个美国为所欲为的“单极世界”，而是美国的全球影响力和控制力在下降。

在重建全球治理的任务感召下，中国和巴西能否考虑建立某种形式的共同的国际领导？换言之，问题是：中国和巴西两方，甚至作为小多边的金砖国家合作能否成为全球治理转型的一个联合力量？

在很多情景下，中国和巴西可以共同努力，维护、增进“新兴经济体”和更广大发展中世界的共同利益。

中国和巴西如何在全球治理转型过程中合作

实践层面上，中国和巴西能够在包括从联合国安理会（UNSC）到国际金融制度（IFIs）在内的现有国际组织改革问题上进行密切而建设性的合作。

首先，在安理会改革领域，中国和巴西似乎持有不同的立场，但不宜夸大这种不同，而必须看到，中巴其实在安理会改革问题上具有共同的命运和未来。

表面上，在安理会改革问题上，中国似乎是“维持现状的行为体”（a Status Quo Ac-

---

① 清华大学李稻葵用“劫持”（hijacked）一词描述中美之间的债务关系。哈佛大学的弗古森（Niall Ferguson）等人最早提出了“中美国（Chimerica）”的概念。

tor),而巴西则被认为是“修正主义者”(a Revisionist Actor)。因为中国已经是安理会的常任理事国,人们一般认为中国应该谨慎处理安理会改革问题,主张“合理改革”安理会,以维持安理会的现状,而不是让安理会发生大的结构改变。

“安理会必须通过合理的改革适应已经变化了的国际环境,才能更好的实现其使命,加强其权威,提高其效率。因此,重点应该放在增加以非洲国家为首的发展中国家的代表权方面。此外,改革应该致力于为小国家和中等国家参与决策过程提供更多机会。这些改革的目标只有在会员国民主决策和耐心协商,达成共识的基础上才能实现。”“这些改革措施的目的应该是为了更符合成员国的期望和信任,保证安理会的权威,提高其效率,扩大其代表范围以及增强其作用。如今尚有很大的分歧存在,这些分歧应该通过持续、广泛和民主的协商进行解决。只有成员国团结一致,才能有所进步。只有达成共识的决定才能取得全体一致的信任和各国的支持,才能经得起时间和历史的考验。任意设置时间表和在时机不成熟状况下冒进,是不可取的。政府间谈判必须在会员国自主、基于他们自身意愿和立场的基础上进行。改革必须在政府间谈判的框架内严格进行。”①

巴西联合印度、日本、德国以及欠发达国家为主的69国集团(L. 69 Group)一道致力于创立一个新型安理会:“如果联合国不加强自身建设,将会面临变得‘不合情理’的危机。同时,现在也是时候解决联合国代表性和合法性不足的问题了。”“2015年已经被广泛认为是达成合适目标的合适时机。”巴西认为,“联合国成员国中的压倒性多数赞同扩大常任理事国和非常任理事国的两类国家的数目。”②

其实,中国在安理会中是唯一的来自发展中国家的常任理事国。在享受一种特殊地位的同时,中国确实有点孤单。如果安理会中出现诸如巴西这样的来自发展中世界的常任理事国,中国将不再孤单。中国必须在安理会改革问题上更加积极有为,即产生外交创新。中国必须思忖来自发展中世界的新的安理会成员国的必要性这一问题。

当然,假如中国支持巴西成为新的联合国安理会常任理事国,也并不意味着中国就同时也支持与巴西捆绑在一起的日本、德国等同时成为安理会常任理事国。

其次,在国际金融机构改革这一议题上,中国和巴西基本持有相同观点。虽然如此,中国对于国际金融机构改革的立场也是实用主义主导下的,很难看到中国试图要求国际金融机构(IFIs)发生大的根本的改革。

自从2008年金融危机爆发以来,中国一直期待着能够通过增加包括中国和巴西在内的新兴经济体的投票权,改革IMF等的内部治理结构。尽管中国在广泛讨论重建国际货币秩序的远期目标,即让中国货币人民币成为与美元、欧元并驾齐驱的三大国际储备货币,但是,中国的近期目标也许仅限按照二十国集团(G20)等确立的目标,改革IFM等国际金融组织。

---

① 联合国大会:GA/11450,“呼唤安理会改革”,2013年11月7日. http://www.un.org/News/Press/docs/2013/ga11450.doc.htm.

② 联合国大会:GA/11450,“呼唤安理会改革”,2013年11月7日. http://www.un.org/News/Press/docs/2013/ga11450.doc.htm.

中国已经和巴西在包括二十国集团和金砖合作等的诸多重要论坛上进行了协作，以求对国际金融机构进行上述有限的改革。中国和巴西已在上述领域加强了协作的姿态，扩大了共同利益的范畴。目前，除了美国，所有成员国均批准了对 IMF 等的第一步改革方案，即减少一些欧洲国家在 IMF 中不合理地占据的投票权，提高包括中国等新兴经济体在其中的投票权。中国和巴西需要紧密合作，迫使美国最终同意这一有限改革 IMF 的方案，使 IMF 的改革往前走。可以预期，中国和巴西参加的类似于世界银行的"新发展银行"（NDB）和类似于 IMF 的"应急储备库"（CRA）将有助于 IMF 的改革进程，因为这些"金砖合作"机构做的正是 IMF 等机构没有做到的。目前，世界银行和国际货币基金组织已经认定"金砖合作"机构是其合作伙伴，而非挑战者。如果它们二者的良性互动达到一定的程度，美国最终会同意加快对现存国际金融机构的改革进程的。

中国和巴西两国在过去几年中都积攒了丰富的与国际金融机构（IFIs）合作的经验。国际货币基金组织和世界银行曾在很长的时间内，在中国和巴西扮演着重要的角色。换言之，中国和巴西两国都曾在全球层面上被华盛顿为总部的国际金融机构所统治。被忽视的问题是：类似中巴两国与国际金融机构之间的关系，对于全球治理的未来有何隐含意味？为了检验上述问题，中国人和巴西人（而不是西方人）应当首先做出回答。

再次，在世界贸易组织（WTO）改革这一议题上，来自巴西的罗伯托·阿泽维多于 2013 年被任命为世贸组织总干事。随后，新任总干事任命中国常驻世界贸易组织代表易小准为他的四名副总干事之一。这一人事任命被视为中国和巴西未来关于改革世贸组织的重要伏笔。目前，美欧似乎不是推动世贸组织的改革和世界贸易组织主持下的全球自由贸易谈判，而是推动包括跨太平洋（TPP）和跨大西洋（TTIP）的自贸协定，以便以此为基础重建西方主导的新一代世界贸易秩序。中国和巴西除了竭力主张世界贸易组织为代表的全球多边自由贸易体制外，还可以通过考虑开始中巴双边自贸协定的谈判、建立"金砖国家集团自贸区"等应付上述美国驱动的自贸区计划。中国和巴西应该早日推动"金砖自贸区"计划。

最后，关于寻求和贡献全球问题的"非西方"解决方案，包括中国和巴西联合提出的解决方案。中国和巴西既可以单独也可以共同为全球治理转型提供解决之道。

中国和巴西同为 20 国国集团和金砖国家合作的成员国。20 国集团对于全球治理的贡献之一正是它提出了改革国际金融机构的必要性和具体任务。自 2009 年之初以来，"金砖国家"合作也就全球治理提出了诸多见解。2013 年，"第五届金砖国家合作峰会结束了第一轮会谈，各国再次重申推动国际法、多边主义和联合国的核心地位等承诺。各国之间的会谈反映了"金砖国家"之间逐渐增强的牢固关系和共同目标：各国都希望为全球的和平、稳定、发展与合作做出积极贡献。同时，各国也坚信自身在世界秩序中的角色是基于对所有国家和人民持团结合作态度的一种包容性政策的。"①就各国内部而言，5 个国家已经开始采取措施，增强对"金砖国家"合作的身份认同感。新成立的"金砖国家

① 《第五届金砖国家峰会共同声明》，南非德班，2013 年 3 月。

开发银行”就是举措的重要发展之一。这一银行可能会影响世界银行的走向:世界银行的改革进程会因“金砖国家开发银行”的成立而加快进度。

实际上,作为世界银行和国际货币基金组织“援助”项目的“毕业生”,中国和巴西已经开始转变自身角色,从对于这两大国际金融机构发展援助的接受者,向帮助世界其他国家(如非洲)的发展的主要提供者的角色转变。

中国应向以巴西为首的拉丁美洲国家学习。拉丁美洲曾经创造出诸如“依附理论”的社会科学理论。但是,截至目前,中国仍然没有在包括本土全球治理理论等的社会科学领域实现实质性突破或进步。

结论

全球治理已经成为新建立的中巴两国全面战略伙伴关系的重要内容之一。

全球治理是集体意志的形成和保持,或者是各国为了解决问题做出的共同承诺。[①]二十国集团(G20)可以被视为当今西方七国集团(G7)和非西方的世界上主要国家的组合体。自2014年八国集团非正式地解散以来,对于俄罗斯而言,“金砖国家”合作(BRICS)越来越重要。中巴两国也将欢迎俄罗斯对于“金砖国家”合作的新姿态,希望俄罗斯帮助巩固这一新兴的非西方的全球组织。2014年之后,为转变全球治理的结构和宗旨,一个更为强大的“金砖国家”组织将会改善和加强“新兴大国”在联合国安理会、国际金融机构、二十国集团和其他类似国际组织中与西方的谈判地位。

---

① Jennifer Mitzen. 大国协调:全球治理的19世纪起源[M]. 芝加哥:芝加哥大学出版社,2013:1.

“新型大国关系”与治理21世纪的大国体系[①]

导言:“新型大国关系”应适用于大国体系

有人认为,“新型大国关系”专指中国与美国的关系,并不适用中国与其他大国的关系。确实,中国提议和推动中美关系是一种“新型大国关系”。[②] 一些外国评论也认为,“新型大国关系”特指中国与美国的关系,并不包括中国与俄罗斯、印度等其他大国之间的关系。[③] 本文认为,如果真的这样认为的话,“新型大国关系”遭到了严重误解。

本文认为,从具体外交决策的角度看,中美两国构建“新型大国关系”确实最为必要和迫切,但是,“新型大国关系”不应只局限在中美关系。事实上,杨洁篪国务委员最近也同时指出:“推动构建中美新型大国关系,实现中国与各大国关系的良性互动、合作共赢,是以习近平同志为总书记的党中央关于运筹大国关系的重要理念”。[④] 如果说,“新型大国关系”就是中国希冀的中美关系的另一种说法,不适用于中国与其他大国的关系,将会遭致一些严重的问题。如果认为只有中美之间才适用“新型大国关系”,那么,就等于中国认为世界上只有中国和美国才是大国。这是与世界现实和趋势严重不符的。而美国正好有许多人,尤其是所谓“进攻性现实主义者”(the offensive realists)常常进行类似中国三国时代的“煮酒论英雄”,认为只有现在的中国实力(尤其是军力)继续增长的未来中国才有能力或者资格与美国竞争,挑战、取代美国的“唯一超级大国地位”。假如中国也这么认为自我,将有可能陷入他们的“煮酒论英雄”的危险陷阱——中美不可避免的冲突,“新型大国关系”也毫无新意可言。

如果认为“新型大国关系”仅适用于与美国的关系,可能导致世界其他大国以及一系列中小国家(一些发展中国家和中国周边的亚洲国家)与中国的关系进一步复杂化,甚至严重恶化,因为这些国家会认为中国打破外交政策传统让中美关系高于中国与他们的关系,与美国建立起中美合作统治世界的所谓“两国集团”(G2)。

---

① 本文原载《中国与国际关系学刊》(中欧学者的一份联合学术刊物)创刊号中文版,2013年10月。

② 杨洁篪:《新形势下中国外交理论和实践创新》,见中国外交部网站:http://www.mfa.gov.cn/mfa_chn/zyxw_602251/t1066866.shtml。

③ (越南)Hoang Anh Tuan,“Snowden saga exposes fragile US - China ties”,*Asia Times Online*,retrieved at http://www.atimes.com/atimes/China/CHIN - 03 - 170713.html.

④ 杨洁篪:《新形势下中国外交理论和实践创新》,见中国外交部网站:http://www.mfa.gov.cn/mfa_chn/zyxw_602251/t1066866.shtml。

关于所谓“G2”。眼下一个流行的说法是“中美共同管理世界”,或者确切地说,美国借助中国之力维持其世界霸权,但名义上却是,与中国一起“共同管理世界”。这样的对G2的理解会导致有的人的沾沾自喜,然而,从实质上讲,如果没有中美之间关系的趋向对等和对称,也就是“新型大国关系”,何谈G2? 目前人们谈论的G2,基本上都是美国或者其他非中国的角度和立场,严重缺少中国的角度与立场,实际上,G2只是美其名曰的形式,实质是中国在解决全球问题(包括诸如一些国家的国内冲突)方面协助美国。正因如此,早在2009年,即在美国提出“战略重心转移到亚洲”(pivot to Asia)或者后来修改的在亚洲实现战略“再平衡”(balance)之前,中国就正式否定了G2的提议。这一否定是正确的。如果以为“新型大国关系”说是中国版的G2,那么,这几乎是事后诸葛亮,或者刻舟求剑了,因为时过境迁。如今,中国面对的是正在竭力恢复和维持在亚太和全球的霸权地位的美国,而这样的美国仍然不顾中国等的反对继续单边地武力干涉别国(如叙利亚),中国更无法行G2之实让美国达到这样的干涉目的。

事实上,根据来自中国等的许多战略研究人士长期以来的世界权力格局走向“多极化”的论述,除了美国和中国,世界上还有一系列的其他大国。大国之间的关系构成大国体系。在大国体系中,大国之间的双边关系和多边关系纵横交织、复合结网。本文主张,“新型大国关系”这一富有创见和远见的概念应该指的是一般的、抽象的大国关系,即国际体系中存在的几个大国(尽管这些大国之间在包括实力在内的诸多方面存在着差异性)之间的双边和多边关系(见本文下面的论述)。当然,在具体外交政策制定中,中国特别希望这个概念适用于中美关系,是完全可以理解的。但是,“新型大国关系”特别适用于中美关系,并不等于该概念不适用于中国与除美国之外的其他大国的关系,更不等于不主张在国际体系中形成“新型大国关系”的目标。

2012年11月通过的《中共十八大报告》关于国际形势的判断和关于中国外交政策的建议中使用了如下这些关键词:世界进一步走向“多极化”、中国主张建立“新型全球发展伙伴关系”,尤其是,“我们将改善和发展同发达国家关系,拓宽合作领域,妥善处理分歧,推动建立长期稳定健康发展的新型大国关系”。可见,根据这一为未来5年(2012—2017年)确定中国外交政策方向的报告,“新型大国关系”的意愿并不是专指中国希望的中美关系的类型。

可以说,中国要求形成的是“新型”的国际关系,而在新型的国际关系中,主要大国之间的新型关系显然是最关键的。这就是为什么中国突出“新型大国关系”。在过去几年,中国已经与世界一些主要的大国形成了“战略协作伙伴”“战略伙伴”“全面合作伙伴”等关系,这些关系都应视作“新型大国关系”的具体表现、实现形式。也就是说,无论中国与俄罗斯、欧盟、印度、巴西、印尼、南非、墨西哥等全球和地区大国之间的关系用何种名称,这些关系都属于“新型大国关系”。有的关系,如中俄关系,几乎是新型大国关系的典范了。此外,在新型的多边合作中,20国集团(G20)、金砖合作(BRICS)属于典型的“新型大国关系”。

“新型大国关系”的目的是促进国际关系（尤其是大国关系）为适应世界的变化而进行的大转型

由于提出的时间不长，“新型大国关系”仍需要进一步概念化和理论化。“新型大国关系”的初衷似乎只是为了避免与发生所谓“崛起的大国”（中国）和“既定的大国”（美国）之间的注定的冲突（对抗）。如果仅仅如此的话，那么，“新型大国关系”只是规定了一个消极的、最低纲领性质的目标。“新型大国关系”还应该具有积极的、最高纲领性质的目标。这个目标不应是别的，而是本文建议的促进国际关系（尤其是大国关系）为适应世界变化而进行的大转型。

中国等一系列本质上不属于欧洲（包括俄罗斯）和西方（目前仍然不包括俄罗斯）的国家的复兴（“发展”或者“崛起”），尽管仍然缺少自主性和主体性，但是，足以构成对19世纪后期以来欧洲和西方对全球的绝对与相对主导（控制）的一种改变。中国等国家在20世纪80年代后逐步参加全球化，实际上是“被全球化”（Globalized）。现在，与西方发动的、主导的“全球化在退却中”（Globalization in Retreat）或者进度放慢的同时，中国等国家试图“走出去”，成为非洲和拉美等传统的“第三世界”地区的最大贸易伙伴，这是否意味着全球化的历史性转变呢？即全球化的下一阶段，将主要由中国等非西方的力量来推动。

从2013年就任的中国新领导人的一系列外交讲话和行动可以分析出他们所指的“新型大国关系”的大体上的逻辑。习近平主席2013年3月23日在莫斯科国际关系学院的演讲是关于“新型国际关系”的，他呼吁“各国共同推动建立以合作共赢为核心的新型国际关系”。[①] 在这篇演讲中，“新型大国关系”被放置到了“新型国际关系”的大框架下。那些以为“新型大国关系”仅指中美关系的人忽略了“新型大国关系”的这一不可或缺的前提。国际关系从旧的形式与内容转变为新的形式与内容，即新的构造——转型（transformation）是“新型国际关系”的核心。

现存的国际关系类型，如“唯一超级大国”美国的“单极”的霸权统治、日本因为崛起的中国而导致的亚洲地区国际关系的巨变而对中国在亚洲进行的“围堵”等，不仅不能管理21世纪的国际关系、解决前所未有的人类（全球）共同挑战，而且将导致国际关系恶化的保守化，甚至极其严重的倒退。例如，人们普遍担心的“强权政治”在21世纪初居然再次成为国际关系的常态，拖延了解决全球性的人类共同问题，加剧了世界危机。

伟大的欧洲思想家卡尔·波兰尼（Karl Polanyi）在第二次世界大战快要结束的1944年出版的影响深远的《巨变：当代政治与经济的起源》一书强调了“大转变”（巨变）的必要性，否则，人类文明将趋于衰落和崩溃。[②] 回到当下的全球化了的国际体系，受到波兰

---

① 该讲话全文可在中国政府门户网站获得，地址：http://www.gov.cn/ldhd/2013-03/24/content_2360829.htm。

② 卡尔·波兰尼．巨变：当代政治与经济的起源，黄树民译[M]．北京：社会科学文献出版社（台湾远流出版公司译著授权），2013年。

尼经典思想的启发,本文认为,国际关系在21世纪初实现新的转型具有必要性和迫切性,这主要是因为:

第一,从20世纪70年代开始的西方主导的全球化(Globalization)中,经冷战的结束和苏联的解体、中国的开放和崛起、欧洲一体化的扩大与深化、环境和生态危机、大的金融危机(不仅是美欧而且"新兴市场"的金融危机),如今走到了一个欲进困难、欲罢不能的时刻。全球化积累起来的一系列问题已经到了无法得到有效治理的地步。极其具有讽刺意味的是,对全球治理的呼吁并没有带来真正的全球治理,缓解全球问题和全球危机的方式居然是全球危机。但危机的代价实在是太高了。

第二,冷战结束以后的国际关系,是所谓"单极",即美国的全球体系,这样的体系与历史上的帝国体系无论在形式上还是在实质上具有许多相似性,当然也有不少差异性,其中之一是,用今天的标准看,历史上的任何帝国均是地区性的(顶多是如奥斯曼帝国那样跨洲的),而美国帝国则是真正意义上的全球的。历史上,帝国的终结都并不是因为帝国的外围发生了反抗、抵制、起义,而是因为帝国的中心发生了深刻的危机。2008年美国发生的危机,是一场深刻的危机。短期看,这一危机似乎并不会导致美国帝国的终结,而且,危机后的美国政府(奥巴马行政当局和民主党国会)采取了诸如"战略转向亚洲"等一系列措施"恢复美国的世界领导地位",但是,如果美国无法解决其内部深刻危机的话,这样的挽救帝国大厦倾覆的外部行动,最终并不会扭转帝国的衰落,更难以管理愈加复杂和困难的大国体系。

与美国建立"新型大国关系"的主要路径并非是与美国对话与谈判,而恰恰是与其他大国首先形成"新型大国关系",然后才能迫使仍然沉迷于恢复帝国梦的美国形成真正意义上的"新型大国关系"

2008年爆发的金融危机让美国的"单极世界"的神坛动摇了,关于"美国(力量)衰落"(American Decline)的话语再次被提出来并获得许多严谨而深入的讨论。

美国朝野有许多声音嘴硬,不愿意面对现实与趋势,矢口否认"美国衰落",却在行动上制定与实施战略,试图"维持"和"恢复"美国的全球霸权。标志是奥巴马政府对亚洲的"再平衡"战略的开始,美国前国务卿克林顿居然直言不讳地要让21世纪的太平洋仍然是"美国的世纪"。[①] 不过,美国这种维持和恢复霸权的努力本身恰恰印证了"美国衰落"是真的。

在双边主义方面,美国并不是真诚的。截至目前,对中国的建立"新型大国关系"的建议与呼吁,美国的回应并不是积极的、全面的。

而在包括联合国在内的多边合作方面,号称"世界领导者"的美国,不是拒不参加一

① Hillary Clinton, "America's Pacific Century", *Foreign Policy*, November 2011, see: http://www.foreignpolicy.com/articles/2011/10/11/americas_pacific_century.

些多边协议，就是在执行和落实多边协议方面缺少严肃性。美国的“单边主义”（即绕开联合国安理会或者依据国内法才行军事干涉）直接威胁多边主义。

在这种情况下，中国要与美国建立真正的“新型大国关系”绝对是不容易的，甚至是极为困难的。

那么，到底如何走向中美“新型大国关系”？

本文认为，中国可以先行探索、建立与巩固与其他大国的“新型大国关系”，最后才能与美国形成“新型大国关系”。这就是为什么中国不能把“新型大国关系”局限于与美国的关系的一个关键理由。

“新型大国关系”斗争的三个主要领域

以下几个议题大国博弈将决定“新型大国关系”最终能否出现。

第一个领域是海洋问题。中国已经郑重宣布决定建设世界“海洋大国”。海洋问题在中国新的外交政策中已经占据十分重要的位置。习近平主席在与美国总统奥巴马的非正式峰会(2013 年6 月8 日，加利福尼亚)上指出：“宽广太平洋有足够空间容纳中美两个大国”。[①] 中国终于正式要求在世界海洋秩序中占据应有的位置。若此，世界海洋秩序将需要重构。

英国、美国、日本，甚至印度，都是世界上最为重要的海洋大国。正是这些既存的世界海洋的大国控制着世界海洋。相比这些国家，尽管海岸线漫长，且为全球主要贸易大国，但是，中国还不能算是真正的海洋大国，因为不仅从来没有控制过太平洋或者印度洋，而且中国的海洋领土主权及其完整遭到严重侵犯。普遍的观点是，中国距离真正的海洋大国还很远。

不幸的是，现存的世界海洋大国，尤其是美、日、印度，对中国的海洋大国战略的反应是对抗性的和竞争性的。危险的是，美日力阻中国成为海洋大国，印度则加强与中国的海洋竞争，如同历史上的大国海洋争夺的旧模式。如果继续如此，如果是前者，则旧的世界海洋秩序容不下作为新兴海洋大国的中国。唯有新型大国关系，世界海洋才能容纳中国。

第二个领域是网络空间的安全。如同美元控制世界经济、美军控制世界海洋，对网络空间的控制成为美国霸权的新领域和新方式。在 2013 年 6 月发生的斯诺登揭露的美国国家安全局（NSA）对全球主要国家的绝密电子监听计划事件之前，美国把网络安全问题提到与中国关系的优先地位，指责中国是影响美国网络安全的主要外部因素。尽管发生了斯诺登事件，在于 2013 年 7 月举行的第五届中美战略经济对话（S&ED）上，美国在网络安全问题上对中国的攻势不减，仍然强调网络安全问题，中美为此建立了“网络安全工作小组”专门处理这个问题。但是，中美能在网络安全领域建

① 杜尚泽．习近平：宽广太平洋有足够空间容纳中美两个大国[M]．人民日报，2013 -06 -08.

立起“新型大国关系”？

第三个领域是全球治理。中美关系中越来越多地涉及全球问题。全球问题的存在和增长，似乎导致越来越多的中美合作，并且这样的大国合作似乎很像是“新型大国关系”。一些人也误以为，大国之间通过全球治理塑造一种新型的关系。但是，由于全球治理事关“谁主导国际规则”“谁的世界秩序”这样的根本的国际政治问题，在实质上，全球治理上的大国关系未必就是“新型大国关系”。美国和欧盟一直牢牢控制着国际金融秩序。金融危机后国际金融组织的改革仍然不影响美欧在全球金融治理上的主导性。中国等“新兴大国”在国际金融组织中的决策权（话语权）即使有所提高，也是象征性的，而非实质性的。

“新型大国关系”的成败取决于上述的海洋、网络和解决全球问题等领域能否形成真正意义上的“新型大国关系”。

“新型大国关系”是管理21世纪的大国关系的必由之路

在大国之间的争夺下，到底如何管理大国关系？这是一个挑战。中国提出的“新型大国关系”，应该被理解为是一个国际关系管理上的方法论创新。本文认为，“新型大国关系”其实就是中国版本的大国协调理论。调查和比较一下这些年来国际上的同类主张，就能发现，中国的这一创新并不孤立，不是空谈。在国际上，有不少与“新型大国关系”之论异曲同工、不谋而合的理论。也就是说，中国的“新型大国关系”即使与一些在西方学术界正在讨论的管理21世纪的大国关系的思路也十分接近。

以下仅举两个例子：

第一个例子是本文作者作为主要研究员参加的由德国法兰克福和平研究院组织的“21世纪的大国协调（A Twenty-First Century Concert of Powers）①”。该项目的总的结论性观点是，世界充满了问题、挑战和危险，需要和抓住机会建立“大国多边主义”，不仅管理大国关系，而且实现全球治理：“在全球政治中权力转移的关键时刻，让大国关系没有节制和让大国因为他们之间存在的争端而斗争，是极其危险的。来自外部的对各大国的制衡，或者让各大国服从于一个全球性的权威，还不存在这样的情况。辅之以核武器威慑力量的均势作为世界秩序的基础则是太不稳定和风险太大。几乎唯一的具有活力的解决方案是由嵌含（Embedded）在重新发起的全球多边主义的大国协调而导致的自我克制和相互适应：第一，新旧世界大国在任何一种浮现出来的世界秩序上均有自己的声音，且受到其他较小一点的国家的承认而具有国际正当性；第二，在意识形态、历史和文化遗产不同的大国应该以非对抗性的方式共存共荣；第三，在现存的包括联合国安理会之外，应该有一些论坛让大国进行非正式的协商；第四，大国之间应该培育相互谅解与共同的国际责任感；第五，阻止大国之间爆发战争等冲突；第六，保持节制基础上的政治均衡，接受

① http://www.hsfk.de/A-Twenty-First-Century-Concert-of-Powers.763.0.html?&L=1。

其他大国的‘正当的利益’，承认安全是相互依存的；第七，为在安全领域的共同行动提供便捷；第八，创造为解决其他的治理问题的集体行动的前提。”①

第二个本文要提到的是澳大利亚学者休·怀特（Hugh White）。这位研究亚太地区安全的由前国防部官员转变的学者这些年来一直主张亚太地区的大国协调。怀特出版了在西方颇具争议的《对华选择》（*China Choice*）一书。该书的核心论点是，建议美国在“回归亚洲”的过程中与中国“分享权力”，以便与中国一道“共同领导”这个地区。进一步地，怀特认为，一个由美国、中国、日本及印度组成的“亚洲协调机制”（Concert of Asia）能够带来亚太地区的新秩序。② 有关美国正在亚洲执行的“再平衡”战略，怀特认为，美国不能逼得中国太紧（Pushing China too Hard）。美国要“遏制”中国其实超出了美国的实力，美国轻易就能够做的则是平衡中国的影响同时与中国一道维持地区秩序。怀特认为，一个由美国、中国、日本及印度组成的“亚洲协调机制”（Concert of Asia）能够带来亚太地区的新秩序。③

结论：大国协调，缔造世界的长期和平、稳定与繁荣

本文讨论了“新型大国关系”的一般性，尤其是其实质是管理21世纪的国际关系，尤其是大国关系的新思路和新方式。

本文强调，“新型大国关系”不应仅指为中国与美国的关系设定的目标。

本文论述了中国构建“新型大国关系”的路径是与美国之外的其他大国先行“新型大国关系”，然后也许才能迫使美国接受“新型大国关系”。

美国对中国的“新型大国关系”的反应是复杂的，有的人当然要断然否定这样的东西，不会与中国建立“新型大国关系”。但美国迟早会认识到，需要管理起相对衰落的超级大国地位，④而且在许多方面无法不与中国合作。

本文还分析了海洋争端、网络安全和全球治理等问题为何是构建“新型大国关系”的几个主要战场。如果中国不打算在海上发展，则注定不会有海洋问题。问题是，全球化的中国已经无路可退，唯有成为新的海上强国。在网络安全问题上，中国以及世界其他大国无法接受美国对网络安全的霸权监管，而要求建立网络世界新秩序。

最后，本文认为，中国的“新型大国关系”主张绝对“不孤”，而是有大量“同声”。这说明“新型大国关系”自然有其理由或者宿命（Raison D'être）。

---

① 见德国法兰克福和平研究院（HSFK）主持的国际研究项目《21世纪的大国协调》最终研究报告《21世纪的大国协调：促进后大西洋时代的大国多边主义》（A 21st Century Concert of Powers：Promoting Great Powers Multilateralism for the Post－Transatlantic Era）第一章结论部分，2014年10月。

② Hugh White，“Time for a Small Meeting of Big Powers”，Singapore：*Straits Times*，19 September，2012.

③ Hugh White，“A more cautious America”，Singapore：*Straits Times*，31 July，2013.

④ 吉迪恩·拉赫曼：《美国该学会面对衰落》，FT中文网，2011年10月21日，www.ftchinese.com/story/001041291.

19 世纪欧洲历史上前所未有的“百年和平”(1815—1914 年)的主要原因正是来自当时的欧洲大国之间的协调。[①] 受此启发,“新型大国关系”可能会获得成功,因为“新型大国关系”的经济和金融基础在过去 20 年(1992—2012 年)因为深入而复合的全球化而基本奠定。

① 有关这一“百年和平”的研究汗牛充栋,但本文提及的卡尔·波兰尼的《大转型》一书的第一章是以《百年和平》为题。这是今天我们理解和研究“百年和平”为什么成功的一篇最为重要的全球政治经济学之作。

Debating International Institutions and Global Governance: The Missing Chinese IPE Contribution①

One of the fundamental questions in the study of international political economy (IPE) is the foundation of order, stability and justice in international politics and economy. The study of international institutions and global governance is part of this larger inquiry. In China, the study of international institutions and global governance is quite new. But with China's rising importance in the global economic system, it might be expected that IPE scholarship in China could give rise to uniquely 'Chinese' approaches to this area of inquiry, approaches informed by China's position in the world and China's rich cultural and intellectual traditions. Many Chinese scholars have, in fact, called for Chinese approaches to IPE broadly. They argue that this is important because China is a major power, that it should not only be a producer of material goods, but also of ideas and knowledge. Some scholars even argue that it is imperative, and call for decreasing the reproduction of Western knowledge and increasing the production of local contributions (Zou, 2003; Tang, 2010). As one IPE scholar from Fudan University has highlighted, as China moves 102 from the periphery to the centre of the world economic system, it should r e become less dependent on the core countries, including overcoming the dependence in knowledge creation (Song, 2011).

However, as we will show in this paper, the reality is quite different from such aspirations. An examination of the predominant Chinese IPE literature on international institutions and global governance, including the articles of a leading Chinese journal, *World Economy and Politics*, several core books, and a few heterodox streams, suggests Chinese scholars have thus far developed little new knowledge or theoretical perspectives.

Why has this been the case despite China's meteoric rise in the world and despite its distinctive cultural and intellectual traditions? This is the main question, the intellectual puzzle, that guides this paper. We argue that this is the case because (1) as a new field of study, IPE—including the study of international institutions and global governance—is still under the strong socialization effect of Western, particularly American, scholarship; and (2) the institutional environment in China constrains the kind of research that promises new insights and innovative per-

---

① 本文原载英文国际期刊《国际政治经济学评论》(RIPE)2013年第6期,总第20卷.

spectives.

Section I of the paper will outline the evolution of Chinese IPE in the study of internationalinstitutions and global governance. Section II briefly compares Chinese scholarship with other schools of IPE and gauges how distinctive this ‘Chinese’ body of scholarship is. Section III explores why Chinese scholarship has thus far not produced distinctively Chinese contributions to the study of international institutions and global governance. Section IV discusses how scholarship in China could contribute to the positive evolution of IPE globally and the obstacles that may hinder this development.

International institutions and global governance—Chinese IPE in evolution

Traditionally, IPE scholars paid little attention to international institutions, leaving the subject to international legal studies. But this changed with the relative decline of the post-World War II American hegemony. After the exchange rate and oil crises of the 1970s, policymakers as well as scholars realized that global issues required policy coordination and policy coordination required institutions. In the 1980s, the study of international institutions began to take off. Drawing insights from institutional economics, IPE scholars focused on the role of international institutions in reducing transaction costs and enabling cooperation among self-serving states (Keohane, 1998). Among the most influential works produced in the 1980s were *International Regimes* edited by Stephen Krasner (1983) and *After Hegemony* by Robert Keohane (1984). Since then, research on international institutions has expanded and become more complex.

Global governance refers to the complex of institutions and processes that govern how things happen in the world. Global governance is a new and broader concept than international institutions. It highlights the global scale of many of the world's pressing issues, such as economic inter-dependence, migration, financial crises, drug trafficking, environmental degradation and various health pandemics. It emphasizes that while governments and inter-governmental organizations continue to perform important functions, non-state entities, such as multinational corporations, transnational activist networks and social movements, have become significant actors in making demands, framing goals, issuing directives and pursuing policies, thus shaping how the world is governed. The pioneering works in this area of study include *Governance without Government* by James Rosenau and E. O. Czempiel (1992) and *Global Transformations* by David Held et al. (1999). While the idea of a world government has lost its appeal, the notion of global governance has gained a great deal of currency in recent years.

In China, the study of international institutions and the study of global governance are related, but not identical. Neither falls exclusively under the umbrella of IPE. The study of international institutions has been carried out not only by IPE scholars, but also by specialists in international security and general international relations (IR) theorists. Global governance has been studied by IPE scholars, but it has attracted even more attention from economists and scholars of globalization and of comparative political systems.

In his review of the institutional perspective in Chinese IR, Fudan University's Professor Su Changhe points out that the study of institutions in general became popular in China in the late 1980s and early 1990s (Su, 2006). This in large part resulted from the influence of Western economic theories. Chinese economists translated works by many well-known institutional economists in the West, such as Ronald Coase, Douglas North and Oliver Williamson and used their theories to explain China's economic reforms. Beginning in the early 1990s, scholars in China introduced institutional theories to the study of IR. According to Su, Fudan's Professor Ni Shixiong first introduced the concept of 'international regime' to China in 1992 in a book on war and morality (Ni, 1992). Later, in a 2005 book, Wang Yizhou, then at the Chinese Academy of Social Sciences, further explained the role and significance of international regimes in contemporary international relations (Wang, 1995a).

The earliest discussion of 'global governance' by a Chinese scholar that we have encountered appeared in a report by Wang Yizhou at a 1995 conference in Melbourne, Australia (Wang, 1995b). Chinese discourse over this concept draws heavily from the reports and declarations of major international organizations such as the World Bank, the Organisation for Economic Co-operation and Development (OECD), the United Nations Development Programme (UNDP) and the United Nations Educational, Scientific and Cultural Organization (UNESCO) and from Western academic writings. The CCP's Central Compilationand Translation Bureau has been especially active in translating or compiling French, German and Russian works on globalization and its problems. The deputy head of the Bureau, Yu Keping, edited a major book, entitled *Globalization: Global Governance*, which collected a number of articles written by foreign scholars on global governance (Yu, 2003). In the last two years, Chinese scholars have become quite interested in the writings of Canadian academics on global ization and autonomy (e. g., Pauly and Coleman, 2008) and on the emerging powers in the global economy (e. g., Cooper and Antiewicz, 2008).

Three major questions for the study of international institutions and global governance have generated wide interest among Western IPE scholars. The first is whether international institutions (or international regimes) matter. On one side of the debate are the neoliberal institutionalists, who believe they do. On the other side of the debate are the realists andthe Marxists (including neo-Marxists), who argue that international institutions are simply a reflection of the power distribution among states and/or socioeconomic classes. The second question is what institutional arrangements make international institutions and other global governance mechanisms more or less capable. This is mainly a debate about institutional design within the liberal paradigm. The third has to do with the legitimacy of international institutions and other mechanisms of global governance. Realists are concerned about their potential threat to national sovereignty. Critical theorists, including those coming from a Marxist or neo-Marxist point of view, are critical of their failure to address inequality and exploitation. What do Chinese scholars have to say about these questions?

First, do international institutions matter? In the review mentioned above, Su Changhe observes that Chinese scholars who have carried on sustainable research on international institutions acknowledge the autonomy of international institutions from state power and their impact on state behaviours (Su, 2006). The United Nations (UN) has been a major subject in the literature on international institutions and global governance. Over-all, Chinese scholars are quite positive about the UN, including its role in maintaining peace, promoting development and providing a platform for developing countries to address their needs (e. g., Zhang, 1995; Fang, 1995; Han, 1995). Besides the UN, Chinese IPE scholars have paid a great deal of attention to regional international institutions, especially those in the Asia-Pacific region. They generally agree that regionalization is an important trend in global political economy and that it promotes international peace, facilitates economic cooperation and prosperity, and encourages a multipolar world (e. g., Huang, 1992; Gao and Lu, 1994; Liu, 2004). Scholars of this kind of persuasion often rely heavily on the theories of American 3 scholars of international institutions.

But this liberal perspective by no means monopolizes Chinese scholarship on international institutions. One source of dissent comes from IPE scholars who share the realist orientation in China's IR study. They reject the assumption that international institutions have changed the nature of power politics (e. g., Nie, 1989). Even among scholars who generally assume international institutions are important actors, some emphasize that they are ultimately controlled and used by the most powerful nations for their own national interests (Jian and Ding, 2002). They argue that in the post-World War II era, the US has been the hegemonic power in the world. It has adopted and complied with international institutions that serve American interests and discarded those that do not (Men, 2001). Some of the 'global public goods' are privatized by the US (Fan, 2008, 2010; Guo, 2010).

Another source of criticism of neoliberal institutionalism can be found in critical theory. Thus far, only a small number of Chinese scholars have systematically adopted critical perspectives on international institutions. Some of them come from a neo-Marxist background. For example, Li Bin of Nanjing University has written extensively on the neo-Gramscian per-spective on IPE, especially the scholarship of Robert W. Cox (Li, 2000, 2003, 2005b, 2007). Analysing the power structure underlying the neoliberal world order, he argues that international institutions, such as the Trilateral Commission, OECD, International Monetary Fund (IMF) and World Bank, are part of the superstructure based on the global economic class structure. They use concepts such as 'interdependence', 'globalization', 'competition' and 'modernization' to express their ideology, which serves the interest of the centre of the global economy at the expense of the periphery. China's integration into such a capitalist global economy has worsened inequality in China and led to new social stratification and class conflicts. It has also increased China's dependence on international capital. He urges the government to place greater emphasis on social justiceand independent development as China continues its reform(Li, 2010).

Second, what kinds of institutional arrangements make international institutions and other global governance mechanisms more or less capable? A few Chinese scholars have written about this from a general theoretical perspective. But their writing almost completely draws from Western concepts, theories and methods, especially those associated with therational choice approach (e. g., Tian, 2002a, 2002b; Qu, 2010).

More Chinese scholars have focused their attention on what institutional arrangements make regional institutions in the Asia-Pacific region more or less effective. This is in part due to a general dissatisfaction with global institutions. For instance, in the aftermath of the Asian financial crisis, many Chinese scholars-along with other Asian scholars-complained about the ineffectiveness of global financial institutions in dealing with the volatility of a globalized economy. They argued that in the absence of effective global mechanisms of regulation, China and its Asian neighbours needed each other in dealing with global problems (Pang, 2001; Su, H., 2006).

Chinese scholars often contrast the Asia-Pacific region with Europe. They argue that the Asia-Pacific region has its own economic, strategic and cultural conditions, which are very different from those in Europe. This region is economically diverse. The relationship between the two major powers in the region—China and Japan—is volatile because of historical animosity and current competition. Many countries in the region, including China, have stronger relations with the US than with each other. There is also a cultural preference for informal networks, rather than formal organizations. As a result, in contrast to the institutions in Europe, those in the Asia-Pacific lack a central framework based on inter-governmental cooperation. They are, instead, overlapping groups—some formal and some informal, some based on intergovernmental agreement and some based on economic complementarity—that are not highly institutionalized r(e. g., Pang, 2002; Chen and Chen, 2006; Pan, 2006).

Most authors writing about this topic tend to be policy-oriented. They sometimes cite Western scholarly work on regionalism, but quickly move on to describe what's going on in the Asia-Pacific and how China should position itself in these regional institutions. A small group of Chinese re-searchers are more theory-driven. They are conscious of the dominance of the European paradigm in the literature on regional institutions and seek to enrich that literature by bringing in the Asian experience. Peking University Professor Wang Zhengyi points out that the leading role played by the Association of Southeast Asian Nations(ASEAN)in regional institu-tional development—the so-called ‘ASEAN Way’—shows the possibility of transcending Europe-based models and theories of regionalization(Wang, 2003). Professors Qin Yaqing and Wei Ling of Foreign Affairs University argue that the regional cooperation in East Asia deviates from existing theories of regionalization: It has been a process without a blueprint for the end result, and the major powers in the region have been socialized by participating in the process initiated by the smaller powers. This process-driven model promises to enrich the theory of regionalism(Qin and Wei, 2007).

Third, are international institutions legitimate? There is no shortage of criticism of international institutions on this ground in Chinese IPE scholarship. Some of the criticism is rooted in the concern over national sovereignty and autonomy. For example, they are critical of the increasingly interventionist approach of the UN, including its peacekeeping operations. They argue this tendency conflicts with the charter of the UN and could be used by powerful nations(especially the US)to promote their own selfish interests(Zhou, 1994; Gu, 1994; Yin, 1995; Li, D., 2000, 2004; Tang, 2001; Zhang, 2001).

Another criticism highlights the undemocratic nature of many inter-national institutions. Chinese scholars, echoing Western criticisms of the IMF, the World Bank and the World Trade Organization (WTO), argue that they lack representation of the interests and preferences of smaller and weaker countries in the world. This ‘democratic deficit’, they argue, undermines the legitimacy of the international regimes(Men, 2002; Jian and Ding, 2002). In this context, it is interesting to note that Chinese scholars are particularly proud of China's place in the UN and other international institutions as a strong voice for the developing countries(Sun, 1992; Zhao, 1995).

Chinese scholars also question the legitimacy of ‘good governance’. Many take a cynical view, arguing that the notion of global governance and its variations, such as democratic governance and effective governance, are nothing but neoliberalism dressed up as idealism. Promoted by international institutions and Western governments and non-governmental organizations (NGOs), they are all meant to preserve the hegemony of the West(Peng and Liu, 2003). The implicit proposition is that the West will bring good governance to the rest of the world, while the rest of the world will give up national sovereignty in exchange. They reject the embedded West-centrism and European superiority. They maintain that the develop-ment of the South must come from within each developing country, rather than through intervention by outside forces (Tang, 1999, 2000; Tang and Zhao, 2004).

To summarize, Chinese scholars have actively engaged with the major questions about international institutions and global governance. Like their Western counterparts, Chinese scholars often disagree with each other. They have offered a variety of perspectives on the role of international institutions, the design of international institutions and the legitimacy of international institutions and global governance. By and large, the debate over these issues in China is not all that different from the debate in Western IPE studies. Chinese scholars either cite Western concepts or theories or limit themselves to atheoretical policy discussions. We see little new knowledge or theoretical perspectives coming out of this body of scholarship. Even in the area of regional institutions and governance, which has been the focus of so much scholarly attention in China, Chinese scholars readily admit that they have failed to break away from the European and North American paradigms (Wang, Z., 2003).

Distinctively Chinese approaches?

It may not be entirely surprising that Chinese scholarship on international institutions and global governance has not produced new knowledge or theoretical perspectives thus far. After all, IPE is a newfield of study in China, a point we will elaborate on later. A more important and appropriate question to ask is whether Chinese scholarship shows distinctively Chinese approaches to the study of IPE. If Chinese scholars approach the study of IPE in distinctive ways, then their research may well in time lead to new knowledge and new perspectives that will enrich the global IPE enterprise. To gauge how distinctive Chinese approaches are to IPE, we review briefly the recent literature on comparative IPE.

A few years ago, with an article and a follow-up book on the distinction between the American School and the British School of IPE, Benjamin Jerry Cohen stirred up a series of trans-Atlantic dialogues (Cohen, 2007, 2008). IPE scholars on both sides of 'the pond' quickly joined in the debate (e. g., *Review of International Political Economy*, 2009; *New Political Economy*, 2009; Blyth, 2009). Far away on the other side of the world, Chinese scholars also took notice of this debate (Zhong and Yang, 2010; Bai, 2010; Wang, 2010). In their discussion of the British School-American School debate, Chinese scholars have often implicitly or explicitly advocated the development of a Chinese style—if not school—of IPE. Some in China even argue that the emergence of a Chinese IPE is imminent (Zheng, 2008). Is it so?

According to Cohen, five issues define the different approaches to the study of IPE (Cohen, forthcoming). The first is ontology. What are the basic units of analysis-states, enterprises, social groups, classes, or other kinds of entities? The American School tends to be state-centric, focusing mostly on states as the main actors in IPE, whereas the British School is more multi-centric, incorporating other types of actors as well. The second is agenda. What are the most salient issues to be studied-power distribution, conflict and cooperation, development, welfare, or other concerns? The main issues for the American School are global power structure, in-ternational cooperation and American foreign economic policy, while the British School encompasses a broader range of issues, such as North-South relations and development. The third is purpose. What is the main purpose of research-to gain an 'objective' understanding of the world, to evaluate the state of the world by some normative criteria, to come up with practical recommendations for policymakers, or something else? The purpose of the American School is primarily positivist, seeking to understand how the world works, while the British School is more critical, raising normative questions about the status quo. The fourth is openness. How open is the study of IPE to the ideas and methods of various disciplines besides political science and economics? Under the American School, IPE is essentially based on theories and concepts of IR and economics, but under the British School, IPE study is more open to other disciplines, such as geography, history, psychology and philosophy. The fifth is epistemology. What methodologies are used to explore the questions of IPE? The American School of IPE tends to favour positivist methodologies, especially those based on rational choice assumptions, while the British School is more likely to take a historical and interpretive approach.

Does Chinese IPE literature show its own characteristics along these lines? In order to answer this question in a somewhat systematic way, we have surveyed *World Economics and Politics*, a widely recognized flag-ship journal of IPE study in China published by the Institute of World Economics and Politics at the Chinese Academy of Social Sciences (CASS). We found and reviewed 182 articles dealing with international institutions and global governance since the journal began to be published in the late 1980s.

Our survey shows that Chinese scholarship is quite state-centric. The vast majority of the articles study inter-governmental organizations and state foreign policies. Only a very small minority (nine out of 182, or 5 per cent) focused on non-state actors, such as NGOs and multinational corporations. In this regard, Chinese IPE seems to be quite similar to the American School.

The agenda for Chinese researchers overlaps with both the American School and the British School, but also has its own characteristics. Like the American school, the Chinese agenda shows a great deal of interest in great power relations. Like the British agenda, it also deals with development issues and North-South relations. Where Chinese scholarship diverges from the American and the British Schools is in its heavy focus on regional issues. A large portion of the articles deals with institutions and governance at the regional level (54 out of 182, or 29 per cent).

In terms of purpose, Chinese scholars have been keen to use their scholarship to serve policies. This could mean supporting/justifying existing policies or suggesting alternative policy options. Most of the articles we surveyed (72 out of 182, or 40 percent) speak to issues faced by Chinese foreign policy and conclude with recommendations on how China should deal with the challenges and opportunities of international institutions and global governance. For instance, when the Chinese government sought membership of the WTO, Chinese scholars produced large quantities of articles and books on the WTO. When Chinese leaders contemplated working with the G8 and the G20, studies of these organizations gained momentum. This is the 'challenge and response' model that Zhu and Pearson have pointed out in their paper in this special issue. The explicit and immediate policy relevance of scholarly writings is a major difference between Chinese IPE and WesternIPE. We will return to this point later.

The openness of the field in China seems somewhat between the American and the British Schools. The study of international institutions is primarily based on IR theories and economics. As the paper by Wang and Chin in this special issue shows, much of the literature on China's role in international finance comes from economists. The study of global governance has incorporated not only IR and economics, but comparative politics, ethics and philosophy. As mentioned earlier in the paper, researchers from China's ideologicalsector-including the CCP's Central Translation and Compilation Bureauhave played a major role in developing the study of global governance. It is clearly not an exclusive turf of IR scholars and economists.

Lastly, the epistemology of Chinese IPE has been evolving. In the early years, Chinese IPE was characterized by a lack of methodology of any kind. The articles and books were based on impressions and almost arbitrary claims, rather than in-depth research. More recently, Chinese scholars have become more conscious of the issue of methodology. The prevailing approach is historical and cultural. Scholars often examine the current state of the world through historical and cultural analysis. For instance, they trace the historical and cultural backgrounds of such concepts as nation states, sovereignty, balance of power, free trade, human rights and democratic peace to show how they have been used as ideological instruments for various political forces to impose their will on the world. They argue Western history and ideas have played a dominant role in shaping contemporary international institutions and point out the cultural obstacles for non-Western countries in dealing with these institutions today (e. g., Ding, 2000; Pan and Zhang, 2000; Pan and Yu, 2001). But the rational choice approach, rather than the historical approach, seems to be gaining mo-mentum. There is a growing literature that uses transaction cost analysis and/or game theory to explain the design of international institutions and global governance regimes (e. g., Su, 2000; Pan and Luo, 2000; Tian, 2004; Mo, 2006; Li, B., 2009; Zhang, 2009). The rational choice paradigm may well become an influential epistemology in the near future.

Our survey of Chinese scholarship on international institutions and global governance shows only limited distinctiveness in its approaches to IPE, which is mainly found in the research agenda and the purpose of research. While the Chinese research agenda overlaps with both the American and the British Schools, its focus on regional issues in the Asia-Pacific is quite distinctive. Meanwhile, in terms of purpose of scholarship, Chinese IPE researchers are far more interested than their Western counterparts in using their knowledge and expertise to serve policy needs. Beyond these, Chinese scholarship has much in common with Western scholarship. It especially resembles the American School in ontology and epistemology.

Explaining the missing contribution

Despite China's rise in the global economy, despite the explicit ambition expressed by Chinese scholars to develop uniquely Chinese perspectives and despite China's rich cultural and intellectual traditions, we find that the study of international institutions and global governance has produced little new knowledge or theory and that its approaches havefew distinctive Chinese characteristics. Why is this the case? In this section, we highlight two factors socialization and domestic institutions.

First, this is the case because the field is new. The study of political economy used to be part of the political ideology-oriented study of Marxism in China and was exclusively guided by Marxist perspectives. IPE as an academic discipline independent from Marxism only came into being in the mid-1990s, when the Ministry of Education approved IPE as one of the major subjects in the study of international politics and diplomacy. Since 2001, Fudan University, Peking University, Renmin University and the University of International Business and Economics have set up IPE departments. Chinese scholars have published half a dozen textbooks on IPE (Song and Chen, 1999; Fan, 2001; Peng, 2001; Wang and Zhang, 2003; Zhu, 2004; Li, 2005a; Zhang and Li, 2008; Kuang, 2008). The study of international institutions and global governance, as part of IPE, is a very young research area. As such, it has been socialized by Western concepts, theories and methods.

Given the enormous interest in American IPE in the study of international institutions, it is not surprising that American influence has been especially prominent in Chinese scholarship on this subject. Meanwhile, other Western scholars have had more influence on Chinese scholarship of global governance. Overall, the influence of foreign scholarship has been quite salient on the study of IPE in China.

We can see the learning process clearly through our survey. We divide the 182 articles we have collected from *World Economics and Politics* into four categories according to their main focus. Some of them introduce Western IPE scholarship to Chinese readers, as, for example, by reviewing a book, the work of a Western author, a school of thinking in Western IPE, or reporting on recent trends in Western scholarship ('intro'). Some apply Western theories to study empirical phenomena ('app'). Some articles suggest ways in which China-related research can enrich general theories ('China'). And the last category of articles provides purely policy analysis without engaging with theories ('policy'). Figure 1 shows the distribution. The introduction of Western theories and the application of those theories to study various issues account for more than 80 per cent of the total articles Figure 1 Distribution of articles according to main focus(1988—2010). published in *World Economics and Politics*. This indicates an astonishingly heavy reliance on imported ideas. Only 2 per cent of the articles make an attempt to use China-related studies as potential sources of conceptual and theoretical innovation.

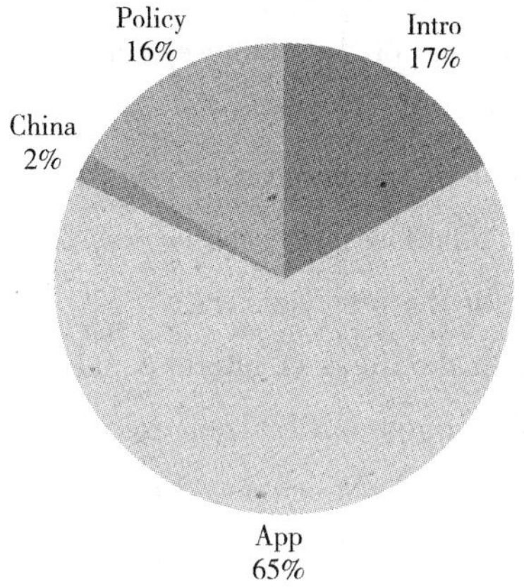

Figure 1　Distribution of articles according to main focus (1988—2010)

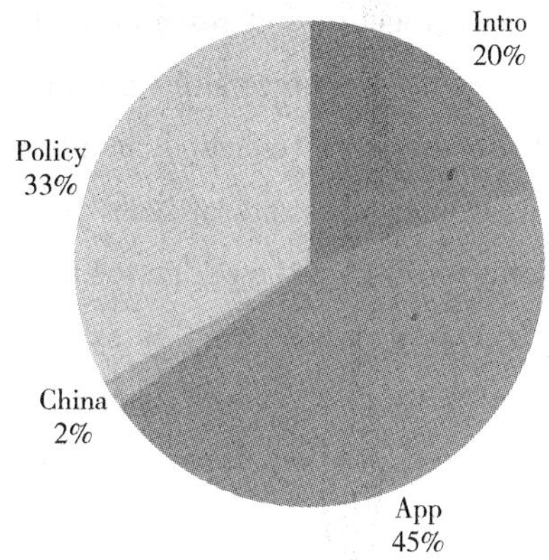

Figure 2　Distribution of articles according to main focus (1988—1999)

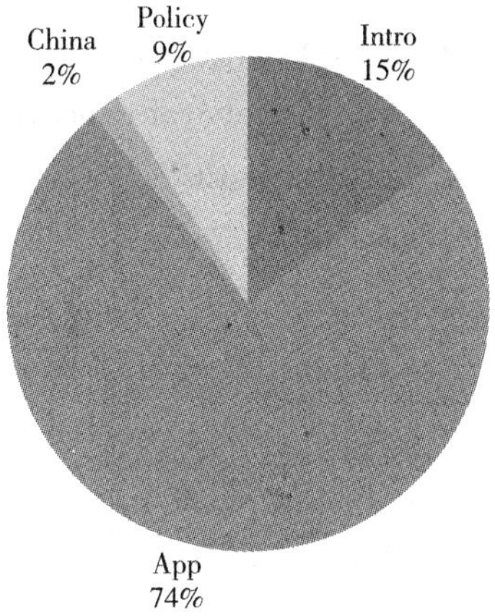

Figure 3　Distribution of articles according to main focus (2000—2010)

It is interesting to note some changes over time. Figures 2 and 3 com-pare the distribution of articles during the first decade or so of *World Eco-nomics and Politics* with the last decade. They indicate a substantial reduction in atheoretical policy analysis of international institutions and global Figure 2 Distribution of articles according to main focus(1988 – 1999). Figure 3 Distribution of articles according to main focus(2000 – 2010) governance(from 33 per cent to 9 per cent of the total articles) and a significant increase in pieces that apply Western theories to study empirical issues(from 45 per cent to 74 per cent of the total articles). This suggests that Chinese research on international institutions and global governance has become more theoretically informed, though Western theories continue to dominate Chinese research. Still, only 2 per cent of the articles attempt to use China-related research to revise and enrich IPE theories.

Besides the strong socialization effect of Western literature, Chinese scholarship on international institutions and global governance has also been shaped by China's domestic institutions. Chinese universities and research outfits are mostly extensions of the Chinese state. The vast majority of leading universities are run/controlled by the Ministry of Education, while most research institutes are attached to different central government ministriesor provincial governments. Scholars who work at both types of institutions are, therefore, state employees. Their role is to produce useful knowledge for the public and advice for the policymakers.

Recent years have seen an expansion of think-tanks in the areas of international relations and economics, both of which are partially involved in the study of IPE. Their role in government policymaking has apparently increased (Shambaugh, 2002; Naughton, 2002). With regard to global governance in particular, Renmin, Peking and Fudan Universities have each created a Center for the Study of Global Governance. One of the major concerns for these centres is the reform of the traditional global international institutions, including the UN and the international financial institutions. Another focus is the new international groupings for global or regional governance, such as the G20, BRICS (Brazil, Russia, India, China and those seeking Asia-Pacific economic integration. The government has also invested heavily in new official think-tanks. For example, the China Center for International Economic Exchanges (CCIEE) was created amid the global financial crisis of 2008. The CCIEE is regarded as a leading institute in facilitating discussions on global economic governance and China's role in it. It seems to advocate Chinese perspectives on global economic governance. For instance, in December 2012, collaborating with the UNDP, it sponsored the High-Level Policy Forum on Global Governance: Views from the Developing Countries.

One result of such an institutional set-up is the purpose of the development of Chinese IPE. As discussed earlier, Chinese scholarship is closely related to the policy issues of theday. We can see this tendency clearly in the study of international institutions. The growing interest shown by Chinese scholars in the study of international institutions is related to the growing ties China has developed with various international organizations and regimes. The scholarly conclusions about international institutions also often mirror the government's policies.

During the Maoist era, China's foreign relations focused first on the Soviet Union-led socialist bloc and then on the Third World (with China as a member of it). Political alienation marked China's relationship with the Western countries and the mainstream international institutions they dominated (Zhang, 1998). Since the beginning of the economic reforms in the late 1970s, China has gradually joined (or rejoined) these international institutions (Economy and

Oksenberg, 1999). It abandoned its radical system-transforming approach to adopt a system-reforming and then a system-maintaining approach(Kim,1999). Since the 1990s,China has more fully embraced the existing international order,even signingUN human rights covenants and the Kyoto Protocol on Climate Change, making costly commitments to gain membership of the WTO,partnering with the G8 and joining the G20. The popular phrase of 'linking up with the international track(*yu guo ji jie gui*)' represents a significant move on the part of the Chinese government towards identifying with the existing international system(Wang, 2007).

Chinese scholarship on international institutions has grown alongside China's increasing involvement in these institutions. Echoing the government's positive attitude towards most international economic and financial institutions,Chinese scholars stress the catalyst role of these institutions in bringing about economic development to latecomers like China(e. g. ,Guo,1999; Cao,2004). At a normative level,Chinese researchers have by and large bought into mainstream Western description and interpretation of the post-1945 international economic order. Taking for granted Western concepts such as 'hegemonic stability' and 'public goods',most of them are reluctant to discuss the underlying power structure and the inequality of the existing international economic institutions.

Similarly,the study of global governance in China resonates closely with the official attitude of the Chinese government. Prior to the 2008 global financial crisis,global governance had not featured in official statements. In the aftermath of the crisis,Western countries—particularly the US—called for international coordination to deal with the crisis. In this context,at the'G8 +5' summit in Italy in 2009,China first accepted the concept,'global economic governance'. Later,several important Chinese official documents addressed global governance in China's foreign policy priorities. In the 12th five-year plan published in2011, the Chinese government committed to'actively participating in global economic governance and regional cooperation'. Since 2011,the annual Government Work Report delivered by the Chinese Premier to the National People's Congress has referred to the term,'global economic governance'. At the 18th National Congress of the CCP in November 2012,which marked China's political power transition to the new leadership headed by Xi Jinping,outgoing leader Hu Jintao delivered a political report that included prominent ad-vocacy of global governance,especially global economic governance. But,thus far,Chinese government documents have not made clear the official definition of global governance. Such ambiguity may indicate the still ambivalent attitude of the Chinese government towards the notion of global governance.

This ambivalence is echoed in Chinese IPE scholarship. Chinese scholars readily admit that many problems of the world today, such as envi-ronmental degradation, transnational crimes,as well as financial crises,are global in scale,affecting countries with different sociopolitical systems and ideologies. Therefore,governance at the global level is necessary and inevitable(Wang,1998;Cai, 2000, 2005;Wang,2002;Cui and Yu, 2010;Su, 2011). But on the other hand,they are careful to point out that there is a trade-off between global governance and national sovereignty, and urge China to be cautious in striking a balance between the two(Li, D. ,2000;Meng, 2001).

The close relationship between scholarship and government policies is a major obstacle for the development of new knowledge and theoretical perspectives. Because Chinese researchers focus their attention on specific policy challenges for the country and the government in the short term,they are seldom able to explore and explain the broader and longer-term trends in IPE. Robert Cox makes the distinction between 'problem solving' theory,which seeks to understand the world as it is and attempts to solve the problem withinthe current parameters,and critical theory, which studies the origins of the system and explores the forces of systemic change(Cox,1986). Compared to the British School,the American School of IPE tends to be more problem-solving. Its agenda is often shaped by the problems faced by the United States. Prominent IPE scholars often serve as advisors for and even policymakers in the US government. But both problem-solving theories and critical theories in the West keep some distance from the immediate policy issues of the day in search of more generalizable theoretical perspectives. In contrast, many Chinese scholars seem to be preoccupied with the immediate policy issues faced by the government.

It is important to point out that the parallel between Chinese scholarship on international institutions and global governance and the official policy does not mean scholars simply validate government positions. In fact,Chinese researchers attempt to use their research to inform and improve policymaking. For example,the Chinese government has long kepttight control over civil society organizations for fear of their challenging impact on social stability and the status quo of the Chinese political system. Chinese scholars have tried to suggest to the government that it may need to change its policy toward NGOs. As researchers outside China have argued,a major reason for China's low profile in global governance thus far has been the weakness of Chinese NGOs(e. g. ,Wang and French,2013). While Western industrialized countries and some of the larger emerging developing countries, such as India and Brazil, have both governmental and non-governmental delegations at international forums to voice their concerns and push for their agendas,China has only had minimal presence in the non-governmental arena. Some scholars in China have also come to this conclusion and called for the strengthening of NGOs in China in order to enhance China's diplomacy on the world stage(Jin, 2001;Li,Q. , 2009).

Another consequence of the institutional framework in China is the difficulty faced by Chinese scholars in carrying out empirical research. The Chinese institutional context has contributed to this phenomenon in two ways. First,the policymaking process in China lacks transparency. Despite their semi-official status,Chinese scholars have very limited accessto data. While foreign scholars can compensate for this problem by relying on informationavailable outside China(as, for example, at international organizations or countries involved in trade and investment relations with China), it is difficult for Chinese scholars to do so. Moreover, according to current journal publication standards in China, even if Chinese scholars gain access to data through interviews with officials, they cannot publish their analysis based on such data. Second, many of the empirical issues in China's interaction with international institutions and global governance are still politically sensitive. Understandably, Chinese IPE scholars, like other social sciences scholars, are reluctant to take onsuch questions.

In theory, Chinese scholars should have an advantage in conducting research on China's own experience in IPE. For instance, they should be able to produce in-depth studies of the politics of China's exchange rate regime, its foreign aid programmes, its going-outinvestment strategies and its behaviour in international institutions. But, in fact, Chinese scholars have done very little research on these topics. Most of the cutting-edge researchhas been carried out by scholars outside China. Meanwhile, the literature produced by Chinese scholars typically offers prescriptions on how China should behave. In our survey of the journal, *World Economy and Politics*, out of 42 articles that focus on China, only 15 include some empirical investigation of China's relationship with international institutions. Elsewhere, one can find some empirical studies of China's relations with specific international institutions, such as the UN, G8 and the Asia-Pacific Economic Cooperation(APEC)(e. g., Wang, 2003). But, overall, there is a shortage of empirical research on China. Chinese scholars admit that, sometimes, foreign scholars' research about China's engagement with international institutions has been superior (Xu and Cai,, 2007). Without in-depth empirical research, it is hard to imagine how Chinese scholars can produce new knowledge and theories.

To summarize, in this section, we have highlighted two sources under-lying the lack of distinctive Chinese contribution to IPE thus far. One is the strong socializing effect of Western IPE scholarship on China, which is perhaps natural given the short history of IPE in China. The other is the institutional environment in which Chinese scholars conduct their research. In particular, the institutional relationship between most of the researchers and the Chinese state lead them to pursue a strongly policy-oriented research agenda at the expense of theory development. The difficulty for empirical investigation of China's own experience hinders the production of new knowledge and perspectives.

Prospect for future contribution from China

So far, we have examined one slice of IPE scholarship in China today—the study of international institutions and global governance. We have shown the missing Chinese contribution in this area and tried to explain why this has been the case. In this section, we briefly assess the prospect of Chinese scholars bringing new knowledge and new perspectives to the global IPE enterprise and identify the major constraints they are likely to face in attempting to do so.

As IPE becomes more mature in China, Chinese scholars could potentially make important contributions to the global dialogue. As some Chinese scholars see it, one way to develop China's own IPE is to use empirical experience in China to improve Western theory. If China-based empirical research leads to conclusions that differ from the prediction of Western theories, it will constitute a theoretical breakthrough. But, they argue, this is innovation only within the current IPE framework. A more ambitious way is to come up with China-based concepts and theories to explain what is happening in China and elsewhere. Instead of American IPE concepts, such as preferences, interests and alliances, Chinese IPE studies should develop a new set of concepts based on China's experience, which would form the core of a different IPE theory. The second kind of innovation will take years of efforts by many Chinese IPE scholars (Song, 2011; Wang, 2010). Chinese scholars have expressed a strong desire to take on the challenge.

With regard to the first type of contribution—using empirical experience in China to improve Western theory—we have argued above that the institutional context in China has not been conducive to in-depth empirical research. But this could change. Chinese scholars and policymakers alike recognize that China's new role in the world demands new theories of action. As China becomes a major player in global governance, it needs to go beyond the lessons from past and current leaders of the world, such as the UK and the US. It needs to develop its own IPE to guide its action(Zhang, 2011). Such new theories of action can only come out of knowledge of the reality of China's domestic situation and its foreign relations. For example, if Chinese researchers were to develop realistic and appropriate policy options for China in interacting with international institutions and participation in global governance, they have to begin with a firm understanding of what China's experiencehas been-where its success and failures have been and why they have happened. This means that the imperative and space for empirical research will likely grow.

There are some encouraging signs that the conditions for empirical research on China may improve in China. In its incremental move toward greater transparency, the Chinese government has begun to release more policy-related data. For instance, the Ministry of Commerce has published its documents on China's accession to the WTO. The Ministry has also made public more and more data on China's development assistance on its website. Meanwhile, a collection of candid policy remarks made by former Premier Zhu Rongji has just come out, providing new and interesting information on China's domestic and foreign economic policymaking from the early 1990s to the early 2000s, when Zhu was a key economic policymaker(Zhu, 2011). We believe that with conditions for empirical research gradually improving over time, Chinese IPE scholars will be able to come up with new China-related knowledge. This will, in turn, enrich or modify the general theories about international institutions and global governance.

With regard to the second type of contribution—the development of China-based concepts and theories to explain what is happening in China and elsewhere—we can see some initial attempts at drawing inspiration from traditional Chinese culture. As they criticize the current state of global governance, some scholars argue that China's traditional philosophy can offer a useful alternative. Philosopher Zhao Tingyang's work on *Tianxia*—'all-under-heaven'—has been the most ambitious undertaking of this kind. He argues that the world's problems are rooted in the Westphalian system, which encourages selfishness and violence. To solve these problems, it is necessary to replace the Westphalian system with the system of *Tianxia*. Based on an idealized description of traditional Chinese statecraft, *Tianxia* is a benign hierarchy that transcends the nation states, embraces difference and rules with moral suasion. This Chinese idea, he believes, has the potential to first conceptually and then institutionally bring about a superior and magnanimous world order (Zhao, 2005, 2006). Other Chinese scholars have made more modest claims about the utility of traditional Chinese thinking and concepts, such as tolerance (*baorong*), rituals (*li*) and harmony (*hexie*), for global governance reform (Sheng, 1995; Yu and Chen, 2005).

The discussion of traditional Chinese views is not idle philosophical musing. It should be understood as part of the general reflection of China's place in the world and how its rise will affect the world order (Callahan, 2008). Since the 1980s, China has followed Deng Xiaoping's teaching of 'keeping a low profile and building up internal strength (*tao guan yang hui*)'. Since the late 1990s, China's role and responsibility in global governance has become a hotly debated issue among Chinese scholars. Professor Pang Zhongying of Renmin University was among the first to challenge the utility of the approach of *tao guan yang hui* (Pang, 1999). He has since been joined by a number of others. They claim that China is already part of a global collective leadership, thanks to its role in the UN, the IMF, the World Bank and the G20. China can and should play a leadership rolein reforming the existing framework of global governance (Pang, 2010; Su, 2011).

In 2010, Fudan University's School of International Relations and Public Affairs, together with the Chinese Association of Political Science, orga-nized a conference on 'The Supply of Institutions and the Rise of A Great Power: China's Mission'. At this conference, some Chinese IPE scholars discussed the possibility of China becoming a supplier of international institutions. Some of them, including Pang Zhongying, called for producing and 'exporting' indigenous knowledge 'made in China' to deal with global challenges. He argued that China has imported many solutions made else-where to solve China's problems, but failed to export its own solutions to solve global problems. China faced a deficit in this regard, which should w o be reduced (Fudan University, 2011).

It is too early to say whether these lines of inquiries will lead to dis-tinctively Chinese contributions to IPE study. Some Chinese scholars are doubtful. For instance, Zhao Tingyang's work has been popular among the public, but has been criticized by other Chinese scholars for its inaccurate reading of Chinese philosophy and history and-more importantly -for its inapplicability in today's world (e. g. , Zhang, 2006). They argue that the idea of a China-centred system is not even imaginable in the East Asian region because it would be unacceptable to the US and would meet with strong resistance from neighbouring countries such as Vietnam and Japan. Above all, it would be against China's current principle of equality and national sovereignty (Li, 1999).

The world may have changed too much from the days of the *Tianxia* system. China-based concepts and theories may well have to come from more recent experiences and practices. That has so far been the Achilles' heel of Chinese IPE. The institutional framework in China has to change to enable Chinese development of new knowledge and theoretical perspec-tives. Without the removal of this obstacle, China's position in the global knowledge structure will remain far lower than one might expect on the basis of its economic power.

References (deleted)

第二部分
在全球治理中的中国

中国需要制定全面、长期而可行的在全球治理中发挥不可或缺的作用的国家战略[①]

中心议题

2012 年 11 月 8 日，时任中共总书记胡锦涛在中共十八大上做的报告中提到了全球治理，“推动全球治理变革”，“积极参与全球经济治理”。而在 2013 年 3 月 5 日举行的第 12 届全国人民代表大会第一次会议上温家宝总理提交的《政府工作报告》中，尽管没有用“全球治理”一词，却说在过去 5 年（2007—2012 年），中国“积极参与应对国际金融危机、气候变化等全球性问题的国际合作”。这些官方文件说明，在中国外交政策中，原则上和实践上，全球治理已经占据了一个非常重要的位置。中国是否到了加大参与全球治理的力度，并转换在全球治理中的角色的时候？第一，如果把全球治理理解为通过国际合作对全球化中间产生的问题（当然对这些问题的认知和确认存在国际歧义）的必要（最低限度）调节、管理和控制，日益全球化的中国（包括中国国内的全球化和中国作为世界的全球化的一个越来越重要的因素和动力）更加需要全球治理。自 20 世纪末期以来到现在，中国已经历了 30 多年的全球化。这是一个全球化了的中国。[②] 第二，目前的国际体系产生了对“崛起”了的中国在全球治理中发挥更大作用的与日俱增的期待、需求以及压力。最近 10 年，尤其是西方金融危机爆发后，关于“中国在全球治理中的作用”居然成为各国（尤其是欧洲）学术和政策研究的一个突出议题。[③]

尽管长期的人类哲学、政治、经济思想史包括着丰富的全球治理的理想和思想，但是，全球治理作为一门极具挑战性的学科只不过诞生于 20 世纪末期。在中国，关于全球治理的研究，目前仍然限于引进西方学者的有关论著，尚谈不上真正具有本土意义的全

---

① 本文原载中国国际问题研究院《国际问题研究》2013 年第 4 期。

② 如果从 1971 年美元与黄金脱钩（即布雷顿森林汇率体系崩溃）开始到现在，全球化已经持续了 40 多年。中国的改革与开放的过程大体与全球化一致。但外部行为体，如欧美和日本韩国为母国与基地的跨国公司，是中国的全球化的主要驱动力量。中国本土的行为体（如中国公私企业）“走出去”，超越中国本土的全球化，还是最近的事情。

③ 这方面的论文或者报告很多，例如，Dirk Messner and John Humphrey，“China and India in Global Governance Arena”，in Schmitt - Beck，R.，Debiel，T. and Korte K. - R.（eds.）*Governance and Legitimacy in a Globalized World*，2008；Charles Grant，“Russia，China and Global Governance”，London：Centre for European Reform，2012；Hongying Wang and Erik French，“China's participation in global governance from a comparative perspective”，Seattle：*Asia Policy*，Number 15（January 2013），89 - 114.

球治理研究及其对发展全球治理知识的贡献。

值得指出的是,全球治理不能信口谈论,因为这门学科目前的状态是,提出的全球问题(议题)远远比回答了的问题要多,许多全球问题没有任何答案,而是争论中的难题;一些全球问题,尽管有共识性的和结论性的全球解决方案,但是,却存在着实现这些方案的严重困境(比如,国际社会大都承认废气排放导致灾难性和毁灭性的气候变化,却对如何减少排放,以及各国在废气排放上的责任存在着相当大的分歧)。

本文认为,全球治理及其中国在全球治理中的作用是如此重要,所以,我们不能空谈,不能误解,而要对全球治理进行基于中国的严肃研究,尤其是需要制定一个中国的全球治理战略。这样的战略应该是非传统的大战略(Grand Strategy),是中国新的外交战略中最为重要的一部分,是理论上关于解决全球问题的来自中国、基于中国的世界观,是实践上解决全球问题的中国方案。但是,无论是中国的世界观还是来自中国的解决方案,都应该是综合性的、着眼长远的、现在可行、未来有效的、能够为国际社会和全球体系接受的。

中国的全球治理大战略是一个系统工程,涉及的议题有很多。我们认为,中国的全球治理战略应该包括如下一些关键、中心内容。

理论战略

中国的全球治理战略的优先应该是理论战略。

在理论上,目前存在的关于全球治理的基本原理,仍然主要建立在西方理论的基础上,是西方中心主义的。中国不是现存的全球治理理论或者全球问题解决方案的主要来源国和生产国。中国要参加全球治理,首先就要加强对全球治理的研究,质疑和批评现有西方的全球治理的理论,提出一些在国际学术共同体可以站得住脚的权威命题、概念和原理。举几个例子:全球治理诞生的主要背景之一是美欧在20世纪70年代重新强调市场的重要性,降低政府对经济活动的干预,即以"私有化""自由化""放松管制"(这三点可概括为"去政府化")为标志的"新自由主义"运动。在这个大背景下,欧美学者逐渐把"治理"与"政府"分开,甚至让"治理"与"政府"对立起来,而把私有部门(如公司)以及构成巨大而复杂网状的各种"非政府组织"和"公民社会"在"治理"中的作用大大提升,以适应"新自由主义"的宏观政策环境,"没有政府(统治)的治理"的全球治理命题因此诞生。① 作为国内和外交政策的"全球化""民族国家终结",打破民族国家的主权壁垒,让"世界经济"演变为"全球经济"。在这种情况下,全球治理指的是对全球问题的有限、必要的国际管理。但是,2008年开始的西方金融危机之后,"新自由主义"的弊病在

① 由美国已故著名世界政治学者 James N. Rosenau 和德国著名国际关系学者 Ernst-Otto Czempiel, Johann Wolfgang 等合编的《没有政府的治理:世界政治中的秩序与变革》论文集是这方面的最早代表作(James N. Rosenau, Ernst-Otto Czempiel, Johann Wolfgang, eds, Government without Government: Order and Change in World Politics, Cambridge University Press, 1992)。

一些领域得以比较充分的暴露,“政府的作用”再次受到重视,并成为政策辩论的焦点。为了解决金融危机,2009 年强调“大政府”的美国民主党上台,一直延续到现在。奥巴马政府采取凯恩斯主义的政府对市场的强力干预,尤其是“量化宽松”的货币政策以刺激通货膨胀和就业增长。奥巴马政府这样的做法,欧盟和日本纷纷效仿,“没有政府的治理”摇身一变成为“有政府的治理”。回顾历史,西方在危机时代强调政府的作用,而一旦度过危机,则又强调自由化。“没有政府的治理”和“政府的作用”都是根植于 20 世纪 30 年代以来的经验。再如,关于全球治理变革的依据之一的“权力转移”(Power Shifts)理论也是完全根植于西方的历史经验,而以为中国或者印度的“崛起”如同历史上美国、德国、苏联、日本的崛起一样,严重忽略了中国、印度等“崛起”实质上是一种西方主导下的全球化现象,与历史上大西洋和欧亚地区发生的“权力转移”完全不同。尽管中国等一再重申中国现在的“崛起”或者“发展”与当年美国、德国、苏联、日本的兴起根本不同,以及华尔街和伦敦金融城等金融市场仅把中国看作他们的“新兴市场”,但是,西方国际问题研究的主流舆论还是如此认定世界正在发生从西方到非西方(中国、印度等)的“权力转移”。

形成中国等“非西方”的历史与现实的全球治理理论是完全可能的。但关键是认识论和方法论。原来的西方的“权力决定地位”的规则,现在对我们终于未必不利,因为中国已经上升为名义上的第二大经济体,或迟或早,这个第二大经济体的“权力”要反映在中国在国际金融机构(IFIs)中的地位上;同时,作为发展中国家,中国还能与其他非西方大国一道争取真正的“全球治理民主化”。国际制度的改革不能仅仅考虑“权力”以及“争权”,而必须考虑到其他因素,尤其是人口等,以便让这些机构符合民主的本意,更具全球包容性和代表性。我国一度提出的“国际关系民主化”,与现在的“全球治理民主化”意思上差不多。不过,国内有人把“国际关系民主化”仅理解为落实大小强弱国家的一律平等的联合国宗旨和原则。这是不够的。必须按照全球治理的原则重新定义“国际关系民主化”。根据民主的本意,从全球治理的角度,所谓“国际关系民主化”应该指的是人口大国在全球治理中发挥更大、更决定性的作用。

“相互治理”战略[①]

在讨论中国等“新兴大国”在全球治理中的作用时,必然要提出一个根本的全球治理问题:全球治理的相互性。全球治理并不仅仅是对一些跨国、公共、共同问题的国际合作,而且更加重要的是,是对严重影响自身和自身所在的地区的他者的问题的治理。这才是全球治理的一个要害所在。许多双边的途径,如美日、美中和欧美之间的各种对话合作进程,都是关于相互治理的。在多边领域,在 20 世纪 70 年代,随着西欧经济从第二次世界大战破坏中的基本恢复,七国集团(G7)的诞生,就是西欧国家(尤其是法国)试图

① “相互治理”及其“相互治理进程”是庞中英提出的一个概念,可见庞中英:《相互治理进程》,《世界经济与政治》,2012 年第 11 期;庞中英:《全球治理的转型》,《国外理论动态》,2012 年第 10 期。

对美英的国内政策说三道四。石油输出国组织(OPEC)等是石油生产国对石油消费国,尤其是当时的西方国家的治理。而一系列的地区合作,则显然是双向的治理,地区组织和地区制度,深入到各个成员国的事务中,尽管互不干涉内政在政治和安全领域仍然存在,但是,在经济领域,没有人再谈论互不干涉的问题,即使在政治和安全领域,进入21世纪,原来坚定地维护互不干涉内政原则的非西方地区,也出现了互不干涉内政与有条件的、具有国际授权的干涉内政并存的局面(这一点体现在《东盟宪章》和《非盟宪章》中)。

各国国内经济问题,尤其是影响全球经济的西方国内经济问题,如借贷消费等生活方式、福利国家制度以及众所周知的越来越高的政府债务,其他国家能否介入治理之?1945年以后,尽管主权概念深入人心,各国独立,但西方介入非西方世界依旧,且更深,非西方世界除了抵制和批评,总是难以"以其人之道还其人之身",在最低限度上治理西方。全球治理应该是双向的和相互的,不能总是西方治理世界,非西方被治理。目前西方谈论全球治理的改革,其实目标很狭窄,金融危机前,是想让非西方国家承担更大的解决全球问题的责任;金融危机之后,则是想利用非西方的资源解决其自身的问题。极具讽刺意味的是,"世界上最大的发展中国家"中国居然是"世界上最大发达国家"美国的最大债权人,美国建立在对中国等负债的基础上。美国、欧盟和日本通过G20等宏观经济政策多边协调和合作框架,要求中国等调整汇率以及改革国有企业,却不顾其他国家的批评,发动巴西所称的"货币战争",向其他国家转嫁金融危机。这些做法正是不公正和不合理的全球南北关系在新的历史条件下的表现形式。通过全球化的"相互依存"机制,危机下的西方正在耗尽非西方世界通过拼苦力、卖资源、耗环境而带来的经济增长。所以,非西方国家,尤其是中国,有权利通过现存国际经济合作机制,向西方国家施加压力。

也就是说,在全球治理问题上,如果西方不是叶公好龙的话,那么,就不能仅仅用诸如G20这样的相互治理进程向"新兴大国"施压,而必须同时面对和接受"新兴大国"对他们的政策和决定的质疑、关切、评估和批评,进而与其谈判。

中国等"新兴大国"如果真正参加全球治理,就要通过一系列全球治理机制(国际制度),对西方发达国家的政策和决定进行质疑、关切、评估和批评,进而与其谈判,迫使其改变不合理的政策。

规则战略

中国与全球治理的关系的头号和中心问题是中国能否在全球治理的规则形成中发挥应有的作用?

不是说西方仅依靠规则治理世界,因为西方治理世界,还有其他手段。但是,西方在国际规则方面下的功夫一直很大,也很超前。这一点值得我们很好地借鉴。关于全球治理与一个诸如中国这样的新兴大国的关系,其最核心的问题就是国际规则以及关于规则的一系列国际政治问题。

中国仍然不是国际规则的真正意义上的制定者。中国也缺乏制定国际规则的意志和能力。制定规则的意志取决于重新定位中国的对外政策目标,而制定规则的能力则是国家在对外关系领域“软实力”的主要组成部分。若只是遵守别人制定的规则,长期下来,必然无法在全球治理中发挥主动而积极的作用,即通过规则去约束别人。

西方,尤其是欧洲国家,一直强调“基于规则”、多边主义的世界秩序。一些西方人似乎仍然乐此不疲地谈论让中国加入更多的国际规则,以便用这些规则约束中国。作为现存世界秩序的一部分,“基于规则”的世界秩序也是我国需要的,是符合我国利益的。在与西方对话时,我们可以强调这一事实。只要我们不断强调“中国按照规则办事”,不断能树立中国的新形象,确实也能由此缓解因为世界秩序大变动时期中国与西方关系的紧张。

如果不是装糊涂,而是直面问题,对中国来说,重要的不是笼统含糊的规则,而是敏感、要害的关于“什么规则”“为什么规则”和“如何规则”等关于国际规则的国际政治问题。在与西方对话时,中国要通过这些问题揭穿西方要求中国按照规则办事背后的逻辑。

以目前的美欧危机、美欧关系重塑和“新兴大国”的崛起与其联合(表现为诸如“金砖国家”合作)两个同时存在的过程为标志,世界可能正在迎来全新的国际规则。这样的说法的一个当然前提是:欧美在短期之内根本走不出危机,但欧美要通过合作,如缔结欧美自由贸易协定等塑造新的国际规则,而“新兴大国”的发展尚能持续相当长的时期,却在联合塑造新的国际规则上动力不足(截至目前,“金砖国家”合作机制尚未具有塑造国际规则的意图)。西方仍然试图为未来的世界定下规则。为了在全球治理中成为全面的参加者,中国如果不想只接受西方定下的新规则,就必须准备在新的国际规则制定中发挥作用。

规则的形式是平等的,但内容(实质)是不平等的。为什么要推动“基于规则”的全球治理？除了规则制定者承诺也受到规则约束,免除了非规则制定者“刑不上大夫”之类的担心,主要是因为规则制定者可以通过尽可能多地利用规则(因为是规则制定者,熟悉规则,但这还并不等于钻规则的漏洞)。欧盟在世贸组织(WTO)中利用其中的规则最多。相反,那些加入规则的其他行为体,仅感受到受到规则的约束,却很少有意识和有能力去利用规则,更没有体会到利用规则的益处。

全球治理是政治事务,是对全球化的经济活动和社会活动,尤其是全球化造成的全球问题的管理。这样的管理是新的“国际游戏”。但任何游戏总是有规则的。

改革与转型战略

全球治理可以分为三大阶段:第一阶段是1945—1975年,即从联合国与布雷顿森林体系诞生到西方集体管理世界经济的七国集团(G7)成立。这一时段的全球治理其实严格地说还不能叫全球治理,而是国际治理,但我们姑且把其叫作“旧的全球治理”。因为无论联合国安理会还是国际货币基金组织,在1945年前是完全不存在的。第二阶段是20世纪70年代末中国"改革开放"起步到2008年美国和欧洲先后陷入金融危机。这30年的过程,全球化因为中国改革开放、柏林墙倒塌、苏联解体、印度改革等而加速,同时,发生了世界历史上前所未有的金融危机、发展危机和生态危机。在这种情况下,旧的全球治理无法应对所谓变化了的与正在变化中的全球局势。于是,从20世纪90年代初开始,联合国(尤其是其安理会)改革就提上议事日程,而伴随着亚洲金融危机,国际金融组织也开始了改革进程。第三阶段是从2008年开始到现在。在西方金融危机的背景下,关于"全球问题全球解决"日益成为全球共识,而建立新的国际制度的全球进程(如联合国主持下的气候变化谈判和针对金融危机解决的二十国集团进程)越来越多。在西方主导的全球化中脱颖而出的"金砖国家"则建立了他们自己的协调与合作机制——金砖合作(BRICS)。这一阶段的特点可以用三大关键词来概括:为适应全球治理的需要而对旧有国际制度的改革、全球治理新一次的转型和以及各种各样的干脆放弃旧的框架结构,而寻求新的足以替代旧的的新的全球治理方式,即"另起炉灶"。

1. 改革:我们可以把国际制度的改革理解为一个十分中性的、最低限度的,不伤及本质的过程,即改革是国际制度中各成员的公约数,但各国和各种势力对改革有着各自的解读和立场。在国际制度中占据主导或者领导地位的美国和欧洲,是否真的愿意改革国际制度,本身就是一个问题。美欧2008年以来的金融危机中,为了让"新兴经济体"——包括中国、韩国、印度、巴西、阿根廷、墨西哥、土耳其、印度尼西亚等在内协力解决金融危机,美欧前所未有地主张和同意加快国际金融制度的改革。通过G20进程,美国牵头发动改革,承诺提供新兴经济体在IMF中的决策权(也称"话语权")。"然而,三年过去了,美国国会仍未批准该协议。由于美国在IMF关键决定上拥有事实上的否决权,华盛顿方面实际上正在妨碍全球经济治理的民主化进程。"[①]欧洲人一直牢牢掌握国际货币基金组织,不愿意国际货币基金组织的民主化,甚至阻滞亚洲国家在国际货币基金组织发挥更大的作用。[②]

2. 全球治理的转型:但是,转型与改革不同。转型的雄心更大,目标更明确,即实现全球治理的进一步民主化,让西方让出一些权力和放弃一些利益,同时赋予一些非西方国家更大的权力。转型不仅涉及一些权力分配,而且,意味着更加民主化的全球治理,以及新的国际制度结构。即使是有着更大公约数的改革都落实起来很难,全球治理的转型更是举步维艰。从西方七国集团(G7)主导到包括中国内在的二十国集团(G20)主导,西方就会感到失去国际"领导权"。这就是为什么当"危机管理"阶段结束(2008—2010年),G20就逐步失去了势头,达不成真正的协议,进行不了真正的集体行动。在危机阶段承诺的要让G20取代G8成为"国际经济合作的主要平台"(2009年匹兹堡峰会的联合

---

① 英国《金融时报》社评:《美国不应拖延IMF改革》,2013年3月12日,见:http://www.ftchinese.com/story/001049387。

② Barry Desker, "Can Europe Prevent Asia's Rise", Singapore: *RSIS COMMENTARIES*, No. 197/2012, 22 October 2012. See: www.rsis.edu.sg/publications/Perspective/RSIS1972012.pdf.

声明)如今几乎变成一纸空文。

3. 另起炉灶:这是更加激进的全球治理转型。在西方,因为现有的国际金融机构的有限和失败,从来就不乏“重建布雷顿森林体系”的声音。20 世纪 70 年代,发展中国家呼吁建立“国际经济新秩序”,尽管这一呼吁在 20 世纪后期无果而终,但是,发展中国家从来没有放弃建立国际经济新秩序的想法。在全球范围内难以建立和形成的国际制度,却在地区层次上开花结果,例如,一些欧洲国家在欧盟框架下形成了局部性的欧洲共同货币(欧元)以及欧洲中央银行,不过,由于欧洲控制国际货币基金组织(IMF),为了解决欧洲债务危机,欧洲让 IMF 介入欧洲危机的解决过程,成为与欧盟委员会和欧洲中央银行并驾齐驱的“三驾马车”之一;而“亚洲金融危机”时,在日本等地,因为对 IMF 不满,一些人试图建立地区性的“亚洲货币基金组织”(AFM),但 AMF 并未诞生,却出现了一个准的 AMF,即东亚货币合作(“清迈倡议”及其“多边化”)。“金砖合作”(BRICS)目前还谈不上代表着新的国际货币体系,因为卢布、人民币、卢比、雷亚尔、兰特,尚无企图也不大可能组成一个新的替代性的国际货币体系,但是,金砖各国除了建立一个不挑战却足以媲美世界银行的金砖银行外,还可能组织一个比“清迈倡议”进一步的“金砖基金”。[①] 当然,各个“金砖国家”在他们自 2009 年以来的 5 次峰会的《联合声明》中,都小心翼翼地指出,他们之间的合作并不是针对任何第三方、挑战现有国际制度,也即并非另起炉灶。

另起炉灶是很难的。截至目前,即使上述这些精心设计的另起炉灶也尚未成功(欧元从 1999 年已经实行 14 年,但却遇到了前所未有的危机)。如果不是虚晃一枪,而是真的寻求替代安排和新的安排,是有价值的、长远意义和值得探索的。关键是,西方要意识到现存国际制度不足以达到全球治理,而非西方的“新兴大国”等国际力量不放弃另起炉灶的选项,一是至少给现在的全球秩序的主导者一种持续的压力,二是让世界对真正的全球治理心存希望。

对中国来说,要积极参加改革现存国际制度,参加的目的是为了让这些制度变得有效,而不仅是为了维持旧的国际秩序。至于国际制度的转型,甚至另起炉灶建立新的国际制度,如同改革现有国际制度,都一样重要,中国不要放弃这样的选项。

对中国来说,在某种意义上,一个残酷的现实是,仅仅通过现存国际制度的改革来“参与”全球治理几乎等于在做国际义务劳动,即以纯贡献为主的国际参加,实质上对未来的全球治理的规则制定影响力不大。既然如此,中国必须考虑另起炉灶。

不要误解的是,另起炉灶,绝对不是指“拒绝参加”、甚至“推倒”或者“革命”现存的国际制度,而是指在参加现存国际制度的改革进程以促进全球治理的转型的同时,要提出更有创意和价值的新的全球治理制度。

---

① 冯维江. 金砖五国拟建共同基金挑战 IMF[J]. 社会观察,2012(12):60 - 61.

国内治理与全球治理的相互促进战略

国内治理与全球治理之间的关系是全球治理研究中的一个中心课题。全球治理不是取代国家治理。[①] 国内治理与全球治理是相互作用的。在积极的意义上,国内治理促进全球治理。

当今世界形势的一大特点是主要各国的国内治理均陷入困境、困难甚至危机之中,世界上几乎所有的国家,目前都因为国内治理问题而焦头烂额。欧美目前的金融危机和社会问题,是欧美的国内治理危机。而“新兴大国”中,如一度看好的印度和巴西,原来高速增长把国内错综复杂的问题掩盖起来,但随着这些国家的金色光环暗淡下来,[②]他们原本存在的国内治理问题更加突出。

中国的情况也有类似性。从20世纪80年代到现在,中国高速的经济增长、经济的全球化、社会的深刻变迁产生了中国历史上前所未有的与全球治理密切相关的国内治理挑战。今日中国的经济、社会、人口、环境等规模极其巨大,在人类经济史和治理史上前所未有。

这样一个已经全球化了的中国经济和社会,其带来的益处和问题都在世界上传递和扩散。如中国发展带动了非洲、拉美等自然资源(自然禀赋)相对丰富地区的发展;但同时,这样的“中国模式”也向世界输出了具有中国特征的全球问题。

中国的国内治理本身就具有全球治理价值和意义。同时,中国的全球治理角色在相当程度上取决于中国的国内治理。中国可以把一些国内治理的成功做法和经验作为“软实力”项目加以“输出”,让国际组织和其他与中国面临类似国内挑战的国家分享或者借鉴。

对“新兴大国”的战略

1992年苏联解体,美国朝野自我宣布为世界上“唯一的超级大国”,欢呼“单极世界”的到来。同时,1993年欧共体(EC)升级为(欧盟),欧盟加快了建立共同货币的进程,在1999年推出欧元。但是,“冷战”结束后的世界格局最大的变化其实还不是美国的自鸣得意和欧盟的兴起,而是一些非西方的、发展中的大国的快速发展。西方为基地的金融市场和跨国公司把这些国家当作他们的“新兴市场”(Emerging Markets),而在政治、外交和战略上,则把这些国家叫作“新兴大国”(Emerging Powers)。

更加进一步的发展是“新兴大国”之间的合作。未来的历史学家也许会把新兴大国

---

① 罗伯特·基欧汉、约瑟夫·奈:《导言》,载约瑟夫·奈等主编《全球化世界的治理》,中文版,第13页。

② Bob Davis,“BRICS fade as engine of growth”, January 2, 2013, on page A13 in the U. S. edition of *The Wall Street Journal*.

之间的合作:一种新兴的合作,当作另一个最具有世界历史意义的事件。2008年,美国和欧盟爆发金融危机,这场金融危机一直持续到现在。在西方金融危机的背景下,“新兴市场”或者“新兴大国”的巴西、俄罗斯、印度和中国接过来西方金融市场的命名“金砖”,[①]初步形成了“金砖四国”合作机制。“金砖四国”机制很快包括了非洲大国南非,成为“金砖五国”,从2009年到2013年,金砖国家已经举行了5次峰会。

西方注意到“金砖合作”,但是,不仅指出“金砖五国”之间巨大的相互差异,认为这些异质性可能最终阻碍他们的合作,而且在外交策略上不承认“金砖合作”是一个类似于八国集团和二十国集团那样的国际集团。[②] 尽管如此,由于“金砖五国”包括了世界上最为重要的非西方力量,西方仍然担心“金砖合作”对现存的西方主导的世界秩序的影响。

确实,截至目前,“金砖合作”还尚未形成一个真正意义上的国际集团,“金砖合作”也没有明确这样的目标。然而,从长远考虑,“金砖合作”若是要持续下去,具有存在的基本理由(Raison D'être),在全球治理中能够集体行动,就必须提升目前的合作为一个国际集团。

金砖各国需要“内外兼修”、共同努力找到金砖作为一个新兴的国际集团存在的基本理由。

在“内部”方面,尽管俄罗斯不认为自己是发展中国家,一些非洲国家也不认为中国仍然是发展中国家,但“金砖合作”本质上属于“南南合作”。“南南合作”的口号自从20世纪70年代提出以来,一直落实不够,真正的“南南合作”有限。“金砖合作”是新型的“南南合作”。“南南合作”是一个可以成立的基本理由,以解决“金砖合作”的国际合法性问题。至于由主要发展中大国开展的“南南合作”主要做什么?顺理成章的逻辑是“共同发展”或者“发展合作”了。

根据“南南合作”和共同发展的精神,诸如建立和运营“金砖国家(联合)发展银行”(BRICS Development Bank)和金砖基金(BRICS Fund)这类合作,要提高到战略的高度看待和执行,因为这类合作不仅将成为“金砖合作”的最重要基础设施和支柱,而且将对美欧控制下的全球经济治理(如国际货币基金组织和世界银行)构成事实上的一个良性挑战,迫使现存的国际金融组织(IFIs)加快改革并增加新兴大国在其中的代表性和决策权。

在“外部”方面,西方的存在,具体来说,西方对全球治理民主化的阻滞,尤其是在危机和衰落年代西方对新兴大国及其合作的排斥,应该是“金砖合作”的另一个基本理由。

尽管一些西方势力不愿意承认和看好“金砖合作”,但实际上,由于“金砖合作”是在西方金融危机后诞生的,西方无论如何还是感受到了“金砖合作”的冲击。因为“金砖合作”,西方内部开始调整关系,主要是美欧日之间的经济关系。我们看到,无论是日本即将参加的美国主导的“跨太平洋伙伴”(TPP),还是欧盟和美国已经开始的跨大西洋自贸

---

① 有关“金砖”一词的详细来历,见《维基百科》:http://en.wikipedia.org/wiki/BRICS。

② Michael Emerson,“Do the BRICS make a bloc”, Brussels:*CEPS Commentaries*,30 April, 2012.

谈判,以及欧盟与日本要探讨的自贸区,在相当程度上,是针对、预防包括中国、巴西、印度等“新兴大国”及其联合的。

既然如此,“金砖”各国之间的合作就具有了更加重要而迫切的全球性和战略性意义。这当然不是说故意挑起与西方对抗和抗衡,那样的话并不符合新兴大国与西方存在着的复杂而深刻的相互依存导致的相互利益,而是说,在西方针对新兴大国已经做出新的布局谋篇后,新兴大国仍然继续分裂并等待着被各个击破、分而治之,新兴大国何不主动联合起来与西方讨价还价呢?

必须看到,在许多全球治理议题上,金砖国家之间合作有限,甚至不合作,如在2011—2022年,在国际货币基金组织(IMF)和世界银行(WB)分别更替领导人之际,各个金砖国家之间严重缺少协调与合作,没有提出或者支持来自非西方的领导人竞选这两个机构的负责人,结果,欧洲提出的IMF总裁和美国提出的世界银行行长候选人无悬念当选,继续把持这两大国际金融组织(基金组织叫作是“欧洲基金”,而世界银行被叫作是“美国银行”),西方几乎感受不到新兴大国崛起对现在世界经济秩序的真正挑战而高枕无忧。

有了“西方”这个参照物,金砖可以定义自己为“非西方”“新兴力量”的主要代表,其存在的长期理由就更加奠定了。

对中国来说,要像俄罗斯那样在战略上重视“金砖合作”。俄罗斯在“冷战”刚结束时加入了七国集团,让七国集团历史性地转变为八国集团,同时,俄罗斯又是二十国集团和金砖合作机制等的成员。俄罗斯横跨这么多关键的国际集团,左右逢源,占尽先机。即使是美国也没有做到这一点。这反映了当代俄罗斯外交战略的特征。中国不必抄袭俄罗斯外交的机会主义,却可以借鉴俄罗斯外交的战略现实主义。

俄罗斯是从战略和长期的高度看待“金砖合作”的,因为金砖机制代表了世界上主要的非西方势力。对俄罗斯来说,在乎的是金砖国家的“同床”,而非他们的“异梦”。“同床”最为重要,而“异梦”其实十分正常,即使是当年的七国集团,法国和美国不也是同床异梦吗?而俄罗斯在八国集团中,也一样与西方“异梦”。

如果中国在未来5~10年推动目前的“金砖合作”机制演变为足以与八国集团媲美的国际集团,中国将在变动不居、动荡不安的世界局势中获得一个相对有预见性、阻力不大的重要支柱,由此将极大地增强中国与西方和西方主导的国际组织进行讨价还价的能力。

对中国新的领导层和新的中国外交来说,现在要形成的一个大的战略考虑应该是中国的“新兴大国”战略,并落实到外交政策和外交执行上。这个中国外交战略的核心不是别的,而是金砖合作。

地区治理战略

地区治理可以理解为限于一个地区范围内的全球治理。地区治理的出现也是因为全球治理难以取得进展。对于全球治理者来说,地区治理是退而求其次,是通向全球治理的途径之一。

从地区的角度看,支持地区治理的是“地区主义”(Regionalism)。地区主义这一术语容易被误解和被滥用。其实,在严格的意义上和本质上,地区主义不是经济,而是政治。地区主义要求地区治理。

正确理解地区主义的秘诀在于此。我们绝对不能低估地区主义代表的政治理想和政治逻辑。地区主义和地区主义的化身,精神不死,物质不灭,即使遭遇诸如目前的欧盟这样的债务、经济与社会问题,也难以撼动其存在的理由和已经打下的根基。也就是说,地区治理具有长久的生命力。意大利米兰大学 Maurizio Ferrera 在《欧盟治理》一文中指出:“欧盟统合因为政治理想,而与其他地区组织大异其趣。而只要欧盟不自我设限为自由贸易区,那它将是恒常在理想与现实间摇摆的后民族、后国家、后主权时代的实验品。”①

如果低估了地区主义及其带来的地区治理的长久生命力和存在的理由,就可能犯下战略性的错误。这一点,一位著名的英国《金融时报》的资深评论员最近也意识到,英语世界正犯下这样的肤浅和功利错误(即英国唱衰欧元,甚至还要就英国是否退出欧盟全民公决):“悲观主义者最明显的错误在于,他们低估了欧洲各国领导人保持局势稳定的政治意愿。”②

目前的地区合作分为两类,一类是具有地区治理目标、意义和效果的,一类是不存在地区治理目标、意义和效果的。欧盟、非盟、东盟、南方共同市场等绝大多数地区合作具有地区治理的目标、意义和效果。但是,世界上其他的地区合作限于在一些议题、领域(如贸易)上的务实合作,且以牟利为主,这样的地区合作(增大地区范围内的市场),在解决问题的同时又产生和制造问题。与已经拥有“共同外交政策”的欧盟和经常发表共同声明、立场的非盟等不同,东亚合作并不是让东亚在全球层面上团结协调(更不用说“用一个声音发言”了)。有的东亚国家,不是寻求地区问题的地区解决,而是寻求域外强权介入作为解决地区问题的方法。这是与全球治理背道而驰的。

中国的全球治理战略的一个基础战略应该是地区治理战略。地区治理符合中国的根本利益。中国需要推动亚洲地区最终出现地区治理意义、目标和效果上的地区合作,如上海合作组织和目前的东亚合作均可以上升为地区治理的高度。同时,中国要准备和一个个的其他地区治理集团(及其所代表的制度)打交道,从地区治理的角度调整中国与作为地区治理的欧盟、非盟、拉美地区合作等的关系。

---

① 转引自蓝玉春:《欧盟成立后的发展》,载苏宏达主编:欧洲联盟的历史发展与理论辩论[M]. 台北:台大出版中心,2011:197.

② 菲利普斯蒂芬斯:《唱衰欧元错在哪里?》,英国《金融时报》中文版,2013 年 2 月 17 日,见: http://www.ftchinese.com/story/001048975。

全球治理领导权问题

根据葛兰西(Gramsci Antonio)的“文化领导权”(Cultural Leadership)概念，我提出了“全球治理领导权”的概念。全球治理领导权是一个根本问题。领导权的有无决定一个国家在全球治理中是被世界治理还是治理世界。治理和被治理是两种完全不同的处境和状态。

中国外交中必须重新认识的重大问题之一是国际领导权问题。中国目前不拥有国际领导权。

邓小平在20世纪90年代初关于中国在国际事务中“不带头”不能做绝对化的错误理解，这一主张的提出是有当时的历史背景的。确实，在特定的时刻、时期，诸如中国这样的国际体系中的特殊国家，不宜、不能带头。其他特殊国家，也存在不宜、不想带头的情况。目前的欧美，在全球治理改革(如国际货币基金组织改革)等议题上都不愿带头。但这并不等于在历史展现了带头的机会时也不带头。

我们需要从国际领导力的角度理解“带头”。“带头”是国际领导力的意思。不带头，即放弃国际领导力。不能带头，即不具国际领导力。国际领导力是任何国家实力的主要构成部分之一，是大国之所以叫作大国的主要原因之一。如果一个国家缺少、失落国际领导力，则根本谈不上是真正意义上的大国。国际领导力并不是西方强国的专利。事实上，世界上一些关键的小国(如北欧国家、新西兰、新加坡等)和许多“中等大国”(Middle Powers)一直在积累和善于使用他们的国际领导力。在联合国气候变化谈判进程中，承办《联合国气候变化框架公约》缔约方会议(峰会)的国家，如日本、印度尼西亚、丹麦、南非、墨西哥等都是具有国际领导力的国家。诸如二十国集团和“金砖合作”这样两个对中国最为重要的全球治理论坛，其轮值主席本身就是国际领导力的使用。中国将在2015年轮值二十国集团主席，我们应把这次轮值主席当做是我们发挥国际领导力的机会，并从国际领导的角度看待组织这次峰会。因此，我们不应该把国际领导与诸如美国的霸权等化为等号，也不要以为只有美国那样的国家才有国际领导力。

目前的各种全球治理进程，因为缺少国际领导而难以取得进展。欧美原来在许多全球治理议题上发挥了领导作用。美国在第二次世界大战后带头建立布雷顿森林体系和联合国体系就不说；欧盟在世贸组织成立的及其发起“多哈回合”上，就发挥了领导作用。目前，随着总体影响力的下降，且在当前的金融危机和经济衰退时期面对着国内的社会动荡和抗议，经济民族主义以及贸易保护主义，欧美在全球治理问题上带头的意志下降。但是，这个时候正是中国在全球治理中发挥带头作用的机会。

发展的主题如何统率中国的全球治理

中国是主要的发展中国家。发展是自20世纪70年代末到现在的中国主题。中国目前正在进行着发展的转型——走向“科学发展”。今天,亚非拉地区的许多地方仍然把发展当作中心任务。但是,发展是“一把双刃剑”,在解决问题的同时又制造问题,也就是说,发展带来正反两个方面的外部性(Externality),前者指的是发展使他者和公共领域受益,后者则意味着发展带来对他者和公共领域的损失。关于中国发展的根源、成功和失败的教训,对其他发展中国家和整个国际社会都是有价值的。

中国参与全球治理,与其他国家最大的不同之一是中国的发展中国家身份和状况。

在发展领域,全球治理面对着一系列的问题。这里主要有两个比较迫切的问题。一个是世界贸易组织多哈回合起死回生的唯一出路是回到发展主题。一个更为合理的全球多边贸易体系必须是以发展为中心的。中国为此可以做出更多的建设性努力。另一个主要问题是发展合作。联合国主导下的“千年发展目标”(MDGs)将在2015年底到期。目前,各方在讨论是否用一个新的框架——“后2015年发展协议”(post - 2015 Development Agreement)取代MDGs。在“后2015年协议”的形成过程中,中国作为最主要的发展中国家,应该积极作为,发挥中国的领导力。中国在发展合作的影响主要不仅应体现在作为最大的“新兴大国”能够承诺更多的发展援助上,而且应该体现在中国能够影响未来的全球发展合作的原理。比如,中国要提出发展援助并非行善(Donation),而是承担应尽的责任,即现行发展者(“发达”的和“发展中”的)拿出其发展的成果解决发展的负面外部性;再如,中国可以积极主张把消除普遍贫困作为基本人权之一。[①] 免于贫困是基本人权。如果中国这样主张和实践,则一定会赢得大多数发展中国家的支持,真正增加中国在全球发展合作中的发言权。

此外,对全球治理中的发展问题的理解不能狭窄,不仅是贫困问题,而要更加宽广。带来全球问题的发展(如土地跨国并购、影响普遍健康和生态系统的国际生产——如PX项目)应该全面纳入全球治理的范围。中国作为“世界工厂”,是世界上最受这些全球问题之苦的国家,作为人类基本需要的饮用水和新鲜空气在中国的污染触目惊心,由此带来了沉重的医疗成本。所以,中国更应该积极倡议和努力,号召“全球发展治理”。

结论

从国际货币基金组织改革到联合国气候谈判、从消除暴力和冲突到发展合作、从地区治理到全球治理,国际体系对全球治理的需求是多样而巨大的。全球化的中国作为当代国际体系的相对后来者,其对待全球治理的态度、政策和实践,影响甚至决定着全球治理的未来。中国可能会成为未来全球治理的主要支柱之一。这反映了世界秩序在经历了第二次世界大战结束后将近70年发生的巨大变化。发展和崛起了的中国将在全球治

① 张维为:《消除贫困应该成为普世价值》,来源:《观察者网》,地址:http://www.guancha.cn/zhang-wei-wei/2013_02_03_124909.shtml。

理中发挥更大的作用。为基于规则的世界体系做更多的贡献完全符合中国的哲学传统（中国拥有“天下大同”“天下为公”的思想与精神）、长远利益和基本价值。

全球治理在中国外交政策中的重要性日益显著。但是，我们现在面对的主要挑战是，到底如何增强中国在全球治理中的作用？正因为如此，本文提出了一个中国的全球治理大战略框架。

中国不能再“削足适履”

——中国要认真研究关于全球经济规则的国际政治学①

诸如世贸组织（WTO）和国际货币基金组织（IMF）之类的世界“中央”机构是“全球经济治理”的一部分，而且，如果参与世界经济的各个组成部分，试图通过和平的、谈判的、妥协的方式解决他们之间的分歧、冲突，就可能越来越需要让这些机构的重要性上升。

WTO 等代表的是国际经济规则，目标是维持一个“规则为基础”的世界经济秩序。中国加入 WTO 代表着中国和世界现存的国际规则体系之间的关系的一个巨大变化。从直接动机上看，在“发展是硬道理”的激励下，中国加入 WTO 曾主要是为了更好地接近外国市场，而 WTO 的其他成员国，尤其是欧美，“吸纳”中国加入 WTO，有着多重的深虑：不仅是为了打开潜力极其巨大的中国市场，而且更重要的是希望利用 WTO 来规范一个诸如中国这样的长期以来游离于欧美一手建立起来的国际规则体系之外的庞然大物。

“规则为基础”的世界是中国与世界的共同利益。这如同世界与其他国家的共同利益一样。正因为这一点，在中国加入 WTO 十年后，世界大国俄罗斯也加入了这个组织，使得 WTO 终于成为名副其实的全球经济治理机构。

十年前，东方与西方居然如此在 WTO 相遇，最终使中国成为了“多边贸易体系”的一部分。十年后，到底如何看待中国加入 WTO 这件事？从国际规则和全球治理的角度，本文谈一点看法。

规则优势和规则劣势

第二次世界大战后，西方在国际体系的一个优势是规则优势。没有人否认西方一直在国际经济规则上占有的优势。西方不仅是国际规则的提出者、制定者，而且利用其强势，是国际规则的裁判和执行者。西方在国际规则上的优势也可以看作是西方的全球霸权的重要内容。

相比之下，除非中国不参与“游戏”，一旦加入世界经济“游戏”，中国的规则劣势就突出起来。这一点甚至在加入 WTO 十年后仍然没有获得根本的改变。第一，如果不想继续游离于全球规则体系之外，中国别无选择，只有加入规则。第二，为了加入规则，中国努力满足了占据规则体系主导地位的成员国的要求，付出了价格不菲的“入场券”。公

① 本文原载上海社会科学院主办的《社会观察》2012 年第 1 期。

平地讲,尽管价格不菲,但是值得的,因为如果没有这些规则,中国的利益更得不到保障。第三,进入规则体系的中国,没有吃到天真者想象的“天上掉下的馅饼”。在真实世界,使用规则维护、增进自己的权益,是一个相当复杂而艰苦的过程。值得提出的是,中国对规则的学习过程也许接近“毕业”,但还没有完成,不仅如此,在规则体系中的中国,深切地感受到从一开始就受到了规则的管理。这也许是全球经济治理的本意:在规则体系中的各方参加者实际上处在一个相互治理的环境中。

这十年来,欧美在WTO中活动的主要任务是“治理”中国。欧美分列中国最大的贸易伙伴。中国向欧美学习,也拿起“法律武器”,多次与欧美在WTO“打官司”。但与驾轻就熟的西方比,中国还不能说善于利用国际规则。

国际规则体系包括两类成员国,一类是规则的提出者和制定者,尽可能使国际规则为其服务,另一类则是国际规则的接受者。加入WTO十年的时间,中国仍然只是国际规则的接受者,尚未成为规则的提出者和制定者。

不过,中国越来越具有提出和制定国际规则的冲动,试图改变我们的规则劣势。

可惜的是,在中国加入后的这十年中,WTO处在一个“低潮”,所取得的进展有限。其最大的有限性是:由于成员太多,目标和利益多元,众口难调,WTO主持下的新一轮世界贸易谈判,即“多哈回合”无法取得进展,已经陷于巨大的僵局中。中国没有看到一个更加强调发展(所谓“发展回合”)和更加开放的多边贸易体系。

在这种情况下,WTO的成员国,即使长期受惠于多边贸易体系的美欧日,也都在进攻性地寻求WTO之外的解决方案。在这些WTO之外的解决方案方面,首要的是双边和地区性的自由贸易安排或者“经济合作计划”。

在这种世界潮流下,中国也积极探索与别的WTO成员国的双边自贸区安排,缔结了一些双边自贸协定;也与一些贸易集团,如东盟等缔结了自贸协定。

目前,面对世界经济和WTO谈判的灰暗前景,亚太一些中小国家推动发起,后来被美国接过来主导的“跨太平洋伙伴协定”(TPP)等所谓“高级”或者“高质”的自贸协定,是世界贸易体系中的新动向。诸如TPP之类的动议和进程,将通向更大范围的区域自由贸易,如亚太自贸区(APFTA),也有助于开辟世界贸易的新规则。

TPP之类的新规则谈判,目前不包括中国,自然对中国构成了新的挑战:如果不加入这些“高质”的协定,中国失去参与制定新的国际贸易规则的机会,加剧中国的规则劣势。而若是加入这些协定,则势必面对处在经济衰退中的美国借助其军事强权要求中国进一步开放市场的压力。中国加入WTO后的失的方面之一就是外国跨国公司和投资银行在中国市场占据和巩固了其优势地位。

“搭便车”问题

一直在全球经济治理中占据控制地位的西方当然希望中国仅仅是守规则的“搭车者”,当然不应是“搭便车”(免费搭车)。他们更不希望进入规则体系的中国享受他们那样的地位,即成为规则的制定者和控制者。

所以,中国加入 WTO 等国际经济(金融)制度后,西方等对中国挥之不去的担心有两条:一是中国坐享其成,享受规则为基础的世界的好处,成为国际规则体系的“搭便车”者;二是中国作为“新兴强权”对现行国际规则体系产生大的影响:按照中国的原则和意图修改旧的规则(改革国际治理)和制定更有利于中国的新规则。

“搭便车”问题是典型的西方中心主义。中国加入国际组织,并非仅仅是为了“搭便车”什么的。从 20 世纪 80 年代开始,过去相当长时间,中国人并不知道什么叫作“搭便车”,总体上看,根本也没有“搭便车”的动机。而我国一些学者由于缺少自觉,也为这类西方问题忙活着,寻找答案,即帮助西方人解决他们面对的中国对现有国际规则的影响这个问题。

认定或者故意说中国是“搭便车”,有助于减缓中国加入现存国际组织对现存国际制度和国际秩序的冲击。因为这样的话,西方就有了迫使中国承担更大的国际责任的堂而皇之的理由。其实,中国加入 WTO 的谈判是“跨世纪”谈判,耗时长,代价大。尽管如此,中国也还不是以“完全市场经济”身份加入,加入 WTO 留下了许多“后遗症”,而西方则可以继续以这些保留条款与中国讨价还价。

如果有人还在炒作“搭便车”,那么,再看看西方对中国在金融危机后要求人民币加入 IMF 的特别提款权系统的反应,就可知西方过去不会,现在不会,将来也不会让中国“免费搭车”。中国货币若要加入 IMF 的特别提款权,美国等给中国开出的“付费清单”是:人民币按照美国的要求目标升值、实现资本账户项下的人民币可自由兑换。而这样的“搭车费”,中国暂时无力付出。今后,人民币若继续冲刺,欲成为与美元、欧元、英镑和日元一样的国际储备货币,中国需要付出更大的代价,否则,不存在人民币不和美元、欧元和日元并驾齐驱的问题。

再看中国对规则修改和制定新规则的问题。这些年来,尤其是金融危机爆发以来,关于改革国际经济制度的呼声和方案不断。国际经济组织也开始了一些改革,如 IMF 和世界银行提高了一些“新兴大国”在其治理(决策)体系中的“投票权”。中国在这些机构中的影响力上升,一些中国人出任这些机构的高级职务(如世界银行副行长和 IMF 副总裁)。

由于 G20 的重要性已经事实上超过 G7 或者 G8,更由于一度不被西方看好的“新兴大国”集团——“金砖国家合作机制”(BRICS)居然连续召开峰会,并在许多国际议题(包括是否通过 IMF 对欧元区进行“援助”)上进行了相对有成效的协调与合作,中国在发起、制定新的规则上的作用似乎显现出来。这已经被当作是“中国崛起”的一大特征。

然而,无论是 G20 还是 BRICS 仍然是对旧的“国际经济治理”的必要补充。因为旧的国际经济治理,无法应对新的挑战。为了应付新的挑战,从国际经济治理到全球经济治理的转型是必要的和迫切的。在金融危机下,美英推动了 G20 的升级,且成功地让中国等国家为对付金融危机出力。

不过,从中国的角度和中国的立场,加入 WTO 十年后,中国面对的问题不是西方话语体系中的“中国崛起”对现存普遍规则的影响这类问题,而是真真切切地感到现有国际规则及其演化,如何影响中国在世界体系的生存和发展。尤其是,一些中国坚持主张的对我们有利的规则,正在遭到打击,甚至行将就木。

例如,在气候变化问题上,中国等"新兴大国"试图坚持、维持"共同但有区别的责任"(CBDR),但是,由于中国等的快速发展,尤其是中国已经成为头号污染物排放大国,其他国家难以接受仍然让中国只承担有限,甚至不承担责任的旧的国际协议(《京都议定书》),而是主张无差别的共同责任。这样的规则变化,将对中国产生很大影响。由于许多西方国家退出诸如《京都议定书》,即使愤怒,中国坚持 CBDR 的规则将日益困难;加上长期化的第一大排污国,中国将最终不得不接受现实,放弃 CBDR。

西方面对的困境和中国面对的挑战

基本事实是,尽管受到"中国崛起"的影响,在可以预期的未来(如 5~10 年),西方将继续在目标是全球治理的国际规则体系中占据主导。原来,非西方的中国等只是以"不挑战"的保证加入这些国际规则,那时,西方不曾担心中国挑战国际经济规则,所以,不存在上述作为新成员的中国对既存国际规则的影响问题。在西方的对华外交日程中,也不曾有今天这样的要求中国必须做"负责任的利害攸关方"的事态发展。

然而,随着 21 世纪第一个十年的终结,以及西方权势与地位由于许多大的原因而"没落",西方显然已经完全认定,中国已经对西方主导的国际规则体系构成了挑战。所以,在中国有席位的国际组织,西方严控中国对这些国际组织的规则制定和执行权的影响,一方面让中国承担更大的责任,即对现存全球治理"贡献"更大的力量,另一方面,防止中国在这些组织中的影响上升到足以改变西方主导性的地步。而在中国没有成员国地位的国际组织,他们继续游说中国按照西方的条件加入这些组织,以便通过国际制度"治理中国"。国际能源署(IEA)和经济合作与发展组织(OECD),就一直在努力与中国建立新的关系——"对话""合作"中国。中国作为最大的能源使用者,不管是否是国际能源署的成员,对国际能源署的国际能源规则提出了最大的挑战;OECD 制定和建议的诸如在对外援助、出口信贷、统计、商业道德等方面的国际规则,不是 OECD 成员的中国以前对这些规则毫无影响,但今日却对 OECD 代表的"工业发达世界"构成巨大影响。

对西方来说,如果中国不按照旧的国际规则办事,或者打折扣地对待西方长期以来制定和执行的国际规则,这些国际规则有效性一定会降低,甚至,形同虚设。正因为如此,那些跑到北京游说中国参加更多的国际组织的外国要人,一再声称,现行规则的有效性,或曰,"全球治理",有赖于中国的参与。

但是,从中国的立场和角度看,如果还如同前几年那样,简单同意、完全接受加入现有国际规则,无疑是代价高昂的。有的人认为,接受这些条款,可以促进国内的改革,所谓"开放促进改革"。从深化改革的角度看,借助外力不失为一种改革路径,但是,若是外力的更大规模进入,是中国市场根本无法消化的,那么此种开放促进的改革则是得不偿失。

师法西方，正在成为后起的国际投资者的中国，也使用对外援助的手段促进对外经济关系。但是，中国若完全与西方“巴黎俱乐部”的对外援助规则接轨，非洲和南美国家则用不着来找中国，中国对南方国家的吸引力就大大下降；如果中国像 OECD 国家那样提供出口信贷，则势必使中国企业的国际竞争力降低。

这就是一个深刻的悖论，是当前中国面对的最深刻的全球治理困境。在中国加入 WTO 前，由于中国这个国际体系的“异类”规模还相对小，且矢志不渝地、不惜代价地申请加入国际组织，我们比较容易协调与化解这个困境。但是，今天更大的困境却难以化解，原因不仅是因为中国的规模已经更大，而且因为，过去的参与使中国获得了关于全球化和国际组织的直接经验，由此，中国判断加入国际组织的利弊得失的能力也就增强了。

解决这个悖论的出路，不在于中国的继续单方面改革，而在于其他也要同步做出努力，即改变长期形成的外国人的思维定势和政策：只要把中国成功地“纳入”现行国际规则，他们面对的“中国挑战”就得到“治理”了；让中国等后来者在国际规则的制定和形成中，只做贡献（承担责任），不获得实质性的更大决策权。

西方所说的“全球治理”的主要内容之一是对中国的治理。关于这一点，我们研究和谈论全球治理的文章，都没有直接指出。西方的主导性是“改革”目前的国际规则碰不得的“红线”。因此，通过“改革”使现有国际规则变得合理是有其限度的。

不过，化解上述困境，中国不是没有办法。其中办法之一是，中国主张新的全球合作、地区主义以及一些必要而正当的“单边主义”。

第一，新的全球合作。中国联合其他类似国家，首先是所谓“金砖国家”，或者其他非西方国家，在改革国际规则、制定新的国际规则方面，向西方施加一些实质的压力。“金砖合作”机制目前还难以根本冲击西方的主导性，这个机制因为多种原因很脆弱。但若是坚持下去，其潜力效果可能最终出来。

第二，新的地区治理。中国一定要加强地区治理。地区治理是全球治理的重要环节和基础。目前，地区治理因为欧盟危机和美国重返亚洲正在遭到重挫，但是，地区治理不可能因为地区治理中的问题（如欧盟缺少政治一体化，存在“民主赤字”）和美国的气急败坏而退出历史舞台。中国在推动亚洲合作方面做了一些探索，除了推动东亚合作和中亚合作（上合组织），也与欧盟、东盟、非盟、美洲开发银行、南方共同市场等地区组织建立了多方面的深入联系。中国带头搞的东亚的货币合作机制比 IMF 更具创新性，效果更好。

第三，新的中国的全球行动。中国不必投入更多的资源到现存国际经济制度中，而是发挥自身的“国家作用”，如落实联合国“千年发展目标”方面的中国国家开发银行、进出口银行等。目前，国际上认为中国的这类机构的作用堪比世界银行。中国这么做，确实有点“单边主义”的味道，但却是积极的、受到广大发展中世界欢迎的“单边主义”。

进入 WTO 十年后，亲身体验了关于规则的国际政治，中国应该总结出一些处理规则的国际政治的基本教训。如果“运用之妙”，国际规则是保护和发展中国日益增长的全球利益的根本而有效的手段。中国将继续受益于规则为基础的世界体系，但是，中国在国际规则体系中不能“治于人”，也要“治人”，只有这样，才能促进出现真正的全球治理。

Does China Need a New Foreign Policy①

Introduction

China undoubtedly faces many foreign policy challenges. Among them are (a) long-standing challenges like China's geopolitical differences and disputes with others; (b) unresolved issues such as China's relations with international and regional institutions, in which China wants to have a larger role in the reform of existing global governance; and (c) evolving challenges such as the reactions and responses of other states in Asia and beyond to the 'rise' of China as a more qualified great power and a newly assertive actor in global economics and politics.

At least since the beginning of the 1990s, China has had to say 'no' on a number of very important occasions. The list is long, but includes a 'no' to challenging the domination or primacy of the United States in the international arena; 'no' to taking the lead in international affairs; 'no' to interference in other states' domestic affairs; 'no' intention to seek hegemony in Asia or the wider world; 'no' political strings attached to offers of Chinese development assistance; and the continuation of China's no-first-use policy on nuclear weapons.

These comprise what I call China's 'no' or 'non-' diplomacy, which better interprets the essence of Deng Xiaoping's famous 'Tao Guang Yang Hui' [low-key] (TGYH) strategy—which was announced on the eve of the disintegration of the Soviet Union—than various attempts to translate it into English such as 'hide brightness, nourish obscurity', 'conceal advantage, improve disadvantage' and 'hide the light, bide the time'.

In the decade 2002 - 2012, as a result of the TGYH strategy, Chinese diplomacy was largely perceived as very weak domestically. Thus China had to do something in line with the second half of Deng's dictum, 'You Suo Zuo Wei' [do something], to counter the public criticism. But 'You Suo Zuo Wei' had its limits and was seriously constrained by the TGYH strategy. Unfortunately, in the outside world, 'doing something' has been widely misinterpreted in

---

① 本文是在瑞典斯德哥尔摩国际和平研究所举办的“中国外交政策十年(2002 - 12)”国际研讨会(2013 年 4 月 18 - 19 日)上的基调发言. 见 www.sipri.org.

terms of China's 'assertiveness' or 'resurgence'.

China is still caught in foreign policy dilemmas. Currently, some in China's foreign policy advisory community, including in the academic world, argue that China should continue the 'no' diplomacy. Others argue that China should explore the transformation of its diplomacy. In reality, even as the 'no' diplomacy is difficult to sustain, in terms of substance, China's new diplomacy still contains nothing new.

Therefore, a central question is: whither Chinese foreign policy? Can China resolve the dilemma and start a historic diplomatic transformation that matches its new presence and roles in the world, and if so, how? This paper seeks to answer these questions by focusing on China's international relations at the national, regional and global levels.

China's home-international nexus

My first analysis focuses on the national or domestic level. Today's China is no longer a closed or even relatively closed society. In 2007 China addressed the necessity of coordination (tong chou) between domestic affairs and international affairs at the 17th National Congress of the Chinese Communist Party (CCP). As China has become more globalized, like others in the globalized international system, it has come to realize that its foreign policy also begins at home. Clearly, and most importantly, the solution to the challenges confronting Chinese foreign policy and diplomacy lies in China's home affairs. If China achieves 'better governance' at home, its foreign policy will be much improved abroad.

On 14 November 2012 President Xi Jinping, at the press conference held on the occasion of his appointment, said that 'to forge iron, you need a strong hammer' (*Da Tie Huan Xu Zi Sheng Ying*).① This quotation was meant to express a firm determination to confront and solve pressing and thorny challenges China facing at home and abroad. Students of Chinese foreign policy can hypothesize that the new Chinese leadership under President Xi will significantly improve China's home governance by introducing a series of new initiatives to not only perfect economic reform but also change the political reform.

The 18th National Congress of the CCP, which took place on 8 November 2012 in Beijing, marked the transfer of political power from the 'fourth generation' to the 'fifth generation' of the party. It mainly focused on Chinese domestic affairs rather than foreign affairs. However, if some of the home affairs policies addressed at the Congress are implemented effectively over the next five to ten years, leading to successful political and economic developments in China, this will have plenty of implications for Chinese foreign policy. These implications can be summa-

① See also <http://hk.crntt.com/doc/1024/4/8/4/102448469_2.html>.

rized as follows.

1. Fewer domestic constraints. China's foreign policy would have fewer domestic constraints than it has historically. In other words, China may become more outward-looking and cease to be perpetually inward-looking.

2. Greater economic attractiveness. By 2022, when the new leadership finishes its 10-year tenure, China is projected to have become the largest economy in the world. As a major market in trade and investment, China's economic attractiveness to the world would by this time have reached its peak.

3. Deepened interdependence. The new premier, Dr Li Keqiang, has committed China to continuing to transform its pattern or mode of economic growth. However, a growing Chinese economy will have not choice but to become ever more dependent on global resources. The deepened interdependence between China and the rest of the world will increase unless China loses its strategic momentum as a leading engine of global economic growth. Of course, this will imply some geostrategic risks for China. For example, as the United States seeks ' energy independence', China's energy dependence on the world will increase the uncertainty of its economic success. Dependence on overseas resources, markets and energy will oblige China to adjust its foreign policy by, de facto, abandoning some of its ' nos', such as ' non-interference' and ' not taking the lead'.

4. Higher maritime ambitions. The Congress formally declared that China aims to achieve the status of a ' maritime power' (hai yang da guo). This goal was not included in the foreign policy section of Hu Jintao's political report delivered to the Congress but in a separate section addressing the importance of maritime issues to China's future. If China realizes this goal, its regional and global geopolitical situation would be vastly different and better.

5. More globally competitive companies. In the Hu Jintao decade (2002 – 2012) China encouraged its companies and investors (mainly state-owned and newly emerged private ones) to ' go out' or ' go global'. However, the reality is that only Chinese companies that were successful domestically, such as Huawei, were able to compete in the global market. In the future, China may have more strong companies able to globalize.

6. Increased soft power. Finally, if China moves towards more democratic governance at home, it would solve China's ' soft power deficit', finally making China more attractive politically and diplomatically in the world. ①

① 2 The term ' China's soft power deficit' was coined by the author in 2008. See Pang, Z., ' The Beijing Olympics and China's soft power', Brookings Opinion, 4 Sep. 2008, < http://www.brookings.edu/research/opinions/2008/09/04-olympics-pang >; and Pang, Z., ' Soft power strategy for post-Olympics China', Center for International and Strategic Studies, Freeman Report, Sep. 2008, < http://csis.org/files/media/csis/pubs/fr08n09.pdf >. Harvard Professor Joseph Nye Jr. later quoted the term. See Nye, J. S., ' China's soft power deficit', *Wall Street Journal*, 8 May 2012.

A global approach to help increase China's regional standing

My second analysis focuses on the regional level. In contrast to the domestic level, the regional level is most important in terms of a country's survival and development. China, a huge country, is located in the geo-strategic centre of Asia bordering East Asia, North Asia, South Asia, South East Asia, West Asia and Central Asia. China's destiny is constrained by its broadly understood surrounding environment (*zhou bian*). China is easily locked by other Asian powers and therefore China must better manage its Asian affairs. If China's relations with Asia were completely and lastingly worsened, it would not be even a qualified regional power, let alone a global power.

However, the logic of the fact that China is constrained within Asia is not an insurmountable problem. The past decade has seen China continue to do more in terms of reorganizing its relations with several key Asian countries. In particular, China and the Association of Southeast Asian Nations (ASEAN) commenced historic bilateral relations, based on discussions related to a regional free trade agreement (FTA). In 2003, China was the first non-ASEAN country to sign the ASEAN-sponsored Treaty of Amity and Cooperation (TAC). This gesture, which was later echoed by Japan, helped ASEAN regain the attention of other big powers in the region and beyond. The USA, in turn, not only signed the treaty but also used the Asia-Pacific Economic Community (APEC) summit in Singapore in 2009 to formally announce its new Asia strategy ('pivot').

In 2011, on the 20th anniversary of Chinese-ASEAN ties, an ASEAN-China Centre was opened in Beijing. Together with Russia, China co-led the emergence of a new type of regional grouping, the Shanghai Cooperation Organization (SCO), which excludes the USA and counts Afghanistan, India, Iran, Mongolia and Pakistan as observer members. The SCO's secretariat is based in Beijing. By taking advantage of regional multilateralism as an engine of nascent Asian regionalism, China has improved its geo-strategic conditions.

Despite these developments, China fully realizes that it is surrounded by a number of vital regional powers and that its relations with these powers are extremely complex. Some ties continue to worsen rather than get better—for instance, China must deal with three nuclear powers (India, Pakistan and North Korea), two rising powers with global reach (South Korea and India) a regionalized bloc that absolutely excludes Chinese membership (ASEAN).

Taking an historical perspective, China suffered a lot at the hands of two thenrising powers, Russia and Japan from the late 19th century until 1945. Could China suffer a similar fate once more? Will it be possible for China to avoid 'history repeats itself' in the 21st century? Many scholars believe that China is destined to remain a regional power in Asia and is therefore unlikely to become a global power. However, this perspective neglects a Chinese approach to not only breaking through the siege but also growing as a world power.

In the 1970s, Mao Zedong invented his theory of the 'three worlds' (san ge shi jie) that drove Beijing, a solitary giant in Asia, to find special strategic value in independent Africa. By winning African support, the People's Republic of China was able to smoothly replace the Republic of China as one of the five permanent members of the United Nations Security Council. Mao Zedong's art of guerrilla warfare—'using the rural areas to encircle the cities'—was used in dealing with China's then isolation in Asia. The passive situation of China in Asia had been vastly alleviated when the USA recognized China's geostrategic value in its attempt to tackle the Soviet threat. The present relationship between China and Asian countries seems to have become tense. If China continues to strengthen its relations with Africa, South America and other regions, good relations with non-Asian countries may ultimately be helpful in improving China's ties with Asia.

Of course, China's present and long-term goal should not be limited to creating a favourable neighbouring peaceful environment for economic development—China should also consider how to reorganize international relations to help achieve a lasting peace in Asia. Like Europe, the regionalist way may be the only way towards lasting peace and sustainable development. China could copy Germany's role in European integration and become a major driving force in Asian regional integration. If so, China should say goodbye to one of its key 'nos': 'not taking the lead on international affairs'. Chinese leadership is a key to Asian regional integration.

China's global diplomacy

My third analysis focuses on the global level. In the 1970s, the United Kingdom and the USA began to go through the process of globalization or neo-liberalism. At the end of the 1970s, China formally ended the chaos in its domestic politics that had been caused by the Cultural Revolution (1966 – 1976) and took part in globalization by 'reforming and opening up'. The neo-liberal programme and Deng Xiaoping's China interacted in a virtuous circle under globalization.

Today China is, at least economically, one of the key elements in the success of neoliberalism. As a result, China is an indispensable part of globalization or the global liberal order, which is still dominated by the West. Despite this, the West (including Japan) is not satisfied with China's compliance in the international system. That is why the USA and the European Union continue to eress China to 'play by the rules'. Of course, the West intentionally avoids the basic political questions of 'whose rules' and 'who makes the rules'.

China is not in a position to make the rules but is governed by them. This is the core of the current debate on international rules between China and the West. Therefore, China would be well advised to live with the existing global liberal order but at the same time to consider trying to reform it in order to democratize it.

The 2008 financial and economic crisis served as a turning point in China's attitude towards the existing global liberal order. China is no longer satisfied with merely participating in international institutions in compliance with the existing rules but seeks the possibility of reforming the existing institutions and rules. On 9 July 2009 then Chinese State Councilor Dai Bingguo, who was in charge of foreign policy planning, addressed China's official attitude towards global governance as part of a dialogue between the Group of Eight industrialized states (G8) and major developing countries held in L'Aquila, Italy, on behalf of President Hu Jintao. This was China's first official statement on global governance. Hu went on to emphasize China's indispensable role in global governance at the Group of 20 (G20) Summit in Pittsburgh, USA, in September 2009.

Since 2009, it seems that global governance has become a major priority in China's foreign policy. However, unlike in the past, China has indicated clearly that, along with other 'emerging powers' such as Brazil and India, it is too big to simply accept the existing international institutions and play by existing international rules. China and its peer powers want to end the under-representation of developing countries in existing international financial institutions (IFIs).

In the past five years, along with its role in the global management of the financial crisis, China's place in global governance, particularly in the process of reform of the IFIs, has been raised significantly. At the same time, China has sought alternatives in terms of global governance. One example of these efforts is the informal grouping of Brazil, Russia, India, China and South Africa (the so-called BRICS countries) and China's role in this group of 'emerging powers'. For instance, China organized the third BRICS summit in 2011 on the island province of Hainan.

Nevertheless, the alternatives that China seeks today are completely different from yesterday's calls to 'overthrow' or 'revolutionize' the Western liberal order. China now explores 'the duality of global order'. ① The BRICS countries, in China's eyes, can be a competitive group parallel to the G8 or the G20. ② This would help strike a global balance of powers for effective global governance.

---

① Foot, R., 'China's resurgence: navigating the duality of global order', eds Priya Shankar et al., The Harmonious Superpower? China's role in a multi-polar world, *Foresight China Forum Reader* (Alfred Herrhausen Society: Berlin, 2013), <http://www.foresightproject.net/downloads/FORESIGHT_CHINA_2013_PAGES_v14_WEB.pdf>.

② See Pang, Z., 'China and global governance: Will China finally take the lead for the new globally governable world?', ed. Mo Jongryn, *Middle Powers and G20 Governance* (Asan Institute for Public Policy: Seoul, 2012).

Hu Jintao's China was already a global China. China plays a role not only in the UN Security Council and other global gatherings of big powers but also in global economic governance institutions. The G20 and BRICS are two premier platforms to realize China's huge potential in building a 'new type of global governance'.

President Xi Jinping's first group of foreign trips included attending the fifth BRICS Summit in Durban, South Africa. He will for the first time join the G20 Leaders' Summit, to be held in St Petersburg, Russia, on 5 - 6 September 2013.

Conclusion

History will show that the decade 2002 - 2012 under Hu Jintao's leadership was a key period in which the possibility of great transformation of Chinese foreign policy became real. Under the 'peaceful development' banner, through turbulence and crises, China successfully reemerged as a great power. Today, China stands at a crossroads. To fulfil the aspiration of a reemerging nation, does China need a new foreign policy? The answer to this question is yes, because the development of such a new policy is an effective way to successfully respond to domestic, regional and global challenges to China's international status.

The Non-interference Dilemma: Adapting China's Approach to the New Context of African and International Realities[①]

Introduction

Since 2006, when China held the 1st FOCAC Summit in Beijing, I have observed the evolution of China's attitude-including its foreign policy and behaviour towards domestic political conflict and crisis in other countries, particularly in Africa, and China's interaction with other powers attempting to deal with conflict. There is now a general understanding that China should intervene in conflicts as a *responsible stakeholder* (Zoellick, 2005). [②]China has reiterated that its non-interference principle will be maintained, because it has long underpinned its approach to the developing world and the Global South. But, in practice, because of rapid change in the world China has been forced to become involved in conflict and crises which happen in other countries, particularly Africa. For example, in the group of UNSC permanent members, China is the leading provider of UN peacekeeping troops to conflict-stricken African nations. In many international debates on China's role in Africa, the non-interference principle was a key question. It seems clear that China has been caught in what I call the non-interference dilemma. The fundamental question is: how can China solve this dilemma? In the 21st international relations, intervention by a rising power, such as China, becomes an unavoidable, and inevitably challenging, question (Pang, 2009).

This paper is concerned with how China reacts to demands by African states for Chinese intervention and reflects on the consequences for the non-interference principle. I argue that China may adapt this principle to accommodate the nuances of Africa's peace, development and security challenges. China is *neither* simply maintaining the principle, without taking action against conflict and crises in other countries, *nor* abandoning the principle to become a fully engaged actor. Rather China is adopting a new approach which combines non-interference with conditional intervention.

---

① 本文是在埃塞俄比亚亚的斯亚贝巴大学举行的"中非治理、和平与安全"国际研讨会的主题发言(2012 年 10 月 12 日)。

② Former US Deputy Secretary of State Robert Zoellick famously urged China to become a "responsible stakeholder for the first time" (Zoellick, 2005).

China's firm "non-interference"

China' late top leader Deng Xiaoping(1904 – 1997), the architect of China's opening up and modernisation, conceived a doctrine for China's post-Cold War diplomacy, which included not only the *Tao Guang Yang Hui*(low-key) but also the more aggressive *You Suo Zuo Wei*(*do something*) approach. The *do something* approach strives to balance the *do nothing* with the *do everything*; to encapsulate the nature of Chinese intervention. Unfortunately, for most of the last 20 years China had respected *Tao Guang Yao Hui rather than You Suo Zuo Wei.*

There may be many reasons for this, but two are key: Firstly, after the demise of the Soviet Union, China continued to push forward its programme of economic development and entered into joint venture partnerships with advanced economies. An economic development-obsessed China had no real interest in non-economic affairs, such as international peace and security. Secondly, if China intervened in something which was contrary to the interests of the US or its allies, this could lead to conflict between the US and China. The *Tao Guang Yang Hui* dictates that the US is a *priority of priorities* for China; therefore China should avoid a Cold War-like confrontation, or conflict, with the US.

Since the late 1970s, China's *opening up* policy has encountered with the *open door* policy of the US. It is common knowledge that the US expected China's full opening for more than one century, i. e. since the late 19th century (Kennan, 1951). When Deng Xiaoping declared China's *opening up*, the US response was cautious excitement. ①This signified a momentous East meets West moment, as the West expanded its influence across the globe and China targeted the US as the main recipient of its *open* approach.

China and some post-colonial newly independent Asian and African countries, such as Indonesia and Egypt, agreed to adopt a peaceful coexistence principle, which included the notion of mutual non-interference, known as a pillar of the spirit of Bandung Conference, in the 1950s. But by the 1960s China, and other states, found they had to breach the agreement to intervene abroad, in support of international communist and nationalist independence movements.

Since the 1980s, and especially since the end of the Cold War, China's foreign policy changed from its focus from *exporting revolution* to being fundamentally economic in nature. As an inevitable result of this change China completely embraced the non-interference principle. This approach served as the basis, or pre-condition, of China's relations with its Asian neigh-

① China declared the opening up in late 1978 at a plenary session of the Chinese Communist Party's Central Committee. The US turned its diplomatic relations with China from Taiwan to the Chinese Mainland in 1st January 1979. After that, immediately Deng Xiaoping was invited to visit the US from 28 January to 4 February, 1979.

bours. The Southeast Asian nations conditionally pressed China to accept the non-interference principle, after criticising China's links with communist revolutionary movements in the region. China resumed its diplomatic relations with Indonesia, and established diplomatic relations with Singapore, in 1990 and non-interference became an organizational pillar of the Association of Southeast Asian Nations (ASEAN). This helped underscore, for Beijing, the value of non-interference, as tool to keep the peace in the region (Kivimaki, 2011). Keen to secure a better international environment for its economic development China realised that, in a globalised world, non-interference should be at the heart of its foreign policy.

Can constructive intervention solve the non-interference dilemma?

China is regarded worldwide as a leading rising power in the 21st century. Clearly, China's rise to a global power is on-going—the transformation into a *truly global great power* is not yet complete. But a rising power at current stage has contradictions in making and implementing its foreign policy.

One contradiction of China as a rising power is it is caught in dilemmas. China is reluctant to participate in international collective action organized or sponsored by the West. It is difficult to proceed (or support) West-orchestrated international intervention, or clearly oppose an intervention imposed by other powers. Both support and opposition are difficult, in terms of gains and losses.

Constrained by its old policy of non-interference, China's options are relatively limited, however it explores the possibility of international concert, coordination and, even, cooperation with other powers keen to help bring an end to conflicts.

Under such circumstances, a way to solve China's self-made dilemmas is alternative seeking. For protecting its increasing interests in strife-torn regions and fragile states, China explores alternative ways to assist, such as creative involvement (Wang, 2011) and *constructive intervention* (Lu, 2012). It is worth pointing out that these new terms may still not be well discussed and defined—with different interpretations or understandings for different users, including policy makers and implementers and researchers. More clarification is needed on exactly what is meant by *creative involvement or constructive intervention.*

One thing is clear: by introducing these new terms China's objective is not to abandon or replace non-interference principle but rather to improve on its definition—in order to respond to international criticism about China's non-interference and international demand for Chinese intervention. It is a fact that China wants to solve the dilemma which surrounds this principle and to justify how it can *do something* in conflicted regions, such as the Horn of Africa.

China has repeatedly claimed that it has benefited from its non-interference in foreign problems and troubles—a key part of the pragmatist foreign policy approach mentioned above. Since 1979 and early 1980s, when China ended its military conflict with Vietnam, Beijing has tried to avoid domestic or international conflict and to win an overall peaceful international environment for economic development. This has been the main contributing factor to China's relative economic success. Therefore, China sees no reason to simply abandon non-interference.

If China is to meet its international obligations as a rising power—and continue its principle of non-interference—it must seek a working doctrine to support its collaboration and cooperation with international intervention led by the West. To date, China's role in international security governance is supported mainly by UN mandates and other multilateral arrangements (for example, the Shanghai Cooperation Organisation). China sees the UN as the only legitimate source of concerted international action when dealing with domestic military conflict on a foreign land.

The coexistence of China's non-interference principle and China's either *constructive intervention or creative involvement* is a prominent characteristic of China as a rising power in the globalised international system.

China's latest experiences in Libya and Syria

China is one of the five founding permanent members of the UNSC with a veto power. What happened in 1971, at the UN and its Security Council, was the replacement of Republic of China by People's Republic of China formally and thereafter the continuation of Chinese membership. But China has rarely used the veto power to intervene in other powers' initiatives at the UNSC. History shows that Republic of China used the power for the first time objecting the independence of Mongolia in 1958. But, the profound changes in the international system, China's new international status—as a rising great power and its increasingly awareness of undertaking international responsibilities to promoting world peace and security-let China have to use the veto power if necessary. Recently, China opposed UNSC resolutions on Syria four times (in October 2011, February, May and July 2012).

Foreign policy decision makers, and observers, may not yet have realised the full implications of China's UNSC veto power, with regard to its principle of non-interference. Over Libya, China concerted with other rising great powers—such as Brazil and India, which were non-permanent members of the UNSC—against some Western powers. In the case of Syria, China allied with Russia and cooperated with the other BRICS states (i. e. Brazil, India, and South Africa). China's proactive multilateral diplomatic alliances at the UNSC do not conform strictly with its traditional non-interference position. So an interesting question is: Is China revising its non-interference principle?

The use of veto power in the UNSC can be seen as a form of international intervention to prevent some Western powers from using a UNSC resolution to justify their political and military intervention—which China considers to be hegemonic interventionism but in the name of humanitarian intervention. In China's former leader Hu Jintao's report to the 18th National Congress of the Ruling Chinese Communist Party(Hu, 2012a), there was strong criticism of western interventionism. He said, "China rejects any foreign attempt to subvert the legitimate government of any other countries".

This comment led to direct conflict between China and the West, particularly the US and some EU members, particularly France, over international intervention. Washington and Brussels wanted to enact a series of UNSC resolutions to install new regimes in some North African and the Middle East states during the *Arab Spring*. China did not endorse these resolutions but either abstained or vetoed.

The fundamental reason for China's latest veto on West-sponsored UNSC Syria resolutions has been widely discussed in China and abroad. Chinese scholars commented the use of the veto to argue that China's gains more than it losses from the veto(Yan, 2012). However, international scholars have had different views on it. A Chinese-born American political scientist, for example, argues that China vetoed the resolution mainly for domestic reasons "The overthrow of the Assad regime, especially should it happen as a result of Security Council action, would inspire the pro-democracy opposition—in Beijing and in Moscow. "(Pei, 2012).

When we comment on China's newly usage of its veto power in the UNSC, we need to not overlook China's non-interference dilemma and that China has begun search for solutions to this challenge. To that end, China has been exploring how it might be more proactive or change its attitude to the way it responds to political crises and military conflict in other countries. It is a neglected fact that China no longer simply abstains or vetoes resolutions in the UNSC, but began already to *constructively intervene* in crises(Lu, 2012). After China's abstention on UNSC resolution 1973, it sent soldiers to help Chinese, and other Asian, nationals get out of Libya. And China harshly criticised NATO's intentional use the UNSC resolution to intervene militarily, beyond operating a "no fly zone". But China also not surprisingly recognised the new Libyan authorities for China's interest consideration. Even before they took hold of Tripoli, China invited the Libyan opposition parties to make an official visit to Beijing.

This failed concert, in dealing with domestically unstable states like Libya and Syria, between China and West leads to important questions: how a rising power deals with interventions by traditional Western powers to avoid disharmony between the West and the Rest? How the interventionist powers including the European nations and the US deal with dissent or uncooperative behaviour of rising powers? Is there the possibility of concert of two kinds of powers in international intervention?

As China's foreign policy is transforming—in order for it to adopt the right strategy to act as a global power—China is attempting to overcome the dilemma inherent in international intervention. For example, after China's veto of the UNSC resolution against Syria on 4 February 2012, China addressed the importance of UNSC unity. For the sake of unity in the Council, China was keen to avoid a split with the western powers. This flexible attitude sent out a positive diplomatic signal—that is, that China is willing to seek a concert of powers on thorny issues like Syria. In other words, China can change its behaviour and cooperate constructively if other powers which sponsored the interventionist resolutions could accommodate their stances. Before the third attempt by the Western members of the UNSC to pass a resolution on Syria China issued its own statement to indicate that China is striving for a resolution of the Syria crisis (Ministry of Foreign Affairs, 4 March, 2012). This helped remedy the damaged relations between China and the West over the earlier veto on Syria. But, while China was repeatedly warning other powers "…not to use humanitarian aid for Syria to interfere in Syrian domestic politics" (South China Morning Post, 2012a) it was sending emergency humanitarian aid worth US $ 2 million through the International Committee of the Red Cross (Ministry of Foreign Affairs, 11 April, 2012). And, while China was supporting UN/multilateral mediation, it was appointing a special envoy to unilaterally mediate the Syrian ceasefire. Furthermore, as Syrian opposition parties continued to unite, China introduced a plan for a political solution to the UN-Arab League special envoy to Syria, Lakhdar Brahimi, when he visited Beijing in early November 2012. A Hong Kong-based South China Morning Post said: "China's four point plan for Syria is a rare foray into international mediation for the rising power, a sign that Beijing's increasingly global economy can trump its traditional hands-off diplomacy" (South China Morning Post, 2012b).

The Chinese repeatedly asked the US to treat China as an equal, and consult them on international issues. China's stance on Syria stresses that:

> …as a permanent member of the Security Council, China is ready to earnestly fulfil its responsibilities, engage in equal-footed, patient and full consultation with other parties on the political solution to the Syrian crisis, in an effort to safeguard the unity of the Security Council. (Ministry of Foreign Affairs, 4 Mach, 2012)

Concluding remarks

China would "get more actively involved in international affairs, play its due role of a responsible nation" in the near future (Hu, 2012a). China's new leader Xi Jinping, briefed the press on 15th November, 2012, saying that undertaking international responsibility would be a key word in China's next foreign policy.

Currently, China combines the non-interference approach with constructive intervention in other countries' affairs. Looking to the future, as China gets more and more influential, it is likely that the world will see China playing a larger role in matters of peace, security, stability and development.

China and Africa now mutually define relations as the "strategic" ones. Both China and Africa still need the continuity of the shared non-interference principle, and China's support for African peace and security should not be interpreted as neo-imperial Chinese intervention. China and Africa jointly made an historic effort to introduce more active Chinese role in African peace and security by launching the "Initiative on China-Africa Cooperative Partnership for Peace and Security" in July 2012 at the 5th Forum on China-Africa Cooperation ministerial conference. The initiative seems to define the style and substance of China's *constructive intervention* in Africa under the pre-requisite principle "non-interference" (Hu, 2012b).

References (deceted)

关于中国的“外交红利”[①]

套用、借用当前的也许可看作是主导话语之一的“改革红利”或者“开放红利”(我觉得“红利”这个说法有一定意思和意义,诱之以利,激励改革,扩大开放)[②],中国外交可能因为中国政治改革而带来前所未有的主动和开创局面,从而根本上有助于中国的国家利益,以及中国在世界上的作用。

这样说的基本理论(科学)依据是:中国外交的困境起源、根源于国内政治困境。我这样说是套用、借用了西方著名的“外交政策源自内政”(Foreign Policy Begins at Home)的流行说法,谈不上是真正的创新,但却是为了一针见血。

中国外交政策的一系列困境

毋庸置疑,实事求是地看,中国外交已经陷入一系列“困境”(Dilemmas)之中。有关这些困境,中国的国际问题学者多有体会,也有一些评论;而外国的中国问题观察家,对此也有总结。[③]

这些年来,我一直在观察和研究这些困境。现在,对这些困境做出我的归纳和评论。

第一个困境:经济与政治脱节。为了进入中国市场和抢占中国开放带来的经济机会,日本等“周边”一些国家和地区最早向中国提议搞“政治与经济分离”(政经分离)。中国接受了这样的提议。中日等均是在“政经分离”下维持了三十多年的奇特的关系。1989 年中国的政治事件以后,中华人民共和国外交进入“最艰难的时期”。根据钱其琛的回忆,这个时期大概持续到 20 世纪 90 年代末。[④] 在这个困难时期,中国更加强调经济与政治的分离,如与西方发展关系“不以政治意识形态画线”,回避有关政治问题的争论。确实,政经分离,使中国与西方和日本、韩国、新加坡的经济关系没有受到双方政治分歧的影响。但是,当中国感到在世界上缺少政治影响力,当中国与这些国家的关系出现了

---

① 本文原刊于清华大学《中国与世界观察》2013 年第 2 期。

② 自 2012 年 11 月“全国综合配套改革试点工作座谈会”以来,国务院总理李克强在许多重要的场合多次强调“改革是中国最大的红利”。李克强在担任国务院总理后的首次外访中把“改革红利”之说在世界上强调。2013 年 5 月 24 日,在“瑞士经济金融界人士午餐会”上,李克强总理发表题为《携手迈向中瑞务实合作的新未来》的演讲,表达愿与诸如瑞士这样的中国自由贸易伙伴一起“释放中国改革红利”。

③ 例如,目前在澳大利亚 Lowy 国际政策研究所工作的芬兰人 Linda Jakobson 发表论文《中国的外交政策困境》(China's Foreign Policy Dilemma,澳大利亚罗伊研究所,2013 年 2 月 5 日)。

④ 钱其琛. 外交十记[M]. 北京:世界知识出版社,2003:165.

大的问题，有人想利用经济关系来解决或者影响政治关系时，如此密切的经济关系（相互依存）居然无法为政治关系带来积极影响。进入21世纪，每当中美关系或者中日关系遇到大的问题或者危机时，有不少人想过中国应该在经济上制裁美国和日本，因为中国是美日最大的贸易伙伴，在金融上，中国还是美国最大的债权国。

实际情况是，中国无法借助经济关系带来政治影响。俄罗斯可以借助天然气向一些欧盟国家施加压力，但中国却不能借助“稀土”向日本施加类似压力。

中国与美日等的密切经济关系的政治用处，最多、最好的情况只是协助我国稳定了有关的关系。例如，在中美关系中，一个著名的说法是，经济关系是中美（政治）关系的“压舱石”或者“稳定剂”。[①] 也即，在没有苏联作为中美共同对手的情况下，“中国巨大的市场潜力”是中国向美国人说的主要的“中美之间合作的基础”之一。[②]

到今日为止，中国还不是经济制裁的施加国，美欧和日本，一直是世界上主要的经济制裁施加国，甚至，台湾都具有制裁其他国家（如菲律宾）的能力和行动，而号称“世界经济第二大国”的中国，却并不真正具有经济制裁别国的意图、能力和行动。

第二个困境：不干涉别国（别人）的“内政”，却因为一系列外国的国内政治变化（主要民主化及其带来的内政外交变化）而十分被动，甚至付出各种代价。而且，既然“内政”碰不得，中国外交能做的事情就有限了。

1990年中国与印度尼西亚恢复因1965年印度尼西亚“930”大屠杀事件而导致的断交；几乎同时，中国与“最后一个”尚未建交的东南亚国家新加坡建交。在这一“复交”和“建交”谈判中，印度尼西亚和新加坡向中国提出的主要政治条件之一是中国承诺“不干涉”这些国家的“内政”。中国接受（承诺）了这一条件。[③]

当然，中国外交中的“不干涉内政”或者“互不干涉内政”之“原则”早已规定在《中华人民共和国宪法》等中，并不是因为与某些国家发展外交关系才建立起来的。但是，与“老东盟”国家的印度尼西亚尼、新加坡建交时对“不干涉”的承诺，却深刻影响了此后以来直到现在的中国与整个“发展中世界”（全球的南方或者以前的“第三世界”）关系。在中非关系中，中国也高举“不干涉”的旗帜，一直到这个原则变成为在非洲和西方妇孺皆知的中国外交教条。

“不干涉”绝对化的结果是，中国不仅顾此失彼、进退失据，而且面对各种变局，只能消极应对。有人评论道：“多年来，中国在‘不干预内政’的原则下，一直坚持对外国的反对派‘敬而远之’，这在某程度上释除了一些国家对中国的疑虑，但同时也带来不少弊端。早年的利比亚战争便可以看出中国在这方面的无奈。出于不干涉的原则，北京当年既不能站在独裁者一边帮助旧政权，也无法支持新政权，直到最后战争快结束了，才低声下气

---

① “压舱石”和“稳定剂”这样的隐喻到底何时第一次出现，我没有考证，但是，有一点是肯定的，在中国从邓小平到习近平的最高领导人关于中美关系的公开讲话中，都能找到这样的说法。

② 钱其琛．外交十记[M]．北京：世界知识出版社：412.

③ 钱其琛．外交十记：111－126.

和反对派接触，要求反对派保证中国在利比亚的固有利益，结果当然无法得偿所愿。”①

第三个困境：中国也认识到“软实力”在外交中的重要性，即一个国家在世界上的影响力主要依靠“软实力”。2007 年，《中共十七大报告》首次使用“软实力”这一由美国学者首先提出的概念。但是，中国的真正困境是，尚不具备有国际竞争力的中国“软实力”。

西方，甚至日韩，对中国的影响力之一是他们的“软实力”。而中国在西方和日韩、对西方和日韩的“软实力”则有限，于是形成了我说的巨大的“中国的软实力赤字”(China's Soft Power Deficit)。②

目前中国的“软实力”，多数是靠发掘、开发(出卖)孔子等的古人的思想遗产(“国学”)，以及一些也许能自圆其说或者自成一家之言的“理论创新”(把外人本来用来诟病中国的“北京共识”当成“中国模式”，主张“中国也是民主”，“但不是西方意义上的民主”)，自然就有号称是“软实力概念之父”的美国哈佛大学学者约瑟夫·奈说的，中国其实还不知道“软实力”为何物以及如何生产“软实力”。③ 奈的这个说法也许有失公允、偏激，但是，却还是点到要害。

实践要求中国外交改革

中国与世界的关系如今面对许多问题，甚至是“恶性循环”。例如，因为“中国崛起”(包括对“中国崛起”的不同感知而造成的“恐惧中国”，“民”不“相亲”)。要解决这些问题以及使中国与世界的关系进入一个相对的“良性循环”，就需要改革中国外交。

实践要求中国外交改革的几个迫切情况。

第一是全球治理。中国日益卷入或者加入全球治理，有人以为全球治理是比较容易的领域，是为中国外交“加分”的，因为中国为解决问题做贡献！殊不知，全球治理涉及最深刻和最敏感的政治问题。在 G20，如果中国真的担心美欧日的“以邻为壑”的货币政策(“量化宽松”，以发行货币解决经济增长乏力的问题)，那么，中国就要对美欧日的宏观政策说三道四。而过去，尽管美欧日对中国说三道四，升高压力，但中国总是“不干涉”美欧日的宏观政策。中国已经是 G20 的成员，G20 有一个宏观经济政策“相互评估进程”(MAP)。既然中国同意了 MAP，就要对美欧日的政策也说三道四，否则，就仅仅是国际社会无招架之力的“受气包”而已。

第二是亚洲。亚洲是中国的邻居，有人喜欢说成是“周边”。中国如今陷入了“周边困境”中，即周边几乎没有什么真正的朋友，即使有的以“战略伙伴关系”相称呼，实际上，

---

① 戴庆成．大马虽未变天，北京外交需变[J]．经济日报，2013-05-07.

② 我是 2008 年首次提出“中国的软实力赤字”概念的(见：Pang Zhongying，“The Beijing Olympics and China's Soft Power”，Brookings Institution，2008，see：http://www.brookings.edu/research/opinions/2008/09/04-olympics-pang)。2012 年，美国哈佛大学教授奈在访华后的一篇评论中国“软实力”的文章中引用了我的这一说法，见：Joseph Nye Jr，“China's Soft Power Deficit”，*Wall Street Journal*，May 8 2012。

③ Joseph Nye，“What China and Russia Don't Get About Soft Power”，*Foreign Policy*，April 29，2013.

并不是真正的朋友。如此恶劣的周边环境，不能全怨天尤人，什么历史因素，以及"域外大国"美国的组织，而在相当程度上，是中国自己造成的。改善中国的"周边困境"，最大的出路，在于改革中国的外交。

第三是非洲。中国进入非洲，既解决中国问题，也解决非洲问题，本来是皆大欢喜的事情。中国问题和非洲问题都是世界最难解决的问题，但是，当中国与非洲在"全球化"下相遇后，解决中非两大问题的前景居然突然展现出来了。这是中国和非洲做梦也没有想到的。

非洲人受够了西方，本想在中国这里找到不同于西方的国际伙伴。中国确实不同于西方。然而，我们目前的对外政策，并不能保证中国以解决问题（非洲问题是一个长长的单子，从冲突到发展，太多，太复杂）为出发点在非洲的存在。在过去 20 多年，非洲在政治上发生了巨大的变化，"良好的治理"和"人权"等引入，执政党和反对党并存，非洲统一组织为非洲联盟取代。非盟设有类似联合国安理会的和平与安全理事会，《非盟宪法》不仅有"不干涉内政"原则，也有积极的、正当的、多边的干涉（介入）原则，非洲发展伙伴计划（NEPAD）实行非洲国家之间的互查机制（Peer Review Mechanism）。中国只做非洲的经济伙伴很少过问非洲和平的行为已经不可能。中国不得不被动地更多地介入非洲"内政"。

政治改革可能带来的中国外交红利

第一个红利：经济影响可能转化为政治影响。

第二个红利：有条件（合作性）地、建设性地介入发生在别国的冲突，当然不是如同美国那样管理世界，"不干涉"将不再束缚中国外交的手脚。

第三个红利：中国在国际上自然将有基于国内政治发展而内生的比较强大、可持续的政治"软实力"。

当然，中国政治改革给中国外交带来的红利远不止上述三点。

今天，老的民主，如印度，号称和被人评估为其"软实力"比中国优越。而一些本来各方面发展仍然欠佳的国家，即"新兴民主"，居然很"自信"，"软实力"大增。例如，印度尼西亚仅仅在 1998 年才结束"强人统治"，却摇身一变，把自己打扮为"新兴民主"的样板，在东盟主张"有件条件接触"或者"建设性卷入"一些国家，主要是柬埔寨和缅甸事务，主导《东盟地区宪章》的成立和贯彻，召开诸如"巴厘岛民主论坛"这样的定期国际会议，也向世界其他国家"输出民主"。

如果中国能够在政治民主方面取得决定性的进展，相信低效率的印度民主和一系列尚未成功的"新兴民主"会相形见绌。

为什么国内政治改革会带来中国外交的红利？中国国内政治改革可以让一些长期困扰中国外交的问题迎刃而解，这是很显然，并且符合逻辑的。

结论

中国是亚洲地区第一个共和国。100 多年来,仁人志士,伟人凡人,都为民主政治努力和争取。中国尚未完成的改革任务主要是政治改革。中国尚未实现的发展主要是政治发展。政治改革和政治发展包括很复杂的内容,但主要的目标是让中国成为一个世界上公认的可持续的民主国家。中国人口在可预见的未来并不会被印度超过,如果中国实时改变现存的计划生育政策的话。世界第一人口大国的中国的也将成为世界上真正的、有效的、最大的民主国家。

我相信和设想,如果在未来的几年,在 2012 年诞生的中国新领导的主持下,中国的政治改革会取得长足进展,甚至取得出人意料的、相对的、历史性的成功。如此,中国政治改革将自然会“解放”长期难以真正“有所作为”的中国外交,一些作茧自缚造成的外交困境,如机械教条的“不干涉”等也将随风远去。

克服内在矛盾，寻求正确方向[1]

导论

过去的2013年，中国新的外交战略在实践中得到探索。中国新的外交战略并非如一些评论说的那样已经定下来。由于国内外形势的深刻变化，以及未来的不确定性，尽管大的方向，即在世界上继续提高中国的地位与作用，但是，中国新的外交战略还将在实践中继续得到探索。

中国外交有必要转型，但中国外交尚未转型。[2] 中国外交转型的需要、压力与无法尽快转型和转型的阻力之间形成了当前的中国外交困境。

本文从两个角度分析和建议中国新的外交战略。第一，根据任何外交都是内政的延伸的基本观点，讨论中国外交的国内基础问题。如同世界上其他国家，中国只要在国内治理，即解决国内矛盾方面取得相对的成功，就可以比较容易达到外交的一些根本、急迫和长期的目标（如维护国家主权、安全和利益，应对国际危机，稳定大国关系，开拓世界市场，参加全球治理）。第二，中国外交战略中的一些国别、地区（区域）战略需要做出调整，主要原因不是因为我们，而是因为对方。许多调整是因为我们重新认识了对方。例如，最近的乌克兰事件表明，欧盟的和欧盟中的关键国家（如德国）的对外政策，俄罗斯的外交战略，正处于比较大的调整、变化时期；再如，日本对华政策的大改变，绝不是因为安倍政权上台，即使安倍政权明天下台，后天的日本仍然会把中国视为日本外交的头号挑战。

一、面对五大矛盾，重新塑造中国外交政策

笔者认为，我国外交存在着5大矛盾。如果这5大矛盾不能得到很好的解决，未来我国外交难以取得真正的突破。习近平为首的新一代中国领导，必须竭力攻克这5大矛盾，开创中国外交的新局面。

这5大矛盾分别为：

第一，国内“治理体系”尚未“现代化”与中国已经是国际社会的重要国家行为体的

---

① 本文原刊于清华大学《中国与世界观察》2014年第2期。

② 有关中国外交转型的讨论已经有一些了，但是，主要以谈这一转型的必要性为主。

矛盾。十八大提出国家"治理体系的现代化"的目标,是中国政治过去30多年最重要的发展。国内治理现代化是中国外交在世界上成功的最基本前提;同时,中国外交在新时期的任务之一是保证国内治理现代化的外部环境。

目前,关于国内治理体系的现代化和中国外交的关系,仍然缺少相关的讨论和深入研究。外交学者有必要在理论上彻底解决这个问题。

在国内问题上,习近平认为"打铁还需自身硬",即执政的中国共产党需要自身的新生,但是,从外交政策的战略角度,我认为,也应该好好理解和贯彻这一"打铁"论。

为解决外交决策和执行的权力、利益、观念的科学协调与集中统一,一致对外,在重大外交问题,尤其是在国际危机时刻,做出正确、及时而不是错误和延误的反应,中央终于成立和运作了"国家安全委员会"。中国国安委的企图应该是在国家安全问题为了做到"打铁自身硬"。

从成立国安委开始,中国外交政策的决策和执行需按照"打铁"论做出相应的"深化改革""全面改革",否则,我们谈不上在外交上的主动性、自主性、确保有效应付危机的能力都有所提高,而是一个难以矫健、灵巧行动、等着被动挨打的巨人。

第二,我国外交政策的工具组合的内在矛盾。所谓外交政策的工具组合,主要是各种外交政策工具的组合运用。无疑,在"硬"的手段(如军事力量)和"软"的手段的结合上,我国存在着如何最有组合的问题。

各国外交政策的执行工具方面有"硬"和"软"两种,具体地包括"十八般武艺",以及无穷的"梦幻组合"。历史上伟大的国家领袖,在对外战略上取得成功,除了出发点、目标、路径(方向)正确外,最关键在于组合运用上述手段(工具)。

不得不指出的是,各国的外交政策手段中"软"和"硬"的方面的相互关系,是一个复杂的课题。目前,一方面,我国继续推动军事现代化,另一方面,我们也充分意识到要生产和投射中国的"软实力"(尽管对"软实力"有着许多不同的中国理解)。但是,我们忽略的和尚未解决的问题是:中国的国家实力(如基础设施、军队、科学、教育)和中国的"软实力"到底是一个什么样的关系?

第三,经济上成为世界上大多数国家和地区的最大贸易伙伴,但是,中国军事、军工、外交等能力方面尚未与这样的"最大贸易伙伴"相互匹配,结果,在许多国家和地区,中国的利益(尤其是经济利益)与日俱增,却无力、乏力保护自己的海外利益,同时,也无法为这些国家和地区提供双边条约和国际法规定的安全保障。在这个情况下,有的国家和地区,如非洲和中东,渴望中国在其和平与安全中发挥更大、更多作用;而美国和欧洲,在担心中国可能的竞争的同时,又迫使中国承担所谓"更大的国际责任"。

第四,中国在世界上的行动、反应、互动不可能独往独来,需要足够多的朋友、伙伴,甚至盟友;但是,1982年以来,我们在原则上和实践上的"不结盟"政策,反对美国在亚太地区的军事同盟政策,使我们也担心一旦与某些国家结盟会背上条约负担(责任)。这些担心大大束缚了我们的手脚。目前的状态是,我们并没有多少条约意义上的盟友(朝鲜和巴基斯坦是少数例外,且与他们的关系也存在着变数)。这在世界大国中是少有的。

这使得中国在许多世界事务中,在许多情况下,不得不“光荣孤立”。当然,最近一些年来,我们搞了许多“伙伴关系”,有的还是“战略伙伴关系”。

第五,国家利益和国际道义(正义)的关系。我们不得不承认的一个事实是,中国一度非常、教条、极端的国际主义(20 世纪 60—70 年代至少在政治上和心理上坚定支持亚非拉的民族解放、自决和独立即为一例。就是那个时候,中国生产了直到今天都可资利用的“国际政治资本”)。然而,随着中国国内的转变,在外交上日益强调“国家利益”、补“国家利益”的课、甚至到了从一个极端到另一个极端,过分强调“国家利益”,尽管我们在承担国际责任方面加强了,如国际维和、发展援助,欢迎其他国家“分享中国的发展机会”等,但是,中国在主持国际公道、促进世界正义(这个包括发展和环境正义)方面,显然无法与中国的“新兴”大国地位,以及这样的大国地位对全球公平和正义的影响相匹配。正因为如此,习近平在处理中国与亚洲的关系、中非关系等方面提出“命运共同体”等新的思路,却把中国外交的传统一度有所忽略的国际公平正义再次提出来。但是,我们应该看到,国际上大多数国家和人民大多数是把中国当作“新兴经济”看待的。“新兴经济”难免被当作不知“仁”的重要性的“土豪”。

中国外交还面对着其他的重大困境,上述五大矛盾,只不过是其中最重要的。从过去一年多和目前中国外交的实践看,一个积极发展是,中国新领导人已经意识到中国外交面对的深刻挑战,开始探索如何在外交上更加积极有为。

二、中国外交,尤其是对周边的外交,面对的优先的重大问题

关于中美关系的新框架。

考虑到美国仍然是和在可以预见的未来将继续是世界头号强权,美国必然是影响我国在世界上的存在和作用的重大外部因素,所以,无论爱恨,美国仍然是我们必须面对的优先问题。

中国新领导推动与美国构建“新型大国关系”,推动中美关系转型。这是一个具有重大历史意义的举动。成事在人。尽管美国国内对中国的这个提议反应复杂,且存在着批评和阻力,但是,执政的美国民主党的奥巴马政府大体有条件地接受下来这个框架。自20 世纪 70 年代以来,美国一直以强势的地位处理与中国的关系,所以,任何关于中美关系的框架,美国其实都是主导的。只有“新型大国关系”的说法,美国几乎是首次处在某种被动地位。

不过,我国方面头脑要相当清醒。“新型大国关系”的概念应该特别考虑到历史、现实、未来的复杂因素,否则,这样的概念并不能真正达到我们的初衷:与美国“不冲突、不对抗、相互尊重和共赢合作”。

要让“新型大国关系”成功,从中国方面看,这个不是关于国内关系的,而是关于国际关系的,国际关系不同于国内关系,所以,我们首先是不要一厢情愿。

如今,国内有一些观点比较危险,一种是过分乐观,在关于“新型大国关系”的讨论

中,“想多”了,甚至想入非非了,以为真的将与美国“平起平坐”,而美国也真的“欢迎一个和平崛起的中国”,建立了人类历史上前所未有的处理“崛起大国”(中国)和“守城大国”(美国)的关系,开创了世界历史。另一种是过分悲观,认为在美国持续进攻下(所谓“转向亚洲”的“再平衡”攻势),我们在太平洋一线事实上防御为主,即使有所主动也是因为最好的防御是进攻(如设立防空识别区),所以,中国需要开拓另外的“战场”,悲壮地“败走麦城”,“西进”“南下”,绝地后生。这些乐观和悲观的看法其实是真正不了解美国和世界政治的系统复杂性的表现。

关于“西进”战略构想,这里顺便指出,即使把这个“西进”的“西”广义地包括了俄罗斯、欧盟、中亚、中东、非洲、拉丁美洲,我不觉得真的足以招架和抵御美国和日本霸权联盟的围追堵截。因为,从俄罗斯到拉丁美洲的广大地区,与美日有着他们复杂而多元的关系,且这些地区与中国的关系也是很复杂,存在战略竞争性,甚至不友好的一面。

奥巴马政府把中美“新型大国关系”(我方最初的翻译是“New Type of Great Country Relations”),改了一个关键字,翻译为中文“新式大国关系”(New Model of Great Power Relations),似乎在英文方面,我们不再坚持原来的译法,而是同意了美国人的再定义。但是,不要忘了,奥巴马政府的副总统拜登、国安会顾问赖斯、美国国务卿和国防部长,多次清楚指出,这个与中国的“新式”关系,是“竞争与合作”(中国港台方面简称为“竞合”一词),“竞争”被放到了“合作”前面。显然,与我方认为的“合作”为重心和为目标差别很大。

在逻辑上,中美“新型大国关系”本身就是中国新领导清楚意识到的中国面对的一个巨大挑战和任务。为了构建与美国的“新型大国关系”,学术界需要竭力避免上述两种倾向,形成切实可行的“新型大国关系”的理论与实践。

第二,关于中俄“准同盟”。

在外交政策学中,关于同盟关系的历史与理论是非常复杂的。现实中的同盟关系,如美欧和美日,不是我们想象的那么简单,而是经过了复杂的谈判。即使是美国,在欧洲和日本的抱怨下,不断地与欧洲和日本多次修改其同盟关系。至于人们讲的“准同盟”关系,其实也不简单。关于“准同盟”问题,理论与实践方面的任何误解对我们都是犯错误。打个比方,所谓“准同盟”,可以如同一对同居多年、感情很好、存在争吵甚至分手的可能却尚未正式结婚的伴侣!

如果我们回到现实中的中俄关系,若是流行般地用“准同盟”来形容,则不妥。中俄的“战略协作伙伴关系”,本身就规定了两国关系并非同盟关系,当然也非“准同盟”关系。中俄关系密切,即使最好,也不过是权宜之计的相互利用,类似“Marriage of Convenience。“战略协作伙伴关系”上升为“准同盟”关系,很可能是一些人的误解、或者单相思,以及不计后果的“反美”论。目前,中俄双方只是在竭力维持、加强这个关系,有升级的很大的冲动或需要,却无论如何到不了“准结盟”的地步。

欧盟,尤其是事实上主导欧洲事务的德国,认为俄罗斯仍然在竭力维护和扩张在前苏联的战略空间。目前的乌克兰问题即为一例。欧盟不顾莫斯科在乌克兰问题的企图,支持乌克兰的“亲欧”的反对派夺取政权。结果，乌克兰问题成为欧盟和德国排在前面的外交政策问题。乌克兰在“亲欧”和“亲俄”上发生了巨裂，尽管莫斯科拿回了克里米亚，但是，一个分裂的、内战的、敌视的乌克兰，对俄罗斯是重大的地缘战略损失。乌克兰倒向西方，对中国既是挑战又是机会。所以，中国在乌克兰问题上不可能简单地站在俄罗斯一边。而在东方，俄罗斯看到美国“转向亚洲”，也想执行俄罗斯的类似重返亚洲（远东太平洋）的战略，所以，在许多问题上与日本协调、合作。俄罗斯明确地在与日本的领土问题上不与中国协调，这本身是中俄“战略协作伙伴关系”让中国失望的又一个例外。东京看出莫斯科想借助日本“重返亚洲”，又极力地投其所好，即提供俄罗斯国内东西伯利亚开发资本和技术。同时，俄罗斯忌惮中国的经济影响在俄罗斯远东地区“独大”，所以，极力吸引日本、韩国，甚至新加坡的资本进入，以便“再平衡”中国。在中亚以及阿富汗问题上，俄罗斯与中国协作很多，也有上海合作组织的框架，但是，俄罗斯却公开和潜在地担心2014年美国和北约战略“退出”阿富汗后，中国等势力在中亚上升，形成新的“大博弈”（Grand Game）。中国在包括中亚的欧亚大陆推动“新丝绸之路”的基础设施计划，俄罗斯的反应也是复杂的。

第三，关于中国在国际上再次“分清敌友”。

有的中国学者坚持认为，中国新的外交政策应该敌友分明。这个观点听起来相当不错。不过，我们要问，在这个变动不居的、高度复杂的全球化世界，什么是敌友？谁是敌友？中国真的能够分得清敌友吗？

实际上，中国之所以在“敌友”问题上，在过去30年试图模糊处理，是因为敌人、对手、竞争者其实很清楚，只是不愿公开明确其为敌人、对手、竞争者，否则，就是自己给自己平添更大阻力。敌国、敌人并非仅仅是国家（政府、政党），更多的敌人是国际利益集团或者国际势力集团、跨国的机构等组织，甚至那些有很大国际影响力的个人。不明确敌人，不是不知道敌人。这是两个概念。如果我们依据现实主义国际关系理论明确敌人，就完全忽视了当今世界的现实，我们认定了的敌人就会公开地站在我们的对立面，竭力瓦解、打击、围堵、进攻我们，不仅如此，还将把许多本来不是中国的敌人的个体、组织（团体）和政府赶到了真正的中国的敌人一边，“为渊驱鱼”。

至于“朋友”，不树敌、不点名敌人，就是为了维持和扩大朋友。这是中国成功的“统一战线”经验。在亚洲，中国的真朋友当然不是有人散布的“只那么两三个国家”（包括巴基斯坦），其实，“我们的朋友遍天下”仍然是真的。关键在于如何定义、评估朋友的情况。

中国面对的更大的问题不是简单地宣布“谁是我们的敌人”和“谁是我们的朋友”。在国际上，传统现实主义的政治智慧是，敌友的流动性、不确定性很大，敌友在全球化时代更加难以辨别，今天的敌人可能在明天转化为某种程度的朋友，而今天的朋友甚至突变成为敌人。如果按照社会建构主义的国际关系理论，敌人和朋友都是事在人为的。我们如果按照西方的同盟理论，与某些结盟，即使是“准结盟”，其代价就是势必与某些势力为敌。但是，如此做的最好的结果可能是：“同盟”其实不是“同盟”，因为要上升为同盟，需要有共同的敌人,如今,中国很难找到一个够地缘战略分量的国家与中国分享共同的敌人。此外,结盟和准结盟的风险和不确定如此大,还不如维持一种灵活、弹性的合作、协调关系,彼此伸缩自由,而不是相互因为约束力而讨价还价,甚至闹得不欢而散,搞到"分手"的地步。

结论

中国新的外交战略,尤其是周边外交战略中面对的战略性、长期性、关键性问题还很多。对于中国新领导来说,外交政策的指导思想应该是:明确我们面对的巨大挑战,意识到中国必须有一个新的、有效的外交战略,但又需要在实践中根据情况的变化调整、完善这样外交战略。

为什么"经济上靠中国,安全上靠美国"的观点是荒唐的[①]

至少从美国决定、推行"再平衡"的对亚洲新政策,即所谓美国的战略"枢纽"(Pivot)——战略重心转到亚太以来,[②]亚洲国家[③]就出来一个令人似是而非或者也啼笑皆非的普遍说法:"经济上靠中国,安全上靠美国。"我对这种说法的肤浅性和流行性感到吃惊之余,提醒同行,这一说法是荒谬的,但是,这种说法之流行的现象倒是值得我们国际关系学者仔细研究,因为这种现象如果不是短期、暂时的而是长期(已经存在很长,将来还将继续存在)和固化的局面的话,中国就需要在战略上彻底警醒了:必须通过未来一段时间(如2012—2022年的10年)的中国经济,甚至我们国家的内政外交的转型摆脱这种对中国相当不利的亚太地区政治经济局面。

有人会说,"对外开放","引进外资",尤其是对日本和韩国开放和"引进"日韩资本,中国也是从中受益的,是与这些外国"共赢"的,所以,相互依存是"大局",而凡是"大局",则应该得到"为重"的考虑。此种说法,当然不假,但是,却把更加本质、实质、尖锐的问题掩盖起来了。这类巧言令色,如果不是外交辞令,就是为了某些全球利益集团辩护,要不就是不明事理。

现在中国与一些外国的严重冲突,不仅有因为钓鱼岛等危机而引发的中日冲突,以及其冲突的后果("抵制日货"——"日系"在华生产和销售的从汽车到电子产品,都受到影响),而且存在着因为全球化而导致的国内冲突。介于美日之间的台湾为基地的"代工厂""富士康"(Foxconn),接连遭到中国青年工人的消极反抗和西方工会组织的批评(2012年3月30日,美国非营利机构公平劳工协会——FLA发布报告称,苹果公司供应商富士康存在数十桩违反劳工权利的行为,甚至存在违反中国劳动法的行为),实际上是中国特征的"反(抵制)全球化"。反全球化者的企图是摆脱不对称的全球"相互依赖"(Interdependence)。

---

① 本文原载清华大学《中国与世界观察》2012年第4期合刊。

② 美国奥巴马行政当局叫作"再平衡"的对亚洲太平洋的新政策开始于2009年,但正式形成在2011年。如果奥巴马连任美国总统,预计在他的第二个任期,将大体落实其"再平衡"。

③ 这里的"亚洲"是广义的也是狭义的。在广义上,包括了澳亚地区(Australasia)的澳大利亚和新西兰,实际上与"(西)太平洋亚洲"(Pacific Asian)的概念是一致的;在狭义上,指的是从韩国、日本、中国台湾、中国香港到东盟、澳大利亚的所谓"亚太"(亚太其实并不是一个地区,而是由几个"地区"结合起来的)地区。

什么是“经济上靠中国”

历史发展到21世纪第二个10年，几乎亚洲地区的所有国家和地区均以中国为最大贸易伙伴。当然，这一局面的出现是因为自2008年以来的西方金融危机和经济衰退，迫使这些亚洲国家减少了与西方的经济联系。但是，即使没有西方金融危机和经济衰退，只要中国经济在继续增长，亚洲国家迟点也会以中国为其最大贸易伙伴的。

之所以中国成为亚洲地区的最大贸易伙伴，有一个根本原因：这些亚洲国家从一开始（20世纪80年代）就试图开发和开放最具市场潜力的中国（即把中国当作其发展的目的地区和让中国向他们开放市场），在中国建立起包括中国、面向全球的生产基地和营销网络。随着中国持续不断地“对外开放”（这超出了他们的预期），中国居然变成他们在世界上最大的生产（组装）基地和销售市场。这一情况实际上已经难以用“贸易伙伴”这一传统词汇加以概括。因为这些亚洲国家已经不单与中国做传统的贸易。由于中国居然长期稳定不变地奉行“对外开放”和“引进外资”的政策，正好迎合了这些国家开发和开放中国市场的需求。两相结合，必然导致世界经济史上前所未有的一种经济一体化：“经济上靠中国”——与中国的经济关系太过深入了，中国市场（包括生产基地）对他们太重要了，以至于不能没有与中国的经济关系，不能没有中国市场。这里的“靠”或者“依赖”（Depend upon）往往被许多中国人误解，一些不明经济原理的还为此沾沾自喜，以为好像中国掌握了人家的经济命脉一样。其实，这里的“靠”只是从人家而不是从我们的角度考虑问题得出的看法。严格说来，“靠”并不是一个科学的说法，但是，截至目前，学术界尚未发明更好的说法以替代之。

今日亚洲国家重新以中国为其最大的贸易伙伴，这一情况使得一些可爱的学者和投机的政客提出了亚洲与中国关系的“新”理论。“新的朝贡体系”论认为，经历了被殖民、入侵、自我封闭和冷战，“开放”的中国重回亚洲的“中心”地位，其他亚洲国家围绕着中国转。与“新的朝贡体系”论相类似的是“以中国为中心的全球化”。此外，还有认为中国“经济杠杆”论，即中国可以使用“经济手段”（如“经济制裁”）迫使一些国家在对待中国的态度和政策上改弦更张。

这些论调，在形式上也许是“新”的，但就内容上都是错误的。

即使在形式上类似“前现代”的“朝贡体系”，甚至出现了诸如中国单方面“让利”（中国为了吸引东盟国家搞中国东盟自贸区实行了“早期丰收计划”，中国为了东盟避免发生下一次金融危机，是“清迈计划”与日本并列第一的最大出资国），但是，与本意的朝贡体系不同的是，中国并不处在实质的“中心”，日本和韩国在中国大量生产，却对中国保持了大量贸易顺差，就说明，中国根本尚未回到朝贡时代的贸易中心；同时，朝贡的实质是对称性互利贸易，而目前的中国与亚洲国家之间的不对称互利贸易根本谈不上朝贡。中国只是各方牟利、角逐的场所。

至于“以中国为中心的全球化”，完全不值得驳斥，这更是做表面文章，除金融上的华尔街外,全球化的中心是微软、谷歌、苹果等美国或者其他西方公司,中国与印度并不占据全球化的中心地位,甚至中国的地位还不如"富士康"那样的"代工厂"呢！富士康因为"代理"美日,在中国生产,地位更加优越,中国付出的是(相对廉价的)劳动力、(几乎不计成本的)环境、市场,以及政府的作用(如"引进外资"、创造"良好的投资环境"的亲资本政策)而获得就业和税收(这在全球化受益中占据的是少数地位)。

至于中国动用"经济手段"迫使美日等在政治上改善与中国的关系,停止诸如向支持台独和霸占中国领土的做法,更是不可能。根据研究国际制裁的一家美国智库(彼得森国际经济研究所),截至目前,施加经济制裁的主要是西方强权,还没有中国等成功地运用经济制裁手段的先例。由于"中国崛起"实际上是日韩在中国生产基地和"代工厂""富士康之类的"在中国"的崛起,中国并未有有效的可称得上是"经济制裁"的手段来对付侵犯中国利益的国家。这里的案例是日本要挟的稀土。日本肆无忌惮地把中国告到世贸组织的争端解决机制(即国际贸易法院)上了,到头来,屈服的还是中国,还是不惜失血,恢复了对日本的稀土出口。

什么是"安全上靠美国"

从北到南,在西太平洋,韩国、日本、中国台湾、东盟多数国家和地区、澳亚国家,自冷战时代就以美国为安全依靠。这一局面在冷战结束以后的20多年(1989年至今)不但维持下来,而且得到加强:美国与这些西太平洋上的亚洲国家组成了美国为中心的安全同盟体系,颇像19世纪欧洲的"神圣同盟"。这一同盟体系尽管没有明确的组织、制度(规则)和边界,不像美国在欧洲组织的同盟体系北约(NATO),但是,却是一个与北约一样的"安全共同体"(Security Community)。目前,美国的这些盟友全力配合美国的"枢纽"战略——该战略因为中国,甚至俄罗斯都反应强烈,美国国务院和国防部对华开展颇具虚假性和欺骗性的"话语外交","解释"说这是"再平衡"战略,"并不是针对中国的"。可惜,美国以为这样外交辞令也是一种"善意",但是,对于亚太地区的美国的大小盟友,甚至一些非洲国家来说,都认为美国的"再平衡"是完全针对中国的,否则,美国根本无须这样的战略。美国在金融危机和财政危机的年代要"再平衡",显然存在"资源或者财政缺口",非得要盟国帮忙才能弥补。

目前,在美国的动员下,东亚至少有三种力量开始大幅度调整其外交、安全(战略)政策:

1. 东盟从推动"东亚合作"转向推动"跨太平洋伙伴关系"。东盟在"亚洲金融危机"(1997—1999年)期间,因为美国没有提供援助,国际货币基金组织则强加苛刻贷款条件,日本乘机升级在亚洲的分工体系,推动了"东盟加中日韩"的"东亚合作",但如今"东亚合作"已经淡出东盟各国对外政策。东盟在推动"东亚合作"的同时,本来就"留了一手",即一些东盟成员,搞了一个当时不为大国注意的"跨太平洋伙伴关系"(TPP)计划。当美国发现了这一计划的价值并拿过来使用时(2009年),TPP一下子压过了、并取而代之“东亚合作”。

2. 日本从推动“东亚共同体”转到重新倚重美国。为了经营以日本为中心的太平洋亚洲分工体系,日本一直想搞“东亚共同体”。日本对东盟的“东亚合作”(无论“东盟加中日韩”还是包括澳大利亚在内的“东亚峰会”)给予支持,因为这符合日本的“东亚共同体”想象。2009年,日本民主党取代长期执政(事实政治垄断)的日本自民党上台执政,外交上并不成熟的日本首相鸠山由纪夫提出与东盟主导的“东亚峰会”结构差不多的“东亚共同体”构想,但不包括美国,引发美国的强烈不满而胎死腹中。

3. 韩国从借助中国解决其“朝鲜问题”,在美中之间不厚此薄彼,到重新倚重美国。韩国在为期10年的中左翼执政期间(1999—2008年),与美国的关系问题丛生,却与中国关系的速度过快,与朝鲜的冰冻在“阳光政策”下消融,试图在美中之间那个也不得罪,而是建立等距离的关系,结果,包括美国兰德公司在内的美国一流智库在此期间甚至判断,美韩同盟要出大问题了。但是,这种估计言过其实,在过去的5年(2008—2012年),随着韩国右翼保守势力的重新执政,韩美同盟得到前所未有的加强,美国公开支持韩国的对朝鲜和对华的政策。2012年10月7日,韩国政府公开宣称,韩国美韩达成协议,延长韩弹道导弹射程,覆盖包括朝鲜在内的整个东北亚地区,就是韩国利用美国,扩大在东亚地区影响的例子。

用“安全上靠美国”来概括这些调整,可能是再恰当不过了。它说明了历史的延续性:东亚这些国家过去一个甲子年生活在“美国世纪”,未来还将准备生活在“美国世纪”①。

为什么“经济上靠中国,安全上靠美国”

对“经济上靠中国,安全上靠美国”要做深入的学理分析、研究。这等于是给国际关系学者提出了一个尖锐问题,我们国际关系学者必须要面对和会意这样的挑战,尤其是要回答为什么会出现这样的说法和中外关系格局。

我的初步解释是,“经济上靠中国”是因为这些亚洲国家与中国的经济关系是一种对他们更有利的“不对称相互依存”(Unsymmetrical Interdependence)。从政治学(权力)的角度深入研究“相互依存”现象,并创立国际关系理论的一种学说的两位美国学者基欧汉和奈伊认为,相互依赖往往是不对称的,而“对等依赖”或者“绝对依赖”是少见的。根据许多学者的分析,中国与亚太地区国家和地区之间的相互依赖再次证实了上述两位美国学者的观点,大多数属于“不对称相互依赖”。进一步地,表面上看,中国规模太大,各国与中国的“不对称相互依赖”对中国有利,但是,实际上,恰恰相反,大多数中外“不对称相互依赖”是不利于中国的,外国借助这些不对称相互依赖,获得对付中国的国际权力(没有不对称性,就不可能获得国际权力)。中国社会科学院高程博士做的一项关于中国澳

---

① 美国国务卿克林顿的政策讲话《美国的太平洋世纪》,见:Hillary Clinton,“America's Pacific Century”,Washington:*Foreign Policy*,November 2011.

大利亚相互依赖的成功研究表明，中澳之间的相互依赖是不对称的，中国因此处于相对不利位置。[①] 至于中国和日韩，我没有看到相应的专门实证研究论文，但是，有大量案例（如上述提到的稀土、汽车、电子等）证明，情况远比中澳关系中的中国的不利地位严重，因为澳大利亚并未在中国生产和组装销售，而日韩则是在中国占尽双重好处，中国则是处于双重劣势：充当日韩的“世界工厂”，却忍受大量对日韩贸易逆差。

但是，通过“不对称相互依赖”获得国际权力毕竟是可以改变的，即当这种不对称依赖关系被改变后，“贸易伙伴”就难以再占据优势。为了固定化和长期化此种劳动分工格局，作为“非霸权性质的强权”（Non-hegemonic Powers），亚洲的这些在中国占尽市场和经济好处的国家，就借重美国来维持、固化对自己有利的不对称相互依赖：一方面，继续从中国市场获利，另一方面，以国际联合力量阻止中国可能改变这种不对称相互依赖的可能（包括政策调整）。所以，这一系列亚太国家，别说传统上是美国的盟友的，就是还算不上是美国盟友的，如越南，却都要声称和实践“安全上靠美国”。

原来人们以为中国与这些国家加强经济关系会导致地区范围的国际关系发生更加积极的变化，中国会获得一个“良好的周边国际环境”，但是，这只是一种单方面的愿望和无知，实际上并不是这么回事，也绝对没有这么回事。

如何改变中国与亚太国家之间存在的深入的“不对称相互依赖”，应确立为中国未来10年的中心对外政策战略之一。如果10年后的2022年，亚太国家仍然“经济上靠中国，安全上靠美国”，那么，当我们回首2012—2022年的10年时，就会感到更加沉重和失败。

结论

本文是笔者刚开始的一项独立而深入的研究的一部分。这项研究的基础是笔者过去10多年在亚洲的多种多样游历，尤其是对中国与亚洲之间的“相互依赖”现象的亲身观察。

当前的中国与美国为首的亚太盟国的关系的现状是：“复杂（复合）相互依赖”已经形成，但是，很遗憾，却是对中国不利的“不对称相互依赖”。这种不对称相互依赖固然产生了中国与包括美国在内的广泛的共同利益（“大局”），但是，不能也不会导致中国与这些国家（大小强权）之间安全（战略）关系的根本改善、冲突意愿和计划的降低以及政治合作的加强，恰恰相反，中国与这些国家的政治与安全关系日益复杂，甚至存在着大冲突的可能。

“经济上靠中国”，就是在中国放肆地渔利，甚至是进行21世纪式的经济掠夺，而“安全上靠美国”，则是借助美国霸权力量（此种借重也加强了美国霸权）组成21世纪的“神圣同盟”来在中国巧取豪夺，甚至敲诈中国。所以，这是一种令中国人“心酸”而愤怒的逻辑“荒唐”的恶性循环，反映了目前的全球化的黑暗一面。未来10年中国的外交战略必须通过内政和外交的扎实转型，获取各种有效手段，坚决遏阻和打破这一恶性循环。

---

① 高程. 中澳双边贸易中的不对称相互依赖分析[J]. 中国社会科学院，当代亚太，2008(2).

“金砖合作”与中国对“新兴大国”的战略[①]

2013年2月27日至3月1日,笔者在比利时首都布鲁塞尔参加了由德国卢森堡基金会组织的关于“金砖”国家及其合作(BRICS)的国际会议。这次会议上,来自欧美的发言者(欧盟议员、前任和现任大使以及学者)大多数都认为,“金砖合作”是同床异梦的典型,目前的金砖国家各国之间不仅异质性大,而且各国内部都受困于层出不穷的内部问题,他们在经济、社会、人文等发展指标上与发达国家的差距仍然很大,不大可能发展成为类似于七国集团或者八国集团那样的具有全球影响力和领导力的集团。这些来自西方的与会者也指出,在西方,有的人夸大了金砖国家联合的挑战。在外交政策建议方面,他们认为,欧美不会轻易承认金砖合作为一个新兴的国际集团,否则,将助长这些国家联合起来对付西方,现存世界秩序将变得更加混乱。

这样的西方观点也许让许多指望“金砖”的人泄气,但不能说人家错了。不过,我在会上发言认为,“金砖”是一个新兴的国际集团,不能用欧美的标准衡量,其发展的潜力很大,西方可能低估了“金砖合作”的潜力,而拒绝承认“金砖合作”为一个国际集团,将可能加剧西方和非西方在全球治理与世界秩序问题上的紧张关系。

有了这些颇具代表性的西方对金砖的反应和评价,从欧洲回来,在2013年金砖国家南非德班峰会前夕,一系列问题总是浮现在我的脑海中:金砖国家难道就不能集团化?目前的峰会等合作,是否真的并无前途?

我们是应该从未来的角度思考金砖了。如果谋求金砖的可持续性,那么,金砖各国必须找到金砖——联系全球的5大新兴大国的独特机制——存在的基本理由,而不是如同目前这样仅满足一些机会主义的、实用主义的、急功近利的“务实合作”。

在今日世界上,任何一个国家集团,如北约(NATO)、欧盟(EU)、七国集团(G7)及其俄罗斯加入后的八国集团(G8)、包括新兴大国在内的二十国集团(G20),都要有“存在的理由”。

有远大目标和没有远大目标不一样。金砖机制今年进入第5年了,峰会开了5次,明年的金砖峰会将回到举办第一次举办金砖峰会的俄罗斯。俄罗斯普金政权一直高度重视金砖机制,相信俄罗斯也在想着到底如何重新定义金砖机制的目标。

---

① 本文原刊于清华大学《中国与世界观察》2013年第1期。

事实一览

金砖合作历程(2008—2013年)

·2008年5月,“金砖四国”外长在俄罗斯叶卡捷琳堡举行会谈,决定在国际舞台上进行全面合作。

·2008年7月,“金砖四国”领导人在日本洞爷湖参加八国集团系列会议期间举行会晤。

·2008年9月,“金砖四国”外长在俄罗斯叶卡捷琳堡举行会议,就联合国千年发展目标(MDGs)、南南合作、气候变化、能源及粮食安全等问题进行了讨论。

·2008年11月,“金砖四国”财政部长在巴西圣保罗举行会议,呼吁改革国际金融体系,使之能够正确反映世界经济的新变化。

·2009年6月16日,“金砖四国”首次峰会在俄罗斯叶卡捷琳堡举行。

·2010年4月15日,第二届“金砖四国”峰会在巴西首都巴西利亚举行,期间中国主席胡锦涛因为玉树地震中途回国。

·2011年4月14日,第三届“金砖五国”峰会在中国海南省三亚举行,南非获邀成为金砖机制正式成员。

·2012年3月29日,第四届“金砖五国”峰会在印度新德里举行。

·2013年3月25日,第五届“金砖五国”峰会在南非德班举行。中国主席习近平第一次参加金砖峰会。

现实是,尽管每年金砖峰会都要发表很长的《联合公报》,却没有给包括金砖国家本身在内的世界留下金砖的根本目标是什么。难怪西方认为金砖不是一个国际集团。

我觉得金砖各国要把金砖打造成在重要性上可以与八国集团媲美的国际集团,要树立这样的目标,否则,金砖这个机制存在的理由不足,也难以在塑造新的世界秩序上发挥应有的作用。

我认为,金砖各国需要“内外兼修”、共同努力找到金砖作为一个新兴的国际集团存在的基本理由。

笔者建言

在“内部”方面,尽管俄罗斯不认为自己是发展中国家,一些非洲国家日益不认为中国仍然是发展中国家,金砖合作本质上属于“南南合作”。“南南合作”的口号自从20世纪70年代提出来,一直落实不够,真正的“南南合作”十分有限。“金砖合作”是新型的“南南合作”,是“南南合作”好不容易取得的进展和成果。“南南合作”是一个可以成立的基本理由,可以解决金砖集团的国际合法性问题。

至于“南南合作”主要做什么?顺理成章的逻辑是“共同发展”或者“发展合作”了。

根据“南南合作”和共同发展的精神,诸如建立和运营“金砖国家(联合)发展银行”这类合作,要提高到战略的高度看待和执行,因为这类合作不仅将成为“金砖合作”的最重要基础设施和支柱,而且将对美欧控制下的全球经济治理(如国际货币基金组织和世界银行)构成事实上的一个良性挑战,迫使现存的国际金融组织(IFIs)加快改革并增加新兴大国在其中的代表性和决策权。

在“外部”方面,西方的存在,具体来说,西方对全球治理民主化的阻滞,尤其是在危机和衰落年代西方对新兴大国及其合作的排斥,应该是金砖合作的另一个基本理由。

尽管如上布鲁塞尔会议西方仍然“嘴硬”,不愿意承认和看好金砖合作,但实际上,由于“金砖合作”是西方金融危机后的诞生的,西方无论如何还是感受到了“金砖合作”的冲击。因为“金砖合作”,西方内部开始调整关系,主要是美欧日之间的经济关系。我们看到,无论是日本即将参加的美国主导的“跨太平洋伙伴”(TPP),还是欧盟和美国已经开始的跨大西洋自贸谈判,在相当程度上,是针对、预防包括中国、巴西、印度等新兴经济体及其联合的。这一点,新兴大国必须充分认识到。

既然如此,“金砖国家”之间的合作就具有了更加重要而迫切的全球性和战略性意义。这当然不是说故意挑起与西方对抗和抗衡,那样的话并不符合新兴大国与西方存在着的复杂而深刻的相互依存导致的相互利益,而是说,在西方针对新兴大国已经做出新的布局谋篇后,新兴大国仍然继续分裂并等待着被各个击破、分而治之,新兴大国何不主动联合起来与西方讨价还价呢?

尽管有了金砖机制,我们看到,在许多全球治理议题上,金砖国家之间合作有限,甚至不合作,比如在2011—2022年,在国际货币基金组织和世界银行分别更替领导人之际,各个金砖国家之间严重缺少协调与合作,结果,欧美推出的候选人成功当选,继续分别把持基金组织和世界银行(基金组织叫作是“欧洲基金”,而世界银行被叫作是“美国银行”),西方几乎感受不到新兴大国崛起对现在世界经济秩序的真正挑战而高枕无忧。

有了“西方”这个参照物,金砖可以定义自己为“非西方”“新兴力量”的主要代表,其存在的长期理由就更加奠定了。

对中国来说,要像俄罗斯那样在战略上重视“金砖合作”。俄罗斯在冷战刚结束时加入了七国集团,让七国集团历史性地转变为八国集团,同时,俄罗斯又是二十国集团和“金砖合作”机制等的成员。俄罗斯横跨这么多关键的国际集团,左右逢源,占尽先机。即使是美国也没有做到这一点。这反映了当代俄罗斯外交战略的特征。中国不必抄袭俄罗斯外交的机会主义,却可以借鉴俄罗斯外交的战略现实主义。

根据我的观察,俄罗斯是从战略和长期的高度看待“金砖合作”的,因为金砖机制代表了世界上主要的非西方势力。对俄罗斯来说,在乎的是金砖国家的“同床”,而非他们的“异梦”。“同床”最为重要,而“异梦”其实十分正常,即使是当年的七国集团,法国和美国不也是同床异梦吗?而俄罗斯在八国集团中,也一样与西方“异梦”。

如果中国在未来5~10年推动目前的“金砖合作”机制演变为足以与八国集团媲美的国际集团,中国将在变动不居的世界局势中获得一个重要的支柱,由此将极大地增强中国与西方和西方主导的国际组织进行讨价还价的能力。

“新兴大国”和“金砖合作”的概念均是西方最先提出和强调的。欧美学术界围绕着新兴大国问题在过去10年做了许多深入的探讨，发表了数不清的报告和论文。可以说，欧美是存在过于(对付)“新兴大国”的战略的，也有相应的外交政策。如欧盟分别与中国、印度、巴西等“新兴大国”建立了“战略伙伴关系”(Strategic Partnership)。许多中国人可能只知道中欧战略伙伴关系不过是欧盟针对“新兴大国”而建立的一系列“战略伙伴”的一个罢了。

我们现在要做的一个战略考虑是形成中国的“新兴大国”战略，并落实到外交政策和具体外交中。这个中国外交战略的核心应该是“金砖合作”。

中国提供全球问题的解决方案[①]

中国的“不输出”困境

中国当代的外交政策是由一系列“不”构成的，这一系列“不”包括“不输出”。为了说明什么是中国的“不输出”以及其存在的问题，笔者先列举和评论一些事实。

美国在世界上一直“输出”许多不是东西（即物质的、有形的事务）的东西（非物质的、无形的事务），包括政治上的自由、民主、人权、治理等“成套设备”。美国“输出”这些东西的目标国家当然从来就包括中国。[②] 中国正好相反，尽管与美国的关系越来越复杂，包括了与美国之间的大量非物质的、非贸易的（即非“贸易”和“投资”的方面）的关系，却一直在说，“中国不是美国”，绝不向世界输出“政治意识形态和政治价值”。中国之所以说“不”的原因之一是冷战结束后的特殊国际结构，即美国为主的“单极世界”，中国周边的亚洲国家几乎都是美国的盟国或者朋友。

从“改革开放”以来，中国以向外部（全人类）学习、借鉴、引进治理的经验和方案为主，一直没有提出也没有实践这样的任务：把中国自身的国内治理经验转化为解决全球问题的方案、贡献于全球治理（前提是，我们认为或者相信中国的国内治理经验具有一定的全球普遍价值，以及具有这样做的政治意愿和外交艺术）。

确实，过去三十多年，断断续续，中国主要“输入”（进口）外国的解决问题的价值和方案，而非“输出”（出口）中国的价值和方案。西方国家和西方占据主导地位的国际组织（国际制度）在中国大量开展项目（如世界银行和联合国开发计划署）。他们被叫作中国的“老师”，是中国请来的“外国专家”，这些“老师”和“专家”具有国际使命感，向中国“输出”解决中国存在的问题的方案。在宏观经济政策领域，中国实际上也是“华盛顿共识”的一个学生。中国宏观经济政策体制完全告别了“苏联模式”，在形式的全部和内容的一部分与美国的宏观经济政策模式越来越相似。中国是“华盛顿共识”的“好学生”，这构成了中美关系中美国人肯定的“积极”一面。“后金融危机”的今天，中国的经济“复苏”程度好于美国等“发达国家”，且成为全球“热钱”的主要目标地（“新兴市场”），表明

---

① 本文最初是提交给 2010 年 12 月 11 日由中国政治学会和复旦大学国际关系与公共事务学院联合主办的“制度供给与大国崛起：中国的使命”研讨会的论文。原载清华大学《中国与世界观察》2011 年第 2 期。

② 当然不仅是美国，中国的“周边”邻国，如韩国也在“输出”，尤其是向中国“输出”。

中国已经从“华盛顿共识”中以优异成绩“毕业”。

然而，“进口”总是要被“替代”的，“进口”太多，“出口”太少，就会形成严重的不平衡，即失衡，而严重的失衡是冲突和危机的根源。过去三十年，中国大量进口外国方案的结果是，中国成为了外国“理论”“软实力”“模式”“技术”“路径”的主要倾销市场，中国在这方面存在着大量的“入超”。如今，即使那些被叫作代表当代“中国”的标志性的东西（如国家大剧院、国家体育中心、中央电视台、首都国际机场），其“灵魂”或者最为有价值的“内核”（软体和设计）恰恰不是中国的，而是外国的。

在过去三十年，中国是接受“国际发展援助”①的主要国家之一，因为中国一度普遍地被当作世界上最大的穷国（更好听一点的说法是“最大的发展中国家”）。然而，时过境迁，中国崛起成为了世界经济大国（当然，这是一种新型的“崛起”，其中的中国含量或中国成分并不高，外资和外商在中国经济中占据主导地位），中国当然仍然接受外援，但中国的新身份却是提供国际发展援助的新兴国家之一。不少非洲国家原来一直把眼睛盯着西方找援助（捐款），但如今，他们眼睛转向东方，转向中国，把中国当作是不同于西方的、甚至具有替代西方的援助主要来源（尽管日本和韩国，以及印度、巴西也受到非洲的“争夺”）。但中国向这些穷国提供的援助以看得见的、物质的、金钱的、设备的援助（如交通基础设施和“楼堂馆所”）为主，而少有“软的”，即“授人以渔”的、不同于西方的新型的问题解决方案之援助。

在过去三十年，中国非常强调“和平”“发展”“合作”“共赢”，不但“不挑战”，而且积极加入西方在20世纪下半叶（第二次世界大战结束）建立起来的规则为基础的世界经济秩序和世界政治秩序（必须承认，中国从这个西方的自由的世界秩序中受益很大，这个秩序的作用是中国在世界上“和平崛起”的原因之一），但是，可惜的是，这个西方一度主导建立起来的全球规则系统越来越不合时宜（即旧的“瓶子”，难以装下新的“酒”，老尺寸的衣服，不合变化了的体型），所以，越来越不起作用，甚至被认为是“过时”的，不得不进行大的“改革”（联合国体系和布雷顿森林体系正在进行的改革）。“从全球来看，西方在20世纪下半叶建立起来的规则系统给‘新兴经济体’带来了巨大的好处。但是，它反映的是一种过时的世界秩序，而不是一种当下的全球平衡，更不是未来的模式。”②

可以说，中国面对来自不得不对新的全球治理或者新的世界秩序做出贡献的普遍的国际压力。这种贡献不仅仅是“拿（出）钱”，比“拿钱”更重要的、更受到期待的是，中国帮助国际规则的形成和提供解决全球问题的方案。实际上，截至目前，因为对缺少有效的应付变化世界的国际规则和国际制度的担心，不管出于何种动机和心理，世界对中国在塑造新的全球规则系统的预期、期望一直很高。然而，我们对中国在全球治理中发挥的作用仍然不过定义为做一个普通的参加者（即“力所能及”的“出钱”者）。正因为这样

---

①　在国内的话语、政策和体制中，尽管中国参与了联合国“千年发展目标”（MDGs），国际上通用的“国际发展援助”仍然由“对外援助”的老概念占据着。

②　《中国与印度：未知的竞争世纪》，《经济学人》周刊，王雪译，《社会科学报》，2010年9月9日，第7版。

的思考方式,使我们极力回避和反驳西方的"国际责任"话题。

严峻的现实是,当前的全球体系,绝对不是一个得到了治理的体系,而是越来越滑向危机、混乱。在国内层面,各国在现代化(一些伊斯兰国家是世俗性)达到一定阶段后,由于许多失衡(经济变革和政治变革不匹配,经济发展并不同时带来社会进步),国内治理逐渐陷入危机和混乱(如目前的埃及和其他阿拉伯国家)。而在国际层面,比如,一系列全球治理进程(从确立更新的自由贸易规则的谈判到联合国治理气候变化的谈判)不得不陷入无效、搁浅、僵局的局面。已经彻底离不开全球体系的中国,将因为世界的混乱和无序付出巨大的代价。

在这个情况下,中国若是能发挥关键作用,支持全球治理,未来的世界将至少是有秩序的、得到治理的,这样新的秩序和治理,自然不同于过去的世界秩序和治理,因为不仅是西方的,而且是非西方的。

一个国家的世界地位,从根本上取决于这个国家能否为解决世界问题——人类和各国面对的共同问题提供方案。中国过去享受了世界提供给中国的解决问题的方案,市场经济、自由(包括自由贸易)、科学、民主、教育、法治、人权等都是世界提供给中国的解决方案。中国接下来能否也"反哺"性地提供解决全球问题的方案?

对上述几个问题分别进行观察,并把它们联系起来,就组成了一篇关于中国要不要继续奉行"不输出"的外交政策的本文。

突破"不输出"的困境

中国外交政策的一个选择是:继续"不输出",体现外交政策的连续性。因为,从表面看,"不输出"似乎符合"继续韬光养晦"的精神。

但是,问题是,简单地继续"不输出",中国在全球治理中将会继续面对深层的困境——中国与世界的失衡将加剧。中国会继续成为别国输出方案的倾销地。中国与外国之间的"软实力""问题的解决方案"交换的逆差(赤字)将继续扩大。中国已经成为世界最大的货物出口国(当然出口的未必都是中国的,而是从中国出口的外国公司"在中国制造"的),却并不伴随着相应的非物质的、政治的、价值的、解决方案的出口,导致中国和世界之间的一个真正的巨大失衡。

作为关键的国际结构性权力,中国不具备有力的国际话语权。如果"不输出"价值和方案,无论中国如何想改变中国缺少国际话语权的局面,效果也不会明显。

"崛起"的中国,如果只是有了一些物质财富,在国际上只有"出钱"的份,这只是一种部分或者局部意义上的崛起,但是,"拿钱"少了,别人不高兴;"拿钱"多了,自己又负担不起。

在全球治理中,中国更多的只是被治理,即被"纳入"美国主导的国际制度,包括西方在内的其他国家试图通过国际规则和国际制度规范中国的行为。中国还谈不上真正的"参与"规则制定。

“输出”中国价值和中国方案的可能性

最近几年来,英国前首相撒切尔夫人的一句话经常不断被人提及。也许撒切尔夫人并没有说过这样的话。但是,由于这句话的尖锐性和敏感性,她说没说过已经不要紧,要紧的是这句话是否成立,以及它是否真的刺激了中国人的思想神经。撒切尔夫人的话是:“中国成不了超级大国,因为今天中国出口的是电视机,而不是思想观念。”①

任何“输出”都建立在“有”(存在)的基础上。问题是,中国在思想、价值和知识上,不是全然“没有”。

外国人也许急于“替”中国人思考,思考的结果之一是,世界上存在着“北京共识”和“中国模式”(尽管带有贬义),即他们认为“华盛顿共识”和“美国模式”有局限,却得到了“北京共识”和“中国模式”的弥补和发展。非洲国家原来是被动或者主动接受“华盛顿共识”的,如今发现了一个“华盛顿共识”的变种,即“北京共识”,让他们有了回旋的余地。

有外国人发现,即使不与美国输出的主要项目——自由和民主——冲突与竞争,中国至少可以输出本土的“和谐”等价值。②

中国过去的发展经验、国内治理经验(包括失败的经验)部分地具有世界普遍意义,这不是夸大中国经验的普遍价值,而是客观承认中国的发展探索对世界的意义。比如,无论是带着意识形态有色眼睛的世界银行前行长沃尔福威茨,还是现实主义的现任行长佐利克,都承认中国的发展经验对其他同类国家的“价值”。正是认识到这一价值,世界银行才与中国建立起发展问题上针对第三方的“伙伴关系”,以解决非洲、南太平洋等地区的贫困问题。作为当今世界经济和国际体系的一部分,中国的发展和变化不是在孤立的,而是在与世界联系的,即开放的条件下进行的,既然如此,中国的国内治理经验对全球治理的价值是不容忽视的。

中国,如此巨大的一个世界存在,到底代表着什么?③ 美国人在问这个问题,难道中国人就不该问这个问题? 这是值得认真回答的关键问题。美国宣称自己代表着自由和民主。中国不会说自己代表着不同于美国的自由和民主的另一种政治模式,但是,中国必须说明自己代表着什么。

中国向非洲援助,终于意识到要向非洲提供发展的真正解决方案,即不仅是基础设施,也包括“授人以渔”的方法。中国曾经远离和大批判“自由贸易”,如今,极其具有历史的巨大讽刺意味,当今的中国拿来西方的“自由贸易”原理,在全球化受到西方社会的相当普遍质疑和反对后,成为“自由贸易”的一个主要支持者。中国人甚至告诉非洲人和

---

① 转引自:王辉耀:《全球化时代需要更多的思想者》,英国《金融时报》中文网,2010-01-14。

② DANIEL A. BELL,“Developing China's Soft Power”.

③ DANIEL A. BELL,“Developing China's Soft Power”.

西方人,“贸易”就是(最好的)“援助”(Trade is aid),也即是说,处在西方发动的全球化的边缘的非洲,是中国人的“贸易”,而不是西方的“援助”,正在帮助非洲人走出困境。一些非洲人认识到这一点,所以,大力发展与中国的贸易。中国已成为非洲最大的贸易伙伴。这是非洲的新觉悟?但可惜,这一觉悟,也伴随着非洲人的新警觉——“新殖民主义”。西方在过去半个世纪给非洲提供了大量的援助,但是,这些援助实际上对非洲国家不是杯水车薪,就是没有对症下药,没有也不可能解决非洲的问题。如今,至少暂时地,真正让非洲发展的不是西方的方案,而是中国的“共同发展”模式。

在全球治理方面,中国不仅是一个参加者的角色,而应该和可能是一个塑造和影响国际规则改革和创新的力量。在这方面,中国是大有作为的。中国可以提供和支持一系列新的国际规则。

大战略:必须“输出”中国价值和中国方案

当中国提出解决世界问题的方案时,在国内首先就可能出现不符合“韬光养晦”精神的条件反射式批评。实际上,这是对“韬光养晦”的极大误解。“韬光养晦”指的并不是中国“不输出”价值和方案,而是指中国在输出这些价值和方案时要慎重、负责和讲究方式、方法。

当中国也“输出”自己的解决世界问题的方案时,原来的“价值”“规则”和“方案”的世界市场上的主要输出者,如美国和欧洲联盟一些国家(法国、英国和德国最典型),也条件反射地认为,这是中国“挑战”他们的主导地位,即竞争、威胁“西方的自由秩序”(the Western Liberal Order)。听到此类西方反应的中国人,即使想改变“不输出”困局,也可能缩手缩脚了,因为中国在过去贯彻的一个原则是尽管不完全同意,却“不挑战”西方主导的世界秩序。

中国向世界输出的不应该止于不挑战美国版本的自由和民主价值的诸如“和谐”之类的价值。中国若要“输出”中国的价值和方案,就要抓大的项目、占据大的“市场”——自由、民主、人权、法治,而不能在诸如“和谐”等本土项目上“小打小闹”。截至目前,自由、民主、人权、法治等还主要是依据西方的经验,广大的非西方的经验还没有被普遍、广泛吸收。一些西方政治学者在汲取非西方的经验方面,做了许多工作,但是,他们只是看到非西方世界实践这些西方概念,并没有很好地探讨非西方在实践中对这些概念的发展。基于中国的和非西方的经验和视角,中国完全可以发展出一套新的对自由、民主、人权、法治的说法、解读和话语,并加以“输出”之。

退一步说,即使继续“不输出”政治价值,不等于“不输出”解决全球问题(全球治理)的方案。如同其他国家,中国目前也被全球问题所困,而且中国是最受全球问题困扰的国家。因为中国在过去把自己转变成了“世界工厂”,这个“世界工厂”是全球问题的主要来源。所有的问题不仅是本地性质的,也是全球性质的。中国问题就是全球问题,全球问题就是中国问题。[①] 中国国内治理就是全球治理的一大部分和一大方法(复数的方法)。正因为如此,中国将来最大宗的“出口”项目之一应该是基于国内治理上的解决全球问题的方案。例如,中国若是在解决经济改革和政治改革的关系、遏制贫富分化和导致环境(生态)“可持续”上取得一定的成功,其中的一些经验就可以大大方方地“输出”。

大外交:善于“输出”中国价值和中国方案

我们到底如何“输出”对全球治理和世界秩序有用的中国价值和中国方案?

“输出”价值和方案,是外交政策中的重要内容和手段。“正常国家”,无论大小,都有此种行为。原因很简单,各国都希望通过“输出”价值和方案增强其存在、影响,维护和扩大其利益。

中国首先要“生产”“制造”解决问题的方案,然后才能谈得上“输出”。中国要告诉世界,不接受撒切尔夫人式的观察,但感谢撒切尔夫人式的警告(“知耻”),不能只让消费品是“(在)中国制造”,解决世界问题的方案也要“(在)中国制造”。这是一个外交观念的、制度的和政策的创新。如同邓小平说的那样,不在意识形态问题上与西方搞对抗,但是,也要终结胆小如鼠的、莫名其妙的、缺少理性的“不输出”。

中国“输出”全球问题和全球治理的方案需要基本的理论支持。这个理论不需要长篇大论,而需要一个能代表世界未来的核心概念:全球的全球治理,即全球治理必须是真正全球的,而不应继续是西方的。缺少非西方的、新兴大国参与和影响的全球治理是名不符实的全球治理。“自由贸易”当年之所以成为人口(民族)小国的英国无往不胜的价值和方案“输出”,是因为英国在世界上主张,“自由贸易”而非“保护主义”才是真正符合大家的根本和长期利益的。中国若要在全球治理中发挥中心作用,就要提出上述全球治理的大概念。真正的全球范围的治理就是世界的新秩序,缺少全球性和包容性的全球治理不过是以全球治理包装的霸权治理。

有效和成功的“输出”不是“强加”和“灌输”。这一点特别重要。在某些方面,美国是“强加”的例子。正因如此,美国在世界上遭到了不少抵制。于是,美国探讨如何利用“软实力”,甚至所谓“灵巧力”(Smart Power)——不是强加的力量,而是攻心的吸引力(Co-optation)更好地“输出”其价值和方案。中国过去的“外宣”是“灌输”的一个例子。当然,中国的“外宣”主要不是为了“输出”价值和方案,而是为了单方面地、一厢情愿地说明自己和为自己的政策辩护。

如同商品和服务的贸易世界,“输出”建立在拥有外部“需求”的基础上。不过,仅有需求,并不能保证“输出”是成功的。需要知道,这里是一个“竞争性市场”,输出价值和

---

① 受到“所有的政治都是当地的政治”(all politics is local)和“所有的政治都是全球的/国际的政治”(all politics is international/global)两个观点的启发。

方案的国家行为体和非国家行为体很多。

成功的“输出”要靠多边主义和国际合作。多边主义是一个复合的进程,是展示各种全球治理方案的场所,各国竞相(如利用轮值主席、把握议题设置)推出全球治理新概念。目前的国际制度改革重组过程,正是一个各种全球治理价值和方案竞争的过程。一些国家在这个过程中充当“领导”,实际上就是占据、垄断了国际规则的形成过程。能够被别人使用的价值和方案,都要靠国际合作得以推行。也就是说,国际合作是推广和“输出”价值、方案的机制。

中国提供的国际发展援助,包括中国和世界银行等多边机制的国际发展合作,是中国“输出”价值和方案的重要机制。可惜,中国目前的国际发展援助,从指导思想到机制,存在着许多问题,有些想法和做法是过时的和落后的。[①]

结论:从“不输出”到“输出”

邓小平思想和战略中的“不计较社会制度和意识形态的差别”[②]不应该错误地解释和实践成为“不输出”价值(包括政治价值)和方案。

面对新的世界,全球治理正在重新塑造之中,如果搞得好,新的世界由此将获得新的治理。但是,未来的世界也可能陷入长期的缺少各个层面上的治理的混乱局面。决定世界是治理还是混乱的关键是“新兴大国”的态度和政策,尤其是中国的态度和政策。世界对中国提供新的治理价值和方案的需求出现和上升。我们必须正确估计形势和做出积极反应。

总结中国的自身国内治理经验教训,以全球治理为基本目的和方向,应该“输出”对世界长久和平、持续发展和有效治理有用的中国价值和中国方案。

---

① 庞中英. 对外援助需有“附加条件”[J]. 环球时报,2010-12-14 日.

② 《邓小平文选》第三卷,人民出版社,第 330 页。

论世界价值体系中的“中国价值”[①]

引言

一看这个来自本期命题而择定的题目，就知道我必须面对许多的困难和复杂概念。这些概念有的是国际政治、外交、学术、舆论界争论不休的，有的则是笔者在本文专门使用的。笔者创造了“世界价值体系”这个概念。我们知道，“世界体系”和“世界经济体系”“世界外交体系”等概念，所以，“世界价值体系”是类似的概念。

研究和回答这类问题需要指出的一个背景是，中国过去一个世纪（辛亥革命以来）不是向世界主动“输出”价值的国家（广义的国家，包括民族、人民，即广大的非官方、社会、商业、人文层面）。但也不是说，中国居然压根儿一点价值也“不输出”。毛泽东时代还是有被指责的“输出革命”的。不过，“输出革命”是西方的“中国问题专家”的术语，实际上，这类把“中国革命”与世界的“民族民主运动”联系起来的相互支持行为，还不是、也不可能是帝国主义式的价值输出，因为毛泽东的中国并非帝国，也没有帝国主义的外交政策。至于其他一些东西，即不是中国强加给世界的中国影响，如不胫而走地在世界上流传的孙子、墨子、孔孟、毛泽东（如其“游击战”“三个世界”等理论与实践）等中国思想，从主体的方向看，并非指的是一种经常的、大量的、持续的外交政策行为，而是潜移默化的、从客体选择的角度看的中国影响。

但是，以前中国在全球价值体系中极其有限的记录，并不是中国现在和未来不输出价值的根据、理由和借口。鸦片战争后直到变成“世界工厂”，中国也不是商品“贸易大国”，被叫作“闭关自守”“自给自足”的典型，但如今也是“世界贸易大国”了。所以，今后，若未来中国成为价值输出大国，请人们不要吃惊，因为那很自然、很逻辑。

世界价值体系和世界价值市场

长期以来，在这个被叫作“西方的时代”“美国的世纪”，“西方价值”变成了“普遍价值”，即世界价值体系的全部。今天，面对西方的经济、政治与社会危机，我们完全可以把这种西方价值垄断全球价值、西方价值等同于全球价值看作是西方的价值霸权。

---

① 本文原载清华大学《中国与世界观察》2011 年第 3、第 4 期合刊。

西方价值只是全球价值,即世界价值体系的一部分,不可能也不应该成为全球价值的全部,不能忽视世界其他部分的社会、民族、文明、国家和一个个人的价值。由中文、阿拉伯语、葡萄牙语(巴西是最大的葡萄牙语国家)、西班牙语(墨西哥是最大的西班牙语国家)等“大语种”,以及众多的“小语种”表达的其他人类价值,却被严重和故意地忽略了。人口上占世界体系的多数的非西方却以人口上占世界体系的少数的西方的价值为依归,这本身是不符合西方一直主张、赞扬和推广的民主价值的,是世界不正常的最大表现之一。非西方世界的人们,也不必对自己的价值无意识、无信心而导致无价值(或者所谓“价值中立”、在对外关系中不强调价值问题,没有“价值外交”):突然意识到长期的自我认为的“文明”居然原来是西方眼中的“野蛮”,于是,自惭形秽,无地自容。除了接受西方价值为自己的价值,脱胎换骨,开始“文明化”,别无选择。

什么是中国价值

今天,这个世界,包括中国本身,对“中国”的理解实在存在着问题。有的人根本不问“中国是什么”这样的本体论问题,却大谈特谈“中国问题”。

中国是多样的、复杂的,有历史、现实和未来的中国;有古代的、近(现)代的、当代的中国;有部分、被动全球化的中国和比较全面、主动全球化的中国,也就是说,一个被全球化的中国和一个可能去全球化整个世界的中国。

可惜的是,中国“内部”多样性和复杂性若不是被忽略,就是被夸大。忽略者看到的中国,是一个被大大简化的、想象中的中国,而夸大者看到的中国,则把一些非本质、非关键的差异(如中国大陆的人把 paradigm 翻译为“范式”,台湾人则把其翻译为“典范”,这种“范式”和“典范”的差异,完全用不着夸大)看作是中国的根本矛盾。

在认识“中国价值”这个问题上,也要基于对中国的多样性、历史性和复杂性的理解。中国价值同样是多元和多样的。假如中国价值是单一的,那么,首先这不符合历史、事实、现实以及可能的趋势。

中国价值的多样性和多元性至少是因为:这是一个历史悠久的文明体系,自然有其特质、特性而产生出的价值。殖民主义和帝国主义故意贬低殖民地的文明价值,而被殖民者因为被“洗脑”或者自卑,也附和殖民者说,自己原来的文明不是文明,只不过是一些文化的碎片。

任何文明体系不是由单一价值构成的。与中国的传统价值并存的是现代价值,现代价值中,自西方引进的但被普遍“内化”的民主、自由、人权、发展等也是中国价值,换句话说,中国价值与其他价值是相互分享的。

不得不看到,如此巨大而长期存在的一种不同于欧洲“民族国家”类型的政治共同体,人类历史上人口最多的国家,即使在分配所得平均的“计划经济”年代,中国人之间也存在着很多的非地域性的差异和多样性,而在“改革开放”三十多年后的今天,一个似乎清楚也似乎不清楚其“转型”的方向的中国内部的差异和多样性就更加突出了,所以,中国本身更代表着价值的多元性和多样性。

中国到底存在着哪些价值

我认定、划分和归纳了三类中国价值：

1. 起源于历史、传统、一直被传承到现在的价值。这类价值并非仅仅是孔子和儒学所能概括的中国价值，也包括了其他大量的中国价值。只有孔子，中国价值就太单一、单调、枯燥了。

2. 以“西方”的“现代性”为度量标准的一系列价值也引进了中国。这个引进过程已经上百年了，逐渐“内化”成为中国价值的一部分。最近被“内化”的西方价值，包括市场经济、自由贸易等。如果没有这样的事情和过程在中国的发生，西方也不敢在世界上大力吹嘘，西方价值代表“普遍价值”了。

3. 由于独一无二的当代中国条件和当代中国过程（如此众多的“劳动力优势”在如此广袤却相对狭小的空间被全球资本主义体系加以组合利用、如此悠久的历史文明却不断地被外来势力冲击、解构、重构，甚至同化）而产生出来的价值，这些价值可能很难认定，但确实存在：中国的“现代性”的经验、方式、教训，即面对和解决“现代性”带来的问题、困境、无奈、挑战、危机的方式和方法。

上述三类东西，不仅对中国人民，而且对其他民族、文明、社会，也是价值体系或者无价之价值体系。

价值输出问题

价值的国际政治、国际政治经济非常复杂，应该成为一门学问研究的对象。价值的国际政治经济的核心问题是价值输出和输入问题。

如果不存在中国价值，也就谈不上输出中国价值，这如同一个不生产商品和服务的经济体，根本谈不上出口商品和服务。

既然中国存在着价值体系，从逻辑上讲，就存在着输出中国价值的可能。但我们要问：为什么在过去三十年或者甚至过去一百年，中国居然在全球价值市场上没有占据地位呢？甚至，中国与全球价值输出市场无关，却与价值输入市场有关。中国一方面几乎出奇地毫无价值出口，另一方面则事实上接收了大量的西方价值紧扣，形成了人类历史上最大的价值输出和输入“入超（逆差）”。

在价值输出市场上，不能仅仅只有西方和与西方接近的一些国家等作为价值输出者，中国也要成为主要的价值输出者。

中国不输出价值是历史的错误和误会。这个缺陷，导致，世界价值体系西方价值泛滥和独大。这种局面也是一种全球失衡。

西方价值的局限性和中国价值的优势

西方一直认为其在价值上是具有优势和优越的。确实,如果把一种发源和生产与地球某个角落,然后通过贸易、殖民、生活方式、战争、外交等重重工具和机制,"投射"到全球,然后,说西方价值是普遍价值和全球价值,居高临下。但是,实际上,如上所述,如同其他价值,西方价值也是存在局限性的。

一些中国价值,其本源本来是极其关怀全人类的,尽管随着民族主义传入中国,中国人的狭隘的民族国家价值也一样产生,但中国一直存在着最高境界、最高格局的价值,即超越了族群价值的狭隘型的普遍价值。这一情况在过去百年的国家建设中已经体现出来。只是,这个价值需要在未来更大范围,即全球范围内得到进一步检验和证实。

以全人类为关怀对象的价值,并不仅仅是中国人的特殊价值。基督教和伊斯兰教也以全人类为关怀对象,当代的跨越国界的一些全球运动,如"国际红十字会""绿色和平""医生无国界"等也都是以全人类为关怀对象的。但是,中国价值与这些世界性宗教、社会与和平运动有所不同,却是世俗的、多元的、宽容的,并不因为信不信某个人物(不管真实的耶稣和穆罕默德是否存在)的思想而作为排他性的标准。所以,在这方面的中国价值完全是包容开放的。这正符合21世纪人类的多元共存现实。

中国在非洲所进行的就是这样一种以全人类为关怀对象的价值实践。这些年来,一些商业、趋向的中国行为体,在非洲,违背了这一中国价值,与趋利的商业世界的普遍价值一样,结果,非洲人没有感到这些中国行为体与欧美不同,反而认为,他们是"新殖民"。应该说,中国的宏观外交政策绝对没有推行实质的"新殖民主义",但是,这些模仿欧美过去开拓殖民地的行为,客观上败坏、违背了良性和积极的中国价值。

未来要建设和输出的中国价值

未来的中国价值生产和输出应该分为两个方面,一种是最高格局(层次)的价值,即完全可以成为对全球价值体系最根本的贡献和补充的价值;一种是具体的解决全球挑战、问题、危机的方案。

前一类中国价值包括:

1. "全球治理"的"世界大同"价值。国际关系的中国学派,其中之一正应该是"世界大同"学派。世界大同是许多中国人产期珍视、追求的价值。这一点与一些欧美先贤倡导的"世界政府"思想异曲同工、不谋而合。

2. "天人合一"的"可持续发展"价值。若能真正在当代身体力行天人合一,则是中国对全球的真正贡献。可惜,目前只是一些人呼吁和提倡天人合一,实际上,是人类继续"征服"、毁灭大自然。

3. 民主。作为世界上人口最多的国家,应该是世界上最大的民主国家。中国的民主,如同中国的市场经济,是对人类普遍价值中最为重要的价值——民主的丰富和贡献。

关于后一类价值,包括:

知识价值。在这次金融危机中,从英国首相、美国财政部长到欧洲中央银行行长,都惊呼,现有知识体系(“教科书”),没有解决金融危机的答案!我觉得这是吐出了真言。我们面对着和将要继续面对着一个危机的世界。如何解决这些危机?中国人不能继续等着西方提供解决危机的方案,而要靠建设中国的自主的知识体系、生产西方等知识体系没有的解决问题的价值。

也就是说,解决问题的方案将成为当下的世界最为珍视的价值。

为了克服危机,中国学者要积极思考如何产生解决世界危机的思路和方式。如何通过国家和社会的联盟而非国家与资本的联盟调节全球资本主义的弊端?资本势力在过去四十年(1971 年开始)高度集中起来的资本到底如何能够获得全球的再分配?如何通过一些国家框架,如二十国集团(G20)向全球化的金融交易征税?如何建立非美元霸权的国际货币体系?如何在汲取西方官方发展援助(ODA)失败的教训,真正通过援助推动全球发展?诸如此类根本而重大的问题,若是能获得中国答案,中国自然就可以把它们出口到世界,占据全球价值市场上关键的位置。

结论

本文是笔者继《中国向世界提供问题解决方案的必要性和可能性》一文(《中国与世界观察》2011 年第 2 期)后,对中国价值与全球价值关系的进一步思考。笔者呼吁,中国价值要在多元的世界价值体系中占据一席之地,且具有相当的可竞争能力。要回答好这个问题,我们必须面对和克服许多挑战。

China and Global Governance: Will China Finally Take the Lead for the New Globally Governable World①

China's growing role in the changing global political economy may signify a possible new pattern or act as a new indicator of China's de facto shift of its diplomacy from its old patterns. As today's China is a global China, global china, global governance has become China's foreign policy priority for the present, and will remain so in the future. To many Chinese, the concept of global governance is still a relatively new one, introduced by the West, particularly Europe. Chinese analysts generslly agree with the view that many of the world's problems are global in nature, and that they require global solutions. Thus, China seems to be transforming into a prominent driving fore in the reshaping of the global governance system that has been changing since the current global financial crisis of 2008.

For researchers and watchers, there are many puzzles and questions about China in global governance. Among them are: What are China's views and positions on global governance? How does it view its own approaches to global governance? Does China still follow the father of China's modernization Deng Xiaoping's teaching doctrine ("not take the lead" or "Bu Dai Tou"—to not play a larger role in global governance), or is China ready to be an individual leader or a key part of the collective leadership for reforming global economic governance?

In regards to China's official views on global governance, China's attitude is shifting from simply acknowledging international institutions, to actively helping improve or refrom international governance. In the past there decades, a major change in China's relations with the world has meant its integration into international governance in general, and some global and regional institutions in particular. During much of the "reform and openning up" period taking place since 1979, China has been keen on participating in Western-dominated international organizations and forums, disregarding the costs and consequences of participation. Recently, however, China has grown much less comfortable with its membership in some international bodies and has begun to address the weaknesses of international institutions. They cite, for instance, the democratic deficit in existing global governance instituons, and the inequality and under-representation of poor countries in general.

---

① 本文是在"中等大国与 G20 治理"国际研讨会的发言论文(韩国峨山政策研究所,2011 年 10 月 18 – 19 日). 收入 Jongryn Mo, ed., *Middle Powers and G20 Governance*, London: Palgrave Macmillan, 2012, pp. 45 – 74.

China does matter to positive change of global governance

The IMF, under the leadership of France's Domonoque Gaston Andre Strauss-Kahn, saw China as one of the five most important systemic economies. ①Furthermore, China is seen in the West as becoming the world's most important trading entity, with some even arguing that China is the natural successor of the US as the "guardian of the open, rules-based trading system" and "likely to emerge as the most important player in the global financial financial system."②

This is significant give that such international consensual judgments on China's rise would have been hard to imagine just more than one decade ago. In 1999, a London-based Gerald Segal, then the Research Director at the International Institute for Strategic Studies (IISS), published his controversial and "provocative" article titled "Does China Matter?" in *Foreign Affairs*. ③In this article, China's global importance was deeply doubted. ④ This is ironic since China played a key role in the new monetary grouping called simply "East Asia," after the Asian financial crisis of 1997; not much later China, a non-G7/G8 member, was included in the Group of Twenty (G20).

China 's engagement with global governance is a relatively new priority in its foreign policy. The role of China in global governance in recent years, particulary in the years of the global financial crisis (2008 to present), has been regarded internationally as crucial. Echoing this sentiment, some Chinese scholars have definsed China's role as a "global balancer and a responsible contributor."⑤China has played a key role in avoiding the further degradation of the world economy.

When it comes to bilateral and multilateral global development assistance or "foreign aid" for poor nations, China's role has become more important than ever. While the developed world—the G7 and OECD countries—are cutting their budgets under fiscal austerity measures, China is emerging as a sort of new World Bank: In fact, China's ODA to other poor countries is in total greater than the total assistance deliverd by the World Bank in 2010, ⑥China has become the biggesst investor in developing countries, with its lending between 2008 and 2010 surpassing world Bank assistance by approximately $ 10 billion. In fact, by the end of 2010, the China Development Bank had helped more than 90 countries, amounting to a total of $ 141.3

---

① Dominique Strauss-Kahn, IMF Managing Director, "keynote speech at High-Level Seminar on the International Monetary System", March 31, 2011, Nanjing, , China. see: http://www.imf.org/external/no/speeches/2011/033111.htm.

② Martin Wolf, "China in the World Economy," *Financial Times*, March 18, 2011.

③ Gerald Segal, "Does China Matter?," *Foreign Affairs*, 78, no 5 (September/October 1999).

④ Barry Buzan and Rosemary Foot, eds., *Does china Matter? A Reassessment: Essays in Memory of Gerald Segal* (London: Routledge, 2004).

⑤ Wang Yong, "China in the G20: A balancer and a Responsible Contributor," PacNet no.61, November 1, 2011.

⑥ Shen Dingli, "A Chinese Assessment of China's External Security Environment," *China Brief*, Jamestown Foundation, March 25, 2011.

billion. "①

China's positive role in helping govern the global economic system has been recognized by many objective international and even Western figures. For example, on the eve of the fifth G20 summit in Seoul, South Korea in 2010, Alan Alexandroff, co-director of the G20 Research Group at the University of Toronto, pointed of the G20 Research Group at the University of Toronto, pointed out that China "exhibits a non-assertive stance in global governance," noting further "no the positive side China still brings collective leadership to global governance. There remais much room for China in collecvtive leadership at the G20 level and principally—for now—in fashioning the global economy. "②

At least since the First G20 summit in Washington DC in November 2008, China has continued to engage global governance positively and constructively. For example, amid the military action of Western allies and NATO against Libya on the eighth anniversary of the Iraq War, on March 19, 2003, Chinese president Hu Jintao welcomed the visiting French President Nicolas Sarkozy to Beijing on March 30, 2011. France had taken the lead in overthrowing Libya's ruling strongman Muammar Gaddafi. As France held the rotating presidency of the G20 in 2011, Beijing and Paris were strengthening their common interests in reforming international financial institutions. The French president was in China not to hear China's criticism over the libya intervention, but to speak at the G20 high-level seminar on the reform of the international monetary system in Nanjing on March 31, 2011. The seminar was assisted by China Center for International Economic Exchanges, one of the most powerful think tank in Bejing, and attended by internationally recognized economics authorities, including several laureates of the Nobel Memorial Prize in Economic Sciences. China's vice-premier Wang Qishan, IMF Managing Director Dominique Strauss-Kahn, European Central Bank President Jean-Claude Trichet, US Treasury Secretary Timothy Geithner and other finance ministers and central bank governors from the G20 economies joined the seminar, which once again showed China's systemic importance in deciding the future of global monetary and financial order. During the Nanjing conference, Presideng Sarkozy and other Western leaders conditionally offered China a part in the International Monetary Fund's Special Drawing Right(SDR) basket. As Sarkozy stated, "Who could deny the major role the Yuan plays in the international monetary system? Tribute is thus paid to the economic power and the political power of China, a major monetary power. "③

---

① Teresita Cruz-del Rosario and Phillie Wang Runfei(Lee Kuan Yew School of public Policy, singapore), http://english.caijing.com.cn/2011-02-22/110647513.html.

② Alan Alexandroff, "The faces of China's leadership," G20 lssue for Seoul, November 2010.

③ See: French President Sarkozy's Opening Address at the G20 Seminar Nanjing, March 31, 2011, http://www.g20.utoronto.ca/2011/sarkozy-110331-en.html.

Key components of China's official views on global governance

Chinese president Hu jintao prepared an important speech on the recovery of the global economy and the reform of global economic governance for the G8 +5 Leaders Dialogue meeting in July 2009. His speech was considered to be China's first official statement on global governance. Due to a domestic emergency(the Xinjiang crisis in July 2009), the president had to shorten his trip and let the State Councilor Dai Bingguo deliver the dialogue on his behalf. ①During the dialogue, the state councilor helped deliver the president's speech. Citing the need for international cooperation in resolving the global financial crisis and promoting sustainable development, Bingguo made three key points, which elaborated China's views on global governance and raised key questions, such as "Who governs who?" and "Who should participate in global governance?"

First, he explained that fundamental goal of global economic Governance is to push forward the development of global economy in a balanced, universally beneficial and win-win manner. Balance, he explained, means taking into account the needs of all and balancing the concerns of both the developed and the developing countries, By universal benefit, he emphasized maintaining interests and bringing tangible benefits to all countries in the world and their people. The term win-win means combining the interests and linking the development of one country with all the others.

Second, the state councilor noted that global economic governance includes all countries because no matter how large or small, strong or weak, rich or poor, all are parts of the global economy and should participate in managing global issues equally and enjoy relevant representativeness, voice and decision-making rights. Equal participation, accordingly, would be reflected not only in form but more importantly in substantial content and decision-making. Only in this way, he explained, could we ensure rationality and justice and guarantee the reputation and effectiveness of global economic governance.

Third, Dai asserted that global economic governance requires appropriate institutional arrangements. The development of the world economy makes it hard for some mechanisms to fully reflect the demands of the international community. Representativeness needs to be expanded to effectively tackle the golbal challenges. Governance should be targeted at problems in different areas and at various levels. In terms of governance mechanisms, relevant international standards and rules should be formulated on the basis of equal consultations and consensus reached among all the interested parties. Experience and best practices should be disseminated and countries should intensify coopera-

① In preparing the speech on global governance, for seeking opinions, MFA invited Chinese scholars in the study of global governance to have a small discussion, on June 2009. The author joined the discussion.

tion to jointly build an effective global economic governance structure. ①

Although this Chinese leader's speech was mainly about global economic governance, this does not necessarily mean that China neglects other aspects and dimensions of global governance. China repeatedly addresses development and poverty relief, and imbalances between the rich and the poor. President Hu joined the first "Nuclear Security Summit" initiated by the Obama administration on April 13, 2010. In the course of international summitry, especially at G20 meetings, Hu has repeatedly expressed China's understanding of global imbalances, explaining that the issue is about more than the current account imbalance (The US's definition of global imbalance mainly refers to current account imbalances, as China has accumulated the largest trade surplus and the US has had the largest trade deficit). At the third BRICS summit in China, the president said although there were discussions on imbalances, "the biggest imbalance in the world economy is the development imbalance between the North and the South, and the most fundamental problem in the world economy is the inadequate development of developing countries." ②

Since the "G8 + 5" dialogue in 2009 the issue of global governance has been heavily focused on and debated in the academic and policy communities in China. In its formal documents, such as China's FiveYear Plan (2011-2015) and the Chinese Premier's. "Central Government's Work Report" to the National Pelple's Congress in March 2011, the issue of global economic governance occupies a prominent place. The Premier stated that "China will play a constructive role in helping resolve burning global issues and use the G20 and other diplomatic forums as the main platform for strengthening international coordination and cooperation over different macroeconomic policies." ③

Insistence on multipolarity

Before its first official usage of the term "global governance" China had already produced a set of official points of view on global governance, without mentioning the term "global governance" formally. ④In term of the world's balance of power, especially power redistribution, an ex-

---

① The author edited and revised the speech. The original comes from Chinese Foreign Ministry's website, http://www.mfa.gov.cn/eng/zxxx/t572654.htm.

② Chris Giles, "Divisions widen on source of fragility," *Financial Times*, April 14, 2011.

③ Premier Wen Jiabao, The central Govemment's Work Report (Beijing, March 5, 2011).

④ It is necessary to note that China's globalization scholars (from various fields of social sciences) helped introduced the concept "global governance" from the outside world. To them, the universal logic "golbal problems, global solutions" was acceptde. Western early books on global governance including Our Global Neighborhood: The Report of the Commission on Global Govemance (1995), Governance without Govemment: Order and Change in World Politics by James N. Rosenau (1992), and *Govemance in a Partially Globalized World* by Robert O. Keohane (2011) as well as many other global governance books were published in Chinese.

amination of key government documents issued by the Chinese Communist Party and its Central Government reveals that China has largely maintained an official strategic judgment that the world's trend towards multipolarity and plurality since the end of the Cold War continues. Sometimes, China might not express such a view because it may be negatively interpreted as a challenging message to US global primacy. The current intrenational reality of global political economy, however, has demonstrated the hard truth and accuracy of China's official view of the multipolarization. In China's official eyes, the rise of China, India and Brazil, as well as a re-rising Russia, are the best examples of the fundamental trend towards a multipolar world. In support of this view, China has seen that in dealing with global financial crisis, the major instrument to contain the crisis was the G20, not the G7. Its belief in multipolarity has motivated China to continue to build itself up, while at the same time embrace a new imperative: Because a multipolar world is not only an enormous opportunity but also an enormous challenge, China has to consider how to manage unexpected global uncertainties and crises posed by a multipolar world.

Emphasis on institutional democratization and harmony

China suggested as international common task the "realization of a democratic international system" for the first time in the late 1990s. Today, although China may face a contradiction between its domestic democratic governance and its international advocacy for more democratic international governance, China not only promotes the democratization of the international system but tries to practice it. In diplomatic documents with the emerging powers such as Russia, Brazil, and South Africa, China has repeatedly stressed the importance of "a democratic international system." In China's multilateral documents, such as the Sanya Declaration, China reiterates the similar phrase "democratizing international institutions."[①] China sees "international democracy" as an approach to manage the global problems. In other words, China thinks if the world wants to have global solutions to global problems, more equal and democratic international participation is the way. An aspect of China's practice of "democratizing international institutions" is that China supports the greater "representation of the developing countries" in the existing international institutions.

Further, China believes the world should be "harmonious". Although the idea has been criticized as too ideal, the term "a harmonious world" or "the worlds's harmony" has been ad-

① The Sanya Declaration of BRICS Summit lssued on Apnl 14, 2011 by the heads of state and government of the Federative Republic of Brazil, the Russia Federation, the Republic of lndia, the People's Republic of China, and the Republic of South Africa.

dressed by Chinese political leaders at global and regional summits since 2005, when President Hu made a policy speech titled "Build Towards a Harmonious World of Lasting Peace and Common Prospering" given at the global summit for the sixtieth anniversary of the United Nations. Many Chinese foreign policy academics have helped explain the "harmonious" policy from global governance perspectives. Harmony is seen as a universal value, and therefore a goal of the United Nations. China has been promoting "harmony" as a parallel value with "peace", "cooperation", and others. For example, the Sanya Declararion states that "the twenty-first century should be marked by peace, harmony, cooperation, and scientific development." ①The policy of building a "harmonious world" means China wants to contribute more to global governance. ②Accordingly, as most of China's domestic policies and problems have begun to have global consequences, and as China's rapid development now deeply impacts international political economy, China has further innovated its existing foreign policy doctrine (the "independent foreign policy for peace" and "peaceful development") to address rational international concerns. ③For China, a key question is how to effectively coordinate the conflicting interests and discords between China and the global community. This policy idea is part of China's justification for global policy coordination and collaboration with other powers.

Commitment to institutional reform

China thinks the progress of global governance mainly relies on existing international institutions, but because of deficiencies, these institutions must be truly reformed. Therefore, China has decided to support the reform of the international monetary system. For China, an enormous challenge in reforming international institutions is how to provide concrete policy initiatives and solutions to strengthen the norms-based international system. To do so, China has been considering new approaches. China thinks new international groupings may help promote the reform of existing international economic governance. China has played a decisive role in forming the BRICS. In order to avoid misunderstanding of its push forward with new international proups like BRICS, China has repeatedly asserted that BRICS help improve rather that replace the existing international order. The Sanya Declaration states that the BRICS countries strongly commit to "multilateral diplomacy with the United Nations playing the central role in dealing with global challenges and threats. In this respect, we reaffirm the need for a comprehensive reform of the UN, including its Security Council, with a view to make it more effec-

① See: The "Sanya Declaration," BRICS leaders meeting, April 14, 2011.

② Pang Zhongying, "A 'Hannonious World:' China's Stance on Global Governance", *Xinhua*, December 29, 2005.

③ See: HU Jintao's remarks at China's 11th National Foreign Policy Conference on July 2009.

tive, efficent and representative, so that it can deal with today's global challenges more successfully."①

Enormous challenges to China's role in global governance

Some in China may see increasing international appeals for global governance as an opportunity for China. Indeed, China can reorient itself by conducting successful and effective global governance diplomacy. However, not only is global governance itself a difficult and enormous task for the international community, but also a challenge for China—including the whole Chinese system and its foreign policy in particular. An ungovernable world is not in China's long-term interests. It is necessary to examine the principal challenges that constrain China's role in global governance.

Firstly, China's foreign policy principles, at least some of them, are not well-suited to a world in which global governance is highly necessary. For China's existing foreign policy, Deng Xiaoping's philosophical and strategic teaching that "China should not take the lead" is still valid and the state councilor Dai Bingguo has ruled out the possibility of Chinese global leadership.② On the other hand, in some cases China has clearly acted as a global leader in its multilateral diplomacy and financial diplomacy, both regionally and globally. China is a major contributor to the Chiang Mai Initiative's Multilateralization (CMIM)—the so called the new version of the "Asian Monetary Fund" proposed by Japan's financial ministry during the Asian financial crisis of 1997. China supports G20 leadership as the steering committee for the management of the global economy, not to mention China's leading role in the BRICS group. Additionally, in the foreseeable future, the G20 process will be presided over by China. So, there is a contradiction between China's principle of not taking the lead and China's de facto international leadership.

Although some theorists use the terms "international hegemony" and "international leadership" interchangeably, there is fundamental distinction between the two that must be asserted, since international leadership is not international hegemony. Middle and small powers can play the role of international leaders. South Korea, for example, is a key leader between the G8 and non-G8 nations within the G20 framework Singaplre is an organizing leader of the Global Governance Group (3G).③Because of the confusion surrounding the terms "hegemony" and "leadership," China's phrase "never seeks hegemony," has come to mean "never seeks leadership."

① The "Sanya Declaration" at the BRICS Leaders Meeting, Sanya, Hainan, China, April 14, 2011.

② Dai Bingguo, "Stick to the Path of Peaceful Development: Why Has China Chosen the Path of Peaceful Development?," December 6, 2010, www.bjreview.com.cn/quotes/txt/2010-12/27/content_320120.htm.

③ lftekhar Ahmed Chowdhury, "The Global Governance Group ('3G') and Singaporean Leadership – Can Small be Significant?" *ISAS Working Paper* no. 108, May 19, 2010.

This confusion obstructs China's bigger role in global governance. During the "birth of a great nation," China will continue to undertake international leadership opportunities individually and collectively. ①China needs to redefine its foreign policy principles in accordance with this distinction. Furthermore, in the future, China should take the lead in global collective action. China's larger contributing role in global governance depends on whether or not it can produce global problem-solving ideas and initiatives. A supplier of global solutions deserves to be called a global leader. Global leadership is a true source of a nation's "soft power" and of China's international responsibility.

Secondly, to the Chinese, a harsh international reality is that China has been governed by other actors through international multilateral frameworks, especially through international financial governance, Many of China's domestic policies, which have had impacts on others, have been monitored and scrutinized closely. China faces increasing international pressure for policy coordination, cooperation and concessions.

On the eve of the US-triggered financial crisis in September 2008, Washington asked China with both praise and pressure to further transform itself to be a "responsible stakeholder" in the US-led global international system. ②With limited options, China largely accepted this formula to rebuild its relations with the West and thereby the Western-dominated global system. China's cooperative and contributive response to the financial crisis was proof of its adherence to the paradigm of responsible stakeholder. China was naturally included by the US and the UK in dealing with the crisis. Moreover, because of its belief that America could not solve the problems of the world alone, the Obama administration defined the US-China relationship as a special partnership, likening it to people who were "on a boat together crossing a wide river in a storm." ③China was expected to be a key member of the crisis management committee—the G20 to respond to the crisis. President Hu joined the first two G20 summits in Washington and London in 2008 and 2009 respectively.

Titles of President Hu Jintao's speeches at the G20 summits (2008-2010)

1. "Making Joint Efforts to Tide over Difficulties," Washington DC, NC, November 15, 2008.
2. "Let Us Join Hands and Tide over Difficulties Together", London, the UK, April 3, 2009.

---

① See: Wang Jisi, "China's search for a grand strategy," *Foreign Affairs*, (March/April 2011).

② Then US Deputy Secretary of State Robert B. Zoellick coined this well-noticed term, see his China policy speech: "National Committee on US-China Relations," September 21, 2005, http://www.ncuscr.org/files/2005Gala_RobertZoellick_whither_China1.pdf.

③ US State Secretary Hillary Clinton's "first major foreign policy speech" on February 13, 2009 for explaining her China visit. See: http://www.state.gov/secretary/m/2009a/02/117333.htm. Chinest Premier Wen Jiabao replied to her citation of Chinese idiom "Tong Zhou Gong Ji" more positively, when he received Clinton in Beijing on February 21, 2009. Wen added that we two countries need not only "commonly running the same boat facing the stom," but also "hands by hands."

3. "Make Every Effort to Promote Growth and Balanced Development," Pittsburg, the US, September 24, 2009.
4. "Work in Unity for the Future," Toronto, Canada, June 27, 2010.
5. "Build on Achievements and Promote Development," Seoul, Korea, November 12, 2010.
source: China's MFA Website (www. mfa. gov. cn)

Former British PM Gordon Brown said: "The whole thing had to be coordinated internationally, the first time that had happened on such a scale."① The European Central Bank President Jean-Claude Trichet had a similar sentiment in early 2010, stating:

> After mid-September, the intensification of the crisis, the rapidity of the transmission... I never had observed before... We had something which was... exceptional, not only in quantity but in nature... And we had to cope with this without any textbook telling us what we should have done or should do in real time... In the occasion of the Asian crisis, G20 was not the prime grouping for global governance... Then, the prime grouping for globae governance was the G7. However, when global crisis happened in 2008, there was no G7 communique and there was no G7 briefing. The communique and briefings were G20. We have no global government; we have no global executive branch and no global parliament, So we have to coordinate appropriately our various decision-making processes for those decision-making processes to internalize the externality that is associated with their own decision at the global level. ②

In September 2009, the US administration held the G20 Summit. The G20 leaders in Pittsburg stated that the G20's concerted efforts had worked. ③No doubt, China played a key role in stabilizing and supporting the global economy.

But, as the G20's function is transforming from managing global crises to steering the global economy, only being a participant in the G20 process is not quite enough. A big challenge China faces is that the core task of the G20 is no longer the stabilization of the global financial market but dealing with the conflicting macroeconomic policies among the G20 members. Now, China has become a core priority of the US foreign policy. China has realized that "a major goal of the US in the G20 is not only seeking China's cooperation for solving global issues, but also managing its China challenge together with its allies in G20."④

---

① Gordon Brown, "We're at a huge transition phase in our history," interview with *Der Spiegel*, February 22, 2011, http://www. splegel. de/intemational/europe/0,1518,746939,00,html.

② Jean-Claude Trichet, "Global Govemance Today," speech at the Council on Forelgn Relatlons, New York, April 26, 2010, http://www. cfr. org/business-and-foreign-policy/global-governance-today/p2 1989.

③ See: "Preamble of the G20 Leaders Statement," Pittsburg, USA, September 24-25, 2009.

④ Liu Zongyi, "The Transformation of the G20 and the Prospects of Its Cannes Summit," *Intemational Review*, Issue 2 (2011).

To correct what the US has defined as global imbalance, Washington uses three means: Unilaterally, the US presses China by legislating laws such as the Currency Exchange Rate Oversight Reform Act of 2011; bilaterally, the US dictates the channels such that the US-China Strategic and Economic Dialogue (S&ED) only addresses its China problems rather than China's US problems; and multilaterally, the US uses the G20 and many others to further manage its "China challenge." The G20's ongoing Mutual Assessment Process (MAP) is such a multilateral policy instrument to address the US's "global imbalance" issue.

What is the MAP? Leaders of the G20 pledged at their Pittsburgh summit "to work together to ensure a lasting recovery and strong and sustainable growth over the medium term." ① To meet this goal, they launched the Framework for Strong, Sustainable, and Balanced Growth. The backbone of this framework is a multilateral process through which G20 countries identify objectives for the global economy and the policies needed to reach them. ②

China might have underestimated the challenging implication of the MAP before 2009. China was praised by others, especially the US, for its contributing role in ensuring "global economic recovery." But, later on, China began to realize the challenging nature of the MAP. In President Hu's speech at the Seoul Summit in 2011, he spoke on the subject, stating:

> We should stick to the country-led principle, take into full account the different national circumstances at development stages, and respect each country's independent choice of development path and policies. The assessment criteria should be further improved. Since the three things, a strong growth, a sustainable growth, and a balanced growth are equally important, we must give them equal attention and push forward the growth in a comprehensive way in the formulation and implementation of assessment criteria... we should encourage various economies to draw on each other's strengths for mutually beneficial growth. As long as we remain committed to the spirit of mutually beneficial partnership for development, the goal of strong, sustainable and balanced global economic growth will be achieved.

Facing international pressure from the US and its allies over macroeconomic policies, the globally dependent China had no choice but to make compromises.

At the G20 Finance Ministerial Meeting on April 15, 2011, in Washington, China agreed to the G20 Final Communique, which consisted of "an in-depth assessment of the nature" of "persistently large imbalances and the root causes of impediments to adjustment," which was "hailed by several of those ministers as a milestone in efforts to increase China's accountability to the

---

① International Monetary Fund, "Fact Sheet: The G-20 Mutual Assessment Process (MAP)," washington DC, April 2012, http://www.imf.org/external/np/exr/facts/g20map.htm.

② lbid.

concerns of other nations."①In fact, through the G20, the US has been successfully making a series of progressive steps towards addressing the issue of "global imbalance." In an article in the *Financial Times*, Daniel Price argued that "we have seen a fundamental shift from a point where, at the 2008 Washington summit, certain countries objected to the very use of the word 'imbalances,' to one where finance ministers, central bankers, the International Monetary Foud and others routinely debate, within the G20 process, the components of such imbalances and how to correct them."②

The MAP may become a new international norm in the process of reforming global governance. The US is leading and dominating the process, whereas China remains in a reactive and responsive position on global governance. According to Liu Zongyi, the US wants the issue of global imbalances to replace the current focus on the root causes of the financial crisis.③

Currently, there is a growing Chinese concern that China's development process may be contained by the West, China's Vice-Minister of Finance, Li Yong, published a paper in which he argued that developed countries' concern over current account imbalances and China's currency exchange rate was "another political tool to contain/limit China's economic development."④

Thirdly, China is a difficult place to balance the two areas of trade and development. As the largest developing country and a leading trading nation, China's trade and development are interdependent, following the pioneering trend of the trade-led East Asian economies. A Chinese way of correcting global imbalances is balancing relations between free trade and development. Ironically, China was a firm opponent of Western-led free trade before the era of opening up and reform, and there were doubts and criticisms of free trade before China's entry into the World Trade Organization (WTO) in 2001. But, now, given the rise of trade protectionism and anti-globalization in the West and elsewhere, China sees itself as a leading defender of global free trade.

During the Seoul summit, President Hu stated in a speech that "modern world history shows that freer trade brings greater development to the world, and a more open economy leads to more rapid development. In the current situation, we must be firmly committed to free trade, to the consensus reached at previous G20 summits, and to the effort of opposing all forms of protectionism and removing existing trade protectionist measures." "We should coordinate trade

---

① Binyamin Appelbaum, "U. S. and China Agree to a process to Analyze Risks in Economies Worldwide," *New York Times*, April 16, 2011.

② Daniel Price (Former International Economics adviser to former US president George W. Bush, and a G20 "Sherpa" in 2008), "G20 version 2.0 will appease the skeptics," *Financial Times*, April 2, 2011.

③ Liu, "The transformation of the G20."

④ Li Yong, "For fulfilling the new tasks of China's financial work in the 12th Five-year Plan" *Journal of China Finance*, Issue 4 (2011).

and development strategies to reflect the G20 spirit of global economic governance." He said China asks for "comprehensive and balanced outcomes at the Doha Round negotiations in order to attain the goals of the development round at an early date, and establish an open and free global trading system. To do this, we should uphold the mandate of the Doha Round, lock in previous achievements and work on the basis of the existing negotiating text."

Fourthly, if China wants to further integrate into the existing global economic order, and substantially reform the existing international financial institutions (IFIs), which remain firmly dominated by the old powers (the United States, the Eurozone, Japan, and the UK), China has to conduct a number of negotiations with the G7 countries, which of course will attach their own conditions for China's new status in the global economic order.

In March 2009, before the G20 summit in London, China's central banker, Zhou Xiaochuan, published an article calling for a change in the composition of the IMF's SDRs. Zhou and his colleagues have been seeking such a change in order to allow China's currency to become part of the reformed basket of SDRs. At the G20 Seoul summit, President Hu advocated that "We should improve the international monetary system and build an international reserve currency system with stable value, rules-based issuance, and manageable supply." Zhou repeatedly argues for Chinese currency to be part of future SDRs. For instance, Zhou stated, at the China-based Bo'ao Forum for Asia, that this should be taken into consideration given the importance the RMB in the global market. ①

In this world, it is a hard truth that there is never a "free lunch." China's position in the reformed IMF will mark its rise into the upper tier of global economic governance, and it will no longer be governed, but will instead govern others. But the West, and particularly the United States, will not simply admit China's role as a global governor. Instead, they will take advantage of China's desire to have a reserve currency in order to achieve their own pressing policy targets, including the further appreciation of China's currency to a level satisfactory to the United States. These conditions are being attached to China's ability to take part in SDRs. The second China-US joint statement under the Obama administration on January 19, 2011, failed to mention the necessity and urgency of reform of the international monetary system. Regarding China's demand for an inclusion of the RMB in SDRs, the two countries only reached the following agreement: "the United States and China agree that currencies in the SDR basket should only be those that are heavily used in international trade and financial transactions. In that regard, the United States supports China's efforts over time to promote inclusion of the RMB in the SDR

---

① The Reuters news from Bo'ao, Hainan, China, "Zhou Xiaochuan: 'The currencies of the emerging economies should be included into the SDR,'" April 15, 2011.

basket. [1]" In the aforementioned G20 Nanjing seminar, Timothy Geithner further elaborated that China's part in the future international monetary system depends on whether China meets certain conditions. He states that China must have a flexible exchange rate system, an independent central bank, and permit the free movement of capital flows. [2]

So if China really wants to end its non-membership in SDRs, it has to negotiate with existing reserve currency countries, particularly the United States: "Nanjing is not Bretton Woods." [3]Such a negotiation will be more tough and time-consuming that China's negotiation for /WTO membership, because the status of a reserve currency decides whether or not China will be a real world-class economic power.

Some of China's economists and commentators have pointed out a deep dilemma facing China: There is no precedent in the history of the world's economy for the currency of the second largest economy not being a global reserve currency. There has also never, thus far, been a currency of a technically developing country that has been a reserve currency. [4]

Fifthly, the co-existence of the G7/8 and /G20 tells China that the current state of the international politics of global governance is more complex than ever before. Some political and strategic figures in the G7 countries suggested that the group should include China, as Russia was included just after the end of the Soviet Union. However, others, including Japan's political leaders, stridently opposed China's membership in the prospective G8.

Under the Obama administration's leadership, the G20 was designated as "the premier forum for our international economic cooperation" in 2009. [5]This made some Chinese very excited. Observers in China went so far as to wrongly judge the G7/G8 era to be over. Even now, China still hopes the G20, rather than G8, will lead the change in global economic governance. But, China has to face the reality that the G8 is not a dead grouping and will continue to coexist alongside the G20, This co-existence means that we can expect the G8 to dominate the G20, and perhaps use the G20 as a tool.

China is not aiming to replace the G7 with the G20 and has done everything it could to ensure the G20's primacy in the new global economic governance regime. This was emphasized in Chinese Foreign Minister Yang's remarks, "We hope that the G20 summit to be held in Cannes, France in November 2011 will take strong steps in facilitating the shift of the role of the

---

① Here the author uses the US edition of the China-US joint statement. See: http://www.whitehouse.gov/the-press-office/2011/01/19/us-china-joint-statement.

② Geithner remarks at the G20 Currency conference in Nanjing, March 31, 2011. See: http://blogs.wsj.com/chinarealtime/2011/03/31/full-text-geithner%E2%80%99s-remarks-at-g-20-currency-confer-ence.

③ Tom orlik, "Heavyweight Currencies Slug It Out in Nanjing," *Wall Street Journal*, March 31, 2011.

④ Li Zengxin, "Behind the noise of the G20 in Nanjing," April 2, 2011, http://overseas.caixin.com/2011-04-02/100244638.html.

⑤ See: G20 Leaders Joint Statement, Pittsburg, September 24-25, 2009.

G20 from a short-term mechanism for crisis response to a long-term mechanism for economic governance."①

In June 2010, the G20 summit was hosted immediately afterwards in Toronto immediately following the G8 meeting in Muskoka, Canada. The fact that both summits were presided over by the same country raised a serious point of tension in the debate of global governance architecture. Alan Alexandroff made the observation in Global Asia:

> The Canadian government sought to revitalize and legitimize the continued existence of the G8, a reflection of a longstanding division within the older body over global governance. Should it be led by the traditional advanced economies that had exercised leadership since 1975? Or should global leadership be expanded to include the big emerging market economies—China, India, Brazil, and others, including at least South Africa and Mexico? Those favoring the continuing dominance of the G8 included Japan, Italy, and Canada. And it was these three countries that held the G8 presidency in the lead-up to the G20's emergence... Most visible economic targets negotiated at the Toronto G20 summit were not the result of collective G20 leadership, but rather G8 leadership.②

Sixthly, as others press China to take on further international responsibilities to contribute to the effectiveness of existing international governance, China needs to redefine how it understands what it means to have international responsibility. Internationally, according to firmly established facts, China can be considered a responsible power.

China has rapidly increased its contributions to the management of global issues, and Yang Jiechi confirmed at the 2010 Munich Security Conference that a more developed China would take on even more international responsibilities.③ There is much evidence demonstrating China's steadily increasing contributions to solving global problems. First, China contributes the largest number of peacekeepers out of the UN Security Council permanent members.④Second, as previously noted, China has provided aid to ohter developing countries with economic difficulties to the best of its abilities and has fulfilled its due international obligations.⑤China also provides aid to developing countries through multilateral institutions(for example, China's many

---

① Yang Jiechi, Remarks at the National People's Congress press briefing, Beijing, March 7, 2011.

② Alan S. Alexandroff, "Stuck in Transition: Conflicting Ambitions For the G-20's Future," *Global Asia*(Fall 2010).

③ Yang Jiechi, Remarks at the 46th Munich Secunty Conference, Munch, Germany, February 5, 2010, http://www.mfa.gov.cn/eng/widt/zyjh/t656781.

④ *lbid.*

⑤ *China's Foreign Aid White Paper*, State Council Infrmation Office, Beijing, April 21, 2011, http://www.chinadaily.com.cn/opinlon/2011-04/22/content_12374296.

joint projects with the World Bank).[1]

However, as cautious realism dominates China's attitude on the issue of international responsibility, China will not exceed its capacity as a truly developing nation, nor place pressure on its existing vulnerabilities.[2] On global climate change, a controversial question of responsibility shared with India and others, China continues to follow the principle of "Common but Differentiated Responsibilities" (CBDR), which is the case despite China being the largest energy consumer in the world.

Even though the West has not been satisfied with China's commitment to international responsibility, those who argue that "China is in clear denial of the international responsibility that comes with its new status"[3] has seriously ignored China's efforts to increase rather than decrease its international responsibilities. Over time, China's steadily increasing contribution to global governance will help ease its tension with others over the issue of rising powers and the proper level international responsibility.

Finally, regional governance in Asia and elsewhere is extremely important and basic for China's role in global governance. In recent years, China has increasingly come to see regional cooperation as an important component of global governance. At a time when most global negotiations for solving global problems are in deadlock, such as the Doha trade talks, regional cooperation becomes even more important. There are two kinds of regional cooperation that China has been pursuing.

The first is Asian regional cooperation. In the past two decades, China's understanding of Asian regional cooperation mainly referred to East Asian cooperation, and failed to substantially reach the other parts of Asia. Likewise, China's ideational world also neglected the rest of Asia. However, in recent years, as China has attached great strategic importance to its inland developments and its relations with Central Asia, re-organized by the China-Russia strategic coordinative partnership and the Shanghai Cooperation Organization (SCO), China's regional ideas have changed immensely. For example, scholars are gradually beginning to address China's "greater surrounding environment" (Da Zhou Bian), not only in the narrow and traditional confines of East Asia or Asia-Pacific/Pacific Asia, but in terms of the whole of Asia, including West Asia, which encompasses parts of the Middle EAst, South Asia, and Central Asia. Wang Jisi writes that China's "Grand Strategy" requires redefining China's geostrategic focus in Asia, stating:

> When communication lines in Central Asia and South Asia were poor, China's de-

---

① Robert B. Zoellick, remarks at "Celebration of the 30th Anniversary of China-World Bank Partnership," Beijing September 13, 2010.

② Yang Jiechi, remarks at at the 46th Munich Secunty Conference, Munch, Germany, February 5, 2010, http://www.mfa.gov.cn/eng/wjdt/zyjh/t656781.htm.

③ Dominique Moisi, "The West Must Start Living Up to Its Own Ideals," *Financial Times*, September 8, 2010.

velopment strategy and economic interests tilted toward its east coast and the Pacific Ocean. Today, East Asia is still of vital importance, but China should and will begin to pay more strategic attention to the West. The central government has been conducting the Grand Western Development Program in many western provinces, notably Tibet and Xinjiang, for more than a decade. It is now more actively initiating and participating in new development projects in Afghanistan, India, Pakistan, Central Asia, and throughout the Caspian Sea region, all the way to Europe. This new western outlook may reshape China's geostrategic vision as well as the Eurasian landscape. ①

The second way that China has been pursing regional cooperation involves its role in other regions of the world. Like other powers, China has established a number of country-to-region relations: China-Africa, China-Arab, China-European Union, and China-Latin America. In order to explain and frame these non-traditional global relations, China issued a number of regional policy documents, such as China's European Union (2003) and Africa Policy (2006). China has carried out a number of regional diplomacy initiatives. China hosts the secretariat of the Shanghai Cooperation Organization, which has involved Afganhistan, India, Iran, and Pakistan as well as other stakeholders as its observers. China sponsored the Forum on China-Africa Cooperation (FOCAC) to significantly and positively respond to the Africa Union's program called the New Partnership for Africa's Development (NEPAD). China also held two successful summits with Africa Union countries in 2006 and 2009, despite some African leaders, including toppled Libya's Muammar Gaddafi, criticizing China's Africa policy at the second China-Africa summit. ②For the China-Arab Cooperation Forum, founded in 2004, China held its fourth ministerial conference in 2010. Furthermore, China bilaterally and multilaterally supports the Eurozone in overcoming its debt and currency crises. ③

Unlike in Europe and Africa, the establishment of regional governance for the whole Asian region is still an illusion or a dream. China connects with all sub-regions in Asia. However, China lacks a regional governance-based united Asia policy. From the regional governance perspective, Asian regional cooperation is still at a nascent stage. As an actor outside of Asia, China, with its newly established roles in other regions of the world, is facing huge challenges ranging

---

① Wang Jisi, "China's Search for a Grand Strategy," *Foreign Affairs* (March/April 2011).

② For example, Libya was critical of China's role in Africa. According to Yun Sun, a visiting fellow at the Brookings Institution's Center for Northeast Asia Policy: "Later in 2006, Gaddafi refused to participate in the grand Beijing Summit of the Forum on China-Africa Cooperation, sending only a vice foreign minister to the summit that convened 42 heads of states/governments of the 48 participating African countries. Then in 2009, daring the Fourth Ministerial Meeting of the Forum on China-Africa Cooperation, the Libyan foreign minister lashed out at China over 'the Chinese invasion of the continent' and 'betraying its African friends.' " See: Yun Sun, "China's Acquiescence on UNSCR 1973: No Big Deal," *PacNet* no, 20, CSIS, March 31, 2011.

③ Agence France-Presse, "Wen Pledges China Support for Europe," Dalian, September 15, 2011.

from local governance in other regions (for better or worse) to international governance, such as how to coordinate with regional organizations such as the Africa Union, the European Union, and various other llocs.

China and international cooperation among "emerging economies" for new global governance

The year 2011 marked the tenth anniversary of the birth of the term "BRIC" or "BRICS," which was first coined by finance strategist Jim O'Neill of Goldman Sachs. At the time, his main purpose was perhaps to put the country initials of Brazil, Russia, India, and China together to define the new economic opportunities for the global investment bank, not for these countries' governments. The idea actually successfully helped the great expansion of the developed and financialized global capitalist economies into the new frontiers of the developing capitalist economies.

Initially, BRIC economies were developed by Western-based companies like Goldman Sachs. Before the 2008 financial crisis, there was no organized and proactive response by BRIC countries to this investment concept. After the occurrence of the financial crisis in 2008, however, some BRIC countries were inspired to use the grouping as a unique multilateral platform to sponsor a form of ad hoc international cooperation. Now, people around the globe talk about the rise of emerging economies, using the BRICS term to denote a commonality or similarity in that they are emerging economic powers and becoming politically more powerful collectively than in the past. This suggests that the long dominance and primacy of the West in the world economy is being challenged by this group of emerging economies.

The BRICS summits
1st BRIC summit-Yekaterinburg, Russia, June 16, 2009
2nd BRIC summit-Brasilia, Brazil, April 16, 2010
3rd BRIC summit (1st BRICS summint), Sanya, China, April 14, 2011
4th BRICS summit, New DElhi, India, March 29, 2012

South Africa was welcomed by the BRIC countries as their fifth member early in 2011. South Africa's finance minister and central bank governor joined the BRICS finance meeting in Paris on February 18, 2011. Later, South Africa's President Jacob Zuma was present, with other political leaders, at the third BRICS summit in China. While this may seem a natural occurrence to some, we must wonder how Wall Street's "BRIC" concept transformed into a "BRICS" concept.

The nature of the BRICS, though their political leaders meet annually, is still dominated by trade, investment, and financial agendas. This is apparent on examination of the three joint statements of the BRICS summits from 2009 to 2011, as well as an investigation into the intra-BRICS activities. They not noly want to woo investors from the old world (including the US), but also those from the new (including China) and non-Western world.

Economically, and perhaps temporarily, China, the second largest economy of the world, is known as the center of the BRICS. Like the West and Asia, other BRICS countries want to take advantage of China's booming economy. Just before 2010, the US was Brazil's largest trade partner. But since 2010, China has become the largest trade partner of Brazil, the sixth or seventh largest economy of the world. The same has happened in the case of South Africa. The year 2010 saw China becoming South Africa's number one trading partner as well. In 2009, China replaced the US as India's largest trading partner. In 2010, China overtook Germany to become Russia's largest trading partner. However, both the Chinest-Russian and Chinest-Indian trade Volumes are relatively limited. If China lost its economic growth momentum, would the other members of the BRICS continue to come together and cooperate collectively?

During the era of global financial crises, the G20, and other more inclusive global forums, all of which have been put in place to manage such crises, have provided rare opportunities to press the BRICS countries' commonalities further by encouraging the exploration of more cohesive and harmonized policy positions. Within such forums, as non-West and non-OECD members, the BRICS countries have realized they share many common views. Prominently among these issues is the pursuit of a politically multipolar world, which has been expressed in their joint documents. Bilaterally, as a strategic coordinative partnership, the term "multipolar world" as a common aspiration has repeatedly appeared in China-Russia political documents since 1996. In the China-Russia joint statement on the international order in the twenty-first century, issued on July 1, 2005 in Moscow, the two countries state that multipolarity is an inevitable trend in the contemporary world.

In fact, the BRICS signifies this trend towards multipolarity. Brazil, China, India and South Africa are the four "largest developing countries." Russia, which straddles the G8 and BRICS, is in an advantageous position to communicate between the developed and developing worlds. Is this multipolar world cooperative or conflicted?

China seemingly believes in cooperative multipolarity.① So far, cooperation among the BRICS countries has supported China's argument. The five countries have jointly recognized the necessity of strengthening cooperation and coordination between themselves to advocate for the rights of emerging economies in the IMF, the World Bank, and soling the global challenges of food, energy, climate, peace, and so forth.

However, the newly established cooperation among the BRICS countries on multilateral affairs in their summitries does not necessarily mean the birth of a new global group. Although many people from the BRICS countries have easily and simply made use of the concept of "a group that includes Brazil, Russia, India, China, and South Africa," it is still too early for them

① Yang Wenchang, "Ushering in an Era of Multipolar Cooperation," *Foreign Affairs Journal*, *no.* 89, (2008).

to be a group of emerging powers as formalized as the G7 or G8.

Big differences among the BRICS countries geographically, demographically, geo-strategically, economically, and culturally should not be neglected when we talk about the great potential for BRICS cooperation. There are many bilateral difficulties between the BRICS members. Populations in Russia's neighboring countries in Asia, including China, India, and the two Koreas, have been concerned with a demographically declining but resource-rich Russia. The bilateral relations between Beijing and Moscow concern more strategic suspicions. ①If both China and India successfully liberate their full potential and emerge with true superpower status, given the existence of chronic bilateral disputes between the two countries, such as conflict and competition in the fundamental areas of global and regional issues, there may ultimately be a breakdown of China-India cooperation in any multilateral arrangement, particularly within the BRICS.

There are other critical obstacles that seriously hinder the BRICS' development as an emerging system of global governance.

1. There are still no well-defined or shared values and visions for the future of the BRICS. New Delhi always declares that India is the largest democracy in the world (which is portrayed as a statement against China's delayed political development toward a modern democracy, noting China's population is still more than that of India). Brazil is also well recognized for its vibrant democracy.

2. Except for common positions such as the climate norm of Common but Differentiated Responsibilities (CBDR), and abstention in the UN Security Council to the use of force in sloving domestic matters, the RBICS still produces few effective or internationally legitimate alternatives and solutions to global crises, but instead concentrates on the struggle for the redistribution of international power. The call for the reform of international governance is only intended to increase their representation in the old international governance system. Indeed, such struggles may only strengthen the predicament of old international governance rather than truly improve it. For example, India and Brazil bid for permanent seats in the Security Council and China is mainly concerned with its voting power in a reformed IMF and World Bank.

3. There are major external constraints to the nascent grouping becoming a real global institutional forum: the developed countries divide and contain the grouping of BRICS, and other developing countries have growing worries and suspicions over the orientation of Brazil, China, and India. The developing world perceives these countries as growing distant from the developing world in approaching the developed. ②

---

① Linda Jakobson, *SIPRI on China and Russia*, Stockholm, October 3, 2011.

② Liu Zhiyong, "Preliminary Reflections on BRICS cooperation," Beijing: *Foreign Affairs Journal* (summer 2011), 64.

Conclusion: China may take a strictly conditional leading role in global govemance

Martin Wolf, a London-based commentator, argues that "China's overwhelming national interest lies in maintaining a stable, peaceful and cooperative global political and economic environment," which would be "a rules-governed, institutionally-based global system." Wolf further argues that it "is only in such an environment that China can be confident of maintaining rapid economic development." ① In the past three decades, China opened up, joined the existing rules-based global system, and played by international tules. ② However, the existing global system has its weaknesses, flaws, and inherent ineffectiveness. There have been many driving forces for reform of existing global governance.

If China's potential to overtake the US as the world's largest economy in the foreseeable future becomes realized, China will be a country which largely relies on global governance. It is China's global responsibility to shape the next round of economic governance. Like yesterday's United States of America, global and regional geopolitics permitting, in theory, China may occupy a central and dominant place in the new structure of global governance.

China's current views on global governance include visions for the future of good global governance. China is right to point out that the existing inter-governmental institutions should be reformed according to the principle of international democracy. However, these Chinese views must be enriched in order to be implemented. China has still not produced its own clear and concrete objectives, principles, instruments, and agendas to secure a rules-governed world system.

China's financial officials and economists lead the discussion and designing of China's strategy for cooperative global governance. Unfortunately, Chinese international relations academics and diplomats, mostly, relatively and largely, still focus on geostrategic issues, such as "the rise and fall of the great power" and "relations among powers." As a consequence, although China has imported the theory of international institutionalism from the United States and the rules-based international norms from the European Union, global governance as a sub-field of study and project for providing policy advice has long been neglected and given less attention than it merits in Chinest studies. China should be encouraged to continuously go beyond the narrowness of its old foreign policy to provide the world with Chinese ideas and visions for global governance. China's future foreign policy has no choice but to explore the great transformation of global governance, and to take the lead in global governance reform.

---

① Martin Wolf, "China in the world economy," *Financial Times*, March 18, 2011.

② Pang Zhongying, "Playing By the Rules? China's Growing Global Role," *Internationale Politik* (International Edition), August 2008, http://www.spiegel.de/international/world/0,1518,584757-2,00.html.

China's Non-intervention Question[①]

Although there are many aspects of continuity, Chinese foreign policy has changed in many important respects. One of the most notable ways in which Chinese foreign policy has changed can be seen in its evolving attitude and practice towards international engagement with political and humanitarian crises. Nowadays, it is well understood that China has been rising as a global economic power. It is increasingly a force to be reckoned with in relation to the global economy and international security. China's new economic power has been felt in global trade negotiations, a key role in dealing with global financial turmoil, and its multilateral diplomacy goes beyond the United Nations Security Council, where China holds a permanent seat. As part of its more assertive role in world politics, China is forging new economic and strategic partnerships with the United States, European Union, ASEAN, Russia, Africa as well as recently Japan.

Unlike other great powers from the West and elsewhere, China plays a unique role in international cooperation and conflict because its adherence to the principle of 'non-interference' in the domestic affairs of other countries has conditioned and constrained its direct and big involvement with, or responses to, international crises, conflicts and their settlement. Indeed, China has long observed and defended the principle of 'non-interference' or 'non-intervention' and is widely known as the principle's main adherent. Today, China continues to use the principle to resist the Western intervention into its own domestic politics. Moreover, in its bilateral and multilateral relations with many developing and non-western countries in Asia, Africa and Latin America, China continuously and repeatedly insists that it will not abandon these principles but instead maintain them—a position which has generally been well received in the developing world.

Beneath its persistent rhetorical commitment to non-interference and nonintervention, however, in practice it seems that China is changing its position in relation to international engagement with political and humanitarian crises and is rethinking its stance on international intervention. Most notably, since the end of the Cold War, China has gradually become increasingly involved in multilateral interventions mandated and organized either by the UN or other appro-

① 本文原载《全球保护的责任》(GR2P)英文期刊2009年第1卷第2期.

priate regional organizations operating with the UN Security Council. As a result, China has become one of the largest troop contributing countries to UN peace operations, contributing more troops to UN operations than the other permanent members of the Security Council with the exception of France. China has also made a commitment to assist in supporting multilat—eral post-conflict reconstruction efforts in many 'civil war'—torn states and societies. As the Chinese people gradually go global for business, education, travel and employment, the Chinese government has been forced to recognize that protecting growing Chinese overseas interests requires a more outward looking and engaging foreign policy that supports global and regional institu-tions that help resolve international/transnational disputes including such ones between the Chinese and others. In addition to China's growing engagement with the UN, China and the US have been effectively exploring foreign policy and security cooperation in areas such as nuclear non-proliferation, anti-terrorism and other areas of shared concern.

Within this context, while China does not endorse the new Western-initiated and promoted idea of the 'Responsibility to Protect', China has endorsed many international resolutions and statements, which have actually been influenced by the idea. Clearly, these practices are not fully consistent with the traditional 'non-interference' principle but there are signs that China's understanding of this principle is beginning to change and not only in relation to the Responsibility to Protect. For example, the 'non-interference' has been described as an unhelpful 'burden' upon China's all important energy relations with the world. ①

Whether rapidly or slowly, therefore, China's foreign policy in general, and its adherence to the principle of 'non-interference' in particular, are in a deep process of transition. As its economy grows and becomes more exposed to global risks and uncertainties, Chinese foreign policy makers are being forced to react to the changes and challenges at home and abroad. His raises the question of what the rise of China and the transformation of its foreign policy means for the global debate about international engagement and intervention in political and humanitarian crises. His article aims to examine China's changing attitudes and policies towards international intervention and their implications for global cooperation. The first part of the paper focuses on the transition of China's commitment to the principles of non-interference and non-intervention, towards a new paradigm that is more accepting of international engagement and sometimes intervention in domestic affairs. It argues that the principle of non-interference is now undergoing a profound change in Chinese thinking. The second part of the article explains why China has begun to rethink its position on non-interference and become increasingly tolerant towards intervention in the domestic affairs of states. The third part raises several key questions about what all of this means

① Linda Jackobson, 'The Burden of "Non-Interference"', *China Economics Quarterly*, Q2, 2007, available at http://www.upi-fia.fi/doc/0351_ceq2007q2_021foreignpolicy.pdf (date accessed 1 October 2008).

for China's role in international intervention. In the conclusion, the paper tries to define China's current position and future trajectory on the question of international intervention.

The transformation of China's commitment to non-Interference

Many China's foreign policy principles were formed in the old times through 1950s to 1980s. The principle "non-interference" is such an example. It was formally established in 1950s together with other Chinese foreign policy principles such as the national sovereignty and its equality. There has been no fundamental revision on it since then.

In 1950s, China was in a firmly defensive position to help establish a post-Second World War international principle of "(mutual) non-interference" with other newly independent countries in Asia and Africa. But before the emergence of the principle, China significantly involved into the deadly Korean War.

Although this, from 1950s to 1970s, China conducted a limited military and political intervention in Asia, especially reference to Southeast Asia. After the Korean War, China deadly got involved into the regional conflict between then Indo-China countries and France and the United States, especially refer-ence to the Vietnam War. In addition to such conflicts, China had some inter-ventionist role in politically and morally supporting the international communist movement in some regional countries.

Since the late 1970s and the almost the whole 1980s, China had played little substantial role in international intervention. After the opposition to the Soviet Union's Afghanistan War and the establishment of diplomatic relations with the United States in 1979, China formally declared its "independent foreign policy for peace" in 1982. The policy significantly strengthened China's "non-interference" position. After the disintegration of the Soviet Union, under the tightened sanctions against China imposed by the West, in the whole 1990s, China strictly pursued a "low key" foreign strategy while continued to resist the West's interference into China's domestic affairs.

But, since late 1990s, China's attitude to international intervention has been entering into a process of change. While it still maintains the principle of non-interference or non-intervention, China no longer simply challenges/opposes international intervention sponsored or organized by the West. One indication is Beijing not opposes the necessity of very legitimate international inter-vention. In this regard, some signs of China's policy change were witnessed.

In 2001, a new doctrine of "the responsibility to protect" (R2P) was developed by the report of the International Commission on Intervention and State Sovereignty (ICISS). Initially, some Chinese scholars strongly criticized the concept and worried this would justify the military international intervention taken by America or some European powers. But gradually, Chinese analysts recognized that the concept "R2P" might be not bad to bridge a sharp difference between supporters of a "right of humanitarian intervention" and supporters of principles of state sovereignty and non-intervention. But they stress that international intervention based on "R2P" must be only carried out under given conditions. Particularly, they argue that the UNSC mandate for a military international intervention is a strictly precondition.

In China's "Position Paper on the United Nations Reforms" issued in 2005, it states China's offcial attitude towards the R2P:

"Each state shoulders the primary responsibility to protect its own population. However, internal unrest in a country is often caused by complex factors. Prudence is called for in judging a government's ability and will to protect its citizens. No reckless intervention should be allowed. When a massive humanitarian crisis occurs, it is the legitimate concern of the international community to ease and defuse the crisis. Any response to such a crisis should strictly conform to the UN Charter and the opinions of the country and the regional organization concerned should be respected. It falls on the Security Council to make the decision in the frame of UN in light of specific circumstances which should lead to a peaceful solution as far as possible. Wherever it involves enforcement actions, there should be more prudence in the consideration of each case". ①

In 2004, there was a senior Chinese member on the UN Secretary-General's High-Level Panel on h reats, Challenges and Change, which produced the very influential policy report: *A More Secure World: Our Shared Responsibility*. The report famously adopted 'emerging norms' like the 'R2P'. Chinese leaders also agreed and approved the World Summit Outcome Document, which stated that: "The international community, through the United Nations, also has the responsibility to use appropriate diplomatic, humanitarian and other peaceful means, in accordance with Chapters VI and VIII of the Charter, to help to protect populations from genocide, war crimes, ethnic cleansing and crimes against humanity". ②In the same year (2005), China also endorsed a Security Council mandated arms embargo, imposed on Sudan because of the humanitarian situation in Darfur. In 2006, China supported the Security Council's reaffrmation of 'R2P' in Resolution 1674. Later that year, China backed a unanimous Security Council Resolution that supported the deployment of a UN peacekeeping operation to Sudan (Resolution 1679). Sym-bolically, China has participated in several international sanctions such as those imposed on the Democratic People's Republic of Korea (DPRK). After the DPRK conducted nuclear tests in 2006, China supported the Security Council's Resolution 1718, which imposed limited sanctions on Pyongyang.

Indeed, China has a strong record of supporting the deployment of UN peace operations and since the early 1990s, China has made important troop contributions to UN peacekeeping opera-

---

① The paper is available at www.fmprc.gov.cn/eng/zxxx/t199318.htm.

② United Nations General Assembly, '2005 Summit Outcome', A/60/L.1, 20 September 2005, para. 139.

tions in conflict-stricken areas in Southeast Asia, the Middle East, Latin America and Africa. In 1992 the UN conducted a major peacekeeping operation in Cambodia (UNTAC). China contributed around 800 engineers and over 100 military observers to the operation. In 2000, China contributed to the UN peacekeeping operation in the Democratic Republic of Timor-Leste.

Although China had established itself as a contributor to UN peacekeeping in the 1990s, its contribution has expanded markedly in the twenty-first century. Indeed, participation in UN peacekeeping operations is now considered a major indicator of China's foreign policy shift. Overall, China is the thirteenth largest contributor of peacekeeping troops and the second largest among the permanent members of the Security Council. ①China is alone among the Permanent Five members of the Security Council in making a significant troop contribution to the United Nations-African Union (UNAMID) hybrid peacekeeping force in Darfur. It has announced that it is ready to deploy an additional 172-member engineering battalion to Darfur, bringing China's contribution to a total of 315 troops in support of the UN-AU hybrid peacekeeping force. ②China has also made extensive use of diplomacy to assist international efforts in Darfur and it was Chinese diplomacy that persuaded the Sudanese government to consent to the deployment of the hybrid peacekeeping mission.

Beyond its growing commitment to international peacekeeping missions, more importantly and meaningfully, China has also been involved in other international interventions. China played a civilian and military relief role in the international rescue activities that followed the 2004 Tsunami in Southeast and South Asia and has become involved in other humanitarian crisis management. In 2008, while it provided more than $10Million in aid to Cyclone devastated Myanmar, China welcomed international assistance-including military assistance-in the wake of the devastating earthquake in Sichuan Province. As a member of the Non-Proliferation Treaty (NPT), China supports global efforts to control, reduce, and remove the danger of nuclear proliferation to human and global security. China has been cooperating with the international community and major powers such as the United States and Germany to negotiate nuclear issues with the DPRK and Iran separately. As the chair of the Six-Party Talks, China has played a key role in securing an effective multilateral process in relation to the DPRK (North Korea). Moreover, as a member of the UN's newly created advisory body, the Peacebuilding Commission (PBC), China has lent its support to the post-conflict peace building process in various countries.

In Central Asia, China initiated the Shanghai Cooperation Organization (SCO) and hosts its

---

① Rebecca Jackson, 'There's method in China's peace push', *Asia Times*, 21 December 2007.

② Chin-Hao Huang, 'China's Evolving Darfur Perspective: The Significance and Policy Implications', CSIS *PacNet* Newsletter, No. 40, 24 July 2008.

secretariat in Beijing. The SCO is not defined as an exclusively military organization or a new alliance system, but it is a new mode of international security cooperation akin to the 'security community' concept. Within the SCO framework, the Treaty on Long-Term Good-Neighborliness and Cooperation has been signed by the member states. The SCO facilitates confidence building measures such as annual military exercises and several thousand soldiers from the Chinese People's Liberation Army soldiers participated. Besides the SCO, China has also participated in other military exercises with some ASEAN countries, Pakistan, India, the United States and Japan. Broadly speaking, China's role in regional institutional mechanisms in Asia and the Pacific such as the Asia-Pacific Economic Cooperation (APEC), ASEAN Regional Forum (ARF), ASEAN Plus three (China, Japan and South Korea), and the East Asia Summit (EAS) has resulted in a level and type of engagement that goes beyond its principle of 'non-interference'. Such regional institutions, it should be remembered, are not simply confined to economic matters or trade, but are also political and strategic.

In the eyes of the West (particularly the EU countries) and Japan, which have dominated offcial development assistance to the developing world, China's increasing offcial development assistance (ODA) also alters the nature of its commitment to non-interference stance. In sharp contract to Western aid, Chinese aid is offered with 'no political strings attached'. ① But, there are growing Chinese voices calling for a re-examination of the country's policy of non-conditionality in relation to ODA. Some Chinese scholars maintain that China's 'non-interference' and 'no political strings attached' policies in the Third World have worked well in the past but now face many new challenges. As such, they maintain that China needs to explore its own forms of political conditions that should be attached to foreign aid. ② Internationally, the US, EU, Japan, the OECD, as well as the World Bank③ have pressed China to reform its aid policy in order to harmonize it with the policies of other major donors. China's partnership with the World Bank④ is helping adjust China's unilateral aid policy to support the 'good governance' initiatives in the world's poorest countries, which the Bank has been calling for.

Some Chinese scholars have supported China's cooperation with the US on global energy security. They argue that, 'the Chinese navy may take part in protection of international oil supply lines' and 'China may share America's economic burden in order to enjoy strategic oil bene-

---

① China proudly and repeatedly declared that its ODA is absolutely without political strings attached at the 2006 China-Africa summit in Beijing.

② Guo Peiqing, "Reflections on China's 'No Political Strings Attached'", *The* 21 *st Century* (in Chinese), 9, 2007, The Chinese University of Hong Kong.

③ Japan raised the issue of China's 'no political strings' during China's Premier Wen Jiabao's offcial visit to Tokyo in April 2007.

④ The World Bank and China now jointly operate projects in Africa and other developing areas to promote transparency and anti-corruption. The two sides hope to share common responsibilities in the field of development.

fits'. ① Indeed, a number of foreign analysts have noticed that not unlike other countries in the West, China's concerns about 'energy insecurity' have become a major driving force to quietly bringing China into international intervention. A Singaporean thinker observes, 'There has been evolution in Chinese thinking on the question of freedom of passage through the Straits of Malacca and Singapore. China supported the claims of the littoral states to sovereign control over the straits when the Law of the Sea Convention was concluded in 1982. But its increasing dependence on imported oil shipped through the straits has led to a shift in favour of burden-sharing, the recognition of the rights of user states and the need for cooperation between littoral states and user states'. ② In summary, therefore, as a Chinese scholar writes, through these transformations of its foreign policy, China is renovating the principle of 'non-interference'. Thus, he argues, China is conducting a form of 'constructive intervention' in international affairs. ③

Explaining the shift in non-Interference

Today, China's persistent advocacy of the non-interference principle serves three purposes: First, it is seen as defending China's sovereignty from the 'superpower threat' and other foreign interferences into China's sovereign affairs. ④ China believes that advocacy and adherence to the principle can help stem the West's interference in its 'domestic' affairs. Since 1949 when the People's Republic of China was founded, China has almost constantly facing such 'interference' from the West. The country was so targeted, for instance, by Western economic sanctions. Since the end of the Cold War, China has become the largest country in the world still ruled by a communist party with the socialist ideal at the heart of its constitution. The post-Cold War 'democ-ratization wave' or 'democracy revolution' did not reach China. Therefore, Beijing and the West are still confronted by profound political differences. These differences, and the lingering fears of Western interference, help explain why China has not abandoned its commitment to 'non-interference': It sees it as a weapon to resist the West politically.

To some extent, the West's offence creates China's defence. But, for China, a passive and reactive non-interference policy is not necessarily a good defence. In effect, China has failed to stop the West's continuous interference into China's domestic affairs including issues such as Taiwan, Tibet, Xinjiang, human rights, religious affairs and many others.

---

① Xiao Lian, The China-US Energy Cooperation as A "Relations between Stakeholders', International Trade (Beijing), 2, 2008, p. 16.

② Barry Desker, "Why war is unlikely in Asia", The Straits Times, 25 June 2008.

③ Wang, Yizhou, "Ten Characteristics of Chinese Diplomacy", *The World Economics and Politics* (Beijing), May 2009, p. 14 – 15.

④ The term 'superpower threat' quotes from Robert Sutter's Testimony before the US-China Economic and Security Review Commission's hearing titled 'China's Views of Sovereignty and Methods of Access Control', February 27, 2008.

Second, the commitment to non-interference helps China create and maintain a deep political affinity with the wider developing world. As I noted earlier, many post-colonial states adhere to the principle because it guards against neo-colonialism. For example, Southeast Asian states, both in their constitutions and the newly approved ASEAN Charter, insist that non-interference or mutual non-interference remains important and valid principle for safeguarding national sovereignty and managing international relations within the emerging regional community of Southeast Asia. Similar views are held by India, Pakistan and many African and Latin American countries. Although it has modernized considerably, China remains part of the develop-ing world. Relations with the developing world are therefore defined as a key 'pillar of China's foreign policy'. The extreme importance attached by Beijing to good relations with the developing world, makes it determined to maintain its commitment to non-interference.

Third, adherence to the principle of non-interference helps China to justify avoiding becoming involved in international crises that are not matters of Chinese national interest or in cases where it simply opposes international intervention on principled grounds. When China is highly reluctant to take part in international interventions orchestrated by other powers, which is either not in China's interest or conflicts with China's moral standards, Beijing resorts to the existence of the principle to justify its inaction or opposition. Indeed, this is a strategy shared by many other developing countries, which carefully weigh the costs and benefits of intervention or non-intervention. In pointing to the principle of non-interference, China's policy is squarely in line with the majority of Southern African countries in relation to the situation in Zimbabwe and other ASEAN countries in relation to the situation in Myanmar. Unlike the West, these countries share China's preference for avoiding direct criticism of their neighboring countries. Of course, China's insufficient and belated action (not inaction) in the Darfur and Myanmar crises invited a lot of criticism from the West and awarded a weapon to China's rivals and adversaries with which to fiercely and unreasonably attack or demonize China. An ill effect is that such 'China bashing' leads elements of the international community to seriously disregard and ignore China's positive, constructive, and important cooperation and contribution in most challenging and pressing international affairs. Therefore, given this and the preceding discussion of the transformation of Chinese attitudes towards non-interference, it is fair to argue that today's China faces a 'non-interference' dilemma. Gradually, along with China's cooperation with the international system, the Chinese have begun to reffect upon and reexamine this so problematic principle.① The three factors that are shaping this re-examination are global interdependence, China's changing national interests and changing geopolitical realities.

① Wang, Yizhou, "Ten Characteristics of the Chinese Diplomacy".

Global interdependence: A double-edged sword

China's role in globalization has been evolving: China's first stage in globalization was the self-opening up of its market to foreign investments (including overseas Chinese companies). As a result of these reforms, China became the world's 'factory' by providing a cheap and skilled labour force, profitable markets, and by sacrificing the environmental fundamentals as well as human rights. The second stage was that China sought membership in international and regional institutions, regimes and arrangements as well as forums. The world's admission of Chinese membership marks China as an integral part of the global economic, security and societal systems. The third stage—which is where we are at today—is one in which: 'the fast-growing economy and the consequent needs for energy, resources and markets' allow China to 'engage more deeply with supplier and customer countries'. ①Currently, China is a new source of foreign direct investment (FDI). China's state-run companies or 'sovereign wealth', especially energy giants and, increasingly, commercial and private companies are quickly going global. In addition, it is also often overlooked that many of China's state-run companies are becoming more commercial and profitable. ②But, such companies are often criticised by governments and non-governmental organizations (NGOs) in the West. For example, the United States Congress stopped several proposed mergers between US-based companies and Chinese companies because of concerns about US 'national security'. And western NGOs and human rights organizations have criticised China's oil investments in 'problematic' countries in the poor world such as Sudan and Myanmar.

China is viewed to have benefited greatly from global interdependence. Beijing and many other political capitals outside the West have found common ground with respect to their views of international order and global governance. But China's growing interdependence with the global economy has also come at a high price. For example, China's economic presence in unstable, conflicting and volatile regions like the Middle East, Central Asia, Africa and even Latin America comes with high geopolitical risks, vulnerabilities and uncertainties. The West has quickly responded to China's engagement with the developing world. Frictions and tensions over conflicting interests and principles between China and the West are emerging, especially in relation to resources in Myanmar, Africa and elsewhere. Fortunately, and positively, the two parties, sometimes together with the third parties (for instance, Africans), have begun to conduct policy dialogues to resolve their difference.

---

① Linda Jackobson, 'The Burden of "Non-Interference"'.

② Trevor Houser, 'The Roots of Chinese Oil Investment Abroad', National Bureau of Asian Research (Seattle), *Asia Policy*, No. 5, January 2008.

China's changing national interest abroad

China's era of traditionally 'independence, autonomy and self-reliance' is over. Facing many geopolitical and strategic crises, risks and challenges from the globe, there is a growing awareness of international issues, as well as demands and pressures at home to protect the growing numbers of Chinese citizens and public and private interests abroad. China's market-oriented and booming state-run and private sectors began to realize the importance of the protection provided by the Chinese government in their international transactions. Primarily, China's central government has had to respond to such challenges posed to the nation's overseas interests. It has done so by creating new institutions in government to protect Chinese overseas interests and lives. China's research arms of international studies have also begun to focus on how to manage international crises and better protect China's overseas national interests. Because of the logic of national interest, this expanding global interest has meant that China has had to consider intervening in the domestic affairs of other states, but such behaviour remains carefully balanced. For example, China has engaged in a major push to stop and reverse the development of nuclear weapons by North Korea by maintaining the 'six-party' process but it has not joined the US-initiated Proliferation Security Initiative (PSI) against Pyongyang.

Geopolitical and diplomatic realities

China faces a more complicated global and regional geopolitical context. Western countries, especially the US, have been playing what I call 'pressure diplomacy' in dealing with China. One example of such diplomatic approaches to China is the US Bush administration's 'responsible stakeholder' policy towards China, which is designed to press China to contribute more in this America-led world. The standards of Chinese responsibility promoted by the US expect China to effectively interfere or intervene in the 'internal affairs' of 'rogue', 'failed' or 'fragile' states, 'military juntas', 'repressive', 'totalitarian', and 'pariah' states such as North Korea, Myanmar, Sudan, Zimbabwe, Iran, and Venezuela by using its influence, 'muscles', or 'connections' with them. China would be praised as 'responsible' if it complied with western demands, otherwise it would be harshly criticised together with these countries. The tension between China and the western-dominated international community over these countries is likely to continue if China does not act as the West hopes it will. 'A policy of non-interference is not a credible policy for a nation that wants to be respected as a responsible global power', writes one analyst.[①] Of course, this approach can be counter-productive and overlooks the extent to which China has been playing a mediating role in the West's dealing with these countries.

Although China and many other developing countries share a common position on 'non-interference', they have different interpretations of it. African countries' attitudes and policies toward national sovereignty and international intervention/interference into internal affairs tend to be more flexible. African countries generally oppose intervention imposed by outside forces, especially former colonial powers, but they accept interventions by African forces orga-nized by the African Union. The Constitutive Act of the African Union states that: 'The Union shall function in accordance with the following principles: Non-interference by any member state in the internal affairs of another', 'the right of the Union to intervene in a member state pursuant to a decision of the Assembly in respect of grave circumstances, namely war crimes, geno-cide and crimes against humanity', and 'the right of member states to request intervention from the Union in order to restore peace and security'.[②]

China has signed ASEAN's Treaty of Amity and Cooperation (TAC). It seems the two sides mutually support non-interference, but, like the AfricanUnion, the ASEAN Charter accepted and approved in 2007 – 2008 by totally ten Southeast Asian countries also modifies the mutual non-interference article. As one analyst put it: 'Key provisions of the Charter call for the promotion of democracy, human rights and obligations, transparency, good governance, and the strengthening of democratic institutions'.[③] Learning from the African Union and the ASEAN, China needs to reassess the question of intervention in some circumstances, for example, at least, in cases of major humanitarian crises and severe attacks in other countries on China's interests and nationals.

In short, therefore, what these three factors suggest is that for China, there are many substantial reasons to revise, to an extent, the style and substance of the 'non-interference' principal.

New questions about China's role in international intervention

Today, China is much more open to cooperating and establishing reliable partnerships on matters related to world peace, prosperity and stability than it was several years ago. The international community, even the 'sole superpower' (the US), has to seek China's cooperation and

① Linda Jackobson, "The Burden of 'Non-Interference'".

② *The Constitutive Act of the African Union*, Lomé, Togo, 11 July 2000.

③ Barry Desker, 'ASEAN: Time to Suspend Myanmar', Honolulu: *PacNet*, No. 39A, 2007.

constructive contribution in order to cope with global insecurity ranging from security concerns to financial/economic problems. In this new context of Chinese engagement with the world, adaptively, China is both passively and actively revising its old principles and the practice of non-interference. But new questions are emerging as a result of China's transforming approach to international intervention. If we are to avoid being naïve or wishful, we need to recognize that there are no quick and easy answers to these questions. The first issue is that as China becomes stronger and more confident, its concerns about external powers intervening in China's domestic affairs will gradually lessen. At the same time, China will either passively (by acquiescing in intervention conducted by other members of the UN) or actively engage in the use of intervention in international relations in varying degrees, occasions and forms. So, how should it balance this with the principles of 'non-interference' and 'non-intervention'? Can China find a new paradigm to maintain the value of the principle and meantime get around some of the dilemmas created by the principle? Moreover, how can China improve its relations with the West in relation to their different attitudes towards and practices of international intervention?

The above mentioned changes in the way that the AU and ASEAN think about non-interference and international intervention may provide a model for China: let the principle co-exist with other new principles. In other words, China's foreign policy can introduce new international principles and norms such as that which I label 'conditional interference' in order to practice China's responsibility to protect.

China's 'uncharacteristically and proactive conflict management diplomacy in the US-North Korea nuclear standoff'[①] and its use of its ties with Sudan and Myanmar to assist international engagement there may have helped us to think that China can create a 'third way' or new paradigm of international intervention. 'There are also strong pressures on Pyongyang to take actions towards denuclearization that they had long promised. Among those pressures let us never forget was the People's Republic of China which quietly but powerfully reacted to the North Korean test on October 9'.[②] On the Darfur issue, China is playing a constructive role.[③] On Myanmar, in 2007, China vetoed a US draft resolution to punish the military regime, but China has significantly and constructively mediated on the issue among Myanmar, ASEAN, the United Nations and the West.

The second issue is that with the exception of China's participation and cooperation in

① Samuel S. Kim, 'China's Conflict-Management Approach to the Nuclear Standoff on the Korean Peninsula', *Asian Perspective*, 30(1) 2006, p. 5.

② US Ambassador Chares L. J. Pritchard, Speech at the book launch seminar 'Failed Diplomacy: The Tragic Story of How North Korea Got the Bomb', Brookings Institution, 11 July, 2007.

③ See Lydia Polgreen, "China, in New Role, Uses Ties to Press Sudan on Troubled Darfur", *New York Times*, 23 February 2008.

multilateral interventions such as the six-party talks and the proposed 'Peace and Security Mechanism' (PSM) in Northeast Asia, can China exert itself unilaterally into crises, conflicts and disputes in other countries? Do China's immediate neighbours and other states accept, welcome, expect or oppose, resist potential Chinese intervention? In North American think tanks, there are many discussions on the future of North Korea. ①China's Friendship, Cooperation and Mutual Assistance treaty with the DPRK is still valid, but is it only reserved for a worst scenario on the Korean Peninsula? Some contingency analysts in the US have already predicted China's possible post-North Korea collapse plan. ② As 'refugees' flows from the DPRK, developments on the Korean Peninsula may force China to respond beyond the six-party talks.

The third issue revolves around whether China has the capabilities to intervene in a troubled world? Clearly, China is still not ready to project its "hard" (mainly military) power in the world. China's coercive tools have still not been fully modernized. In today's world, international intervention implemented by the West, in many cases, is about coercion. Although external observers have created alarm by exaggerating China's military modernization, in reality, China's military modernization is still an unfinished business. Unlike the US and others, China has never been a principal 'sender' of sanctions around the world. ③ It has rarely used economic and military sanctions unilaterally to achieve China's foreign policy goals. On the other hand, China has long experience of being a target of sanctions. The US and EU have often pursued their China policy goals by threatening or imposing economic and military sanctions (embargos) against China. China's participation in UN-mandated international sanctions regimes can be seen as an early sign of the emerging world power's transition from a target of sanctions to a 'sender'.

The fourth issue is that whilst some in the West criticize China's non-interference in the third World, a more interventionist China is likely to increase the potential for conflict between it and the West. If China's intervention goes beyond intervening in the affairs of countries deemed 'problematic' by the West, there is the danger of misperception on the part of the other major powers might create conflict. Objectively speaking, until now the West has also benefited from China's neutral stance on international intervention. As such, China's gradual rethinking of the principle of non-interference may create a new friction between China and the West if the Chinese role in international intervention takes on a relatively unilateral character like that of the US. As such, it is clear that China and the West need to coordinate and even harmonize

---

① For example, Jonathan Stafford, "Finding America's Role in a Collapsed North Korean State", Military Review, January-February 2008; Victor Cha, 'We Have No Plan', Nautilus Policy Forum Online, 15 June, 2008

② For example, see Glaser, Bonnie, Scott Snyder, and John S. Park, "Keeping an Eye on an Unruly Neighbor: Chinese Views of Economic Reform and Stability in North Korea", A Joint Report by: Center for Strategic and International Studies and U. S. Institute of Peace, 3 January 2008.

③ Gary Clyde Hufbauer, Jeffrey J. Schott, Kimberly Ann Elliott and Barbara Oegg, *Economic Sanctions Reconsidered*, 3rd edition (Washington, DC: Peterson Institute for International Economics, 2008), p. 2.

their attitudes and actions on international intervention.

The fifth-and related-issue is whether the West is ready to see China as a genuine partner in the' Responsibility to Protect' initiative. When he commented on the development of Myanmar affairs, Gareth Evans used the term ' our responsibilities ' in reference to how the West should respond to the Myanmar government's refusal to accept humanitarian aid from the West in the wake of Cyclone Nargis. ① his may imply that the' our' still means the West or the Western-led international community. As China still opposes what Evans called' coercive intervention' under the' Responsibility' to Protect', it is clear that China is not included as a part of the' our'. In fact, although China has became a pivotal member of the international community, some in the West still consider China to be a part of the' them' rather than the' us'. So, if the ' Responsibility' to Protect mainly refers to the' our' rather than the truly' global' and' inclusive', it will be diffcult for China to play a role in collective actions in the name of a shared ' Responsibility to Protect'. A solution to this problem depends squarely on whether or not the West really treats China as part of the' our' when it comes to assigning sovereign responsibilities.

Conclusion

Since 1979, when China conflicted with the Soviet Union-backed Viet Nam in the Cold War context, China has avoided intervening in the affairs of others. To date, China's involvement in intervention has been mainly related to keeping the peace, managing conflicts and seeking international/regional security. Where it has intervened, it has only done so strictly under the authorization of the UN Security Council or other multilateral frameworks. In short, to the extent that there is a new Chinese interventionism it is highly conditional, cooperative, and constructive.

With its continued commitment to non-interference, a rising China will evolve as a new kind of force in relation to international intervention based on the UN Charter, China's revised foreign policy principles and other international norms and regimes such as the African Union Constitution, the ASEAN Charter and new international rules such as the' Responsibility to Protect'. It is important to note that China's flexibility in dealing with international intervention issues is mainly framed by an interest in achieving a final settle-ment or the effective management/control of international conflicts, rather than intentionally seeking to complicate the situation.

① See Gareth Evans, "Facing Up to Our Responsibilities", *The Guardian*, 12 May 2008.

Issues in the Transformation of China's Engagement with International Peacekeeping①

Since 1990, China has been taking part in UN peacekeeping operations with its Snoncombat military forces and civilian police.[1] China's increasing support to international peacekeeping is a major driving force of the great transformation of international peacekeeping inthe twenty-first century. China's peacekeeping role can be understood as Beijing's early experiment in undertaking more international responsibilities and even the benign projection of power by a rising nation.

Peacekeeping has become a priority in Beijing's foreign policy. As an expression of China's attachment of great importance to the peacekeeping issue in its foreign policy since 1998, *China's National Defense*, the annual white paper, views peacekeeping as animportant part of China's "international security cooperation." China's "low key" foreign policy of "noninterventionism," adopted after the end of the Cold War, tried to avoid entanglement in the world's crises and troubles, but participation in peacekeeping causes China actually to face the challenge of the others' "internal" conflicts.

Participation in peacekeeping is one path for China's use of newly obtained national power. No doubt, although many problems have arisen in the process of China's economic development and modernization, China's national power has been steadily rising. China is gradually adapting to evolving peacekeeping norms and rules in the era of "second-generation peacekeeping." Its attitudes toward peacekeeping have been changing according to changed "external" circumstances and demands.

The reach of China's peacekeeping engagements and operations today is truly global. At least three Chinese ministries of the central government have been responsible for engagement with international peacekeeping: Foreign Affairs (foreign policy on peacekeeping), Defense (military peacekeepers), and Public Security (police peacekeepers). China has now become a major supplier of quality peacekeepers. As a "factory" for producing peacekeepers or as a global public good for international peacekeeping cooperation, China has established two training cen-

---

① 本文原载 Lyle J. Goldstein, editor, *Not Congruent but Quite Complementary*: Us and Chinese Approaches to Non-traditional Security, US Naval War College, 2012, pp. 51 – 64.

ters: the Beijing-based Defense Ministry's Peacekeeping Center, opened in June 2009, and the China Peacekeeping CIVPOL [UN Civilian Police] Training Center (CPCTC), established in August 2000 in the Beijing suburb of Langfang. The Langfang center is considered the largest and most modernized peacekeeping base in the international community, equipped mainly on the basis of China's "own innovations and researches."①In addition, a new question of a capacity divide may emerge: China's relatively better trained and equipped peacekeepers sharply contrast with what some analysts have warned are "relatively poorly equipped UN troops from the traditional peacekeeping nations," such as those from the South Asian nations.②China is acknowledged internationally as a leading contributor of "personnel to UN peacekeeping operations, providing more troops, police and observers than any other permanent member of the UN Security Council."③China has altogether sent more than ten thousand peacekeeping personnel on twenty-four UN peacekeeping missions, including the more than 2,100 currently deployed. Peacekeeping is a new form of China's aid to the needy.④China is currently adjusting its aid policies.⑤

China strictly defines peacekeeping as applicable only to UN or UN-related peacekeeping. There is currently no Chinese consideration of participating in non-UN or non-UN-related peacekeeping.⑥

UN peacekeeping operations should comply with the UN Charter and all the basic principles that are proven effective, including neutrality, consent of parties concerned and nonuse of force except for self-defense, etc. China supports the enhancement of the UN's peacekeeping capacity and welcomes the Secretary-General's proposal on the establishment of strategic reserves and civilian police standby capacity... Resources should be consolidated and limits of capacity respected and potential of the existing mechanisms fully tapped. The limited UN resources on peacekeeping should be rationally and effectively utilized.⑦

This paper will address lessons learned from China's experience with peacekeeping to date, constraints on China's future efforts of this type, the role of regional organizations, and gov-

---

① Wang Yizhou, "中国维和应'创造性介入,'" [China's Peacekeeping Should Constitute "Constructive Involvement"], 中国报道 [China Report], no. 2(2010), p. 59.

② Waheguru Pal Singh Sidhu, "Regional Groups and Alliances," in *The Oxford Handbook on the United Nations*, ed. Thomas G. Weiss and Sam Daws (New York: Oxford Univ. Press, 2007), p. 227.

③ Bates Gill and Chin-Hao Huang, *China's Expand-ing Role in Peacekeeping: Prospects and Policy Implications*, SIPRI Policy Paper 25 (Stockholm International Peace Research Institute, November 2009).

④ Wang Yizhou, "China's Peacekeeping Should Constitute 'Constructive Involvement,'" p. 59.

⑤ Pang Zhongying, "China's Changing Foreign Aid Principle," 瞭望 [Outlook Weekly] (Beijing), 30 August 2010.

⑥ Wei Yanwei (Deputy Director of Peacekeep-ing Affairs, Ministry of Defense) (remarks at Peacekeeping International Symposium, Beijing, 29 November 2009), Xinhua.

⑦ People's Republic of China Ministry of Foreign Affairs, *China's Position Paper on UN Reforms* (Beijing: 8 June 2005).

ernance in such operations. It will conclude with some discussion of both Chinese potential leadership and the scope for future China-U. S. peacekeeping cooperation.

Background

A number of factors readily explain Beijing's support of UN peacekeeping operations. First and foremost, today's China is no longer a critic of the existing international system but a more positive and conscious participant in it, in order to develop itself economically. ①The possibility of a Chinese challenge to U. S. dominance, discussed widely in Western discourse, has been ruled out by Chinese decision makers. Second, China needs to act to make a contribution to the international community. Participation in peacekeeping is seen as a way of strengthening China's international contribution. "After receiving benefits from the international system, we have obligations to contribute to the international community and international system. "②

Third, international peacekeeping, well supported by the Chinese public, is making a contribution consistent with Chinese capabilities(力所能及). However, some Chinese commentators have suggested a revised principle—that China can do more, in order to undertake more responsibilities(更大责任). Fourth, the continuation of China's export-led and resources-driven economicgrowth model makes for the emergence of a hot debate on China's "overseas interests" and "the protection of such interests"(海外利益保护). A conflict-stricken world, particularly as regions of Africa, is a threat to China's increasing overseas interests. ③

Fifth, Hu Jintao has recently called for ethical principles to play a larger role in Chinese foreign policy, which has previously emphasized only economic development. He underscored the need for China's foreign policy to reflect China's "moral appeal"(道义感召力). ④Sixth, UN peacekeeping is consistent with Beijing's overall embrace of multilateralism, though China does not always welcome multilateral approaches—for example, concerning the South China Sea dispute. Finally, international peacekeeping has developed in China as part of the overall effort to modernize the armed forces. As part of this wider effort, China should build up a world-class navy like other established big powers, or at least like other rising powers, such as India. But it

---

① 章百家 [Zhang Baijia],"中国外交成长历程中的观念变迁：从革命的、民族的视角到发展的、全球的视野" [Ideational Change in Chinese Diplomacy: From the Revolutionary and Nationalist to the Evolutionary and Global],外交评论 [*Foreign Affairs Review*], no. 3(2009).

② 马小军 [Ma Xiaojun](Central Party School),"一个世界性大国的贡献与责任" [A World Power's Contribution and Responsibility], *China Report*, no. 2(2010).

③ For example, Zhou Qi,"新维和观与中国国家利益" [New Peacekeeping Ideas andChina's National Interest],求索 [Explore], no. 3(2005).

④ Hu Jintao spoke at the eleventh National Ambassadorial and Envoy Conference; see politics. people. com. cn/GB/1024/9687405. html.

is still worth noting that China's Ministry of Defense recently replied to a question of China's o-verseas military base by stating that China has no plan to build up overseas military bases. ① However, the debate is mainly not about whether or not the Chinese military should be modern-ized or "revolutionized" but about how China uses its new military forces. The political leaders have made clear that China needs to "strengthen all aspects of the army," to make it better able towin "informationized local wars" and respond to "multiple security threats."②

China repeatedly tells the world that its strengthened military will contribute to world peace by multilateralizing itself. For example, "a naval force with advanced armaments and en-hanced capabilities will contribute more to UN-led antiterrorism, antipiracy and disaster-relief missions."③

China's foreignpolicy doctrine is a combination of the continuation of the "low key" foreign policy and the new exploration of adaptation to a changed world. In this respect, the increase of China's international responsibility is a key issue. At this point, the issue hasbeen much debated internally within China without reaching a clear conclusion.

Lessons from China's experience with international peacekeeping

Lesson 1: International learning is not an easy or short process. China has learned a lot a-bout how to coordinate constructively and harmonize the national interest and the international interest. In the UN, because of the existence of complex big-power politics, China has had to battle for its narrowly defined national concerns, such as the Taiwan issue, which has affected China's voting behavior. For example, in 1999, due to Taiwan's "established diplomatic ties with Macedonia," China vetoed the renewal of a mandate for the United Nations peacekeeping force in the Former Yugoslav Republic. China had no other option but to use the veto power for safe-guarding its sovereignty rights. In recent years, as China's engagement with peacekeeping has deepened, China no longer simply uses the veto power at the Security Council. To some degree, overconcentration on China's own concerns had lowered China's role in representing the inter-ests of the international community in general and the developing world in particular. ④A more progressive and pragmatic view has developed, allowing China to participate meaningfully, for example, in the UN peacekeeping mission recently in Haiti, which had no diplomatic relations with Beijing.

---

① Cui Xiaohuo, "Navy Has No Plan for Overseas Bases," *China Daily*, 11 March 2010.

② Wen Jiabao, *Government Work Report to the Na-tional People's Congress* (Beijing: 5 March 2010).

③ Cui, "Navy Has No Plan for Overseas Bases."

④ 赵磊 [Zhao Lei], 建构和平：中国对联合国外交行为的演进 [Constructing Peace: Evolution of China Diplomatic Behavior toward the United Nations] (Beijing: Jiuzhou Press, 2011), p. 234.

Lesson 2: International peacekeeping is both politically sensitive and logistically difficult. In deciding on peacekeeping missions and their inputs, politically, China has to be cautious. Logistically, China has to assess the effectiveness of the mission in saving lives and resources. China has noticed that its peacekeeping missions may be easily interpretedby some parties in civil wars as a neo-imperialist intervention by a non-Western, rising power. ①

Lesson 3: China has long concentrated on "easy" parts of the UN peacekeeping missions, but this policy is being reexamined. Focusing on clear issues, such as humanitarian relief, has allowed Beijing to avoid intrusion into sensitive sovereignty issues that sometimes generate violent conflict. Now, China is being pressed to take part in more difficult parts of the mission but is not fully ready to do so. ②Still, China's nonintervention principle is now being revisited and revised. ③Nevertheless, Beijing is always too cautious. China refuses to be a well prepared and equipped international leader in peacekeeping. Deng Xiaoping's "not-take-lead" (不带头) dictum is still valid in China's efforts in supporting peacekeeping.

Lesson 4: There is little evidence to suggest that China will take the initiative to reform UN peacekeeping. International scholars have called for the emergence of new concepts, doctrines, rules, and theories of peacekeeping. Of course, they argue wishfully that such things must be "with Chinese characteristics." ④China should adopt and internalize common international theories and practices of peacekeeping, as the practice of peacekeeping is far from perfect; China should develop new approaches and strategies to contribute to it.

Lesson 5: China is still mainly practicing the principles and norms of "first generation" peacekeeping. These norms include consent of the parties, neutrality, nonuse of force, and unarmed peacekeeping. The ideas help maintain a peacekeeping consensus withthe developing world, but China's reluctance to embrace more advanced peacekeeping paradigms, such as peace-enforcing and the "responsibility to protect," creates a principled gap with other state players of peace missions, especially the West, in the evolution of peacekeeping.

Lesson 6: China's engagement with non-UN peacekeeping is relatively weak and limited. China has not joined any non-UN peacekeeping operations, operated by such multilateral military and political organizations as NATO. The Global Peace Operations Initiative (GPOI), sponsored by the United States in 2004, is an example of a non-UN program. ⑤Possibly, in the future, a number of regional organizations, such as the Shanghai Cooperation Organization (SCO)

① Wang Yizhou, "China's *Peacekeeping Should Constitute* 'Constructive Involvement,'" p. 59.

② Zhao Lei, *Constructing Peace*, p. 218.

③ Pang Zhongying, "China's Nonintervention Question," *Journal of Global Responsibility to Protect* 1, no. 2 (March 2009).

④ Wang Yizhou, "China's Peacekeeping Should 'Constructive Involvement,'" p. 59.

⑤ On GPOI, see Gill and Huang, *China's Expanding Role in Peacekeeping*, pp. 22–23.

and ASEAN, may operate such programs. China should broaden and deepen its peacekeeping engagement to include non-UN peacekeeping operations.

Constraints on Chinese peacekeeping

China's engagement with peacekeeping perhaps helps internationalize its military and police. In other words, China's military and police, which had generally not undertaken external operations since the end of the Cold War, have now broadened their worldviews to familiarize themselves further, from an institutional standpoint, with this relatively new area of international security and have accumulated needed international experience to standardize the Chinese force.

As a truly developing country with huge domestic imperatives, problems, and vulner-abilities, China must still undertake only limited responsibilities—surely and inevitably, in terms of its ability to deliver international public goods. But if China decides to sustain its role in peacekeeping, financial limits should not be an unresolvable problem. The real limits to growth of China's peacekeeping efforts are mainly not financial but political.

The sovereignty principle clearly decides the limit of China's peacekeeping depth. Today, Chinese leaders realize that most peacekeeping activities are essentially international interventions into domestic conditions. Thus, China is liberating itself from such doc-trinal constraints, seeking a more flexible or revised attitude regarding sovereignty and nonintervention. Actually, China now pursues a conditional and constructive interven-tion to some degree, in various cases. ①

The gap between China and the Western countries over a key norm—"responsibility to protect" (R2P)—as the alternative to nonintervention in peacekeeping has narrowed. But to China the norm is still questionable. At least, there are implicit or explicit differences between China and the West over interpretation. The report of the International Commission on Intervention and State Sovereignty (2001) delivered the principle, and initially China disagreed and even opposed it. Later on, China's attitude to the norm significantly changed, which once again showed that China's general attitude toward peacekeeping continues to evolve. China echoed the international community in declaring, "No reckless intervention should be allowed. When a massive humanitarian crisis occurs, it is the legitimate concern of the international community to ease and defuse the crisis. Any response to such a crisis should strictly conform to the UN Charter and the opinions of the country and the regional organization concerned should be respected. It falls on the Security Council to make the decision in the framework of the UN in light of

① See Pang, "China's Nonintervention Question."

specific circumstances that should lead to a peaceful solution as far as possible. Wherever it involves enforcement actions, there should be more prudence in the consideration of each case." China worries that overemphasis of R2P and the use of force cannot fundamentally solve the various domestic conflicts. ①

In some places (Congo, Sudan/Darfur, and other African spots in particular) that are geostrategically crucial, controversial, and complicated, China's peacekeeping role has become more difficult. China has to consider the geopolitical and diplomatic costs of such peacekeeping operations. China needs to be more effective in its political communications and public diplomacy to convince the host country and international stakeholders to be free of any strategic concern or doubt as to China's motivation in peacekeeping participation. A key question is: Do the United States and other traditional peacekeeping powers welcome China's expanding and leading role in peacekeeping? For this, China needs to increase its mutual trust and confidence building with others.

Regional organizations

China's role in UN peacekeeping is increasingly evolving through the frameworks of regional organizations. China hopes that regional organizations will play a larger role in peacekeeping. An apparent advantage for China is its familiarity with troubled regions and their regional organizations. China realizes that one of the fundamental contemporary trends of the world now is *regionalization*. So, China has gradually developed its system of regional policies, including China's European Union (EU) policy, its Africa policy, and its Asia policy as newly identified and added important dimensions of China's foreign policy. China has been keeping good relations with regional organiza-tions in the developing world, such as the African Union (or AU, which has great political will to play in its own regional peacekeeping but lacks capacity) and recently ASEAN, not to mention the SCO, which is a major stakeholder in the stability and reconstruction of Afghanistan. An inclusive international/UN peacekeeping solution to finish the U. S. and NATO missions in Afghanistan may actually be a good arrangement for future development. Therefore, friendliness and other advantages (e. g., proximity) make China's peacekeeping role in such regions relatively easier.

China has encouraged UN-AU enhanced cooperation for delivering effective support for Africa in the field of peacekeeping activities: "Currently, about 75 percent of the UN peacekeepers are deployed in Africa, and about 70 percent of the UN peacekeeping assessed contributions are spent in Africa. The African Union is playing an ever important role in preventing and resolving the conflicts in Africa. The United Nations should continue to strengthen its partnership

---

① Pang Sen, 联合国维和中国在行动 [In UN Peacekeeping, China Is in Action], *China Report*, no. 2 (2010), p. 45.

with the African Union in the area of peacekeeping operations and help Africa improve its capacity-building for peacekeeping operations. "①

On the Darfur issue, China proposed and supported a joint operation between the United Nations and the African Union. As an outcome, through China's mediation, the African Union/UN Hybrid Operation in Darfur (UNAMID) was created. In the 2009 Forum on China and Africa Cooperation (FOCAC) at Sharm al-Sheikh, Egypt, China further committed itself to provide assistance and enhance cooperation with the UN and AU in the prevention, management, and resolution of regional conflicts in Africa. China promised to contribute to UN peacekeeping missions in Africa, strengthen cooperation with countries concerned in the UN Peacebuilding Commission, and support countries in their postwar reconstruction processes, as well as to deepen cooperation with African countries in peacekeeping training and exchanges and in the further building of peace-keeping capacity in Africa. ②

The SCO also could play a role in future peacekeeping missions. The organization does not mention the term "peacekeeping" in its communiqués, declarations, or statements, but one Chinese scholar, Zheng Hao, a former visiting fellow at the Brookings Institution, has proposed that the SCO take up a peacekeeping role in Afghanistan's postwar and post-NATO reconstruction process. ③

According to its newly approved charter, ASEAN is the only regional/subregional security community (the so-called ASEAN Security Community) in Asia. In 2004, Indonesia has proposed the formation of a Southeast Asian peacekeeping force that could one day help settle disputes like those in Aceh and the southern Philippines. The UN has welcomed the proposal. ④ Such a peacekeeping force, however, may be unlikely, as within ASEAN it remains difficult to reach consensus. ASEAN's "internal" security coordination is a precondition to any role played by a non-ASEAN member, such as China, in regional peacekeeping. If there is no ASEAN invitation, China is unlikely to send peacekeeping troops to the subregion.

Local governance

By peacekeeping, China plays a unique governance role—strengthening local capacities-after a conflict or war. China's role in rebuilding postconflict countries has already illustrated

① Ambassador Liu Zhenmin, "Statement at Open Debate of the Security Council on UN Peace-keeping Operations," New York, 5 August 2009.

② *Declaration of the Sharm-el-Sheikh Forum on China-Africa Cooperation (FOCAC)*, Fourth Ministerial FOCAC Conference (Sharm al-Sheikh, Egypt: 9 November 2009), available at www.focac.org/.

③ Zheng Hao, *The Shanghai Cooperation Organiza-tion and NATO: Possible Collaboration on Af-ghanistan Reconstruction* (New York: Brookings Institution, 2009).

④ "Indonesia Proposes Southeast Asian Peace-keeping Force," *Association of Southeast Asian Nations*, 21 February 2004, www.aseansec.org/.

one of its potential roles in international peacekeeping, helping improve local governance.

The UN emphasizes "complex peacekeeping operations," a number of postconflict peace-building and domestic reconstruction processes—confidence-building measures, power-sharing arrangements, electoral support, strengthening of the rule of law, human rights protection, economic and social development, and the building up of infrastructure—asmore important than traditional, simple peacekeeping. China's membership in a new UN body, the Peacebuilding Commission, shows that it also endorses peace build-ing and itsinstitutionalization. ①

China's role in Afghanistan can be viewed from the local-governance perspective. Thereis no Chinese peacekeeping presence in Afghanistan. However, there has been an inter-esting Chinese internal debate (triggered by NATO's exploration of cooperation with China for stabilizing Afghanistan) on whether or not to contribute peacekeeping forces there. In the foreseeable future, China will not send such troops. Nevertheless, China is involved in Afghanistan. China attended all Afghanistan-related international conferences, including the Kabul International Conference in July 2010, which was the first such meeting held on the Afghan soil. As a neighbor of Afghanistan, China is a major donor, providing development assistance to Afghanistan's reconstruction. According to the Chinese foreign minister, China provided a total of more than nine hundred million renminbi of grant assistance and canceled \$19.5 million of Afghanistan's mature debts between 2002 and 2009. We have built seven projects for Afghanistan, including the Jomhuri Hospital (RepublicanHospital), rehabilitated the Parwan irrigation project, provided fifteen batches of assistance materials, trained 781 Afghans from various professions, and received ninety-four Afghan students through government scholarships. In March 2010, China announced that it would provide another 160 million yuan of grant assistance to Afghanistan, to be used on infrastructure, medical care, health, and education programs.

China has increased the scale of personnel training for Afghanistan. In 2010, China trained over two hundred Afghan officials and technical personnel. During 2011, China increased the number of government scholarships to Afghanistan from thirty every year to fifty. This will bring the total number of Afghan students studying in China on various scholarships to around a hundred. China overcomes difficulties and continues to build assistance projects in Afghanistan that benefit the local communities. The presidential multifunction center built by China has been completed, and work has started on its auxiliary projects. We will build a national technology, science, and education center for Afghanistan and a teaching building and a guesthouse for Kabul University. China has given Afghanistan preferential tariff treatment to support its economic development. In 2009, Beijing and Kabul exchanged letters on zero-tariff treatment forcertain

① People's Republic of China Ministry of Foreign Affairs, *China's Position Paper on UN Reforms*.

Afghan exports to China, more than four thousand items. ①

Traditionally, peacekeeping is predominantly done by "hard power"—military and police peacekeepers. Today, peacekeeping includes more soft dimensions of power, in local political, economic, and social governance processes. Providing effective development assistance to countries like Afghanistan should be seen as an innovative aspect of peace missions.

Leadership for China in peacekeeping

Leadership undertaken by either established powers (especially the United States) or emerging powers (especially China) is key to secure the success of global governance and peace. Gill and Huang observe, "Chinese peacekeepers are consistently rated among themost professional, well-trained, effective and disciplined contingents in UN peace-keepingOperations"; "Chinese personnel are increasingly involved in mission leadership and decision making"; and that "China's high profile in peacekeeping reinforces both the perceived legitimacy and the effectiveness of UN peace missions."②Considering China's position in the UN and in the conflict-stricken world, these Chinese achievements and its performance may lead to a much-needed international peacekeeping leadership— Chinese leadership.

So far, China has refused to adopt boldly a leadership position in peacekeeping. But China has repeatedly declared that it is a "responsible great power" (负责任大国). I predict that China will be a special leader in international peacekeeping. Peacekeeping leadershipdoes not contradict China's overall low-key foreign policy but rather helps ease tension between a rising China and the others, as peacekeeping participation is a "soft" use of China's growing power. Also, peacekeeping leadership helps strengthen Chinese-Western mutually complementary cooperation. Regarding personnel, for example, the shortage of qualified and available peacekeepers is always a common problem, but China can supply many more than can others.

On China's general role in the world, the West sends contradictory signals. The West asks for, presses for, and encourages China's bigger role, and China promises such a role. ③ But China's leadership or potential is easily perceived, judged, and misunderstood as a challenge to the Western liberal order. Questions arise: As China explores new ideasfor the reform of international peacekeeping, would this lead to Chinese-Western mutual accommodation or greater suspicion? If China plays a future role as a peacekeeping leader, will the West fully accept that role and not be afflicted by the fading of its own traditional leadership?

---

① "Remarks by H. E. Yang Jiechi, Minister of Foreign Affairs of the People's Republic of China, at the Kabul International Conference on Afghani-stan," 20 July 2010.

② Gill and Huang, *China's Expanding Role in Peacekeeping*.

③ Peter Mandelson, "We Want China to Lead," *New York Times*, 11 February 2010.

China-U. S. cooperation

The second Chinese-American joint statement by Presidents Hu Jintao and Barack Obama, issued on 17 November 2009 in Beijing, reported, "The two sides also discussed the importance of UN peacekeeping operations in promoting international peace and security."①This is a positive and hopeful development, because peacekeeping enriches and redirects China-U. S. relations. What is the Chinese-American common ground with respect to peacekeeping? How can the two states cooperate under the framework of UN peacekeeping?

On 29 January 2010, Chinese media, including the official Xinhua News Agency, prominently covered a rare moment: "China, US Peacekeepers Conduct Joint Patrol in Haiti."②

This may be an early harbinger of Sino-American cooperation in this regard.

On 19 January China and the United States issued the new joint statement during President Hu Jintao's state visit to Washington. The statement focused on a specific peacekeeping issue—the independence of South Sudan: "Regarding Sudan, the United Statesand China agreed to fully support the North-South peace process, including full and effective implementation of Sudan's Comprehensive Peace Agreement. The two sides stressed the need for all sides to respect the result of a free, fair, and transparent referen-dum. Both the United States and China expressed concern on the Darfur issue... Both the United States and China have a continuing interest in the maintenance of peace and stability in the wider region."③

Peacekeeping may play a positive role in facilitating "cooperative, comprehensive and positive China-U. S. ties." Given the current difficulties of China-U. S. military-to-military exchanges, the two sides can reach consensus to see peacekeeping as a relatively easier and softer area that can foster deepened China-U. S. security cooperation. There are still obstacles that could slow down China-U. S. military-to-military exchanges, but the conduct ofpeacekeeping cooperation can help promote these exchanges.

The ongoing reform of UN peacekeeping operations is a good opportunity to forge Chinese-American joint leadership in order to realize the ideal of *Charting a New Hori-zon for UNPeacekeeping*. ④For this, China and the United States can cosponsor programs, including international conferences on the reform of UN peacekeeping practices.

---

① White House, Office of the Press Secretary, "U. S. -China Joint Statement: Beijing, China," 17 November 2009, available at www. whitehouse. gov/.

② "China, US Peacekeepers Conduct Joint Patrol in Haiti," *China Daily*, 29 January 2010.

③ White House, Office of the Press Secretary, "U. S. -China Joint Statement," 19 January 2011, available at www. whitehouse. gov/.

④ United Nations, *A New Partnership Agenda: Charting a New Horizon for UN Peacekeeping* (New York: Dept. of Peacekeeping Operations and Dept. of Field Support, July 2009), available at www. un. org/.

China and the United States may continue to diverge over some principles and paradigms of peacekeeping, but the differences should not be exaggerated. Chinese scholars think peacekeeping is a form of protecting and improving universal human rights.

China's embrace of humanitarianism in the form of multilateral peacekeeping and peacebuilding should also be helpful in narrowing China-U. S. differences over human rights. A good start on bilateral peacekeeping cooperation would be joint sponsorship of a peacekeeping training program.

In his first visit to Afghanistan, on 28 March 2010, President Obama said, "Our strategy includes a military effort that takes the fight to the Taliban while creating the conditions for-greater security and a transition to the Afghans; but also a civilian effort that improves the daily lives of the Afghan people." ① China will not send its troops or open its border for assisting the military mission in Afghanistan, but it plays a civilian-governance role in the strengthening local economic and social development. The United States should affirm China's special contribution as Afghanistan's neighbor. So actually there is already tacit, yet important Chinese-American cooperation on the difficult Afghanistan issue.

Conclusion

China has learned many lessons from its participation in peacekeeping. It has become a major "responsible stakeholder" in the transformation of international peacekeeping. In the future, with the overcoming of constraints on and difficulties in undertaking more international responsibilities, peacekeeping will be a continuously dynamic sector in helping further develop China's relations with the international community.

Global peacekeeping currently lacks global leadership. China is exploring a proper leadership role as a new form of contribution commensurate with its new power and consequentmoral obligations. But the nation still conducts a cautious, or careful, foreign policy, in order to not be misunderstood strategically as a challenge to American world leadership. A better China-U. S. division of labor—coleadership in peacekeeping—is crucial not only to strengthen China-U. S. military cooperation but to transform further the current practice of peacekeeping.

① White House, Office of the Press Secretary, "Re-marks by the President to the Troops: Clamshell, Bagram Airfield," 28 March 2010, available at www. whitehouse. gov/.

第三部分

地区治理与地区秩序

Rebalancing Relations between East Asian and trans-Pacific Institutions: Evolving Regional Architectural Features[1]

Introduction

The "East Asia Community" or "Asia-Pacific Community" exists only on paper. Even the ASEAN, which constitutionally goes toward "ASEAN Community", is also not a Southeast Asian version of an EU-like regional integration. There is still not a unified multilateral framework of coordination or control within Asia-Pacific. But, the issue of the regional architecture remains a central issue of debate. Not only to big powers like China, Japan and the US, but also to smaller nations like many ASEAN countries, the stake are high whether Asia-Pacific can operate cooperatively as aregion.

In 1990s, as the number one trans-Pacific forum, APEC's initial progress with euphoria and rhetoric about trade and investment liberalisation was suddenly undermined by the Asian financial crisis. A consequence of that crisis was the well-known birth of experimental regional integration in East Asia for the first time. Before this regional practice, East Asia/Asia has had a one-century-long history of both "pan-Asianism" and regionalism. Different from trade liberalisation motivated by APEC, "ASEAN + 3" (Southeast Asian nations, now ten countries, plus Northeast Asian nations, firstly China, Japan and South Korea) set a historic goal that goes beyond trade integration and moved a step towards an East Asia Community (or, more modestly and politically, an East Asia community).

Since the emergence of "ASEAN + 3" process, there have been a number of regional arrangements including bilateral and multi-lateral ones. Different from APEC's relative informality and even partial ineffectuality, and despite a lack of "concrete vision of the eventual architecture of institutional economic integration",[2] these Asian regional institutions have made a number of breakthroughs, including trade integration, such as the agreement between China and

---

① 本文原载 Lok Sang Ho and John WONG, editors, *APEC and the Rise of China*, Singapore: Wold Scientific, 2011, pp. 45 – 64.

② Munakata, N. (2010). "The US, China and Japan in an Integrating East Asia." Washington: *Brookings Northeast Asia Commentary*, Number 35, January 14.

ASEAN(CAFTA) as well as monetary and financial multilateral cooperation/governance—wider currency swap arrangements Chiang Mai Initiative (CMI) and Asian Bond Market Initiative (ABMI).

There is a background to this issue: Many people in the world do believe the regional economic and strategic weight has shifted/moved from America to Asia (or, a strategic trend: relatively, China is rising, the US is declining), but many in China still think China has neither the political intention nor the capability (including the regional institutional one) to be a sustainable challenger to the US hegemony. In discussing current trans-Pacific relations among big powers, it is extremely important to take note of this widening gap.

However, to the US, which has maintained a strategy of preventing any other power from challenging US global and regional domination, leadership, and primacy, a decade long boom of ASEAN-led regional institutions (although they are definitely in their nascent stages) really serves as a geo-strategic "wake-up call". During the Bush administration, particularly its second term (2004 – 2008), Washington began to perceive East Asian regional cooperation as a big challenge to the US. But, as Washington's foreign policy was pre-occupied by other agendas and was over confident to its effectiveness and centrality of regional bilateral alliance system, it failed to come up with a new approach to Asia, still sticking to the ' "hub and spokes' approach to Asia—with the United States as the hub, bilateral alliances as the spokes, and multilateral institutions largely at the margins of American policy". ① The Obama administration has to change America's policy and approach to East Asian institutions. Through visits and speeches, US political leaders are elaborating its renewed "principles of engagement in the Asia-Pacific". In a high profile manner, the US came "back" to Southeast Asia and beyond. ②

This article briefly discusses APEC's transformation in the past two decades since its beginning, with special attention to both APEC's variants and counterparts in East Asia and its current and potential alternatives. It emphasises the relationship between Asian/East Asian and Asia-Pacific (trans-Pacific) institutions. This chapter addresses the roles played by big players, particularly the US, Japan, and China, in such regional institutions.

APEC is not an Asia-pacific economic community

There are two alternative assessments on APEC's strengthens and weaknesses, achievements and failures in the past 20 years.

---

① See Feigenbaum, E. A. and Manning, R. A. (2010). *The United States in the New Asia.* New York: Council on Foreign Relations.

② US Secretary of State Hillary Clinton repeatedly said in several key pol-icy remarks in Asia and the US that "the United States is back" to Asia.

One is a view of applause. Those who see success in APEC's performance cite the annual APEC "Economic Leaders Meeting" (the APEC Summit) as a signal of the importance of the trans-Pacific economic forum. There is little doubt that these meetings really helped boost the host country's self-image and perhaps even the economy. APEC is like a big regional Expo. Considering the huge size of APEC region, each hosting country was excited to host the event and to seize the opportunity to befriend with other members.

APEC is certainly not useless. According to APEC's secretariat, "an independent research" finds that "APEC members trade with each other more than they do with other free trading agreement partners and much more with trading partners who are both members of APEC and members of the World Trade Organization. This demonstrates the high level of de facto integration between members of APEC, even under non-binding arrangements". ①

On the other hand, many have been critical of APEC. To them, "APEC is a perfect excuse for chat"; "It is not a serious regional institution-building"; "The Economic Leaders' Meetings, are better remembered for the attire of the leaders than for its substantive pro-nouncements". ② APEC is too informal or too non-binding to be effective. It has over-emphasised "open regionalism". It is the largest trans-regional body in the world. Gradually, its rules and forms are too old to "bottle" the new "wine" such as the rise of China and East Asian institutions. It is too American dominated to be balanced across the Pacific. ③

To be fair, APEC encouraged economies in Asia, particularly economies still not fully opened (China) or highly managed (Malaysia) to unconditionally/unilaterally open up or to deregulate in order to let global market/financial forces prevail. To some APEC economies, the over-openness of their markets was dangerous not only economically but politically. Therefore, after the 1997 financial crisis broke out, such economies had to keep distance with APEC's "unilateral liberalisation" and turned to the "necessary evil" of more regulation and control by the state. As a result, to a large extent, APEC's central doctrine "liberalisation" in 1990s actually was paused or interrupted.

This chapter is neither for praising nor for criticising. I agree that APEC has been useful and valuable commercially or diplo-matically. But the good times are over: APEC has been marginalised by various truly regional (although imperfect and premature) East Asian regionalism/cooperation initiatives. The decline—if temporary—of American hegemony is a latest blow

① APEC Secretariat, "APEC Members Enjoy De Facto Integration, Analysis Reveals." See, http://www.apec.org/apec/news_media/media_releases/200911_9_tradecreation.html.

② Quoted from Desker, B. "Apec at 20: Old Promises, New Challenges." See http://www.rsis.edu.sg/publications/Perspective/RSIS1112009.pdf.

③ On the role of America's hegemony in regional institutions in Asia-Pacific, see Beeson, M. (2009). "East Asian Regionalism and the End of the Asia-Pacific: After American Hegemony." *The Asia-Pacific Journal*, 2-2-09.

to APEC. Within APEC, both the US and its allies have to seek a more effective alternative to APEC.

In a sense, APEC is at the same time effective and ineffective in pursuing multilateralism. Its initial effectiveness mainly existed in its first decade—its successful China absorption/integration strengthened its legitimacy as a most inclusive trans-regional body and its setting of ambitious trans-Pacific deadlines to liberalise trade and investment were attractive to all. During this period, both the US and ASEAN political leaders played leading roles. But, APEC's indifference and inaction to respond to the "Asian financial crisis" created its first Waterloo. After that, there was continuing doubt over its relevance to East Asian members.

The start of East Asian cooperation marked the theory of East Asian regionalism was translated into practice for the first time. With the support and push from Japan and China, the ASEAN had brought to the fore a number of "East Asia" processes. The birth of these East Asian regionalist projects further reduced the demand for APEC. In APEC's second decade in the 2000s, it had to co-exist with "ASEAN-led" East Asian economic cooperation.

Of course, at the same time, both ASEAN and its partners in Northeast Asia, China, Japan and South Korea, continued to play critical roles in APEC. China hosted APEC in 2001 just after the September 11 terrorist attack. In 2005, some ASEAN members in APEC established the early foundation of the Trans-Pacific Partnership (TPP) Agreement, an Asia-Pacific trade agreement involving East Asian institutions'future competitor and, at the same time, possibly the need to APEC's future alternative.

Multilateral institutions

Regional institutions (the existing and the proposed) in Asia and the Pacific fall within four categories. These categories are natuarlly overlapping and not mutually exclusive. The four categories are: the "Southeast Asian", the "Pacific", the "East Asian", and some "in between the East Asian and the Pacific". They include:

- "ASEAN Community": When ASEAN relatively recovered from the financial crisis in 1997, in the late 2000s, its temporary emphasis on the importance of "East Asia" cooperation during the crisis gradually faded. Asia's first relatively fledged sub-regional integration strengthened its status by going integration: "The ASEAN Community is comprised of three pillars, namely the ASEAN Political-Security Community, ASEAN Economic Community, ASEAN Socio-Cultural Community". ①Its regional charter began on 15 December 2008 and it not only "serves as a firm foundation in achieving the ASEAN Community" but per-haps has the spill-o-

① Overview on ASEAN, see http://www.aseansec.org/64.htm.

ver effect in other parts of Asia. The charter secures ASEAN's leadership position in East Asiä?

• "ASEAN + 1": The majority of Asian regional institutions are based in ASEAN. Now, ASEAN has concluded FTAs with all six non-ASEAN members of the East Asia Summit, a mini-APEC. ① Furthermore, ASEAN expands the "ASEAN + 1" to forge a new ASEAN-US ties, the most important "ASEAN + 1" arrives.

• Asian monetary cooperation: This multilateral monetary facility is a result from the Chiang Mai Initiative (CMI), which East Asian economies first initiated in 2003. Originally about a currency swapping mechanism to protect the region from increasing risks in financial globalisation, the plan has grown larger. Of the reserve, China and Japan take the co-leadership. ②

• Shanghai Cooperation Organization (SCO): From geo-political perspectives, this organisation deserves to be mentioned in discussing APEC-related issues. Because China and Russia, SCO's organisers, are both APEC members. The SCO originated in Central Asia, which was formerly part of the Soviet Union, but it covers the majority of Eurasia and the continental East Asia. As a great nation located in between the Pacific Asia and Eurasia, China wisely seeks balanced regional relations. Considering China's unstable western parts (two "X"s: Xizang/Tibet and Xinjiang in particular) and the US's continuing intervention in the two "X"s, China fully knows the strategic importance of the SCO region.

• A Northeast Asia Peace and Security Mechanism (NEAPSM): In its joint statements, particularly the 19 September 2005 Joint Statement, a multilateral process called the Six-Party Talks has proposed the NEAPSM. According to China-US Joint Statement issued in 17 November 2009 in Beijing, this will be a "permanent peace regime" in this sub-region in Asia-Pacific. The nature of the NEAPSM is trans-Pacific. It offers a regional approach to deal with international issues like the nuclear weapons prolifer-ation, with a view to lasting regional security through effective multilateral regional cooperation.

• TPP: Many Chinese analysts did not know what TPP stands for before the 2009 APEC Singapore Summit. The Trans-Pacific Partnership suddenly emerges as both a trade agreement and a strategic alliance. TPP is called a "high quality" arrangement of Asia-Pacific economic cooperation. In contrast, APEC is really a low quality trans-regional grouping. There are some interesting questions: Is TPP an inevitable answer to APEC's growing marginalisation and irrelevance? Is TPP a way to "restore America leadership" in the region? Several key ASEAN nations not only Singapore but also Vietnam (2010 ASEAN chair and the US's new regional partner) are keen to promote the TPP for engaging the US; the US current administration finds a

---

① Munakata, N. "The US, China and Japan in an Integrating East Asia."

② "Asia's IMF." *China Daily*, 30 December 2009.

strategic value of the TPP and quickly decided to enter into negotiations of the agreement. ① Other APEC members which are excluded by East Asian institutions such as Taiwan tries to join the TPP. ②

• "Asia-Pacific Community" (APC) : Australia had played a leading role in forging APEC. It wants to play a leading role again in proposing a single Asia-Pacific institution. Australia's Kevin Rudd, coined and sent the idea of APC in recent years. His APC policy team organised a big Asia-Pacific conference in Sydney from 3 – 5 December 2009. ③

• "East Asia Community" (EAC) : In principle, optionally, "ASEAN + 3" wants to be an East Asian Community. But, in recent years, leaders from both Southeast Asia and Northeast Asia decreasingly talked about the future of "ASEAN + 3" as the base of EAC. Since 2005, the East Asia Summit (EAS) has made EAC more impossible rather than possible. Suddenly, in Tokyo, the ruling JDP represented by the Prime Minister Yukio Hatoyama proposed a Japanese edition of EAC. The proposal is based on the exiting framework of EAS, but maybe different from any Asia-Pacific institution if the US joins the EAS. In other words, today's Japan seeks a regional institution in between the existing ASEAN-led East Asian institutions and trans-Pacific institutions.

Critics in the US of the growing regional cooperation in East Asia have charged that the East Asian institutions and trans-Pacific institutions are mutually competitive and exclusive. Some of them have argued that the theory and practice of East Asian regionalism are a catastrophe to "open regionalism"—APEC's core principle. They have always seen that East Asian processes without the US are not good for existing regional order but are good for alternatives such as Japan or China-centred ones. In conclusion, such worries simply see East Asian processes as not compatible with the APEC and other trans-Pacific processes.

Perhaps a fundamental reason of the new trans-Pacific initiatives and efforts made by either Australia or America is the deeply ingrained worry about competition. It can be interpreted as a num-ber of new attempts by the Western players to unify/integrate multi-institutions—a wide diversity of regional architecture.

Each institution has its mission and enjoys its legitimacy. There is little likelihood that they would be amalgamated into one ultimate framework for the entire broad region. As the inventor of "reformist phrase" and "multi-multilateralism", Francis Fukuyama, labeled as a conservative scholar, thinks from the regional governance perspective, these various institutions reflect the diversity and complexity of the region. As he argues, even "a truly liberal principle would argue

---

① US President Obama announced to APEC leaders in November 2009 in Singapore.

② "Taiwan Seeks to Join P4 Trade Group." See http://www.chinapost.com.tw/business/asia/b-taiwan/2010/01/30/242892/Taiwan-seeks.htm.

③ See http://www.apc2009conference.org/site/.

not for a single, overarching, enforceable liberal order but rather for a diversity of institutions and institutional forms to provide governance across a range of security, economic, environ-mental, and other issues". ①

China's attitude

Over the past 20 years China's attitude to regional institutions has evolved into a stable and predictable regional multilateral policy.

Firstly, China sees itself as a part of the regional system. China's interests are well-served by an inclusive regional grouping and a freer trading environment.

At least from 1949 to the end of the Cold War in 1989, the People's Republic of China was not an indispensible part of the world economy. Prior to 1979 when it officially opened itself to the world, it did not even engage in international/regional trade except with Hong Kong and a handful of friendly countries. Since the late 1970s, especially the accession to the WTO in 2001, China has established itself as a major trading nation.

To the US, APEC facilitated China's integration into the America-dominated "global economy". In the 1990s, APEC was one of China's main channels to link with outside economies. The experi-ence in APEC helped China's accession to the WTO. ② Then APEC also provided a much needed diplomatic channel for nurturing China-US ties.

A result of China's WTO membership was that China and the US turned their relations into an unprecedented largest bilateral economic interdependence in world economic history. ③ Both Beijing and Washington have known the relations are good for both sides if they could manage their differences. If a trade war happened, both would become losers—the worst scenario.

Should the bilateral relations break down, the results would be disastrous. "During the Cold War, we spoke of 'mutually assured destruction', in which the United States and the Soviet Union had so many nuclear weapons that one side could not destroy the other without destroying itself. Swap 'mutually' for 'monetarily' and you get the new MAD—'monetarily assured destruction'—which exists between China and the United States. One consequence of the financialization of the US economy was that we managed to get China to swap real goods for paper, and a terrible rate of return on holding the paper, for more than 20 years, in the course of

---

① Fukuyama, F. (2007). America at the Crossroads: Democracy, Power, and the Neoconservative Legacy. New Haven, Conn.: Yale University Press. Quote from Wright, T. (2009). "Toward Effective Multilateralism: Why Bigger May Not Be Better." *The Washington Quarterly*, July, p. 164.

② Desker, B. "APEC at 20: Old Promises, New Challenges."

③ US President Obama said at the 1st US-China Strategic and Economic Dialogue in Washington DC: "U. S. -China Relations to Shape 21st Century," 27 July 2009.

which the Chinese(and other East Asian economies) built up astonishingly large trade and current account surpluses". ①

Secondly, the engagement and participation in regional institu-tions is a key part of China's strategic/realistic embrace of multilateralism.

After a temporary doubt and reluctance in the early 1990s, China began to firmly adhere to the principle of multilateralism. China's leaders have conducted their high profile global and regional summitries without any disconnection. Multilateral diplomacy helped ease the pressures and tensions that China faced in the region. China has been facing a number of dilemmas in the region:

- Political dilemma: Generally, China's fine economic/business relations with others helped improve its political relations. But, the economic relations have their limits in bringing about better political relations. From 1998 to 2006, China-Japan relationship was once summarised by a general saying: "hot economics but cold politics". Many of the bilateral and even multilateral interactions between China and the others can be described in the same way. China's close economic relations with the US have not changed the nature of China-US political relations.

- Economics dilemma: In the past China had doubted deeply and resisted strongly the theory and practice of free trade. But, as a trading nation and the "world's factory", today's China heavily depends on the sustainability of the free trade system and it has become a major force against protectionism in trade and investment. But, while taking advantage of China's opening up, others complain China's openness is quite problematic, especially and clearly the political openness. The tension between the com-pany Google and China is being classified by the US government as a part of bilateral trade frictions; China's internet censorship is considered as a new "trade barrier".

- Security dilemma: The economically booming Asia-Pacific is also dynamic and energetic in the arms race. The US continues to strengthen its regional military alliances. Many countries in the region are already strong military powers in their own right. South Korea is strong enough to initiate preemptive war against North Korea—the 9th nuclear weapon power. ② At the same time, reactively and defensively, China has to modernise/revolutionise its military in order to not only deal with the worst scenario triggered by the arms race but also protect China's growing "overseas interests". Objectively, a growth-oriented China perhaps has benefited greatly from the Pax Americana (American Peace), but it is never a part of the America-led alliance

① Blyth, M. "The End of American Capitalism? Mark Twain, Lake Wobegon, and the Current Crisis." See http://www.america.gov/st/business-english/2009/May/20090513104454wrybakcuh0.4169995.html.

② Bandow, D. "Letting Go." *The American Spectator*. See http://spectator.org/archives/2010/01/25/letting-go.

system. The US and other regional powers justify their strengthened military alliances by addressing China's military build-up.

Thirdly, as China's surrounding environment is so complex geo-strategically, China's approach to Asia is to be a good neighbour.

China-ASEAN is an example of this and shows China's great care in handling relations with its neighbours. Regional institutions helped improve China's relations with ASEAN. China has been eag erly showing good will to ASEAN by accepting the "ASEAN way" and regional rules produced by ASEAN. China is the first external player which acceded to ASEAN's Treaty of Amity and Cooperation (TAC) in 2003. ① China supports ASEAN's leading role in regional institutions. China continues to look to the "ASEAN + 3" as a "main channel" to achieve greater economic integration.

Fourthly, China endorses the concept of "open regionalism". Reflecting this, China finally and formally acknowledges the US's "indispensable" role in Pacific Asia. The China-US Joint Statement in 2009 states: "China welcomes the United States as an Asia-Pacific nation that contributes to peace, stability and prosperity in the region". "The two sides stressed that they share broad common interests in the Asia-Pacific region and support the development and improvement of an open and inclusive regional cooperation framework that is beneficial to all. The two sides will work to encourage APEC to play a more effective role in promoting regional trade and investment liberalisation and economic and technical cooperation and for the ASEAN Regional Forum to play a more effective role in strengthening regional security cooperation". ② Some has long supposed that an enduringly rising China would pursue regional hegemony. ③ But Chinese leaders and diplomats have repeatedly reassured the region that China would never seek Chinese dominance. Interestingly, to avoid international misunderstanding, China has even not pursued international leadership (Deng Xiaoping: "Bu Dai Tou"—not take the lead) because leadership always means hegemony.

Finally, China is in no hurry to promote a single, integrated regional institution such as TPP and APC. The emergence of multi-institutions may be an indication of an inevitable multipolar world in the 21st century. But China has to respond to such policy challenges posed by the US and Australia. China could encourage and support closer and effective interaction of existing regional cooperation and integration initiatives to establish a de facto network of coordination among different regional institutions. China's membership in TPP will be considered and sought seriously if most of ASEAN members and Japan finally joins it. China will continue to

① The US signed the TAC in 2009.

② From Chinese Foreign Ministry and US White House websites.

③ For example, Gries, P. H. (2005). "China Eyes the Hegemon." *Orbis*, 49, 3, pp. 401 - 412.

pay attention to Australia' APC idea but has refrained from endorsing or opposing it.

Deng Xiaoping said China is both a big and a small power. ① This is true not just today. In the past, China was such a complex and contradictory power. In the future, as many developments indicate, Deng's sober argument is likely to continue to hold. As a big power, China needs to accommodate the demands from small powers, especially its Asian fellows. A best way to accommodate is the provision of regional public goods. As a small power, China needs to be accommodating with the big powers, especially the US and Japan in the same region. A rising China with growing regional stakes seeks a regionalist approach to be a key contributor to the regional order. This would not only better serve China's interest but also others; as well it would not only bring regional peace but also contribute to global peace.

ASEAN's centre status is guaranteed by US's new Asia-pacific strategy

Strategically straddles East Asia and the Pacific. As a group of small and medium powers, ASEAN has resisted the domination of big powers. They have managed to play a unique role in between big powers. Now, ASEAN has enjoyed improved relations with all big powers including the US, Japan, India and China. These powers need ASEAN and tolerate its usual balancing acts.

The US rediscovers the strategic importance of ASEAN in the formation of US centred Asia-Pacific "regional architecture". According to US Secretary of State Hillary Clinton, ②

- Washington highly values ASEAN as "an important success story"; "A strong, integrated ASEAN will serve broader regional interests";
- Washington continues to support ASEAN by enhancing the US-ASEAN Enhanced Partnership and the economic-focused US-ASEAN Trade and Investment Framework Agreement;
- Washington applauds ASEAN's decision to establish a new Intergovernmental Commission on Human Rights;
- Washington is eager to strengthen the ASEAN Regional Forum (ARF);
- Washington establishes an ambassadorial post to ASEAN in Jakarta;
- The United States might play a role in the East Asia Summit (EAS).

In the foreseeable future, ASEAN appears able to keep good relations with both China and the US. ASEAN is unlikely to choose between China and the US. Instead, for its own balance of power diplomacy, it promotes a deep regional presence of the US. Some ASEAN leaders have managed to advise that the US should realise the strategic importance of the APEC region.

① Deng Xiaoping(1994). *Selected Works*, Volume 3. Beijing: People's Press, p. 105.

② US Secretary of State Hillary Clinton Remarks on Regional Architecture in Asia at the East-West Center in Honolulu, Hawaii on 12 January 2010.

Singapore's Lee Kuan Yew warns: "America will lose economic ground to China and find itself excluded from the economic dynamism of East Asia if Congress continues to resist FTAs. During the next two to three decades, the region will grow in economic weight and the balance of power in the world will shift to Asia and the Pacific region". "China's competitive advantage is in the economic arena, with its huge, well-qualified manpower pool and its growing consumer market". "The contest of this century will take place in the Pacific between the US and China, and it will be economic, not military. America cannot retain its position as the leading global power if it loses influence in the Pacific". ①

The trajectory of the reglonal policy of China and Japan and their interactions is a key

Currently, in China-US economic disputes, the US accuses China as causing the global (economic) imbalance (read: US-China economic ties). But, actually, the imbalance was very much a result of America's own making. As mentioned before, after Japan, China has been linked or integrated by the US as part of the US-centered global economy. "For decades, the United States has relied on a tortuous financial arrangement that knits together its economy with those of China and Japan. This informal system has allowed Asian countries to run huge export surpluses with the United States, while permitting the United States to run huge budget deficits without having to raise interest rates or taxes, and to run huge trade deficits without abruptly depreciating its currency". ②

China and Japan have enormous potential to develop their mutual economic relations. The two have common experience and perception of gains and pains from the economic relations with the US. They can develop a common stand to improve the East Asia-US imbalance or the America-dominated regional order in East Asia in order to reduce the future risks of financial collapse.

Japan's timid new efforts on an East Asia community show that it fully knows its economic dilemma resulting from its long economic integration with the US. Japan really wants to achieve a new relations with the US on "equal footing". China has formally rejected the US's unofficial proposal of a "G2". The refusal to form a G2 should be good for China-US to rebalance their imbalanced interdependence. It is also good for East Asian cooperation/ integration. China's relations with the US are indeed vital, but more important to China is not forming a G2, but diversifying its foreign relations and not neglecting the other powers in Asia and elsewhere. In either "Strategic Economic Dialogue" (2006 – 2008) or ongoing "Strategic and Economic Dialogue", China expressed its worry on US budget policy and China's US-dollar assets. The chal-lenges

① Lee Kuan Yew (2010). "The Importance of APEC to the US." *Straits Times*, 11 January.

② Judis, J. B. "Debt Man Walking." *ejoural USA*, p. 9. See: http://www.america.gov/media/pdf/ejs/0509.pdf#popup.

and risks posed by both Japan-US and China-US economic relations give China and Japan the incentive to work together in dealing with the US. But, due to many strategic reasons and various other considerations, both China and Japan are reluctant to for-mally make an economic alliance for a shared truly regional East Asian Community.

The Obama administration seeks to restore America's domination in Pacific Asia, but, paradoxically, due to the large trade deficit with China and Japan, the US president says East Asia could no longer rely on the US market but their own domestic consumption. ① Washington also repeatedly says that "the US alone can't solve the world's problems". The aim of this is for others to share the US's burden in a crisis time. But, this US position can be interpreted as a self-declaration of the beginning of the end of the US hegemony. "After hegemony", ②it is more imperative and necessary to establish regional accords and frameworks. For having cooperation from the region, the US needs regional multilateral arrangements. At the same time, regional multilateral arrangements can bind the US's unilateral actions. A historic turning point for rebalanced East Asia-US relations is coming. A fundamental reason for Japan's eco-nomic success after its defeat in the World War II is that the US provided a market for Japan. Similarly, China's economic achievement was also because of such a US market effect.

Now, things have changed. At least for a while (global economic recovering period, maybe for several years), America's current economic crisis has reduced the importance of the US market to export-driven East Asian economies. Objectively, many key economic challenges and problems the US faces will not be easily overcome in the foreseeable future. As a consequence, East Asians have no better choices than to seek East Asian cooperation. China and Japan are the largest trading partners in the region. Although both China and Japan still very much dependent on the US market, but the era of absolute reliance is over. If the two can overcome the politics and security dilemmas between themselves, the possibility of a China-Japan-driven East Asia community is high. China-Japan economic ties will be strengthened as China continues to grow and Japan relies on China's market to solve its own economic and social problems. That is why the Japanese new vision on East Asia community has its real rationales and why China-Japan relations have been improving in the time of global crisis.

Concluding remarks

The coexistance of East Asian regional institutions and Asian Pacific regional institutions

① "Remarks by President Barack Obama at Suntory Hall." Tokyo, Japan, 14 November 2009.

② Quoted from Keohane, R. O. (1984). *After Hegemony: Cooperation and Discord in the World Political Economy.* Princeton University Press.

does not imply "drawing a line down in the middle of the Pacific". ① A second Cold War—a Cold War between China and the US is highly unlikely. While China has benefited from a growing, open and cooperative regional environment, China has been constrained and regulated by the existing Asia-Pacific multi-lateral order. So, although tensions and frictions between China and the US always occur, both Washington and Beijing realise that "it is in the interest of both the US and China to continue forging a wider and genuine strategic relationship". ② East Asian institutions and trans-Pacific institutions have converged. But, on the other hand, their paths and objectives have diverged. As the Japanese leaders described, the East Asia community will be a European Union-like body. The EU does not include the US. The East Asia community also should not include the US. The ultimate framework of East Asia is very much dependent on the policy stance of China and Japan. If they really want to build balanced and equal footing based relations with the US (if they do not want to continue to live in an unequal, hegemonic/America-centred regional environment), a commonly pursued East Asia community is a necessary and legitimate choice with clearly far-reaching significance.

Such an East Asia community should not be exclusive and should be open. The EU and the US achieve coordination through trans-Atlantic institutions such as the NATO. Like the EU, a proposed East Asia Community could and will have better cooperation and coordination through a number of trans-Pacific institutions.

However, the future of multilateral institutions in Asia and the Pacific is still uncertain. East Asian institutions may be short-lived because America attempts to resume its regional multilateral domi-nation. Japan hosted the APEC in 2010. The US will host APEC in 2011. Washington is viewing this Japanese APEC leadership as an opportunity to sell its core Asia-Pacific agenda—TPP, which may deconstruct East Asian cooperation and reconstruct Asia-Pacific cooperation: "The United States and Japan should work closely to move the process forward in 2010 and perhaps bring it to a successful conclusion: a signing of the Trans-Pacific Partnership at the Honolulu Summit in the fall of 2011". ③ If Japan decided to join TPP, the expanded TPP would deal a hard blow to existing East Asian processes.

① James Baker (former US Secretary of State) words, quote from Bergsten's speech.

② Zbigniew Brzezinski replied in an email interview with the author, 28 January 2010.

③ Bergsten C. F. (2009). "The Future of APEC and Its Core Agenda: Keynote Speech to the APEC 2010 Symposium." Tokyo, December 9.

地区主义浪潮陷入低谷[①]

世界范围内，地区主义因为欧洲一体化的危机和美国对那些具有挑战美国霸权的地区主义进行打击而注定进入一个历史的低谷。如果把地区主义的诞生和发展看作是自第二次世界大战结束以来的世界政治经济的一个显著而重大的特征与趋势，那么，地区主义的实践在全球金融危机中陷入生存危机，步入大的低谷，则将是影响本世纪第二个十年甚至更长远的全球政治经济，尤其是全球地缘战略格局的一个突出因素。

以欧洲联合为代表的第二次世界大战后的世界地区主义，尽管有时曲折，有时缓步不前，但总的趋势是进步和深入。欧洲联盟的出现不仅改变了欧洲自身，而且改变了世界体系。欧元的诞生，是欧洲一体化过程中最为实质的成就。十年过去了，欧元区扩大到 17 个欧盟国家。

欧洲联合的持续和进步，使世界其他地区的人们受到鼓舞。半个世纪以来，尤其是冷战结束以来的最近二十年，从非洲到中东，从中亚到东亚，从北美到南美，地区合作的形式各异，大多数国家都不仅有地理意义上的，而且，更重要的是有超越地理意义的经济、政治、安全、环境、社会等的地区归属。

但是，这次全球性的金融危机却把欧洲一体化过程中长期积累起来的一些要害问题暴露无遗。金融化的经济、庞大的民族国家和欧洲地区两级治理结构、福利化的社会、后现代化的生活方式，都不堪金融危机的打击。债务危机和货币危机使欧洲一体化也陷入了危机，欧洲内外，都忧虑欧盟的前途。

欧元区国家在德国和法国的带头下，试图通过更深入的地区一体化解决这一过程中遭遇的危机，即更进一步的政治一体化。具体来说，欧元区国家试图在现在的货币联盟的基础上组建“财政联盟”即欧洲的“经济政府”。这一解决方案在逻辑上看是合理的，但很难实现。欧洲一体化的危机还表现在，在关键的历史时刻，英国这个欧盟三心二意的成员国，为了保全其核心的金融利益，不顾可能在欧洲被孤立的结局，带头反对欧元区国家通过修改欧盟“宪法”条约拯救欧元。

欧元区、欧洲联盟和整个世界经济将因为欧元区的失败付出巨大的甚至是难以承受的代价。苏联在世界经济上的重要性不足，其解体只是冲击全球地缘政治、战略平衡稳定，而与世界第一大经济体美国在规模和实力上最为接近的真正的世界第二大经济体欧元区的解体，则将带来整个世界经济的体系性大衰退。

---

① 本文是为人民日报社主办的《人民论坛》杂志提供的“第一言论”。见《人民论坛》2012 年 2 月号上。

欧洲一体化的危机将对世界上其他地区的合作,尤其是那些试图考虑地区货币合作的人们不得不重新思考地区主义。欧元区的生存危机实际上正在使越来越多的人开始嘲笑那些建立“亚元”等地区货币的设想。欧洲为前车之鉴。从欧洲一体化中汲取了成功经验的其他地区的人们,也一定会从欧洲的问题、危机,甚至失败中学习。

地区主义在世界范围内的低谷不仅因为欧洲的危机,还因为美国的“帝国”式反扑。美苏冷战结束以来的这二十年,在各个“基本面”上,美国上升为人类历史上第一个“全球性的强权”,即所谓“唯一的超级大国”。这样的权势,在本质上和形式上是“帝国”的,所以,也被新保守主义者称之为“新帝国”。

“新帝国”的一个特征和作为是,无法容忍诸如欧元区这样注定挑战美国独霸地位的地区主义之新兴力量。除了欧盟,亚洲金融危机后出现的东亚合作,也被美国当作是挑战其主导的“美国的太平洋世纪”的地区主义力量。在金融危机打击下不得不在全球战略布局上处于守势的美国,却在亚太地区展开攻势。美国“回归”亚太,构造以美国为中心的亚太“地区架构”,使基于地区主义理性的渐成气候的东亚合作遭受重大打击。

美国正在力推的“跨太平洋伙伴”(TPP)计划不仅影响东亚合作,而且因为包括了一些重要的南美国家,将延缓被视为“美国后院”的南美地区一体化。

总之,世界范围内,地区主义因为欧洲一体化的危机和美国对那些具有挑战美国霸权的地区主义进行打击而注定进入一个历史的低谷。

走向实质性与实用性的“亚洲联盟”

——面对持续恶化的全球危机,需要重新思考亚洲合作①

目前,国际上出现了关于亚洲(陆地的亚洲和太平洋的亚洲)地区合作和地区秩序的一些有意思的构想

第一个是中心(Hub)和围绕着中心的国家(Spokes),即作为“太平洋国家”的美国的霸权的继续。其他国家,不仅是韩国、日本、澳大利亚和东盟国家,而且中国都属于这个以美国为中心的体系。自从第二次世界大战以来,尤其是冷战结束后,美国(尤其是美国海军)“巡视”亚太地区。此种霸权或者“新帝国”秩序,是西方殖民主义和帝国主义在新时代的延续和变种。

美国的真正的对华战略和政策是把中国“纳入”其主导的单一世界体系(the One World)中。美国给这个单一的世界体系起的名字是“自由秩序”,且认为加入这个体系或许很容易,但退出和推翻这个秩序却很难(Hard to Overturn and Easy to Join)。② 针对中国的这一美国“大战略”(Grand Strategy),截至目前,取得了相当的成功。③

美国的新战略是通过加强“亚太”架构(The Asia-Pacific Regional Architecture),而使“东亚”合作的意义降低。目前美国主导的“TPP”(tans-Pacific Partnership)计划的战略意图上就是如此。

第二个是地区主义和东亚共同体(EAC 或者 EAc)。但东亚共同体受到上述的美国为中心的体系(Hub and Spokes)的强大阻力,即“反制地区合作”(Anti-regions)。④

第三个是“新的朝贡体系”。即未来中国将与亚洲国家塑造一种新的关系。目前,有学者呼吁以“新的朝贡体系”设计未来(主要在东亚)的地区秩序。根据一些研究东亚地区历史的学者的研究,在旧的朝贡体系,中国曾经是这个地区(尤其是东亚)的中心,而未

---

① 本文是在由韩国千年研究所举行的“21 世纪的东北亚与中日韩合作”国际会议(2011 年 7 月 7 日,韩国光州)上的主题发言,原载中国改革开放论坛主办《中国战略观察》2011 年第 11 期。

② 见:G. JOHN IKENBERRY,“The Rise of China and the Future of the West”,New York Times,January 28,2008.

③ William H. Overholt,China and Globalization (testimony presented to the U. S. -China Economic and Security Review Commission,May 19,2005),RAND Corporation,2005

④ 关于“anti - regions”这个战略,见英国学者 Shaun Breslin 的论述:“An Alternative Look at the Forces Driving East Asian Community Building”,November 2007,http://www.stanleyfoundation.org/policyanalysis.cfm? id = 268.

来的新的朝贡体系,中国必然是中心,是恢复了的地区中心。①

日本著名的资深学者,尤其是滨下武志教授,一直研究历史上的朝贡体系。但他的结论却不是恢复这样的朝贡体系。②

第四个是"东盟模式"。东盟模式说的是小国之间的合作。但是,东盟不全是小国,印度尼西亚就不能被看作小国。在经济力量和外交力量方面,新加坡也不能算是简单意义上的小国。新加坡在地区和国际事务中的作用远超过一般小国。

第五个是大国合作推动地区合作的"上海合作组织模式"。其中俄罗斯和中国的作用十分重要。中国一直希望印度也能够与中国合作,推动地区合作。

第六个是西方力量的介入亚洲而导致的更大范围的地区合作,即"跨地区合作"(inter-regional Cooperation),一是"亚太合作"(如 APEC),二是"亚欧合作"(如 ASEM)。所谓"亚太合作",本质上是关于亚洲和美国的关系的。一直存在两个模式,一是美国主导还是东亚主导。如果是美国主导,则是前面的第一种模式,即中心和中心的附属组成的体系。如果是东亚主导,美国则必不高兴,试图"反制地区合作"。而所谓"亚欧合作",最大的问题在于,欧洲那边是一个真正的"地区",而亚洲这边则是一盘散沙,所以,"亚欧合作"是一个力量上联合起来的欧洲和严重缺少联合的亚洲之间的对话。欧洲想维持在亚洲的传统影响,而亚洲也想在美国之外,"多样化"(Diversify)其全球关系。总的看,无论是 APEC 还是 ASEM 都不是很成功和有效的。③ 一旦亚洲合作启动,人们会渐渐地淡忘这两个机构。

当前,在日本、韩国、澳大利亚、东盟国家,许多决策者和分析家似乎认为维持美国的存在和美国为中心的秩序可以对付中国的崛起。这是中国面临的一个严峻的地区环境和地区挑战。但是,问题是,对于这些国家来说,利用美国的力量来平衡中国,势必会增加与中国关系的紧张,而且,美国为中心的旧秩序的加强会使得这些国家继续向美国"纳税"。结果,以美国为中心的旧的地区秩序的加强,必然使上述区域国家付出双重代价(Double Prices)。而且,这一强化成为任何真正有意义的东亚地区经济合作(如清迈货币合作——"亚洲货币基金")的根本阻力。

我对中国的战略选择的建议

我认为,亚洲地区维持一个美国为中心的地区体系的代价和成本太高。许多人忽略了这一点。以为购买美国的"保险",尤其是"安全保险"很放心。其实,这个保险并不可靠。美国秩序的合法性问题更加明显。

---

① 中国澳门大学陈定定的发言,2011 年 5 月 28 日举行的"中国国际问题研究论坛",北京中国人民大学。

② 石剑锋. 滨下武志谈从朝贡体系到东亚一体化[J]. 上海书评,2010 - 12 - 12 日。

③ Pang, Zhongying, "Rebalancing Relations between East Asian and trans - Pacific Institutions: Evolving Regional Architectural Features", in *APEC and the Rise of China*, edited by Lok Sang Ho and John Wong, Singapore: World Scientific, 2011.

继续"努力",成为让美国比较满意的"responsible stakeholder",中国也要成为美国秩序的一部分,这在中国的"国内政治"难以行得通;而与美国争霸,取代美国,也基本上不可能,也不是中国的意图。

对中国来说,只有地区主义(Regionalism)和地区合作,尤其是东亚共同体(EAC),或者更大范围的亚洲共同体(the Asian Community),才具有更大的生命力。

东北亚三国可以联合起来在"东亚共同体"和"亚洲联盟"的形成中发挥关键的"领导"作用

继日本之后,韩国成为亚洲最为现代化的国家力量。在历史哲学的意义上,"韩国的崛起"(the Rise of Korea)是对历史上的中国秩序、日本秩序和当代的美国秩序的否定。韩国已经是一个与中日俄并驾齐驱的大国。当今的东北亚地区,除了蒙古国,已经进入没有"小国"的时代。这是一个"群龙"的时代。

大国单独组成地区共同体?截至目前,在全球范围内,没有这样的先例。

目前的"地区"(the Region),基本上是大国合作、担当领导、小国跟从的地区一致(the Concert of a Region)。欧盟(EU)有27个国家,但其中的大国,尤其是法、德、英、意等的合作和领导才导致了欧洲一体化。东盟(ASEAN)的绝大多数是中小国家,但其中的大国(印度尼西亚等)发挥了重要的领导作用。

目前,东亚地区的国际关系中,存在着一些不利于地区合作进行下去的结构性障碍。中日关系不可能达到真正的大国合作的水平,因为日本跨国公司把中国变为其"生产基地",日本统治精英不会接受中国单一的地区领导地位,而宁愿加强与美国的关系也不会转而寻求与中国的真正意义的密切合作。韩国作为一个"新兴大国",在许多方面,是把日本和中国作为竞争对手,而不是合作伙伴。

而且,单纯谈论中日韩的合作,具有东亚"种族"或者"东方中心主义"的意味,俄罗斯和作为"太平洋国家"的美国呢?俄罗斯的"远东"的土地面积比中国整体的面积还要大。俄罗斯与朝鲜半岛和日本海接壤。中国在2009年和2011年两次与美国的《联合声明》中首次正式承认了美国的这一要求。

没有美国和俄罗斯的所谓中日韩合作,如果不是一种相对来说层次比较低的协调,就是局限性显著的合作。

亚洲有远见的政治家和其他各界人士,应该站在更高处,以创新的精神,为长远的未来,设计亚洲地区秩序

截至目前,仍然非常缺乏从根本、长期的角度思考东北亚合作的文献和观点。这一缺陷表现在如下两点:第一,无法超越美国的"存在",尽管美国出现了真正的"衰落",普遍地,在亚洲,多数人仍然"敬畏"美国。与此同时,无真正理由的所谓"中国威胁"症候越加严重,即错误地认识中国的发展,因为"中国威胁",而更加离不开美国。

第二，缺少从全球治理（Global Governance）的角度看待东亚合作。目前我们正在经历许多重大的全球危机。气候变化（Climate Change）、中东的政治变化、日本的核危机、西方（包括日本）的主权债务危机，都是全球危机的表现。现有的全球治理机构，从联合国安理会（UNSC）到布雷顿森林（Bretton Woods System）体系，即使改革了，都无法达到真正的全球治理。

遗憾的是，每每参加讨论东亚地区合作的会议，我很少听到把全球危机和地区合作结合起来的观点。实际上，在世界其他地区，全球危机的加剧正是促进地区合作的契机，东亚则面对全球危机而无动于衷。

从长远（如以2049年或者2100年为目标）的角度，从应付全球危机的角度，东亚需要建立新的大国合作，进而亚洲地区联盟。

在设计未来的东亚合作上，上海合作组织、东盟和清迈合作是三个值得东北亚三国（韩、中、日）学习和思考的地区合作典范。

关于东盟的价值。东盟是一个主权国家的协会，亚洲各国可以考虑以东盟为基础，建立亚洲协会（the Association of Asian Nations，AAN）。不过，这个亚洲协会不应该是最终目标，最终的目标是形成欧洲联盟那样的亚洲联盟（the Union of Asia，UA[①]）：亚洲大会（类似于欧洲议会）、亚洲理事会（Council of Asia）、亚洲委员会（Asian Commission）。在亚洲一个类似比利时的国家，如韩国、新加坡，建立亚洲联盟的“首都”。

关于清迈协定。在这个罕见的协定中，中国和日本的行为符合未来的世界大国的标准，发挥了关键的领导力（the Regional Leadership），没有害怕冒犯美国。明显地，清迈的地区秩序构建与旧的美国为霸权的全球秩序，尤其是IMF代表的旧世界秩序有所区别。也即是说，清迈协定，说明亚洲大国，如中日的领导作用是地区合作的关键；真正有意义的亚洲合作是区别于现有美国人安排的国际秩序的。

尽管出现了一些诸如清迈协定这样的良好发展，但是，东亚、亚洲合作中的驱动力量仍然不足。

结论

在不打算超越现有的美国为中心的地区秩序下，中日韩合作走不了多远。

但是，美国秩序因为太大，是一定会崩溃的（too big to succeed）。如今这个秩序主要靠亚洲来支持，尤其是经济上和金融上。不少欧洲人和美国人，比亚洲人更加意识到美国秩序的崩溃，并且考虑“美国后”（the post-America era）的世界秩序问题。但是，很可惜，在亚洲，鲜有人严肃地考虑“美国后”，反而认为美国的复原能力（Resilience）很强大，

① “非洲联盟”的英文缩写是AU，亚洲联盟的英文缩写最好叫作UA。

用不着担心美国的“衰落”。[①]

“亚洲联盟”是美国秩序之后的一个替代性的创新。以“亚洲联盟”应对“美国后”的世界混乱。

中日韩合作不应以“东北亚共同体”为目标,而应该以“亚洲共同体”,即“亚洲联盟”为目标。亚洲联盟的领导力量之一是中日韩合作。

新的亚洲体系形成可能至少需要20年的时间。若是,中日韩不努力,则根本不存在这样的亚洲体系。

---

① 中国著名银行家(前CITIC公司总经理)秦晓为英国《金融时报》中文网写的专论《中国崛起与全球“新均衡”》认为,“美国的最大优势是它具有应对挑战和危机的自我调节机制”,见 http://www.ftchinese.com/story/001038832? page=1。美国的爱国主义学者中,如布鲁金斯学会的卜睿哲(Richard Bush III),多持有类似观点。笔者猜测,一些相信和主张此论的中国精英,不是他们自己独立观察得出此结论,而是因为深受美国的影响。

东亚合作向何处去

——论东亚地区秩序的困境与中国的战略选择①

亚洲和太平洋目前存在着许多种类的地区合作，其中最重要的是“东亚合作”和“亚太合作”。更进一步和长期地看，“东亚合作”和“亚太合作”是两种有差别的地区秩序观点。这是理解亚太地区当前存在的中心矛盾的一个重要“两分”。

从1997年“亚洲金融危机”发生以来，在包括东盟在内的东亚地区，一直存在着“东亚合作”应该得到加强的本地呼吁与行动，这方面也产生了许多实际进展，如东亚（东盟加中日韩以及中国香港）货币金融合作的《清迈协议》应该进一步扩大；中日韩三边合作得到探索与缓慢的深化，以弥补“东亚合作”中的“东北亚合作”不足的情况。

2008年，“全球金融危机”爆发后，不少人一度简单地认为，由于这次危机与“亚洲金融危机”根本不同，爆发在美国，以美国为中心，导致美国经济衰退，可能会是“东亚合作”得以进步的机会。但是，一个基本事实是，“东亚合作”并未因为美国遭遇危机而获得长足进展，却仍然停留在“务实”合作的层次上。人们吃惊地发现，东亚地区距离“东亚合作”呼吁的“东亚共同体”目标不是近了，而是远了。

总的来说，有两大因素导致“东亚合作”的势头遭到弱化，它们分别是东盟和美国，尤其是美国。

东盟一度被认为是推动“东亚合作”的“发动机”，但东盟的“东亚”认同在度过“亚洲金融危机”后持续下降，退回到强调自身的“东盟地区共同体”而非“东亚共同体”，强调东盟的“中心性”（Centrality），而不是东亚各国之间组成类似欧盟那样的合作。②

美国在一开始（小布什政府第一任期）并不在意“东亚合作”，甚至根本不看好“东亚合作”，但是，由于“东亚合作”在中国推动下取得了一些进展，美国开始在战略上担心“东亚合作”的发展势头，于是，自2009年奥巴马政府上台以来，美国宣称其全球战略重心转移到亚太，全面介入“东亚合作”。根据美国新的亚太战略（“再平衡”或者“转向”），美国介入“东亚合作”，不是为了促进“东亚合作”，而是为了变“东亚合作”为“亚太合作”。

美国之外，其他东亚之外的地区与全球力量也纷纷效法美国，通过介入“东亚合作”

---

① 本文原载《学术前沿》2012年第6期上。

② 东盟2008年通过了其地区宪章（ASEAN Charter），强调东盟要在2015年前建设成为“东盟共同体”。

而肢解“东亚合作”，先是澳大利亚、印度介入“东亚合作”，使东亚合作“四不像”，后来是俄罗斯、欧盟都对东亚合作充满了“担心”，以各种形式介入“东亚合作”进程。目前，一度是“东亚合作”取得进展的标志的“东亚峰会”（EAS）也包括了印度、澳大利亚、美国与俄罗斯等国家。

没有地区主义的东亚合作

地区主义是一个政治概念，地区一体化是地区主义的实现，是地区范围的“政治工程”。不是所有的地区合作或者地区一体化都是地区主义的实现，即在地区主义指导下的地区合作。“东亚地区主义”（East Asian Regionalism）在前几年是一个热门学术与政策话题，出现了大量的文献（尤其是英语文献），许多研究者论述了“东亚地区主义”的含义，认为“东亚地区主义”可能是解决东亚地区国际关系中的一些根本性对抗、冲突的最好途径，如同欧洲联合塑造出新的欧洲秩序一样，东亚联合将塑造出新的东亚秩序。

冷战刚结束时的20世纪90年代，当时的东南亚政治家，如马来西亚总理马哈蒂尔系统表达了其“东亚地区主义”思想；“亚洲金融危机”期间（1997—1999年），日本官方提出建立“亚洲货币基金组织”（AMF）的建议；当“10＋3”机制建立以后，“东亚合作”甚至把“东亚共同体”设定为“东亚合作”的目标。

但是，东盟对“东亚共同体”的兴趣随着“亚洲金融危机”的远去而下降，东盟转而推动其自己的“东盟共同体”；2005年，在“10＋3”之外，又成立了“东亚峰会”，但“东亚峰会”很快受到世界大国的强烈干涉，而演变为一个不仅是“东亚”的聚会，也失去了召开峰会的本来意义。

不过，尽管“东亚地区主义”遭受挫折，东亚地区合作却得以继续进行。尤其是，在一些领域的东亚合作，还取得了深入的进展。这主要是指前述东亚在货币金融领域的合作。目前，我们处在21世纪第二个十年的初期，在东亚地区的官方和非官方的话语体系中，人们很少谈论和提及“东亚地区主义”。缺少地区主义的“东亚合作”，不得不局限在“务实合作”的范围。

“亚太合作”取代“东亚合作”的战略势头

这一点在美国“重返亚洲”的2009年就集中表现出来。而在美国主导“TPP”（跨太平洋伙伴关系协议）和推出新的“亚太战略”后，①即使“务实”的“东亚合作”也在快速萎

① 见美国国务卿希拉里克林顿题为《美国的太平洋世纪》（America's Pacific Century）的演讲（美国《外交政策》，2011年11月号），以及号称美国战略中心“转向亚洲”（Pivot）的文件《支持美国的全球领导地位》（“Sustaining US Global Leadership”，January 2012，See：graphics8. nytimes. com/packages/pdf/us/20120106－PENTAGON. PDF.）。

缩,失去实质意义,而“亚太合作”却正在迅猛扩大之中。

在美国推出这个新的“亚太战略”前,就有诸如福山这样的美国学者对东亚与太平洋地区存在的“多种的多边主义”(Multi-multilateralism)表达了学理上的深刻担心,认为这不符合美国为中心的“自由霸权”(Liberalhegemony)秩序。

在这段时期(2001—2009 年),美国在战略上高度集中在中东和中亚,但是,许多美国战略人士却警觉:没有美国参加的“东亚合作”与美国主导的“亚太合作”当然是“零和”关系,没有美国的“东亚合作”完全不符合美国的利益。

总的看来,当前,无论是贸易投资方面的跨太平洋伙伴关系协议,还是战略安全上的全称,美国的目的都是为了构造以美国为中心的“亚太合作”。这样的动作将是美国在第二次世界大战结束以来在亚太地区最大的战略行动。

在这种“亚太合作”的攻势下,东亚的大部分国家与地区,将对加入“亚太合作”表现出各种各样的兴趣与意图(如越南、日本与中国台湾),甚至中国也对加入 TPP 兴趣很大。最终,东亚地区的全部将进一步被纳入以美国为中心的跨太平洋地区体系内。

美国新的亚太战略的特点是先下手为强、以攻为守。美国有着这样的外交政策传统。先下手为强,在“反恐战争”中更被概括为“先发制人”;而以攻为守,就是美国一再公开宣称的以进攻态势维持其“世界领导地位”。

有人认为美国是一个“现状维护国家”(Statusquopower),毫无疑问,这一点是在美国仍然是绝对意义上的“超级大国”的情况(1989—2001 年)下,但当美国人感到自己权力在“下降”(衰落)的情况下(2001 年至今),感到世界权力“多极化”,感到世界“无极化”,尤其是感到“中国在崛起”,金砖体制(BRICS)在挑战 1945 年形成的世界经济秩序(布雷顿森林秩序)时,就不会对“现状”满意,就会变成“改变现状”(Revisionist)的力量。

中国的战略选择受到限制

本来“东亚合作”不应该被限于“务实”合作的层面,因为“东亚合作”是极其具有意义的:打破了 1945 年和 1992 年形成的国际与地区秩序架构与框架,使国际与地区秩序朝着更加美好的方向发展。例如,东亚都因为与美国发展贸易关系而积累了大量以美元为主的外汇储备,这些外汇储备在东亚爆发金融危机时不能集体用上,导致不得不求助于西方控制的国际货币基金组织(IMF),所以,东亚地区建立属于自己的地区货币基金组织,并非大逆不道,而是具有充分正当性的。再如,东亚的发展,长期依赖美国市场,地区范围内消费不足,美国金融危机爆发后,连美国奥巴马政府也承认,东亚经济需要转型,转到以“内需”为主的增长上来。

东亚搞经济合作,从根本上是不再依靠美国这个大市场,而以依靠自身的市场为主。然而,美国不愿意改变这样的“跨太平洋经济”结构,一方面,美国刺激东亚发展“内需”,也是为了自身扩大对东亚的出口;另一方面,坚决维持以美国为中心的地区经济结构,客观上进一步抑制了东亚的“内需”,美国是建立在举债基础上的消费王国,东亚的生产是为了美国,这一点短期之内难以改变。

但是,如上所述,在美国战略中心全面“转到”东亚的情况下,中国指望深化“东亚合作”,几乎是缘木求鱼。在这个情况下,从长期(未来10年)来看,对于中国、日本、韩国以及东盟来说,面对的关键问题是:“东亚合作”向何处去?

第一,中国需要成为具有巨大吸引力的“世界市场”,这样的世界市场也需要一个更加统一的、一体化的亚洲经济的支持。所以,无论多困难,中国都不应该放弃“东亚合作”的远大目标。中国目前似乎已经认识到,只能推动务实的亚洲合作,包括东亚合作,而不可能实现以地区主义为指导方针的、类似于欧洲联盟那样的地区合作。①

对中国而言,当务之急是让这些好不容易建立起来的各种层次和形式的地区合作维持下去,而不是让他们自生自灭。中国不仅需要一个“内需”(国内的最终消费能力,目前只有美国的1/6),而且需要一个外部市场,尤其是亚洲市场来解决其经济发展遇到的巨大挑战:有世界级的生产能力却没有世界级的消费能力。目前,中国仍然是日本、韩国等的“世界工厂”,而非“世界市场”。中国的GDP规模可能很快相当于美国,但是,中国却还不是像美国那样的“世界市场”。中国需要向成为在重要性上与美国一样的“世界市场”的目标努力。如果这样,东亚其他国家(经济)将不得不重建与中国的关系。

第二,为了争取让“东亚合作”走出“务实”合作层次,得到更大的提升,中国需要进一步“稳定”与美国的关系,即与美国谈判“东亚合作”。美国目前在分解中国推动的“东亚合作”,这是中美之间越来越明显的大矛盾之一。中国想稳定与美国关系的愿望不是今天才有的,早在1989年之后就开始了,进入21世纪,中国更加把稳定与美国的关系当作“大战略”,但中国越是想与美国稳定关系,美国越是觉得有机可乘,即有向中国施加压力的机会,中国为此付出的此种稳定代价越来越高。这是中国的稳定悖论或者稳定困境。②

第三,中国要支持地区合作的成功典范——欧洲联盟,“围魏救赵”,通过支持作为仅次于美国的世界经济、货币与民事力量(Civilianpower)霸权的欧洲,而继续树立地区主义的“样板”(模式)作用,③让东亚国家不放弃地区主义的追求。

① 中国国务院副总理李克强2012年4月2日在海南举行的“博鳌亚洲论坛”上表示,愿与各有关国家一道,继续推进中国与东盟的合作、上合组织、中日韩、东盟和中日韩、亚太经合组织等区域合作机制建设,推进双边与多边自贸区建设。而中国外长杨洁篪则于2012年4月8日在宁波举行的中日韩三国外长会议承认,东亚合作目前是在“经贸、财经、互联互通、社会民生等领域”的“务实合作”;杨洁篪强调,中日韩三国“投资协定”和即将于2012年5月启动的三国“自由贸易区”(FTAs)谈判,都是这种“务实合作”。

② Pang Zhongying, "Rebalancing Relations between East Asian and trans - Pacific Institutions: Evolving Regional Architectural Features", in Lok Sang Ho and John Wong (eds.) APEC and the Rise of China, Singapore: World Scientific publisher, 2011.

③ 有人认为,由于欧洲债务危机,对亚洲来说,欧盟作为地区合作的样板作用下降了,见:Phar Kim Beng, "Broken model", Hong Kong: South China Morning Post, Feb 16, 2012.

结论

在美国战略中心“转向”和世界地区主义榜样力量下降的情况下，“东亚合作”遭到历史上最为重大的外部冲击，可能将注定进入一个低潮时期。但是，毕竟美国的战略与政策变化属于来自外部的冲击，“东亚合作”的前途并不一定就是暗淡的。

美国反对“东亚合作”，是为了抵制其权势的下降，甚至寻求美国权力恢复到鼎盛时期的水平。从长远的角度，美国恢复“领导地位”的这些做法未必能取得成功。TPP若不能是大体对称的、真正“互利”的（相互开放市场），这一多边协定即使达成，最终也难以实行；确实，美国的东亚盟国需要借助美国力量。但是，美国在东亚“重新布局”（包括“导弹防御体系”），势必加重东亚国家为美国而支出的军费负担，即增加缴纳给美国的“帝国税”。

世界地区主义的前途仍然是远大而光明的，因为地区整合代表了人类文明进步的根本趋势，具有强大的合理性；地区整合尤其符合中小国家的存在及其利益。

欧洲一体化是否有前途？笔者认为还是有的。一体化不仅是为了欧洲和平，而且也是为了大国竞争，是欧洲从老化中再生的途径。一体化中的问题通过一体化加以解决。目前，以德国为代表的欧洲联盟，正是这样认识和决策的。与欧洲合作不同，“东亚合作”不能仅仅依靠远见卓识的政治家，而应该是寻求地区合作不断增长的基本社会力量。我们看到，在东亚，许多国家存在着支持地区合作的力量，如韩国民主党仍然是支持自主的东亚地区合作的力量。

地区主义是克服民族主义的过程。地区主义不是帝国主义（欧盟不是新的欧洲帝国）。继续美国秩序或者回到中华秩序，这是目前的一种普遍的误解和焦虑，由于不愿意也不可能回到中华秩序，所以，宁愿继续在美国秩序下生活。对于经历了中华秩序、日本秩序、美国秩序的东亚来说，地区主义是仅有的相对来说公平、合理、正义、新型的地区秩序。

日本:在维持与改变国际秩序之间[①]

日本:长期以来不疲倦的“修正主义国家”

针对对现存国际秩序的态度和政策,美国国际关系思想(理论)中把世界上的国家划分为两类,一类是“修正主义国家”(the Revisionist Power),另一类是“现状维持国家”(the Status Quo Power)。“修正主义国家”也称作现存国际秩序的“挑战者”。这样的划分属于在西方和美国学术界普遍流行的二分思维方式。

这种根植于西方(从古希腊算起)历史经验的国际关系思想(理论)认为,国际体系中,“兴起”(崛起)的力量(大国)对它们兴起前就存在的“现状”不满,要求改变、打破“现状”。而那些主导和控制“现状”——现有秩序的力量(大国)则对此不舒适,强烈要求维持“现状”,保持自己的统治或所谓的“领导”地位。

目前,在英语国家的国际关系学术界和舆论(媒体)界,一个比较主流的看法是,中国是一个“修正主义”力量(国家):“中国崛起”后要求打破“现状”,而美国,自从苏联解体的时刻开始就坐享的“唯一超级的大国地位”“世界领导地位”,受到了“中国崛起”的挑战。美国被描述成为一个维持“现状”的力量。[②]

当然,有不少人著文质疑中国是否为一个“维持现状国家”或者“一个国际秩序的修正主义者国家”。[③]

本文不谈中国,更不谈美国,而是谈论日本。对日本来说,如果套用英语世界的此种二分思维方法,本文的中心问题是:日本与当代世界秩序之间的关系到底如何?日本是国际体系中的“修正主义力量(国家)”,还是“维持现状力量”?历史实证主义的考察结果是,日本的情况并非是非此即彼的,日本既是“修正主义国家”,也是“现状维持国家”。

① 本文原载人民日报社主板的《人民论坛》杂志的《学术前沿》2012 年第 10 期上。

② 美国哈佛大学著名学者阿利森(Graham Allison)在英国《金融时报》(2012 年 8 月 21 日)撰文,题目是《太平洋地区涌现的修昔底德陷阱》(Thucydides' s trap has been sprung in the Pacific),尽管他建议美国不要因为不满“中国崛起”而与中国战争(他是美国研究“古巴导弹危机”的最权威专家,甚至美中两个核大国的冲突会没有胜利者,而是会两败俱伤),但遗憾的是,他仍然认为,中国是打破美国主导的世界秩序——即“现状”的国家,而美国是竭力依靠与中国冲突而维持这种“现状”的国家。

③ Johnston, Alastair Iain. “Is China a Status Quo Power?.” *International Security* 27, no. 4 (Spring 2003): 5 – 56. 而关于“修正主义国家”和“维持现状国家”比较好的一篇概念讨论见:尼古拉斯 · 泰勒:《中国是修正主义国家还是维持现状国家:对澳大利亚的含义》,见:http://securitychallenges. org. au/ArticlePDFs/vol3no1Taylor. pdf。

我们接下来要提出的问题是，日本到底想“修正”（打破）什么？又要“维持”什么？

1945 年诞生的国际（世界）秩序是建立在日本作为第二次世界大战的“战败国”基础上的。一开始，日本不得不面对和接受（不管是否全部），甚至参加了这样一个显然对自己不利的世界秩序。[①] 但很快，进入第二次世界大战后国际秩序的日本就“在体系内部”着手“修正”这一秩序。回顾从日本加入联合国到现在的 50 多年的历史，我们可以保险地说，日本一直是对第二次世界大战诞生的国际（世界）秩序的修正者。[②]

日本的“修正主义国家”性质主要体现在日本的军事政策和日本军队自第二次世界大战战败以来发生的巨大转型——结束了短暂的“和平主义外交政策”（Pacifist Foreign Policy）时期，完全“重新武装”起来。在军事上，也就是在是否走和平道路上，今天的日本实际上已经是世界上的地地道道的修正主义国家。日本已经拥有一支强大的军队。在实际上，日本已经完全放弃第二次世界大战结束时在美军占领下形成的《和平宪法》，日本“自卫队”已经重新变成日本军队。最值得指出的是，在日本这种“重新武装”的过程中，美国扮演了最不光彩的角色。美国最著名的东亚和日本问题专家约翰森（Chalmers Johnson）早在 2005 年的一篇论文中指出：是美国解除了日本的武装，但也是美国鼓励日本重新武装。“自从冷战在 1991 年结束，尤其是在小布什政府诞生以来，美国一直在竭力鼓励、甚至加速了日本的重新武装。”[③]

在与美国的双边关系上，日美关系逐渐趋向平等。不仅如此，日本利用美国对日本的战略需要，迫使美国做出一系列的对日实质让步和给予，例如，窃取的中国钓鱼岛以及琉球群岛，则完全与美国对日本的奖励有关。

在制定新的国际规则方面，日本更是冲在前头，这不仅体现在早期的联合国海洋法（UNCLOS 有着日本的理解和解释，此处不表，正因为如此，日本才一再在我国东海，以及日本海——韩国“东海”等问题上与中韩冲突），而且体现在改革联合国等机构上。在联合国，凭借主导联合国预算，[④]日本多次竞选“非常任理事国”，是担任“非常任理事国”次数最多的联合国会员国，由此，日本可说是事实的半个“常任理事国”。众所周知，日本一直要求改革安理会，是联合国改革的主要推动力量，以便借助联合国改革使日本从半个

---

① 关于日本在 20 世纪 50 年代加入联合国（成为联合国会员国）的历程，见连会新著《日本的联合国外交研究》，天津社会科学院出版社，2007 年。

② 本文并不想在这里讨论第二次世界大战后出现一直到现在的国际秩序“是什么”。一般地，西方广泛地流行着，第二次世界大战后的国际秩序是美国主导的。这一说法太笼统和太美国中心（符合美国的外交政策宣传）。实际上，第二次世界大战结束时诞生，演化到今天的联合国体系和与联合国体系并列的世界银行和国际货币基金组织，以及美欧主导的世界贸易组织，不能简单地说成是“美国主导”或者“美国领导”的。实际情况要比这复杂的多。冷战时代，因为苏联的退出和不参加，这些机构在为期四十年的时间，基本上是“西方的自由秩序”；冷战后，包括中国、俄罗斯等不属于西方的力量加入了国际经济组织（包括世界贸易组织），但这并不简单意味着“西方自由秩序”的扩大。国际金融机构方面，美欧平分天下，欧洲从一开始就掌控国际货币基金组织直到现在，美国控制世界银行。至于世界贸易组织，则总部设在欧洲人原来希望的联合国总部所在地日内瓦，而非美国，欧美共同控制世界贸易组织。八国集团则是欧洲和加拿大国家对美国在西方的霸权的改变。

③ 见约翰森教授担任所长的对日政策研究所（JPRI）的 2005 年发表的一篇工作论文（Chalmers Johnson，“No Longer the ‘Lone’ Superpower：Coming to Terms with China”，JPRI Working Paper，No. 105，March 2005）。

④ 日本一国一度占联合国预算的五分之一（见本文注释 5 约翰森的论文）。

“常任理事国”转变为安理会全面的“常任理事国”。在国际金融机构，自从日本经济在20世纪60年代进入发达国家行列且贵列与美欧平起平坐的“世界经济大国”，日本一直占据了仅次于美国在国际货币基金组织和世界银行中的“投票权”，在管理世界经济上发挥着仅次于美欧的决策者作用。由于国际货币基金组织和世界银行改革缓慢，直到现在，尽管中国的GDP总量早已超过日本，但却并没有在国际金融机构取代日本的地位。

在东亚和太平洋地区合作与地区秩序中，日本竭力追求美国霸权之下的日本主导权，[①]尤其是制造“中国欲谋求地区霸权”或者“日中争夺地区领导权”的话语，防止和阻止中国取代日本占据“地区主导权”。[②] 例如，日本在东亚货币金融合作（清迈倡议/协定，有人也称这是亚洲货币基金组织的雏形）中占据领先地位。[③] 再如，日本不甘中国与东盟达成的自由贸易区协定，在根本不向在农产品和廉价劳动力方面拥有“比较优势”的东盟开放日本市场的前提下，采取似乎比中国东盟双边自贸区更高级、战略的、综合的长期的“经济合作”关系。

日本：同时也是“维持现状国家”

但日本也是“维持现状国家”，这体现在许多方面。

第二次世界大战后，由于各种地缘战略因素，作为战胜国，美国对日本法西斯主义和军国主义的清算不够，美日媾和后，美国对日清算也就终止了，不再“改造”日本（类似于今天美国在伊拉克和阿富汗进行的所谓“国家重建”）。中国则因为国共内战及其导致的民族国家分裂等因素而难以对日本对华的殖民和战争进行彻底清算。美国与苏联之间的冷战，使日本获得战略性的喘息和复苏的机会。这样的结果是，在第二次世界大战前在亚洲通过殖民、军事入侵、占领而获得的日本帝国遗产的大部分得以保持。这一遗产还并非坚持否定与邻国的领土和领海争端，而主要体现在日本通过各种安排力图维持在第二次世界大战前就已经形成的以日本为中心的东亚地区劳动生产分工体系。

如上所述，日本一直在推动修改美日同盟关系，以便与美国的关系更加“平等”，但是，日本一直小心地“维持”与美国的同盟关系的本质不变：日本在地缘战略“安全保障”上“依赖”美国：即日本要借助美国安全（军事）力量在日本的存在，以及日美军事一体化来防止中国清算日本的战争罪行。

战后日本，“脱亚”的速度超过战前，因为“不打不成交”，西方更加接纳了日本为西方主导的“国际社会”或者“西方自由秩序”中的重要一员。日本是法国和欧共体发起的“西方七国集团”（G7）的创始成员国。从20世纪70年代以来，日本多次轮值主办G7峰

---

① 美国霸权下的日本主导权，是笔者的说法。日本终究无力也不敢挑战美国在地区的霸权。但日本不能容忍中国成为除美国之外最重要的地区国家，即日本接受不了在一系列地区问题上，中国发挥领导作用。

② 实际上，如同目前正在谈判和争议中的美国主导的“跨太平洋伙伴关系协议”（TPP）标明的那样，既非日本，也非中国，而是美国，占据着东亚地区领导权（即霸权）。

③ 但是，香港也加入了这一地区货币和金融合作计划，若是加上香港，中国与日本在清迈协定中“并列第一”。

会(苏联解体后,俄罗斯在1998年正式加入,G7变成G8),大大提高了日本在西方体系和全球体系中的国际政治地位。由于日本不是联合国安理会常任理事国,日本对其G7/G8成员国地位非常珍视,视为其世界政治大国地位的标志。自20世纪后期以来,来自法德,甚至美国的政治家和决策者,甚至主张G8吸收中国加入,但日本坚持不让中国加入的立场,以免使日本不再是能够"代表亚洲"的亚洲唯一的"G8国家"。

美国:日本修改和维持国际现状的主要外部工具

美国利用日本这一点,亚洲和全球众所周知。根据美国的战略,与日本的关系是美国对亚洲战略中的"基石"。自美日建立"同盟"关系以来,不管是冷战时期,还是"冷战后",以及当前美国的"再平衡"亚太战略,美国不断重申日本在美国的亚洲战略中的中心地位。也就是说,美国在亚洲的盟国体系中,尽管存在着其他密切的盟友,如韩国、澳大利亚、菲律宾、新加坡等,以及新发展的战略伙伴,如印度和印度尼西亚,但日本的关键性是这些盟友无法取代的。①

但是,相对来说,为人们忽略的是,日本对美国的利用:日本利用与美国的同盟关系打破国际秩序的现状和利用美国对日本的需求维持对日本有利的国际现状。在日本的外交努力下,美国已经公开"支持"日本成为联合国安理会常任理事国;日本一直要求美国认定"尖阁诸岛"(即我国"钓鱼(群)岛")是"日本领土",并要求美国承诺这一占领的中国领土为"《美日安保条约》的适用对象"。有恃无恐,在美国的支持下,日本在钓鱼岛问题上对我国空前强硬。

总之,有了与美国不断得到巩固和强化的同盟关系,日本在东亚地区处在一个非常好的地缘战略地位上。

中国并无任何类似日美同盟那样的同盟关系,短期之内,中国不可能放弃已经实行30多年的"不结盟"政策而寻求国际盟友,即使寻求到一些盟友,也绝非是美国那样的"超级大国"。所以,日本在战略实力上仍然超过中国。"有论者指出,中日关系目前正处在历史上第三种关系,即前近代的'中强日弱'、近代的'中弱日强'之外的'中日同强'关系。但依作者看,今天中日关系仍是"中弱日强"。这是因为,尽管GDP中国已经超越日本,但是以GNP计算,我们仅是日本的一半。此外,以人均GDP计算,我们更低。另外,从能源消耗、环境技术、劳动生产率、社会秩序看,我们仍不如日本。此外,因《日美安保条约》存在,日方的军事实力超过我们。最近美日联合军演,传达了这个信息。因此,中日之间还未到'中日同强'的程度。"②

---

① 见位于美国首都华盛顿的战略与国际问题研究中心出版的著名的美国前副国务卿阿米蒂奇和前国防部副部长奈的联合报告(简称代表美国共和民主"两党"的《阿米蒂奇—奈报告》,系列,The Armitage-Nye Report:U.S. – Japan Alliance:Anchoring Stability in Asia)。

② 刘迪. 东亚如何走出21世纪[J]. 东方早报,2012–08–27日。

日本还将打破或维持什么国际现状

日本的国内共识之一是日本面临内忧外患。[①] 日本内部的忧患包括日本的经济问题（日本有着与美欧一样的政府债务问题）、政治问题和社会问题（人口老化和出生率难以提高，以及不得不紧扣"外劳"的压力），这些内患在2011年突发的"311"多重国难中得到淋漓尽致的暴露。日本自身的判断是，冷战结束以来的最近20年，日本经济总体形势不好，有人用"失去的20年"来形容。这种形容固然是日本式的夸大事实，但也反映了日本在过去的20年其国力并没有获得显著上升或者增长。而在外患方面，日本最担心和最难以接受的是不到百年前的殖民地中国和朝鲜半岛居然都发生了巨变，"崛起"了。朝鲜是世界第9个公开拥有核武器的国家、韩国则在经济实力上"超日"指日可待且在外交战略上日益不把日本放到与美中同等重要的地位上、中国在经济总量（GDP）上于2010年正式超过日本。东北亚在地缘战略格局上的变化让日本寝食难安。尤其是，日本带着复杂心情极其恐惧"中国崛起"。[②]

面对东北亚的地缘战略变局，日本一方面要求美国支持日本，更加需要美国，但另一方面，日本更趋向于自主变革。许多论者，包括一些日本论者，已经明确指出，日本之所以不愿意废除核能，不仅是因为会降低日本的经济产业竞争力，而是日本需要维持核技术的优势，在必要的时候变核能为核武器。在中国是核大国和朝鲜拥有核武器的情况下，日本走向核武器大国，也许只待日本大多数国民的重新民族主义化和全球地缘形势逆转的情况发生这样的内外条件。日本"311"事件发生后，日本的许多国民如梦初醒，掀起强大的抵制核能（与核武器）社会运动，痛定思痛，思考从1945年到2011年为期66年日本本岛西东两端分别遭受核灾难的惨痛教训。从这个角度看，日本的核武装似乎严重缺少社会基础。

如今的日本，已经在西方主导的国际规则体系占据优势。中国主要通过申请加入现存国际规则体系，不可能"带头"或者"另起炉灶"建立新的国际规则体系。中国面对着一系列国际"规则劣势"。[③] 为了制约或者延缓"中国崛起"，日本也像美国和欧盟那样，要求中国在国际上"按照规则办事"。至于日本是否"按照规则办事"了，中国似乎没像日本监控中国一样监控日本是否遵守国际规则。预期，日本会利用现存的"西方自由秩序"即西方主导的国际制度，占据"道义"制高点，向中国施加压力。在这个意义上，日本似乎是"西方自由秩序"的维持者。

---

① 日本民族具有忧患传统，忧患刺激日本制定其内外战略并进行转型。最近几年日本民主党历史性地区取代二战后长期执政的日本自民党上台指正，日本国内关于日本在21世纪立国战略的争论更是不休，无论是执政的还是在野的，无论是右翼保守派，还是民主派与和平主义者，都认为日本在沉沦。

② MARTIN FACKLER，"Dispute Over Islands Reflects Japanese Fear of China's Rise"，New York Times，August 21，2012.

③ 庞中英．中国不能再"削足适履"[J]．社会观察，2012(1).

在“全球经济治理”和国际经济(金融)机构的改革方面,日本基本上是“维持现状”的保守势力。2008年西方爆发金融危机以来,一时间,西方需要一些非西方的快速增长的经济体,如中国、印度、巴西等的支持,所以,G20升级为峰会。2009年,G20在美国匹兹堡召开峰会时,宣布“G20是主要的国际经济合作平台”。这一宣布之后,许多人乐观地提出了一个问题和前景,让G20取代G8来管理世界经济。2010年,加拿大轮值G8和G20峰会,明确宣布不同意让G8消失,而是不仅与G20并存,且“领导”或者控制G20(即G20的核心是G8),日本是G8中大力支持加拿大立场的主要国家。

与此同时,日本改变现存国际秩序的企图也不会改变。不管日本是否继续与德国、印度和巴西(“四国集团”)一道改革联合国安理会,日本志在变成安理会常任理事国的努力不会放弃,且伺机让联合国体系“承认”日本“对国际社会的贡献”。

最后,我们不得不看到两种高度的不确定性。一是日本的不确定性,这里不仅包括日本政治经济的不确定性,而且包括日本与美国关系的不确定性。① 另一是世界大局在秩序和无序的共存下演变。有序的世界,即得到治理的世界,不管是否为“霸权治理”或者包容而民主的“全球治理”,②并不容易出现。21世纪前20年,全球范围的“权力转移”(Power Shifts)更加明显。③ “权力转移”如果也带来一种新的世界秩序,这是最好的结局;如果权力转移带来更多的冲突、战争、无序,甚至毁灭,则是最坏的结局。从19世纪后期以来,日本是对世界局势演化最为敏感的国家。针对世界秩序的更替,日本做出过许多重大而成功的国家应变;当然,日本也展开巨大的国家赌博,无情地挑战世界秩序,不仅建立“大东亚共荣圈”,而且建立从夏威夷以西的太平洋秩序,结果引发了与美苏的大冲突,终于导致其全面的国家失败。上述两种高度的不确定性使我们更加难以确定未来的日本与新的世界秩序(或者世界无序)之间的关系。

结论

日本本来就是一个充满了诸种深刻矛盾和具有明显的内在分裂性格的国家。由于其近现代国家演变(近代化、现代化)的独特性,日本与目前的国际体系、全球治理、世界秩序的关系非常复杂,不能简单地套用在西方产生的一些国际秩序概念来解释分析日本与世界的关系。日本“脱亚”和“西化”(包括“被西化”)的时间太长了,并非一个一目了然的典型的亚洲国家,但日本也并非真正意义上的西方化国家。

综上分析表明,日本与现存世界秩序(包括在东亚和太平洋的地区秩序)之间的关系

---

① 上述《阿米蒂奇—奈伊报告》(Armitage - Nye Report)认为,美日同盟当前于“流变期”(a time of drift)。

② 庞中英:《霸权治理与全球治理》,《外交评论》(外交学院学报),2009年第4期。

③ 一般认为,“权力转移”包括两种,一是“权力转换”(power transition),二是“权力扩散”(power diffusion)。“权力转换”主要发生在国家之间,而“权力扩散”则未必如此。权力可能从“国家行为体”手中扩散到“非国家行为体”(包括跨国公司和全球资本)手中。有关“权力转移”的系统讨论见美国哈佛大学退休教授、“软实力”理论之父约瑟夫奈的最新著作《(国际)权力的未来》(Joseph S. Nye:*The Future of Power*,Public Affairs publisher,2011)。

是复杂的,一方面,日本是一种“现状”维护力量,另一方面,日本又是国际体系的“改变”力量。这两种看似矛盾的运动,却能高度地统一在日本对外政策上面。我们不能简单地得出结论说日本是现存国际秩序的维护者,也不能简单地说,日本就是要“翻案”,推翻现存的国际秩序,而是应该根据对日本的国别研究,结合社会科学理论,尤其是国际关系理论与全球治理理论,分析日本与全球性、地区性的国际秩序之间的关系。

介入欧债危机符合中国的长远利益[①]

欧债危机以及连带的欧元前途不仅影响欧洲经济，而且将对国际政治、全球治理产生影响。

欧洲在未来世界地缘政治的地位取决于能否成功克服当前的复合危机

欧洲当下的危机包括欧债危机和欧元危机。2008 年从美国开始的金融海啸开始，欧洲已经受到巨大的冲击。欧盟各国强力回应金融危机的结果是主权债务危机在 2010 年全面爆发。到现在为止，欧债危机已经进入第三个年头，使以举债为基础的欧洲经济面对着难以为继、长期萎缩的局面。

直观地看，欧元危机则好像是在欧债危机下次生出来的。但是，其实，欧元危机对欧洲的影响和打击也许比欧债危机还要严重。目前，欧债危机压倒一切，欧元危机却尚未成为头号危机。欧洲执政者也极力避谈欧元危机，而集中在对付欧债危机上。在我看来，借用西方术语，欧债危机和欧元危机，是“一枚硬币的两面”，前一个解决有利于后一个，而前一个恶化，则必然殃及后一个，构成了欧洲当前最严重的复合危机。

为了很好地理解欧洲复合危机及其对全球地缘政治的影响，我们需要明白，欧盟和欧元“工程”（这是欧洲人的词汇）从一开始就有自我挽救、自我复苏和追赶“超级大国”美苏的意图。欧洲银行家 Fredric Delouche 领衔一批欧洲历史学家主编的《欧洲史话》（Illustrated History of Europe，1992 年法文第 1 版，1993 年英文第 1 版）的最后一章开头写道：第二次世界大战结束，世界权力中心不再是欧洲，而是转移到了美国和苏联，“欧洲一片废墟，国弱民穷，经济上和政治上，不是依靠美国就是依靠苏联。”欧洲不得不对“两个超级大国使欧洲相形见绌做出反应”，这个反应就是在经济、政治、和文化等方面的一体化（该书第 351 页）。

也就是说，“穷则思变”，欧洲联合（这里的欧洲不包括俄罗斯）从一开始就是为了欧洲在世界权力格局中的复兴。

不过，欧洲联合不断遭遇到政治上的麻烦，难以在政治领域取得根本进展和突破，于是，欧洲联合的设计者和支持者转而从比较容易的地方推动欧洲联合。直到今天，世人都知道欧洲联合取得突破的地方都是在经济领域，如共同农业政策和共同货币政策。实

---

① 本文原载清华大学《中国与世界观察》2012 年第 1 期。

际上，在欧洲，经济就是政治（这一点也如同中国），共同农业政策和共同货币政策，其实都是政治决定的产物，也就是政治工程。这些工程都是为了欧洲统一的大业，未必就一定符合经济原理。

在独立评论者眼里，尤其是非欧洲的经济学家和国际问题专家，一直是不看好建立在政治动机基础上的欧洲合作工程。“经济学家曾经警告一个全欧洲通用的单一货币将造成严重问题，但那些坚持在1999年启动欧元的欧洲政治家却忽略了这一点。欧元的鼓吹者们把注意力放在了欧洲政治整合的目标之上，并将单一货币视为培养政治认同感的其中一环。他们用‘一个市场，一种货币’这样的口号来发动群众，声称只有依靠一个单一货币才能最终建成欧盟自由贸易区。”①一位德国经济学家也是著名的国际政治活动家最近在美国华盛顿的讲话中指出：“欧元将崩溃，主要是因为一些国家别无选择不得不离开它。这是一件好事。从一开始，欧元就是错误的工程，是错误的试验……欧元区从来就不是最优货币空间（Optimal Currency Space），因为它是一些农业国家，如希腊、葡萄牙等和高度工业化的国家如德国的结合。十年了，人们幻想欧元发挥作用，但是，欧元做的所有的事情不过是在二等国家如希腊、葡萄牙、西班牙发展了泡沫。欧元从来就不具有经济合理性的基础，却是完全的政治货币。欧元有一个地缘政治的意图：保持统一后的德国仍然是受到约束的。”②

确实，今天谈论欧盟和欧元问题，必须谈到20多年前发生的最大的地缘政治改变，即德国在冷战后期达成的统一。德国的统一是苏联解体前夜的故事。但德国统一唤醒了近代盎格鲁撒克逊世界一直潜藏着的对德国的恐惧。为了阻止德国在欧洲坐大，使欧洲变成“德国的欧洲”，在外交上时不时要奉行“均势”传统策略的美英支持深入进行欧洲一体化，尤其是建立欧洲货币联盟。有的欧洲学者和政治人物认为，尽管德国现在被看作是欧元的主要设计者和领导力量，但是，实际上，德国主权货币马克变成了欧元，还不完全是德国主动选择的结果。推动进一步的欧洲一体化，包括欧洲货币联盟，也是害怕当时德国统一的欧美领袖让德国付出的必要代价。为了打消欧美对德国统一的疑虑，德国当时不得不将计就计，给自己穿上欧盟的外套。③

欧洲一体化“成长中的烦恼”和资本主义的“老年病”

从较长历史（长历史）的角度，欧盟及其欧元，作为经济联盟和政治联盟，甚至是对外关系联盟，仍然是“新生事物”。对于一些新成员来说，欧盟和欧元的历史更短。

① ［美］Martin Feldstein，“Europe is Not the United States”，Project Syndicate，29 November 2011. http://www.project-syndicate.org/commentary/feldstein42/English.

② Zepp-LaRouche，“Let Us Work for the Common Aims of Mankind”，*Executive Intelligence Review* (EIR) International，February 3，2012.

③ Zepp-LaRouche，“Let Us Work for the Common Aims of Mankind”，*Executive Intelligence Review* (EIR) International，February 3，2012.

比利时布鲁塞尔自由大学欧洲研究所所长马里奥·特罗(Mario Telo)最近概括了第二次世界大战后欧洲的成长:“在美苏争霸的两极世界时期,欧洲连一点自治权都没有。如果与这一时期相比,目前欧盟在各大洲的存在不断加强的事实足以说明欧洲的影响力在上升。尽管债务危机愈演愈烈,欧盟仍然是世界最大贸易实体,GDP 总量大于美国,另外,欧盟还是世界最大的对外援助组织。欧盟仍不失为全球重要民事与经济力量。欧盟无意成为军事霸权,但希望参与治理全球性挑战,如经济、环境、贫穷等,希望作为和平与合作的力量,超越民族主义与国家主权的概念。”①

套用一句中国常说的话,欧洲危机,没有什么大不了的,因为“这是发展中的问题,而发展中的问题只能通过进一步发展加以解决”。欧盟现在的危机是一体化过程中的问题,而一体化过程中的问题只能通过更进一步的一体化加以解决。欧盟目前的决策者,除少数反对者,在政府层面,都辩称欧元区危机意味着欧洲国家需要进一步整合。2012年1月31日,除大不列颠联合王国和捷克共和国外,欧盟决定签署最新的欧洲条约,即“财政联盟”。但欧洲评论家多数认为,如同其他欧洲条约和协定,签署和批准这个新条约的过程也是复杂而费时的。

从国际权力的角度看,有点类似中国,欧盟这个世界最大的经济体尚未转化为诸如美国那样的全球性超级强权,即特等大国。这显示了联合起来的欧洲在国际力量上仍然具有很大的局限性。因为欧盟远比一般的国家之间的组织(国际组织)程度高,但还不是真正意义上的欧洲联邦国家(“超国家”——新的更大的、类似美国那样的国家)。

欧洲大陆的资本主义发展模式在第二次世界大战结束后本来有自己的突出个性和鲜明特征,如国家资本主义的“福利国家”制度,但在冷战结束后,这种个性和特征却日渐弱化或者消失。为了提高竞争力,以德国为代表的“莱茵资本主义”不得不引入更多的盎格鲁撒克逊资本主义方式。于是,资本主义在跨大西洋东西两岸日渐趋同(人们曾一般谈论所谓“资本主义和社会主义的趋同”,却忽视了西方资本主义不同模式之间的趋同)。比如,在英美的影响下,欧洲经济也日益“金融化”——虚拟经济越来越占据主体。欧元的引入和欧元区的扩大,使一些实体经济本来就薄弱的国家,如爱尔兰、希腊、葡萄牙,反而可以借助“金融化”更便捷地“脱贫致富”。这就是为什么加入欧元区一度对这些后进的欧盟国家非常具有吸引力的原因。

第二次世界大战后,为了深刻汲取战乱欧洲的历史教训和抵御苏联政治体制、意识形态的影响,欧洲一直发展“福利国家”制度,这一制度居然一路演变到主要靠举债来维持。在“民主政治周期”(大选)的作用下,欧洲各国的政党和政治家为他们的选民开出大量的支票(承诺)。有了金融化的经济,这些大选支票一般比较容易兑现,即可以在征税等再分配措施之外,通过资本市场举债维持和扩大福利。欧元确实更便捷了在欧洲共同市场上为政府融资。

加入欧元区的南欧国家,甚至“老欧洲”的法国和意大利等国家,有着欧洲最多的来

① 李永群,吴乐珺.“系统性崩溃”阴云笼罩欧元区[J]. 人民日报,2012-01-17 日。

自非洲、中东的移民。为了增加就业，化解欧洲范围的“文明冲突”，这些欧洲政府都是靠举债促进经济增长的。

2008 年的“全球金融危机”，欧洲国家中，只有少数国家，主要是德国，没有靠增加公共开支，即“刺激计划”来对付危机，结果，如同这些国家的游行示威者指出的，政府拿了公共资金救助私人部门，尤其是大银行（因为银行是“大而不能倒”）。政府的钱无非来自三个地方：税收（增税要受到民主的制约）、发行货币、借债。欧元区发行货币要靠欧洲中央银行，而欧洲中央银行不是主权国家那样的中央银行，受到许多制约。所以，借新债还旧债就是最方便的方法。结果，大银行等金融机构是被救下了，政府却背上了更加沉重的债务负担，主权债务危机终于爆发了。

所以，在欧盟和欧元区，债务危机的因素不是最近才形成的，实际上我们可以把今天主权债务危机的根源追溯到第二次世界大战结束后欧洲各国实行凯恩斯主义的国家干预经济政策，尤其是福利国家制度。

欧洲如何应对当前的危机将决定欧洲各国和欧盟在未来全球地缘政治中的地位。这是毫无疑问的。“姜还是老的辣”，欧洲见过许多大风大浪，应该能成功地应对这次既是自身一体化成长过程中的问题，也是西方资本主义的危机。

这里需要提到的欧洲内部的团结问题。欧洲在世界上的作用从来取决于它是否真的能用一个声音说话，即形成真正的欧洲“共同外交政策”。

在应付主权债务危机的过程中，欧盟再次暴露了内部团结问题。英国的外交政策主要是由英国金融资本（伦敦金融城）主导的。英国反对通过建立欧洲财政联盟解决欧债问题的主要原因是保护英国的金融利益，尽管这一动作不符合英国在欧洲的利益，如英国在欧洲的非金融利益。英国的亲欧洲势力反对这一做法。尽管目前大多数欧盟国家同意进一步一体化方案，但是，英国对欧洲财政联盟的怀疑和否定，势必对欧盟其他国家逐步产生影响。其他欧盟成员国的反欧洲一体化力量也将兴风作浪。

中国和欧洲当前的复合危机

为了克服危机，欧洲不断地寻求外部解决途径。法国 2011 年担任八国集团和二十国集团轮值主席国。法国想借助这一席位让八国集团和二十国集团帮助解决欧债危机。结果，欧债危机成了去年两个最重要的国际经济集团的主题，欧盟和欧元区让世界看了大笑话。法国总统在 2011 年不顾紧张的日程，访华两次，争取中国帮助欧元区。即使是贵为欧盟第一大经济体的德国，也不断地当然是“间接”地期待中国出手救欧。2012 年 2 月 2 日，中国农历立春日，德国总理默克尔开始她上台 6 年来的第 5 次访华。欧美媒体普遍认为，默克尔访华的主题是寻求让中国在欧债危机的解决中扮演一个关键角色。至于第二次世界大战后一直由欧洲人控制的国际货币基金组织（IMF），则借助金融危机中提出的“改革国际金融制度”（IFIs）的话语权，以扩大中国、巴西、印度等非西方的“新兴经济”在 IMF 中的投票权为诱饵，争取让这些国家通过 IMF 为欧债问题的解决做贡献。

IMF 如此这样，使得 IMF 这一全球制度更加成为欧盟的工具，如果 IMF 的主要资源转向欧洲，则必然减少对其他出于类似情况的经济体的帮助。

2008—2009 年“全球金融危机”爆发时，一些重要的欧洲领导人，包括当时的英国首相戈登布朗和欧洲中央银行行长特里谢等，在想到国际解决金融危机时，首先想到了中国的作用。在继美国之后，英国 2009 年 4 月在伦敦举行了紧急的 G20 峰会。当时的中国，对美英要求“同舟共济”的呼吁，做出积极回应。有了这一经验，这次欧债危机中，欧洲领导人自然会有上述思考逻辑。

根据作者最近一段时间与欧洲政治人物和学者的交流，我把欧洲人游说中国介入欧债危机的思路或者逻辑概括如下：

第一，告诉中国人欧洲发生了什么。欧洲经济是举债为基础的。主权债务危机是欧盟国家目前面对的头号问题。所以，这就决定了欧洲和中国的关系实际上也应该以欧债危机为中心。欧洲领导人访华，主要不是来谈别的，而是劝说中国领导人协助欧洲克服债务危机。

第二，“希腊的、意大利的、法国的、或者德国的、欧盟的、欧元区的问题并不仅仅是这些国家的、欧洲的，也是全球的，是中国的”。也就是说，“我们的问题也是你们的问题”。为什么？欧洲领导人在中国争辩：因为全球化导致国家之间的相互依存，中国已经是全球化下的相互依存的一部分，所以，中国不能对欧债问题袖手旁观，因为欧洲的问题和危机不符合中国的利益。

第三，借助中国的说法来劝说中国。纵观欧洲领导人在各种中欧对话中的发言，他们似乎谙熟中国人的说法，用这些说法说明中国必须援助欧洲：(1)“欧中关系是战略关系”，希望中国“从战略的高度”看待帮助欧洲摆脱欧债危机，所谓战略的高度，就是欧洲希望的不是少数几个大国合作主导全球治理，如美国和中国组成所谓“两国集团”治理世界，是欧洲不愿意看到和反对的，而是希望“二十国集团”等多边机制发挥中心作用，管理世界。(2)信心很重要，中国要对欧洲国家、欧盟和欧元保持信心，而且是长期的信心。他一再指出，欧洲有的只是主权债务危机，没有欧元危机；即使是债务危机，欧盟国家没有美国的债务情况严重，是可以克服的。所以，中国投资欧洲从长期看，是不会亏的。(3)欧中要“双赢”。欧方并不是强迫中国出手帮助解决欧债，但欧方只是告诉中方，“愿者上钩”，如果中国真的从战略高度考虑问题，真的对欧洲有信心，那么，帮助解决欧债，既有助于欧洲，也有助于中国。

第四，欧洲人甚至给中国指出了如何在欧债问题中发挥作用的途径。既然欧洲政治家已经对中国动之以情晓之以理，那么，接下来，就是中国如何具体“介入”欧债问题的解决了：(1)中国可以向欧洲现有和新设立的机构，如欧洲稳定基金投入。(2)通过 G20 等机制加强欧中协调和合作。(3)通过欧洲人掌控的国际货币基金组织等全球性国际机构，中国在欧债危机解决中发挥作用。(4)中国可以在贸易中加大使用欧元，改变外汇储备的结构，增加欧元储备。

在中国国内，围绕着是否“救”欧洲，从 2011 年以来到现在，产生了许多不同观点。

这说明,中国终于有了不完全的外交政策国内辩论。在这场辩论中,有人尖锐指出,“援欧对中国人民不公平”,[①]有人认为,中国即使有心“救”欧洲,也无力,原因在于中国的外汇储备很难提高欧元的比重,在全球(英语世界)唱衰欧元的情况下,中国更不敢这么做。何况,中国的外储多数已经被美国用去,无法靠减持美债增加欧债。这是一个“零和”游戏。中国的2012年,重中之重仍然是与美国的关系,与欧洲的关系仍然次于与美国的关系。[②] 尽管如此,中国最终决定帮助欧洲,[③]欧洲游说中国有力度地介入欧债危机奏效,中国国内关于是否“救助”欧洲的争论也许将告一段落,接下来,面对的问题将是如何“救助”欧洲。[④]

中国对非洲等发展中国家的援助一直奉行“不附加政治条件”等的原则,受到这些接受国的欢迎,但也引来这些接受国内部反对党派的批评,以及欧洲的批评,要求中国修改这一做法。如今,作为发展中国家的中国对世界上最大的发达国家集团提供援助(不管在形式上叫不叫援助),这确实是前所未有的。中国难道也如同向发展中国家提供援助那样,在援欧时不附加条件?

欧盟、欧洲中央银行和国际货币基金组织提供给重债国希腊等的援助款项,附加着严格的条件。正因为如此,希腊政府、国会和民众犹豫、权衡再三,不得不接受。欧洲国家和欧盟对发展中国家的对外援助,包括对中国的援助,从来都是有条件的,而且一些条件是严格的。中国如果提供给欧洲的援助没有附加条件,则可能是一大失误:没有按照欧洲的做法对等进行;也没有利用援助欧洲的机会调整中国过时的不附加条件的对外援助政策。

结论

从国际政治和地缘政治的角度思考、理解和预见欧债危机和欧元危机,目前还缺少足够的讨论。对欧洲危机,我们中国应该有自己多角度的独立评估。这些评估应该仔细研究目前欧洲危机的深刻根源、欧洲国家回应和解决危机的途径,以及危机下欧洲的对外政策,尤其是对主要大国的政策和对待多边机构(国际货币基金组织)的政策。欧盟是世界多极、多元权力格局中最大的一极。如果欧盟遭到金融危机的打击而不振,欧洲在未来多极世界中的作用可能下降。

欧洲危机将对未来的中欧关系产生许多影响。从中国的战略角度看,我们不应按照把欧盟想象成为美国那样的超级力量,也不必简单相信欧盟自我在世界中推销的欧洲形象(如“国际规范力量”、支持全球“多边主义”的主要化身),也不能因为目前的欧洲危机而把欧盟力量看轻。中国介入解决欧洲危机是必要的和重要的,但是,考虑到欧洲也从

① 财经网:http://comments.caijing.com.cn/2012-02-06/111661061.html。

② 《成思危在美国布鲁金斯学会发表演讲,指应对欧债危机中国不可能“英雄救欧”》,中新社华盛顿2011年11月1日电

③ 《第十四次中欧领导人会晤联合新闻公报》,2012年2月14日,北京。

④ 庞中英. 给欧洲开张中药方[J]. 环球时报,2012-02-15.

来是中国的国际对手,帮助对手复苏到底是否符合中国的长期和战略利益？中国这样做到底能否加强与欧洲的关系？如此巨大的投入,涉及中国的国内政治,关于未来的世界秩序,中国的决策应该建立在理性和持平的基础上。

中美利益需要新型大国关系来实现[①]

新型大国关系要求有关的大国,尤其美国和中国,进行大谈判,实现大妥协,进而大合作。这可能是在当前多极化世界中取得共赢的唯一出路。

新型国际关系,尤其是新型大国关系,是中国基于多极化世界这一现实首先提出来的。

在美国,毫不奇怪,仍然有人不愿意面对世界多极化的事实,但多极化的现实和趋势并不会因此而逆转。所谓若干个力量大体相当的国家,而不是其中的一个国家说了算。多极化在全球和地区层面均存在:欧盟及其各大成员国、俄罗斯和美国构成欧洲的主要势力关系,以色列、土耳其、伊朗、沙特阿拉伯、埃及等构成了多极化的中东,俄罗斯、巴西、印度、中国和南非等新兴大国尽管存在着各种各样的内部挑战和困难,但是他们在国际体系中的地位和作用进一步得到巩固。由于欧美陷入从经济金融到社会的危机中,相对而言,新兴大国进一步兴起的趋势越来越显著。

如果不能对多极化加以管理,多极化可能会带来国际体系的不稳定,甚至危机。中国的新型大国关系首先建立在多极化的战略判断上,实际上是关于管理多极化的中国方案:为了避免所谓新兴大国和既成大国之间的冲突,需要形成不同于历史上的大国关系类型的新型大国关系。

包括中国在内的新兴大国诞生在全球化时期,全球化产生了一系列全球问题,能源安全和网络安全等问题直接和间接地影响着各国,到底如何解决这些问题和挑战?在美国,有人以为通过传统方式,例如,通过能源独立就可以带来能源安全,通过网络空间军事化就可以带来网络安全。按照这样的思维及其政策,能源和网络等的局势日趋紧张,而不是缓解,从而加剧了非传统的安全困境。

中国的新型大国关系主张,实际上是要求通过新的方式、方案解决全球问题和全球挑战,而不是仍然使用旧的方式和方案面对新的问题和挑战。美国使用旧的方式,如“冷战”的方式,来解决全球化时代的国际关系问题。使用旧的方式解决新的问题,不仅不能达到目标,而且会带来更大的问题。美国正在亚太地区进行战略上的“再平衡”,以便应付亚太地区权力格局的变化。我们看到,美国的“再平衡”战略阻碍甚至打击了亚太地区国际合作、基于平等伙伴基础上的多边主义,迫使美国的盟国不得不更加依赖美国,一些美国的盟国趁机兴风作浪,带来了亚太战略局势的急剧动荡和不稳定。

---

① 本文是为《中国报道》写的评论中美关系的专稿,见《中国报道》2013年7月号。

其实，美国衰落和中国崛起并不能完全概括亚太地区发生的深远变化，至于制造一个维持霸权地位的美国与不满美国为中心的秩序的中国，则完全是“自我实现”的危险举动。

新型大国关系要求有关的大国，尤其美国和中国，进行大谈判，实现大妥协，进而大合作。这可能是唯一的出路，却遭到美国地缘政治上的鹰派和政治意识形态的保守派的抵制。

事实上，离开中美大合作，即使是仍然享有不可一世的国际权力、在欧洲和亚太存在的同盟体系，美国并不能单独解决该国面对的巨大挑战。形势比人强，美国外交政策决策者不得不寻求与中国的合作。

新型大国关系的理论认为，国际合作而不是国际冲突，应该主导国际关系。在21世纪这一完全不同于19世纪和20世纪的时代，国际冲突，尤其是大国冲突，不仅于事无补，而且让问题更加难以解决，所以国际合作至关重要。

一系列前所未有的新领域，如网络空间和外太空诞生了，这是当今世界与以往世界不同的地方。美国无疑在这些新领域中占据了优势。有人以为美国可以在这些领域形成绝对霸权，以霸权治理这些领域。但是，这样想是错误的。网络空间和外太空是全球公域（Global Commons），是属于全球人类的，不是美国的国家私产，网络空间和外太空中的国际关系（包括国际竞争）必须要有各国认可、参加和受到约束的国际规则。

新型大国关系的一个题中应有之义是要为解决全球问题而建立国际规则，否则，各国将因为争夺对全球公域的控制权和势力范围而冲突不断。新型的国际规则不是美国国内规则的国际化，不是美国主导的，而是全球公域的最主要利害攸关方相互谈判的结果。在这个意义上，新型大国关系是对新型的多边主义和国际规则的强烈呼吁。

中美两国是建立新型国际关系，尤其是新型大国关系的关键与中心。

如果中美能率先建成新型大国关系，带头塑造新型的全球治理，则势必带动国际关系的深入转型以及真正的全面的全球治理时代的到来。相反，如果中美关系不是以大国合作为主的新型关系，而是充满了地缘战略危机和大国冲突，则整个人类不仅不会迈入一个崭新的国际关系时代，而且会在缺少全球治理和全球秩序的情况下动荡。

但目前，美国方面在处理与中国的关系时，不是重视中国的新型大国关系的主张，而是上来就要谈具体问题，表示网络安全问题是中美关系中的头号问题等。不管这些问题如何重要，如果中美关系的框架和性质不能定下来，诸如网络安全这样的问题就不能在双边关系中获得根本的解决或者缓解。

从冷战结束以来的20多年里，在与美国打交道时，中国往往处在被动反应的地位，而美国则显得主动而进攻，相继提出了诸如“利益攸关方”等一系列关于中美关系的定义。如今，中国方面主导提出新型大国关系，争取了战略主动。

新型大国关系对美国首先是一个重大的战略机会，因为新型大国关系等于告诉美国，中国打算延续中美合作，既存的中国对美政策因此获得延续而不是改变。

但是，新型大国关系也是对美国的挑战，中国希望与美国的关系变得更加具有相互性，而不是继续维持不对称性；中国希望与美国是平等的合作伙伴，而非中国这样的大国居然与美国形成奇怪的依附关系。

展望未来，如果中国能够坚持并完善新型大国关系主张，能够实实在在地告诉全球和亚太到底什么是新型大国关系以及新型大国关系意味着什么，中国就能够赢得世界的尊重和信任，为新型的国际合作与全球治理开辟更加广阔的道路。

Forging an Asian Community: Prospects and Dilemmas[①]

Accompanying its domestic development, China's foreign policy is also in the midst of a significant transformation. As part of this change, its attitude towards regional associations in Asia has evolved since the 1990s, with increasing activism and involvement in the Asian regional architecture. There is still no unified multilateral framework of coordination or control within the region. At the same time, the configuration of regional architecture remains a major issue of debate. Not only for big powers like China, Japan and the US, but also for many smaller nations in the area and for the wider world, the stakes are high about whether Asia, and more broadly the whole Asia-Pacific, can operate cooperatively as a region. This article explores China's role in the region as well as the prospects of Asian regional cooperation.

The nature of Asian regional architecture

In order to analyse China's role in the region, it is important to have an understanding of the nature of Asian regional architecture. Although there is a multiplicity of organisations and associations in the area, these can be characterised into two key types. The first are Asian/East Asian institutions, such as the Association of South East Asian Nations (Asean), and the second are Asia-Pacific (trans-Pacific) institutions, such as the Asia-Pacific Economic Community (Apec). During the Cold War, there were no truly regional institutions in Asia; Asean was a sub-regional exception. The United States developed and led a hub-and-spokes system of alliances with the US itself at the centre of the wheel. However, since the end of the Cold War, various diverse economic and regional institutions have been emerging in Asia.

These institutions pursue a number of aims including trade and investment liberalisation; economic development and technology cooperation; managing transnational challenges; strengthening regional peace and security; and, in some cases, attempting to build regional communi-

① 本文是在德意志银行论坛和阿尔弗雷德海尔豪森学会举行的“前瞻”(Foresight)中国论坛的书面基调发言，2013 年 4 月 20 日，北京。收录于《和谐的超级大国：中国在多极世界的作用》论文集。

ties. They are characterised by three distinguishing features. The first is diversity, with multiple groupings and forums often addressing similar issues and sometimes with overlapping responsibilities. The second is informality, with most of these associations not having legally binding rules and regulations but rather serving as mechanisms for bringing groups together to discuss issues and promote agendas. The third is networking, with many of these institutions interconnected with each other and also with more specific policy issue networks across countries, such as on railways or higher education.

Each regional institution has its own mission and enjoys its own legitimacy. There is little likelihood that they would be amalgamated into one overarching framework for the region as whole. In fact, these various institutions reflect the diversity and complexity of the region.

China's regional role

China attaches great importance to regional institutions, and has sought actively to promote regional cooperation in Asia. Asia is the only region in which all dimensions of China's national interests, both economic and strategic, are present. To secure its regional interests and integrate with the region after the Cold War, China has been developing a regional policy and seeks comprehensive engagement in the region. Its growing faith in regionalism has been part of a broader embrace of multilateralism as an effective way to promote China's interests and avoid confrontation with other powers. Given the significant geopolitical changes in Asia, China realises that regional arrangements may be an effective platform to accommodate the rise of new powers. In fact, China hopes that an integrated Asian region could serve as a foothold on its path to become a global power.

China's role in the region in different institutions can be characterised in three key ways. The first is as a participant and supporter, a role it performs with Asean and the forums that it leads. Asean as a regional institution is a bridge to other regional institutions for China. China provided financial and policy support to Asean countries during the financial crisis of 1997-1998, and relations between China and Asean have developed rapidly since. China and Asean have a free trade agreement and China was the first Asean dialogue partner to sign the Treaty of Amity and Cooperation in Southeast Asia (TAC), a key Asean security protocol.

The second is as an organiser of regional institutions. China, together with Russia, created the Shanghai Cooperation Organisation, becoming a pillar of the regional security initiative. It serves the common interests of the member countries, such as combating terrorism, separatism and extremism, and also reaches out to other countries as observers. It is now developing from a strictly security organisation to include economic cooperation as well.

The third role is as a rider (however, not a free-rider as some in the West would say), on

US-led institutions. China is a de-facto rider on the America-organised regional order. In the 1990s, APEC was one of China's main channels to link with outside economies and also provided a much-needed diplomatic channel for nurturing China-US ties.

There is much discussion about the potential role of China as the dominant leader of the region, but this is not a possibility in the foreseeable future. The United States is still the hegemon in the Asia-Pacific region and China lacks adequate hard and soft power to replace the US position in Asia. Although China has booming trade relations with Asian countries, this is largely symbolic because the majority of this trade is being conducted through foreign companies based in China and other East Asian countries. There are also too many other contenders for Asian power for China to try to pursue regional predominance. If it does so, there is a high likelihood of balancing reactions from countries such as Japan, South Korea, India and others.

Dilemmas facing China

Although China does not seek regional preponderance, it faces a number of dilemmas in the region which it needs to navigate and calibrate carefully. The first is the political dilemma of its relations with other countries. As a norm, China's growing economic and business relations with other countries have helped it improve political relations. However, economic relations have their limits in bringing about better political relations. This can easily be seen in the China-Japan relationship, which has often been characterised as 'hot economic but cold politics'. Many of the bilateral and even multilateral interactions between China and other countries can be described in the same way. China's close economic relations with the US have not changed the nature of China-US political relations.

The second is an economic dilemma regarding the role of free trade and liberalisation. In the past, China deeply doubted and strongly resisted the theory and practice of free trade. But today, as a trading nation and as the 'world's factory', China relies heavily on the sustainability of the free trade system for its economic growth. The country now argues against protectionism in trade and investment. But while taking advantage of China's opening economy, other countries complain that China's openness is quite problematic. Tensions between Google and China are being characterised by the US government as a part of bilateral trade frictions. China's internet censorship is now considered a new 'trade barrier'.

The third is a security dilemma resulting from an arms race in the region. The economically booming Asia-Pacific is also a dynamic and energetic centre of an arms race. The US continues to strengthen its regional military alliances. Many other countries in the region are strong military powers in their own right. At the same time, China has to modernise and revolutionise its military in order not only to deal with the worst scenario triggered by the arms race but also to protect China's growing overseas interests. A growth-oriented China has benefited greatly from the Pax Americana, but it has never been a part of the US-led alliance system. The US and other regional powers justify their strengthened military alliances by citing China's military build-up.

Prospects for Asian regionalism

A second Cold War—a Cold War between China and the US—is highly unlikely. While China has benefited from a growing, open and cooperative regional environment, it has been constrained and regulated by the existing Asia-Pacific multilateral order. So, although tensions and frictions between China and the US occur, both countries recognise that it is in their interests to continue building a genuinely deeper and stronger relationship.

At the same time, given the complexity of dilemmas and challenges in the region, the need for Asian regionalism is stronger than ever. East Asia (or broadly defined, Asia) needs a political vision, ideal and project to manage international relations and political economy in the region. As Europe needs the European Union, Asia also needs an 'Asian Union', albeit of a very different form and suited to the particularities of the region. Indeed, ideas and debates about Asian regionalism have historic origins but these have been difficult to put into practice for a number of reasons. The Asean + 3 initiative has come the closest to the practice of Asian regionalism.

The need for Asian regionalism is stronger than ever. East Asia (or broadly defined, Asia) needs a political vision, ideal and project to manage international relations and political economy in the region.

However, true Asian regionalism would mean a significant revision of the geo-strategic order in Asia, which has been dominated by the United States since the end of the Cold War. In order for Asian regional cooperation to further develop, the United States has to become less dominant. Unfortunately, the US strategy of a 'pivot' or 'rebalance' to the Asia-Pacific will have a detrimental impact on cooperation in the region. The US is utilising a divide-and-rule strategy in the region. Its proposal of the trans-Pacific Partnership (TPP) further reduces the prospects for Asian regionalism. Indeed, the US can easily use competition and conflicts between China and Japan to further undermine East Asian regional cooperation.

While East Asian institutions and trans-pacific institutions have converged, their paths and objectives have diverged. The East Asian community should be a European Union-like body. The EU does not include the US, and an East Asian community should also not include the US. The ultimate framework for East Asia is very much dependent on the policy stances of China and Japan. If they really want to build balanced and equitable relations with the US, a commonly pursued East Asian community is a necessary and legitimate choice. Such an East Asian community should not be exclusive and should be open. The EU and US achieve coordination through transatlantic institutions such as Nato. Like the EU, an East Asian community should have better cooperation and coordination through a number of trans-pacific institutions. However, the future of multilateral institutions in Asia and the Asia-Pacific is still uncertain. Asian regional institutions will not have strong prospects if America attempts to resume its multilateral domination.

附　录

“高品质、独立性、影响力”

——亲历美国布鲁金斯学会①

根据各种权威的调查和评价，以及美国公众的普遍看法，民间（私人）的布鲁金斯学会是美国最重要、最成功、超一流的智库（它被认为是“中间偏向民主党”的智库，即不是保守智库）。2009年1月美国《外交政策》杂志评出的美国和世界智库中，布鲁金斯学会名列30个最好智库中的第1名。其年预算为6000多万美元（折合人民币4亿多元），还不算美国最“富裕”的智库。一些与美国军方和军工集团联系密切的智库，如战略与国际问题研究中心和兰德公司等，其预算自然要比布鲁金斯要多。

让我玩味再三（包括难以置信）的一件事是布鲁金斯学会的座右铭：“高质量、独立性和影响力”（Quality，Independence and Impact）。

研究证明，华盛顿地区讨论的最重要的美国内外政策的当下关键议题，布鲁金斯学会不是其中的始作俑者，就是讨论的中心。学会吸引和聘请了美国乃至世界一流的专业人士从事研究，他们中的许多成员都非常受人尊敬，有的则誉满全球。研究人员的素质保证了研究成果的高质量、权威性和持续性。

我发现布鲁金斯学会的声望确实名副其实，这体现在很多方面，有例为证。

第一，美国政府的高官，大到总统、国会议长和总统候选人，小到各部部长和议员，要公布政策和理念，要扩大影响，寻求公众理解和支持，都离不开智库，他们经常到诸如布鲁金斯学会等智库进行演讲。奥巴马、希拉里以及许多其他美国的领导人都曾在布鲁金斯学会“兜售”其主张。今年，美国众议院议长佩洛西访华后旋即到布鲁金斯学会演讲。

第二，美国学而优的人如果想进入政府（尤其是行政部门）做官，先到智库当研究员是一条捷径。从布鲁金斯学会出身的或者与这个机构关系密切的美国政府高官不胜枚举。这种智库和政府间的“旋转门”现象，使智库对美国内外政策影响至深至广。现任布鲁金斯学会主席的塔尔博特是克林顿政府时的第一副国务卿。奥巴马政府的国家安全委员会亚洲事务高级主任杰佛里·贝德（总统特别助手）和美国驻联合国大使苏姗·赖斯等都是从布鲁金斯学会外交政策研究部走出的资深学者。

智库的独立性是其获得影响力最为重要的因素。不独立，产生不了真正的思想和解决方案。

---

① 本文原载《中国报道》2009年第12期。

到各界筹资是任何智库最为重要的工作之一。美国的各种各样机构“巴结”智库,所以,智库,尤其是私立智库,经费来自各种渠道。毋庸置疑,向智库提供资源的政府、企业或其他非政府组织(通过研究合约),总是试图影响智库的思路和研究成果,但是,智库并不一定因此就丧失独立性。相反,智库既要获得研究资金,又要遵循学术独立性的要求,不充当利益集团的代言人,否则,智库的生命、正当性、权威性就注定终结了。这看似矛盾的“相互依存”,却是智库存在的根本环境和条件。

美国的“政治市场”以首都华盛顿哥伦比亚特区为中心。那是一个智库高度聚集的区域。一位美国评论家把华盛顿叫作“思想观念的自由贸易区”(Free - Trade Zone for I-deas)。这一说法不但形象,而且点到了美国智库的本质和运作机理。设在政治中心的智库得尽“地利”。不过,在沟通和互动频繁的今天,“地利”的重要性已经下降。许多一流的美国智库,在华盛顿只设分部。那些位于一流大学、主要以接近强大的民间而非官府的智库,还不一定看重首都的“政治优势”呢!

山不在高,水不在深。美国的智库有大有小,一所大学就是一座智库,一个研究所也是一家智库。智库的地位和作用不在其规模,而在其是否具有竞争力和经得起时间检验的真知灼见。在第二次世界大战结束后提出美国战略援助西欧的“马歇尔计划”的布鲁金斯学会,时至今日,也不过仅拥有一栋普通 8 层楼房,但它的影响力显然是其建筑体量的几何级数。

智库是思想“工厂”,是各种各样的观点、看法、主张、建议相互碰撞的磁场。美国的智库组成了“智库共同体”。除了智库内部和智库之间的“交易”外,与智库做“生意”的,包括各种公私机构,但不仅是美国本国的机构,随着全球化的深入,也包括外国机构。金融危机前,美国一系列举足轻重的智库就不断在全球,尤其是在亚洲扩张。2007 年底,布鲁金斯学会公布了它雄心勃勃的全球化扩展计划。目前该机构在北京、多哈等全球重要城市设立了分支机构。金融危机显然使美国智库的全球化受到影响,但由于危机后的美国和世界更加需要新的解决方案,思想活跃的美国智库,正在抓住金融危机的机会,进一步拓展。

中国作为“全球大国”[①]

根据西方政治学，以及政治学的分支学科外交学的传统，大国是强国(Power)中的强国(Great or Major Power)。但是，大国同时又时强国，且是强中之强，仅仅是欧洲(包括一开始是作为“欧洲国家”的美国)的情况。世界上恰恰有许多例外。大国(一般翻译为“great country”)却并非强国，而许多在领土和人口上并未大国的却是强国。比如，中国和印度，存在着比比皆是的“大而不强”现象，而弹丸之地的以色列，以及建国时间不足50年的新加坡等小国，在许多方面却是强国。

“中国是大国(强国)吗？“这样的问题如果不是故意贬低、故意为难中国，或者近乎无知，就是一个十足的假问题，因为自 1945 年战胜法西斯的日本军国主义势力后，中国一直都是国际体系中的一个大国。一句话，人们用不着质疑中国的大国属性。

但中国是否是“全球大国”(全球强国)——“全球体系”中具有系统重要性的或者绝对不可或缺的国家，则是非常重要的理论和政策问题。目前，诸如美国学者沈大伟(David Shambaugh)之类的西方的中国问题专家的一个焦点问题或者讨论话题正是：中国是否如同美国一样“走向全球”，即中国是否已经是或将是具有全球影响力和在全球“投射”实力的国家。

这里的关键词是“全球”(Global)。国内有的把上述沈大伟的《中国：羽翼未丰的全球大国》中的“global”的理解不够深刻，有的只翻译为“世界”。这样的理解会导致严重误解。

国内外关于“全球政治”“全球事务”的研究，如“全球化”和“全球治理”的研究已经很多了。中国人的世界观里缺少“全球观”。把“global power”低质量地翻译为“世界大国”就说明有的中国人的“全球观”仍然没有成型。

“全球大国”与一般、传统上所说的“世界大国”不同。英国等当年的“日不落帝国”是第一批全球大国。美国则是超过了英国成为最大的全球大国。

沈大伟以美国这一全球大国为标准关照、衡量中国是否为全球大国，自然得出了中国只是在部分意义上是全球大国，还不是全面意义上的全球大国。

沈大伟的观点是有一定道理的。因为截至目前，在实力(Power)方面，中国尚未超过美国。这个是美国内外、国际上公认的事实。其实，也无须写作一本沈大伟那么厚的专

---

① 本文是“全国首家综合性军事半月刊”《环球军事》杂志记者彭况与庞中英的对话，载于《环球军事》2014 年 8 月号上。

著来论证中国仍然尚未是全面意义上的、美国式的全球大国。

沈大伟的书只是讨论当前的情况，以及结构制约因素，忽视了趋势。美国假如真的发生了真正的衰落，或者美国的衰落得到美国国内的承认，中国进一步发展，在许多方面成长为更加真实的全球大国。

这里谈的全球大国，与传统上的“超级大国”的概念有所不同。超级大国指的是霸权国家，当然肯定是全球大国，但全球大国未必是超级大国，即未必是霸权国家，且多数属于非霸权国家。目前，世界上公认的超级大国只有美国，美国仍然是唯一的霸权国家。但出现了关于中国也是另一个超级大国的观点，更有甚者，认为中国也会变成与美国并驾齐驱甚至取代美国为第一超级大国。

中国是否为“全球强国”，看似是一个衡量标准问题，即通过什么指标和标准衡量诸如中国这样的大国在全球事务中的作用，在全球各地的政治、经济、文化、军事等存在，但实则是一个关于中国在全球化的世界的作用(角色)问题，包括在全球安全治理中的作用。

“中国作为一个全面的而非局部的全球强国”，这个是一个重要命题和范式。当前，我们在讨论中国外交政策和安全政策的转型，应该说，以全球强国为目标，可能会更好地定义和理解中国在全球化世界的作用。

全面地看，中国已经是一个发展中的全球强国。从未来发展和演变的角度，中国将是最为重要的全球强国之一。

现在的问题不是中国是否为和是否是部分或者全面的全球强国的问题，沈大伟的书的标题可能是一个不怎么好的题目。真正的问题是：(1)从中国的立场看，中国如何成长为全球强国？一个全球强国的中国对中国国内意味着什么？(2)从其他国家、国际体系的角度看，如何适应一个全球强国的中国，如何与一个全球强国的中国长期打交道？

关于第一个问题，中国应该不仅是一个传统意义上的世界大国，而且是一个21世纪的全球强国。这个全球强国可以通过如下一些途径逐步成立：第一，国内治理相对成功，且对世界其他的国内治理和全球治理具有一定的借鉴意义；第二，全球经济的最主要市场之一和全球经济治理(即管理全球化的市场化的世界经济)的主要力量；第三，外交全面现代化，在维护世界和平、推动世界秩序转型、解决全球问题上发挥不可或缺的、具有系统重要性的重要作用；第四，全球的多元、多样文化的主要贡献者之一，全球社会进步的主要来源之一。

关于第二个问题。这个问题应该由中国人提出来，但应该由国际社会回答。目前，国际社会形成一种习惯性，认为崛起的中国是威胁。这种简单回应，根本并无助于问题的解决。国际社会应该做出的反应不是条件反射、缺少思考的“中国威胁”，而是到底如何积极、建设性地面对和适应一个作为全球强国的中国。

全球强国的标志之一是能否是全球秩序的塑造者。

“中国威胁“的新版本是认为中国要”修改“所谓“现存”的世界秩序——美国主导

的、西方的“自由秩序“。即中国在经济上已经加入这一秩序,但不主导这一秩序;从这一秩序中受益,但同时也受制于这一秩序。

1999 年,当时的伦敦国际战略研究所研究部主任西格尔(Gerald Segal)在美国《外交》杂志发表了后来引起讨论的“中国是否重要?”(Does China matter?)一文。这篇发表后不久,西格尔因癌症英年早逝,5 年后,一批英国著名学者结集出版了《重新思考“中国是否重要”》一书,纪念西格尔。在该文集中,有的作者分享着和深化着西格尔对中国的质疑,有的则提出不同的、差别性的看法,修正西格尔对中国的评估。不管如何,在中国“和平崛起”的概念已经提出的情况下,那本纪念文集与西格尔最大的不同是强调指出,在全球,中国是重要的,而且其重要性还在不断地增长。

人们不妨找来西格尔的旧文一读。西格尔写作《中国重要吗》一文时的 20 世纪 90 年代末,中国尚未完全全面加入现存全球化的世界经济体系和亚洲地区体系,中国在诸如非洲、拉美等地的经济存在有限,但如今,中国已经是全球经济体系的最重要部分,中国在地理上遥远的非洲、拉美居然有了巨大的经济存在。

沈大伟在西格尔之后 15 年看中国在世界,中国都比 15 年前发生了更大的变化,但他的思维方法仍然是西方学术界对中国在世界上的作用的一贯的怀疑和保守。在上述那篇文章中,西格尔认为中国的重要性在 20 世纪 90 年代末被夸大了,也即中国不是那么举足轻重。用现在的话说,并不那么是全面的全球大国。

从西格尔到沈大伟,是低估中国在全球作用的一派。这一派的对立面是认为中国将取代美国成为下一个全球霸权的西方观点。

从中国的角度看,西方人看中国的全球作用,其观点未必浅薄,依据未必缺少,但由于观察中国的顽固的西方的方法论或者视角,可能容易走极端,不是低估,就是夸大,都是有问题的。

大国与强权:中美关系作为全球悖论

——答《观察者网》①

在收录本文进入本书前,我想补充两点:第一,中国认为自己是大国,但自我翻译为英文的 great country,而非西方的"great power"。Power 在西方就是强国的意思。第二,中国要求与美国建立"新型大国关系",中方的翻译是 new type of great country relations between China and the US,而美国的翻译则是"new model of great power relations"。中方坚持用"country"而非"power"。

由这两点导出了一个有意思的问题:中国还不是"power",即所谓"大而不强"。美国则是"大而强"。但是,展望未来,中国可能完成从大而不强到大而强的转变,美国的未来也许正好相反。

2014 年 7 月 10 日,中美"战略与经济对话"(S&ED)落幕。两天的会谈中,中方表示了继续与美方推行新型大国关系的诚意。并与美国就战略、经济、人文三方面达成约 300 项合作成果。

习近平主席在开幕式中致辞说:"中美两国如何判断彼此的战略意图,将直接影响双方采取什么样的政策,发展什么样的关系,不能在这个根本问题上犯错误,否则就会一错皆错。"

美方也在会谈中表示,"绝对无意遏制中国,无意同中国对抗、冲突"。

然而,对话结束第二天,美国就呼吁亚洲国家停止在南海地区开建新工程和设立前哨基地,建议各方不夺取另一方在 2002 年《南海各方行为宣言》签署以前已经占领的岛礁,从而形成"冻结"。甚至连美国媒体都认为,这些表面上看着"挺公道"的建议,大多是"冲着中国来的"。而就在对话结束当天,美国参议院刚刚通过一项决议,批评中国在南海地区的行为,要求中国"克制"。

在中国周边很不太平的当下,中美双方此次对话话透露出哪些有价值的信息?观察者网连线采访了中国人民大学国际关系学院教授、全球治理研究中心主任庞中英。

---

① 本文是上海《观察者网》记者高艳平与庞中英之间的对话,2014 年 7 月 14 日。见:http://www.guancha.cn/pang-zhong-ying/2014_07_14_246339.shtml。

对新型大国关系的不同理解

观察者网:两天的中美战略与经济对话,给你印象最深的是什么?

庞中英:我的总体感觉是,这次中美两国的对话,中方还是在力推新型大国关系的框架。习主席再次强调了,宽广的太平洋有足够的空间容纳中美两个大国。

新型大国关系是中国新一届领导人提出的一个开创性概念。双方经历了好几个回合的互动,虽然美国国内有一些疑虑,甚至有一些反对,认为中方提出的框架不会成功,但总体上美国奥巴马政府还是接受了,这次国务卿克里也在发言中给予了积极回应。

不过,美国对新型大国关系做了一些改动,也反映了双方理解上的一些明显的差异。比如,中方译作 new type of great country relations,美国官方是 new model of great power relations。最根本性的差异在于 country 和 power 的概念很不同:我们认为这是两个大国之间的关系,但美国认为是两种力量,两种强权的关系。

另外,在美国看来,新型大国关系是竞合关系,是在竞争基础上的合作,竞争在前,合作在后。而我方认为是以合作为主,双方平等互利。

中方推进新型大国关系的动作是逐步递进的,尽管遇到了美国方面不同的反应,国内也有不同的争议,但是从中方角度来说,我们仍然要咬定这个框架不放松。这是此次对话强烈感受到的一点。

修昔底德陷阱难以逾越

观察者网:美国的舆论对中国的态度与美国政客是一致的。比如,中美战略与经济对话前夕,华盛顿邮报就有一篇文章《中国崛起和亚洲紧张局势将中美关系推向反向螺旋模式》,文中引用了美国波士顿大学政治系教授 Robert Ross 的话说,“中美关系目前处于关系正常化以来最糟糕的时刻,今日东亚比冷战任何时期都不稳定。”你同意这个观点吗?

庞中英:这个观点也有它的依据,他们认为中国已经崛起,美国要跟一个实力上能和它相抗衡的大国共处。按照美国的逻辑,中国肯定会挑战美国的地位。美国不愿意看到有一个国家来挑战其全球的霸主地位,因此,美国可能采取新的冷战、其他形式来做出回应。

这个观点,在美国的现实主义地缘政治研究人士那里,是很普遍的。他们看到最近一段时间中国新领导人,在东亚南海问题上的新的姿态,他们认为美国不得不“转向亚洲”,增强在亚洲的力量。

这样的说法在美国有深厚的思想基础:实际上那些反对中美新型大国关系的人,就认为中美之间不可能建立平等友好的大国关系,他们认为一个旧的霸主和新崛起的大国之间,一定是要出现冲突的。

因为我们所倡导的新型大国关系，是前无古人后无来者的说法，没有经过历史的检验，实施过程会面临很大挑战，所以我们看到这两三年，中美关系比较紧张。

观察者网：这样的看法，在美国应该是有一定的代表性吧？

庞中英：对，有一定的代表性，我们知道芝加哥大学教授米尔斯海默的那本《大国政治的悲剧》，就提到一个修昔底德陷阱，即新崛起大国与现存大国必有一场战争。他认为这个陷阱我们是跨不过去的。

这是深深植根于西方人的思考逻辑里的，像政治学科里的定律，我们很难说服它，很难否定它。所以美国人认为现在处在最糟糕的阶段。为什么最糟糕呢，就是因为美国也认定，中国以后不可避免地要成为这样的一个世界大国。

观察者网：就在中美战略与经济对话第二天，美国的媒体比如《赫芬顿邮报》《纽约时报》就大幅报道中国黑客获取美国数据的新闻，与双方谈判当天出来的新闻一样，敦促中国如何如何，火药味十足。

庞中英：对，这是美国人一贯的说法，实际上奥巴马政府也好，布什也好，美国对中国问题上的外交政策、外交手段一直没有创新。比如，他不提美国网络方面在监控中国，在监控世界各地，实行网络霸权，他会说中国的网络自由问题，他还会利用新疆、香港问题来做文章。还在人民币汇率、知识产权等问题给中国施压，要求中国开放市场等，仍然用老的这一套。

美国人很习惯用的手段，就是胡萝卜加大棒。需要和中国合作的时候，如在气候变化问题上，就拿出了胡萝卜说，“跟我合作吧，这个对中国是很好的”。而在网络安全等其他一些问题上，则开始举起大棒，实际就是向中国施加压力。最近香港问题很突出，又涉及中国政治体制的问题，美国也利用这个话题轻车熟路给中国施压。

“去美国化”任重道远

观察者网：中方提出“新型大国关系”框架，并为此做出不少努力，但为何仍然不能改变双方的分歧？

庞中英：理论上的中美新型大国关系，是两国间比较平衡对等的一种关系，但实际上，尽管中方做了很多努力，但还远远达不到这个目标。

美国到现在为止沿用老的办法，给中国施加压力，这些做法其实跟建立中美新型大国关系是相悖的，对中国也不尊重。而且美国实际上就是居高临下，是霸权国家对非霸权国家的一种“管理”。实际上反映了中国的过度“美国化”，从另一种理论来看就是中国对美国的依赖或者说是依附。

从经济层面上讲，我们受到美国市场上的约束，又比如，我们购买了大量的美债等。我们经济的美元化，导致了我们对美国的一种依赖。

军事方面，我们加入了美国环太平洋军演，这成了中美关系改善的一个指标。但这实际上是美国在行使本地区的军事霸权，中国方面的加入等于中国加入美国主导的一个地区安全机制。

这个问题也要从两个方面来看,因为过去中国在军事方面一直是独立行动的,我们不属于美国的战略同盟体系,东亚地区的安全治理,都是美国主导的。现在中国逐步通过和美国发展军事关系,包括参加军演,为美国主导的安全秩序提供公共产品。那实际上就是承认了美国在这个地区的主导性。

但是同时,中国在安全上越来越依赖美国对日本的制约,依赖美国对其他权力的平衡,未来,中国在安全上对美国的依赖可能还会增长,不仅在亚太地区,还包括在世界上的任何一个地区,这种依赖还会继续。

这使得中国在国际上的风险加大了:中美之间没有任何的条约条例,美国仍然将中国当作竞争对手,战略上的假想敌。但是同时,中国在国际安全方面对美国的依赖增加。这成为当前中国国际关系理论界需要面对的一个重大议题。

观察者网:除了军事上的依赖,经济上如跨太平洋伙伴关系协定(TPP),中国也在主动地向美国主导的新贸易秩序靠拢。

庞中英:这个倾向已经十分明显。中国想加入 TPP,美方说,中国将来可以加入,等我们谈成功了你就可以加入。所以,中国不是首批签约国。的确,中国不得不加入以美国为主导的 TPP。因为 TPP 代表的是新一代的世界贸易世界投资的规则,中国下一步可能还会像加入世贸组织一样,被动地去接受这些全球规则。

中国能不能像日本、韩国那样加入首轮 TPP 谈判?我认为这个可能性很小。越南的市场经济程度和经济规模,完全没法和中国比,但越南也是 TPP 成员国。因此,目前我们面临的国际环境是非常严峻的。

观察者网:理论层面,我们肯定希望新型大国关系是对等关系,譬如中国也想参与一些新的全球规则的制定,可实际情况并非如此。

庞中英:中国想要成为全球规则的制定者,实际上还是有相当远的时间。举一个例子,改革国际货币体系,扩大新兴经济体在国际金融机构中的话语权。按照 2010 年确定的国际货币基金组织和世界银行改革方案,中国即使在国际金融机构治理机构中的地位提高了,也只有 6% 左右的占比,比日本还要少。这个地位与我们第二大经济体的地位还是有很大差距的。世界银行美国投票权是 15.58%,日本投票权是 6.84%。

中美关系仍可能下行

观察者网:美国即将面临中期选举,你认为未来一段时间,中美关系能够改善么?

庞中英:中期选举即将到来,不能指望奥巴马政府在接下来的两年内会有更多创新。在许多问题上,奥巴马政府肯定还要继续维持所谓强硬的态度和措施。我的总体看法,尽管有一些协议或者对话的框架机制,中美关系之后不可能有太大的改善。

整体来说很可能还会有下行的趋势,为什么?如果希拉里,或者其他人要参选下一任美国总统,必然要有个新的话题概念提出来,很明显,他们不可能与中国谈真正的合作。奥巴马政府所建立的新型大国关系，肯定会成为批判的对象，最终这会与中国倡导的新型大国关系背道而驰。

美国即将到来的 2016 年总统大选，各方总统候选人估计要更加挑衅地对中国提出挑战，所以我判断，未来两年中美关系还是要往下走。

从中国方面看，中美战略与经济对话，可以继续推动新型大国关系的建立，但是还能走多远，我们也不知道。所以建立新型大国关系，我们处理中美关系的框架是什么？美国的框架又是什么？我们还需要有所创新。（观察者网记者高艳萍采访）

习近平这次讲话谈中美关系，涉及了两国关系的边界问题。有可能今后中国会进一步推动“去美国化”。所谓的“去美国化”，就是扭转中国对美国关系的失衡，减少对美国的依赖，形成良性的中美关系，这也是当下中美建立新型大国关系最需要去强调和推动的。

“海洋中国”:影响未来世界的主要因素之一

——答《中国企业报》①

建设“21 世纪海上丝绸之路”的国际倡议,是 2013 年 10 月中国国家主席习近平访问东盟时提出来的。中国是海上丝路的起源国。史料记载,旧日的海上丝绸之路始于中国的秦汉时期,发展于三国隋朝时期,明朝时期,海上丝绸之路发展到了鼎盛,在中西文化交流史上写下了光辉的一页。海上丝绸之路不仅促进了中国各民族的融合,还贯穿东西,加强了中国、印度次大陆、波斯、欧洲之间的政治、经济和文化交流。

请问庞教授下面几个问题:

一、在漫长的海洋文明进程中,海上丝绸之路承载了沿线国家不同族群怎样的海洋人文精神?

庞中英:凭借有限的世界历史知识,我知道,历史上的海上丝路确实把许多不同的人民、民族、国家、文明等联系起来,经济上互通有无,文化上相互影响。海上丝路是历史的美好记忆。所以,作为历史符号,今天海上丝路才可以再次被我们当代的人在许多方面加以利用。可惜,历史上的海上丝路穿过的地方,历经千百年的变化,尤其是欧洲人统治世界后,早已面目全非。我们如何才能找到昨日真实的丝路?我们如何证明海上丝路的昨天与今天的相关性?相关性越大,今天我们推动海上丝路国家之间的合作、联合就越有意义。

实事求是地说,海上丝路的美好仅仅是历史的那个积极面。海上丝路并非就是那么玫瑰,那么温情,那么和平,那么繁荣,而同样是充满了不同海洋文明之间、西方海洋文明与非西方海洋文明之间的摩擦、冲突,甚至战争。历史上的海上丝路有着非常长远和深刻的战争与和平。我们今天强调海上丝路,当然不想过多提及冲突、杀戮和征服,而更多地是从世界和平、发展、多边主义、文明之间相共存与相互尊重、为解决全球问题进行的全球治理的角度来论述的,所以,是积极的。但这不等于我们忽略了丝路的历史的真实。东方的海洋民族和西方的海洋民族之间,强势的海洋民族和弱势的海洋民族之间,上演的绝不仅仅是和平、合作、融合,而且是征服、殖民、掠夺、奴役、文明之间的摩擦,等等。我们必须汲取足够的历史教训,然后才能克服未来历史的阴暗面,少重复历史的悲剧。

---

① 陈青松:《“海洋中国”影响世界》,《中国企业报》2014 年 9 月 9 日,《全球化》版。

二、在文明与文化层面，21 世纪海上丝绸之路与历史上的海上丝绸之路有什么根本不同？

庞中英：21 世纪的海上丝路主要还是一个为共同的健康而人性的发展，尤其是诸如联合国开发计划署（UNDP）等机构和个人主张的“人的发展”，为解决全球化带来的全球问题、为对付世界和平遭到的新挑战和新威胁，而进行的区域的、甚至全球的国际合作（多边主义）。如今这个概念在一些人那里是赤裸裸的地缘战略和国家利益，我觉得非常不妥，这样理解丝路，是糟蹋美好，效果是适得其反。明智的政治领袖和精明的企业家，是需要极力避免这样的急功近利的。我们只是借助了历史上的丝路这个美好概念，强调各国之间的历史联系，即旧日的和平共处、相互依存，为的是明天的更加深入的全球相互依存、全球和平、新型的发展。

三、21 世纪海上丝绸之路在文化交流领域有怎样的特质和时代新内涵？是否将呈现更大的包容性和开放性？

庞中英：应强调各国文化均有各自的特征和精华，各国文化之间的关系应该是平等的，没有哪一种文化可以凌驾于另一些文化之上，一些国家使用诸如“软实力”来进行文化入侵、文化殖民、文化渗透等是错误的，必须得到抵制。海上丝路的概念要求的是文化之间的交流、相互尊重、相互学习，而非一种“强势的文化”（即所谓“软实力”）统治和同化“弱势”文化。对来自美国的“软实力”概念必须予以批判，不能用于 21 世纪的海上丝路建设。这一点是我一直主张的。我在多个地方讲过这点，已经引起了许多来自非西方国家的同行学者的共鸣和支持。

四、如何用现代眼光看待 21 世纪海上丝绸之路新文化？

庞中英：每个时代都有时代的新文化。新文化关键在“新”。21 世纪的新文化？21 世纪的海上丝路新文化？我觉得由于这个概念的深入讨论不够，在深入讨论基础上的真正有价值的成果很少。

五、政府应怎样统筹规划和协调好 21 世纪海上丝绸之路的文明与文化传播？

庞中英：政府的作用是很重要的，但是，需要知道，政府的作用是有限的，政府不能过度干预（介入）。根据历史传统和经验，海上丝路主要是当时的民间人士、家族网络、机构（如宗教）和市场带动的。政府应主要发挥引导者、促进者和管理者的作用。能让大学办的就不要让政府来办，能让文化公司做的，政府没有必要越俎代庖。政府要明智。

六、“国之交在于民之亲”。在建设 21 世纪丝绸之路中，国家应怎样做好人文引领，发挥华侨华人与人文软实力优势？

庞中英：中国过去 30 多年的成功就在于因为我们在全球各地有着几千万华人和华侨。俄罗斯就没有这个优势。中国人本来就是一个全球化的民族，许多人尽管爱乡土爱祖国，但也同时是坚定的世界公民，在世界各地生根，与当地人民融合和共处。展望未来，我国中央政府和各级地方政府仍然要善于开发我们庞大而丰富的华人华侨资源。在这方面，有一些创造性的概念出来了，例如，如何把世界各地的最杰出的华人学者、思想家、艺术家结合起来组建一些全球的明星的文化团体，例如，丝路交响乐团或者丝路大学，可能会让被严重忽视的中国文化真正的为丝路国家了解。

七、在打造21世纪海上丝绸之路的过程中，如何将文化资源转变为经济价值乃至创造沿线国家经济繁荣？

庞中英：文化不要主动地去商业化，商业化的文化其实并无前途，而真正的非商业化的文化反而有真正的商业价值。现在一些地方有钱了，资本更深入地进入文化，但文化并未因此得救和繁荣，反而可能已经死了。

八、中国提出建设21世纪海上丝绸之路构想，主要体现了怎样的战略意义？

庞中英：上面我已经讲过了。这个战略意义就是：中国是一个对世界各地，尤其是对那些与中国有着历史联系的海上丝路国家，是十分开放和包容的。看看在广州等中国城市新近形成的非洲人、韩国人、日本人等社区，尤其是非法进入和居留中国的非洲人越来越多，这在其他国家几乎是不可想象的。中国的市场、文化、生活方式、世界观、社会，不可能是封闭的，因为有吸引力，且容忍和吸引别人进入，所以，海上丝路的起点和终点都是中国。中国在21世纪可能重回世界的中心。中国希望以这样的"兼容并包"和全球自由带动全球的新型发展和长期和平。

九、您认为21世纪海上丝绸之路战略会给中国带来怎样的改变？

庞中英：中国复兴的历史进程的一个关键目标是再次成为一个重要的海洋大国。美日遏止，所以，这是一个最难实现的目标，但必须实现，因为我们再也离不开世界海洋了。这个目标因为丝路上的国际合作而可能加快。丝路合作是走向海洋大国的必要方法。海洋中国带给中国的改变将是多方面的、深入的。我们可以深入讨论这个问题。最主要的是，我们过去主要受其他海洋国家（如美国、日本、欧洲诸国，甚至新加坡、新西兰等）的影响，而今后，其他国家将受作为海洋国家的中国的影响。这是终于到来的互动的过程。中国加入世界海洋国家大家庭将不仅改变世界经济和世界政治的结构，而且将带来全球文化的新格局。

APEC 亟待转型升级
——与《华夏时报》的对话①

北京的天空本周比往日多了一些清澄的气象，这当然是2014 年 APEC 会议东道主精心准备的结果。除此之外，还有很多中国元素呈现给与会的客人。但秋日暖阳下，面对雁栖湖边连天芳草和层叠山林，来宾们最应讨论的问题是什么？当东道国首脑阐述了本国经济走势和未来政策最新取向之后，大家将会提出怎样的主张共同推动亚太经济的健康增长？最激烈的争议和分歧在哪？最终将达成怎样的共识，取得怎样的会议成果？

《华夏时报》特别邀请中国人民大学国际关系学院教授、重阳金融研究院高级研究员，国际金融论坛学术委员庞中英对话 APEC 问题，以下是这次访谈的全部记录。

现在还能做什么

《华夏时报》：作为亚太地区最高级别的政府间经济合作机制重要会议，APEC 最近一年来在推动区域经济一体化、促进各成员体经贸合作上发挥了怎样的作用？

庞中英：APEC 由谁主办，对于主办国经济多少有一些推动，不管是俄罗斯主办，还是澳大利亚主办，或印度尼西亚主办，乃至中国主办，主办国通常都会借此推动一下本国经济建设。每年的会议，其实有些经济体只是派个代表团来参会而已，至于能否推动有关国家或整个地区范围内的经济，从最近几年看，APEC 已经丧失了最初那样的势头，这里的关键词是“势头”，APEC 的政治的、外交的势头早就丧失。

2007 年 9 月，美国总统小布什参加在澳大利亚主办的 APEC 年会时，澳大利亚提出希望 APEC 能够推动亚太地区自由贸易区（FTAAP，这也是现在中国希望推动的自由贸易区），当时美国人也对此显得很有兴趣。但到了奥巴马执政时代，美国需要面对金融危机，APEC 实际上被忽略。由于 APEC 在解决金融危机问题过程中实际没能发挥什么作用，大家几乎快要忘了 APEC。2010 年美国高调宣布要重返亚太，在经济上，对于最初由文莱、智利、新西兰和新加坡 4 国于 2005 年签署成立的跨太平洋伙伴关系协议（TPP），美国人如获至宝，并开始主导，定了很多要实施的目标。美国推动 TPP 发展至今，实际上等于宣布 TPP 已经取代了 APEC 的一些计划。因此，APEC 的一些大的目标，已经难以实

---

① 原载《华夏时报》2014 年 11 月 6 日第 18 版。

现,也很难再重新启动。APEC 现在基本上就只是一个高规格、大规模的世界大会或论坛,主办国也特别重视,同时谁主办谁就可能在经济建设上有所获益。除此之外,APEC 现在还能做什么?

《华夏时报》:如何评价中国为启动并推进亚太自贸区进程,为促进 APEC 发展和亚太发展已经做出的贡献?

庞中英:中国希望在这次 APEC 会议上重新启动 FTAAP 概念。我的观点是,APEC 曾经特别重要,一度曾代表了亚太地区经济发展的希望。APEC 印度尼西亚茂物会议曾定下 2020 年实现亚太地区贸易自由化的目标,现在离实现这一目标只有五六年时间,由于出现了一些新情况,很明显茂物目标也许能达成,但肯定会出现很多变数。

实现亚太地区贸易自由化的目标,美国人希望以 TPP 为主,以美国为主,美国人成为规则制定者,之后加入的国家只能接受和服从美国人制定的规则,这就是美国人的逻辑。所以,APEC 最辉煌的时期已经过去。

《华夏时报》:我们看到你前几天作为"学术委员"参加了"国际金融论坛 2014 年全球年会",本次 APEC 与之有何关联?

庞中英:国际金融论坛这次年会提到了 APEC,并认为 APEC 的框架本来很好,但话题没有过多涉及 APEC。从经济、金融、贸易、投资等方面的重要性来看,APEC 已经不是焦点。其重要性就在于让 21 个会员单位的领导人可以利用会议期间搞一些活动。比如,中国领导人与俄罗斯领导人普京、美国领导人奥巴马等展开双边会谈,还有日本领导人安倍也很期待与中国领导人的双边会谈。另外,这次 TPP 的 12 个谈判方要在北京举行会议。

共识或很难达成

《华夏时报》:对于美国退出 QE 后亚太地区领导人第一次聚会,各经济体有什么样的期待?各经济体领导人最想了解的问题是什么?

庞中英:本次会议可能会涉及美国退出 QE 的问题,但不会深入讨论。这个问题应该是在 11 月 15 日的布里斯班 G20 峰会上讨论,但即使在那个会议上,也很难获得深入讨论。因为 G20 与 APEC 一样,也已经失去了外交势头和政治势头。

美国人搞了好几个 QE,及至其退出 QE,都没与 G20 成员国有过怎样的协调,甚至没有协调。APEC 会议上,倒是可以看到有关国家对于美国退出 QE 究竟有何反应。比如,日本安倍政府想要所谓刺激经济的第三支箭发挥作用,其未必会与美国同步退出 QE。还有中国经济增速有下降趋势,市场因此呼吁给予刺激。所以,APEC 亚太成员经济体会否跟进美国退出 QE,这一点值得观察。

APEC 是个贸易大会,没有协调宏观经济政策的任务。虽然 G20 会议可以协调经济政策,但今年 G20 会议的任务是增长战略,因此,其协调宏观经济政策可能有困难。

《华夏时报》:当前亚太地区各经济体最应关注、讨论和解决的问题是什么?

庞中英:从外交部部长王毅最近在外交部举办的第十届"蓝厅论坛"上的讲话中我们

可以看出,亚太地区现在急需解决的问题,首先还是贸易失衡问题,对这一点大家讨论很多,中国也为此提出了很多建议,方向也很正确,通过地区范围内的经济合作,通过亚太自贸区协议,通过综合性的经济伙伴关系合作来解决一些贸易失衡问题。所以此次APEC会议的主题就是"共建面向未来的亚太伙伴关系"。而中国提出的三大重点议题都非常好,"推动区域经济一体化","促进经济创新发展、改革与增长",特别是最后一点"加强全方位基础设施与互联互通建设",抓住了亚太地区发展的要害问题。亚太地区现在急需进行整体的宏观政策协调,整体的贸易政策协调,整体的地区范围内贸易自由化,不要有TPP那样的排他性协议,但现在看来,共识很难达成。地缘政治的因素严重干扰了共识的达成。第一,美国正在制裁俄罗斯,这导致亚太地区的APEC成员实际已经分裂,大家面和心不和,甚至可能都做不到面和。第二,中美之间的新型大国关系可以讨论但并没有建成,中美关系的形势并不太好。奥巴马这次来华访问和参加会议,是在美国中期选举已经选完之后,美国可能出现一个共和党主导的参议院,奥巴马最后两年的施政将不再有多少本事。即使奥巴马要和中国建立新型大国关系,也可能会遭到美国国会的反对。第三,TPP已经组成了核心的组织,其他亚太地区经济体的经济合作的形式或模式其实都甘拜下风了,而且可能都成不了气候,包括过去的RCEP(区域全面经济伙伴关系,即由东盟十国发起,邀请中国、日本、韩国、澳大利亚、新西兰、印度共同参加,通过削减关税及非关税壁垒,建立16国统一市场的自由贸易协定)也成不了气候。

中国能做很多事

《华夏时报》:中国这次将利用主场之利为APEC的发展和亚太地区的经济增长做些什么事情?

庞中英:中国能做的事情当然非常之多。第一,要让这次来的各经济体领导人对中国经济发展的长期前景,包括对中国的第十三个五年计划,增强信心。第二,我们应该告诉他们中国经济出现了常态化增长,这种常态化增长并非低速增长,而是相对高速的、结构调整的相对较好的稳定的增长,并解决了经济增长过程中出现的环境污染、官场腐败等两大问题。这次会议要实现的成果之一就是按照全球治理的新趋势新要求反腐败。这将为确保增长,创造良好的投资环境,做出贡献。这是非常重要很值得关注的一个亮点。第三,要让人们清晰地认识到,按汇率计算,未来5年,中国可能提前成为亚太地区的经济增长第一大经济体,中国本土企业可能成为经济的主导力量。中国经济的力量、中国经济的前景,把这些影响未来亚太经济增长的重要因素告知各经济体领导人,即使遇到一些不利的挑战,如TPP之类,中国推动亚太地区的经济增长依然问题不大。

《华夏时报》:之后世界经济格局将可能呈现出怎样的新形态?

庞中英:有人说美国退出QE说明美国经济已经恢复得差不多了,我不这么看。我认为QE就相当于药,美国人吃了好几服,虽然管点用,但最终还是治不了病,同时还有很多副作用,所以这个药不能再吃了。这是美国退出QE的真实背景。现在我们看到,世界各国的经济前景都不太好。这次 APEC 会议之后，如果中国能够调整好本国经济的结构，可以向地区经济发展提供很多支持，比如，向这一地区的经济体的基础设施建设提供大量投资。尤其中国提出的“一路一带”，已经变成新的区域经济发展的概念，所有加入者都将成为这个地区经济发展的受益者。这有可能抵消 TPP 的负面影响。从国际政治的经济学来看，贸易对于促进国家间关系的稳定与和平，作用有限。但投资，尤其对于基础设施建设的投资带动私人部门的投资，一定会带来国家间深刻的长期的相互依存度。包括中国、印度、新加坡等在内的 21 个首批意向创始成员国 10 月 24 日在北京签约共同决定成立的亚洲基础设施投资银行，以及 2014 年 7 月成立的金砖国家开发银行，未来如果发展顺利，其经济和政治影响力将是美国所难以阻挡的。因此，中国现在需要很小心地推动相关计划的发展。澳大利亚前总理陆克文在“国际金融论坛 2014 年全球年会”上讲话时就表示，中国认识到了对外投资的重要性。当年日本的发展也是靠对外投资。中国现在已经是全球第一大对外投资国，但中国对外投资也会面临很大的地缘政治风险。

《华夏时报》：从国际货币基金组织总裁拉加德所称世界经济面临“新平庸”这一背景来看，本次 APEC 会议“共建面向未来的亚太伙伴关系”的主题，以及“推动区域经济一体化”，“促进经济创新发展、改革与增长”，“加强全方位基础设施与互联互通建设”三大重点议题，可能会取得怎样的实实在在的成果？

庞中英：中国强调“共建面向未来的亚太伙伴关系”，从国际政治的角度讲，是很正确的，拥有国际合法性，在道义上站得住脚。美国老布什总统时期的国务卿贝克曾说过一句名言：亚太地区不能够从中间画一条线。这也就是说，亚太地区不能分裂。当时美国之所以主导搞 APEC，其实就是为了防止亚太地区的分裂。现在美国人在亚太地区的噩梦，就是这个地区已经分裂了，分裂成了不同的利益集团。现在中国强调共建亚太地区伙伴关系是共同体是新亚太，将来还要搞亚太自贸区，这本身也符合美国利益。其实 TPP 是在分裂亚太，所以今天美国的政策有点稀奇古怪。美国是各种利益集团主导的国家，有些利益集团可能不会有很全面的考虑。美国著名学者博格斯特曾批评美国采取的排除中国于 TPP 谈判而又不去推动 APEC 最初确定的贸易投资自由化的目标，转而推动 TPP，实际就是在分裂亚太。这将是美国人的噩梦。有些美国学者同意博格斯特的这一观点。

是否加入 TPP，这是中国的一个棘手的问题，中国这么大的经济体已不能只做规则的接受者，必须也是规则的制定者。也许中国现在还不必太着急。

《华夏时报》：中国将会提出什么样的解决方案？其追求的目标是什么？

庞中英：中国最主要的目标其实就是建立亚太自贸区，这一目标 APEC 印度尼西亚茂物会议时就已经提出，2007 年 APEC 上美国和澳大利亚也共同推动过这一目标，只是美国后来离开了这个方向。现在能不能回到这个方向上来，或重启这一目标？但无论如何，中国的主张是无可置疑的，中国已经仁至义尽。

转型和升级问题

《华夏时报》:有人说,2014 年的 APEC 对中国来说已经不仅仅是“主场外交”的头衔了,还有更重要更积极的角色需要中国承担。你怎么看?中国未来将如何更主动参与 APEC 发展蓝图的设计,更积极地融入 APEC 的改革进程?

庞中英:接下来中国可以提出一个口号,即 APEC 需要转型和升级。

如何推动 APEC 的转型和升级?过去十多年,一到了开 APEC 会议的时候,无论哪个国家主办,世界各地的主流报纸一定会刊登相关内容的文章:APEC 到了十字路口。2014 年同样如此。中国的媒体如《环球时报》将王毅最近在外交部蓝厅的讲话翻译成英文版时,用的标题是“王毅说,APEC 处在十字路口”。但《环球时报》中文版刊登王毅这篇讲话用的标题是“王毅说,北京 APEC 会议,中国准备好了”。亚太地区报纸如《雅加达邮报》、《曼谷邮报》也刊登了诸如“中国主办 APEC,但 APEC 现在处在十字路口”这样主题的文章。既然 APEC 处在十字路口十多年了,说明其功绩或成就已不能夸大了看,其进展有限,也就是谁主办谁受点益,也就是为主办方做点广告,夹点私货而已。

中国可以提出 APEC 需要转型和升级的主张,并为此提出一些方向或目标。比如,欢迎 APEC 的成员都加入亚洲基础设施开发银行,欢迎 APEC 成员加入中国的陆上和海上丝绸之路计划。

《华夏时报》:本次 APEC 峰会对于随后在澳大利亚布里斯班举行的 G20 峰会将产生怎样的影响?两大峰会又将如何影响今后数年全球经济走势?

庞中英:为这两大会议接连举行做准备,据我所知,中国政府与澳大利亚政府 2014 年初就开始进行外交上的协调和合作,以促进这两次会议的成功举行和互动。澳大利亚作为 APEC 创始国之一,其历届政府都一直非常重视 APEC 会议,中澳两国政府在 APEC 和 G20 上的合作非常密切。我曾参加中澳两国 2014 年 4 月在上海举行的一个相关会议。APEC 的成员有一半是 G20 的成员。我相信,如果 APEC 在北京的这次会议的气氛还不错,双边会谈也比较成功,对于本次 G20 布里斯班会议的成功应有所帮助。

《华夏时报》:APEC 如何与时俱进更上一层楼,未来如何有更大的作为?

庞中英:中国这次的努力就是试图让 APEC 更上一层楼,然后还要看下一个主办国能否继续加以推动。

思想危机是全球问题的根源[①]

思想家备受推崇,古今中外,莫不如此。前不久美国《外交政策》评出了2009年度影响世界的百名思想家。比之环球美女或者富翁排行,世界思想家评选更有意义:为什么思想家更加重要?为什么他们的思想能够影响世界?

我记得英国大经济学家凯恩斯有一段关于思想的话:“经济学家以及政治哲学家之思想,其力量之大,往往出乎常人意料。事实上统治世界者,就只是这些思想而已。”他这话一般认为是警示后人的,也是自说自话。凯恩斯死后,其主张国家采用扩张性的经济政策,通过增加需求促进经济增长的做法,变为一度风行西方经济的“凯恩斯主义”。而他的理论和实践在似乎被“遗弃”长达30多年后,在目前空前深刻的金融危机中又回来了。其他许多“主义”也回来了。在西方,马克思的《资本论》正热销。

我们生活的当今世界是一个充满挑战的世界,危机重重。在这些危机中,最让人忧心的其实还不是金融和气候,而是思想缺失的危机。金融危机下,许多社会科学概念和原理也跟着破产了,尤其是经济学。人们找不到世界问题的速效方案,在彷徨。

在思想危机的情况下,寻求新的世界问题解决和替代方案显得更加必要。目前关于世界发展模式的讨论,即“美国模式”和“中国模式”的讨论,除了人为地制造“中国模式”及其鼓吹所谓“中国模式”要威胁、挑战“美国模式”,在能够解决世界面对的长期挑战上,这类争论并无真正的思想意义。正确的思考方式不是思考什么“北京共识”取代“华盛顿共识”,因为那是一种“新冷战”的思考,而是思考为什么目前主导的发展模式导致了如此巨大而持续的危机?到底“后危机”时代的世界主导模式应该是什么?

再如,关于气候问题的解决方案,目前国际上通行的解决方案是“低碳减排”。“低碳减排”确能缓解气温上升,且能导致经济增长的转型,但能导致“可持续发展”吗?不解决关于发展的深刻矛盾,即使真实现了低碳减排,也与高碳高排一样,导致经济危机的“产能过剩”。所以,“低碳经济”这个概念,只是缓解和推迟危机,并非关于发展问题的釜底抽薪思想。

有一些思想一时哗众取宠,一些则冒充严肃而深刻,其本质上不过是有着思想之名的话语泡沫。具有各种不同利益背景的人一时间对某种引起轰动的思想加以回应,除了让有关炒作的媒体盈利,以及有关人士戴上思想家的桂冠,不可能成为凯恩斯说的那种无论现在还是未来,影响世界的思想。

---

① 本文原载《环球时报》2009年12月14日第14版。

一个真正的世界大国，有价值、尖端的产品是深刻的、超前的思想，强大的实力不是大楼，而是能够代表人类文明未来的大思想。对其他国家产生吸引力的思想是美国哈佛大学教授约瑟夫·奈所说的“软力量”的核心内容。他指出，美国在国际上“注定领导”的根源之一是美国具有能够吸引他人的知识，具体来说是一流的思想家及其学术机构。对于争取在世界上做出更大贡献的中国人来说，欧美领先的思想，而非领先的糜烂才是我们真正需要继续借鉴和超越的。

世界处在大转变的前夕，思想的创新终将引领世界彻底走出危机。用中国哲学来理解，工业革命以来的思想与其产物，诸如现代化、工业化、城市化、消费主义、权力政治、单一文明支配等可谓“道”，遇到了“天”之改变———气候变化、金融危机、道德危机的无情挑战和惩罚。如果“天不变道也不变”，那么，天变了，道还能不变吗？所以，在这个世界的大转折时刻，我们必须克服和避免这样的困境：仅仅让诸如凯恩斯的思想借尸还魂，除了重复和循环点什么，还不是人类接下来的新道路。

从“不”外交到“有”外交：中国外交在21世纪的历史大转型？

——2014年12月20日在中华人民共和国外交史学会与南京大学联合召开的“新中国外交史研究与教育”研讨会上的发言

中国外交目前又一次站在历史的十字路口。笔者认为，中国外交在21世纪有必要确定“大转型”（a great transformation）的目标。为什么中国外交要实现历史性的大转型？如何实现中国外交的大转型？

一、什么是“不”外交？

一系列的“不”，包括“不干涉”、“不称霸”、“不带头”、“不结盟”、“不附加政治条件”、“不输出政治意识形态和政治价值观”等，是一个长长的单子。在目前国际体系中，即使是“中等大国”（middle powers 和“小而强的国家”（small powers），更不要说大国和超级大国，只有中国这样在外交中说“不”。中国与非洲联盟和东盟及其成员国等不同。非盟和东盟分别在其地区宪章中已经明确规定让一些看似冲突的、不兼容的外交原则并存（如“不干涉”和“介入”并存）。

有人认为，“不”外交就是著名的韬光养晦外交策略。但是，笔者认为，不是“韬光养晦”的一个成语就能概括“不”外交的。从积极的方面看，“不”外交不是“无”外交，而是谨慎外交、务实外交、低调外交，尤其，是不完全外交。面对这成系列的“不”，能得出的一个结论是：这些“不”标志着中国外交的一个时代或者历史阶段。我们只有走出“不”才能使中国外交进入新的历史时期。

“不”太多了。不过，自从中共十八大以来，似乎“不”的绝对数量开始减少，但原有的“不”继续有效，没有听说要退出历史舞台。

二、历史地看待“不”外交

一般认为，“不”外交的起点似乎是1989年之后和20世纪90年代初。在苏联解体和国际共产主义运动处在低潮，中国共产党领导的中国在国际上遭遇空前恶劣的环境。在那种情况下，邓小平提出了著名的“韬光养晦”策略。然而，仔细分析，其实，中国的“不之外交”在二十世纪70年代末中国开始“改革开放”时就正式全面开始了。这里一个往往被忽略的重要点是,中国提出和实践解决国家在主权上统一的“一国两制”,是在 20 世纪 80 年代初,甚至“一国两制”这样的思想(针对台湾问题)在 1979 年就明确了。“一国两制”是在与一些相关的西方国家谈判解决诸如香港问题时中国提出的大妥协。这一妥协对长期以来的中国外交的含义(implications)和后果(consequences)就是上面我们看到的成系统(系列)的、越来越多的“不”外交原则及其实践。甚至,如果考虑到中国核武器政策的基石原则 - -“不首先使用核武器”,中国的“不之外交”的历史到现在已经有半个世纪了。这还不够,如果继续上溯,新中国与其他亚非国家在20 世纪50 年代初提出的“和平共处五项原则”就包括“不干涉”等原则。以此考虑,中国的“不”外交的理论与实践已经走过了 60 年的历程。

三、“有”外交内涵丰富,需要做出大而长的文章

“有”外交不是“有所作为”的成语所能概括的。从长远看,“有”外交意味深长。“有”外交是与中国的巨变和世界的巨变相适应的外交,是因为“从来没有像今天这样接近世界舞台的中央”而开展的外交,是对过去的“不”外交的改变、改革,是日益全面的外交,是竭力克服局限性的外交。

目前,中国领导顶层的“有”外交理论探索和实践创新可圈可点,但要取得最后的成功,完成中国外交的历史性转型,还需要相当的布局谋篇和切实落实。与“不”外交相比,“有”外交,反而要更要谨慎。当然,更加谨慎不是“韬光养晦”的继续。为此,中国外交要进行全面、深入改革。

为了全面、深入改革中国外交,笔者在这里重点谈以下几个问题:

第一,大国外交应该重在大国协调。中国目前“明确了中国要培育有自己特色的大国外交理念”,但到底什么是中国的“大国外交”?大国外交意味着告别“不”外交?大国外交是“有”外交?大国外交的中心是大国协调。就是中国在大国协调中的关键作用(角色)。可以根据“大国协调”的思想和方式处理一些大国双边关系,从大国协调的角度处理中美关系。目前,在多边,在安全领域的朝核和伊核多边谈判,在金融与经济领域的 G20,都是大国协调的当代版本。中国可以推动这些多边场合成为全球大国协调的主要场所。

第二,仅有“大国外交”是不够的,而大国外交成功的关键在于中国能否争取到中小国家以及主要由中小国家组成的世界各个地区。国际体系以中小国家为主。他们中有的是极为重要的“中等大(强)国”(middle powers),有的则是国土和人口都是小国却扼守某个地区的战略要冲和在某一个全球经济的价值链中占据强势(比如,以色列不仅是战略意义上的强国,而且是技术上的世界超级大国)。中国“不结盟”,但我们必须要有自己的“伙伴关系网络”,中国的紧密和松散的伙伴主要来自世界中小国家及其国家集团。传统上,新中国外交重视亚非拉,这是中国外交的重要政治资产,未来,中国需要进一步深耕“亚非拉”等世界的地区。

第三,中国需要国际领导权。政治,尤其是国际政治,是关于控制或者主导的;是关

于治理(有时也叫做管理)的。但问题是,谁控制谁? 谁治理(管理)谁(如“管理亚太地区的海洋争端”这样的题目,就故意忽略了“谁来管理”的核心而敏感问题,显然,作者是认为美国和美国主导的霸权的国际制度和地区制度来管理,尤其是美国管理中国)? 原来中国说“不称霸”以及其具体化“不带头”。但这个世界的国际体系中的任何成员,即使是小国,也不知什么时候在一些议题和领域不得不“带头”,即充当国际领导。中国2014年轮值APEC,2016年轮值G20,以及以前的主持六方会谈,甚至与俄罗斯联合搞上海合作组织,其实就是在担当国际领导,但为什么,我们就不把“领导”的金字标签贴到自己的脸上,却太过谦虚地说“不带头”?

“主导权”之争是国际争夺的一个主要方面。没有主导权,就被主导,此外,并无第三种情况。“中立”对中国来说,从来都不是选择,因为中国是国际主导权争夺的对象。日本因为“领导”(主导)不了中国,就给中国扣上了“与日本争夺在东亚的地区领导权”的帽子。尤其是当国际领导供给不足的时候,有些国家被别人期待填补国际领导空白。例如,在最近的全球金融危机下,G20各国轮流担任轮值主席国家。轮值主席国家就是国际领导。当然,担任轮值主席并不意味着能“主导”或者“控制”有关的多边机制,不担任轮值主席就不一定或就不能“主导”或者“控制”多边机制。

第四,中国必须明确与现存和未来世界秩序之间的关系。

笔者用三个字来说明中国与世界秩序的关系。

第一个字是“拆”,即“革命”或者“推翻”旧的秩序。中国在改革开放年代最终放弃了对第二次世界大战产生的国际秩序的批评、甚至文革期间对之要“革命”的态度,转而理解、接近(接触)和参与第二次世界大战后建立起来的国际秩序。早在毛泽东生前,就用中华人民共和国取代、继续了中华民国在联合国的席位,尤其是在联合国安理会的常任理事国席位。

第二个字是“修”。中国在结束了全面参加旧的、存在着的国际秩序(政府间、全球性的国际组织)后,包括经济上的世界贸易组织等,即“入党”后,就逐步开始要在“党内”改造、影响、塑造“党”的结构及其治理。与印度和巴西等相比,中国不是激进的,当然也非仅满足于这些机构的小修小补,而是务实而合作地推动“国际治理体系的变革”。也就是说,中国变成“改革”现存的国际机构(国际制度)的力量。当然也有例外,即中国对待安理会改革的态度不同于对待国际金融机构(IMF和WB)的态度,后者,中国显然更加强烈一些,前者,中国更加保守一些;后者,中国更像是“修正主义者”,而前者则是“保守主义者”。这种内在矛盾性也不奇怪。

第三个字是“建”,即中国认为,旧房子无论小修还是大修,都是必要的,否则无法再住人。因为有历史价值,更因为中国也是旧房子的主人之一,所以建议不拆除旧房子,但是,终究旧房子小了,不够住,且缺少新功能,即使装修过,也是不如意,不适应一个全球化的世界,于是,中国主张还是要新建各种全球(国际)机构。当然,中国也认为,这些新建的全球机构,不要被视为是“另起炉灶”。它们与旧的国际机构的关系是相互联系、相互补充的关系,最终,这些机构也要纳入统一的全球框架之下。

进入以“修”和“建”世界秩序时期的中国外交,显然,已经不是“不”外交,而必须进行“有”外交。无论是“修”还是“建”,我们的不变的立场是不接受只占世界人口少数的美国和欧洲在世界秩序中的主导(控制)地位,并致力于世界秩序(全球治理)的民主化。

第五,积极和创新地回应全球化的中国与全球化的世界对中国外交的挑战。当代中国是全球化了的中国。未来中国也许会“去全球化”,但也许更加全球化。全球化了的中国意味着这个国家有更多的“外资”、更多的非法和合法的国际移民。与世界在资本、资源、甚至劳动力方面更加一体化的中国会变成一个“联合国”。而在“国内秩序”上,本来就是多民族和多文明共存与融合的中国,会变得更加“多元一体”(只要中国作为主权国家和主权国家的治理,越来越“多元”的中国还是会进一步“一体”,甚至是形成更加典型的费孝通所讲的“美美与共”)。这样的变化了的中国对于中国外交的意味着什么?笔者认为,20 世纪 80 年代以来的中国外交,尽管处在全球化时期,却不适应全球化的世界与中国。现在的中国外交,“有”外交的开始应该是为了回应全球化挑战做出的必要而深远的变革。未来的中国外交,将是作为真正的“全球国家”的中国开展的全球外交。

能够对世界秩序的形成施加重要的、甚至是决定性影响的国家才是大国。多元一体的中国就是一种主权国家框架下的小世界秩序(但名义与实质上当然上还是“国内秩序”),这样的“国内秩序”如果逐步扩展到地区以及全球层次,就使得世界秩序在表面看愈来愈“中国化”。但“中国化”的世界秩序实质是世界新的多元一体。但是,与以往英美治下的和平不同,中国对世界秩序的影响并不是“中华治下的和平”(Pax Sinica),而是和其他大国、中小国家、地区组织等形成一种共同的全球秩序。如果未来的世界局势如此演化,中国目前的“不”外交几乎都不适应形势的要求。中国需要设计“有”外交的近期、中期和长期的战略。

四、结论:中国外交转型任重道远

中国外交转型不仅是对 1989 年以来的中国外交的转型,而且是对 1949 年以来的外交、甚至是对 20 世纪的中国外交的转型。

第一,要集中面对和解决中国外交政策原则的内在矛盾与冲突。“打铁先要自身硬”。解决问题也要先解决自身的问题。目前中国外交面对着来自“周边”、日本、美国等外部挑战,但是,如同中国内政,中国外交的挑战主要来自内部,尤其是中国外交政策的原则,即“不”外交和“有”外交之间的自相矛盾、冲突。这些内在困境,国外一些研究中国外交的学者,最近几年也都看出来了。也许正是因为他们是外国学者,反而看得清楚。下面这些情况,从一方面看,如同一些外国的中国问题观察家指出的那样,是中国外交面对的困境,中国外交转型的首要任务应是面对和解决(协调)自身的外交政策原则的内在冲突。但是从另一方面看,中国外交的灵活性和运用自如,正是来自这些看似冲突的原则的并存。笔者预期,这种并存将是未来的中国外交原则的长期情况:

1,“不干涉别国内政”和有条件、正当的、合法的、必要的介入之间的协调;

2,“不结盟”和需要紧密和靠得住的盟友、朋友、伙伴、追随者、支持者之间构成了一个内在矛盾；

中国要不要给外国提供包括“核保护伞”在内的作为国际公共产品的国际安全？中国要不要“输出”(出口)政治价值观和中国的治理经验(如多元一体的国家)？

3,“大国外交”和“不称霸”等构成了一个内在矛盾或者困境；

如何形成中国的不同于美国的“非霸权的(超级)大国外交”？在这方面,欧洲(欧盟)在全球治理中的作用值得借鉴。

4,“不带头”和在一系列国际(地区、全球)事务上发挥主导作用构成了一个内在矛盾或者困境；

“命运共同体”如果不仅是“利益共同体”(共同发展),确实是一个指导思想的突破,但是,中国推动的“命运共同体”如何以诸如欧洲联盟或者非洲联盟那样的地区一体化为目标？如何回应所谓“朝贡体系”或者“门罗主义”的批评？如何在许多非经济领域,尤其是在共同安全、共同价值(社会联系、文明上的多元一体)、以及外交上的制度安排上取得地区一体化的突破？谁来与中国“共命运”？

5,要求“改革”国际金融机构,已经清楚地向国际社会说明,中国是建设性的“修正主义国家”－－不推翻旧的秩序、不试图另起炉灶的全球治理改革与重建；

发起“金砖合作”、“一路一带”、AIIB 等是中国要增大对“国际公共产品”的贡献吗？那么,诸如联合国会费、维和等,中国是否也要增大贡献？

6,中国在“国际发展”中的作用越来越重要,越来越独特(作为“仍然是发展中国家”和“新兴大国”提供国际发展援助),在提供中国的国际发展援助附加必要的政治条件越来越必要；

一系列的“走出去”,包括成为世界的“海洋大国”,需要什么样的外交改革和外交创新？

第二,要塑造新型的、长期的世界和平与世界秩序。中国外交在 21 世纪的大转型就是为了形成新型的、百年的世界和平、世界秩序。这一新型的百年和平不应是美国主导下的和平(Pax Americana)或者美欧(所谓“西方”)的联合统治的继续,也非所谓取代西方统治的“中国主导下的和平”(Pax Sinica)或“中国主导”(Chinese domination)的取代,而是一种真正的、包容(开放)的、民主的、妥协性的、历史上第一次出现的、全球共同的全球和平与全球秩序。中国已经是世界大国,所以,长期和平的世界秩序符合中国的根本利益和价值。

如果 G20 在未来几年得到进一步巩固,不仅是全球经济(金融)治理的中心或者主要平台(“全球经济指导委员会”),而且是在政治和安全上大国协调(concert of powers)的主要场所,那么,G20 将是上述的全球和平与全球秩序的化身。

致谢

本书的出版之所以可能，确实是因为中国人民大学校长兼任重阳金融研究院院长陈雨露教授，以及重阳金融研究院执行院长王文博士的高度重视。他们决定把本书稿列入"重阳金融研究书系"出版。特别指出的是，陈校长和王文院长一直关心我的教学与研究，在电邮中多次过问该书的出版情况。

收入本书的文章以2011—2014年之间我公开发表的学术期刊论文为主。这些文章分为中文和英文两部分。我都一一指出了各篇文章的原载期刊。在收入本书前，笔者仅对这些文章做了一些文字方面的必要修改，保持了文章当时的思路和格式。借此机会，笔者对发表我的论文的有关学术期刊和编辑再次表示感谢。

作为出版资助方的代表，中国人民大学重阳金融研究院管理团队的胡海滨女士、杨清清女士、刘英女士等为本书的出版做了具体细致的工作。

中国经济出版社副总编辑乔卫兵博士非常"赏识"本书，于宇和杨元丽等编辑多次就书稿问题与我沟通，他们的敬业精神令我钦佩。

庞中英

2014年12月31日于北京市海淀区

苏州街明德国际楼924室

人大重阳金融研究系列丛书

1. 《金融制裁——美国新型全球不对称权力》徐以升、马鑫/著 中国经济出版社

2. 《重建世界秩序——关于全球治理的理论与实践》庞中英/著 中国经济出版社

3. 《欧亚时代——丝绸之路经济带建设蓝皮书 2014—2015》中国人民大学重阳金融研究院/主编 中国经济出版社

4. 《大金融与综合增长的世界——G20 智库蓝皮书 2014—2015》陈雨露/主编 中国经济出版社

5. 《谁来治理新世界——关于 G20 的现状和未来》人大重阳/主编 社会科学文献出版社

6. 《金融是杯下午茶》中国人民大学重阳金融研究院/编 东方出版社

7. 《重新发现中国优势》中国人民大学重阳金融研究院/主编 中国经济出版社

8. 《金融危机与改革》张育军/著 中信出版社

9. 《金融消费者保护统合法论》杨东/著 法律出版社

10.《大国的印象·行走世界的日记与思考》王文/著 东方出版社

11.《走在山坡上的中国》王永昌/著 红旗出版社

12.《国外公职人员财产申报与公示制度》中国社会科学“政治发展比较研究”课题组/编著 中国社会科学出版社

13.《法学院》朱伟一/著 北京大学出版社

14.《2012 美国大选观摩日记》房宁 王文/著 中国社会科学出版社

15.《金融战》赵亚赟/著 电子工业出版社

16.《狙击中国：金融局，华盛顿的掠夺战略》赵亚赟/著 译林出版社

17.《十问中国梦——给梦想多一点时间》刘戈 舒泰峰 王文 雷思海/著 北京大学出版社

18.《大金融论纲》陈雨露 马勇/著 中国人民大学出版社

19.《世界是部金融史》陈雨露 杨栋/著 北京出版集团北京出版社

20.《中国是部金融史：透过金融读懂中国三千年》陈雨露 杨忠恕/著 北京联合出版社